法治建设与法学理论研究部级科研项目成果

厦门大学
哲学社会科学繁荣计划
资助项目

国际关系与国际法跨学科研究文库 | 徐崇利 刘志云 主编

WTO宪政论

陈喜峰 著

法律出版社
LAW PRESS·CHINA

目录

引　言

在 WTO 理论和实践的发展中，对 WTO 的宪法化(constitutionalization)和 WTO 宪政的研究形成了一种奇特的景观。从多边贸易体制的制度变迁和法律发展来看，关贸总协定的法律化面对实践超前于规则的合法性问题，而 WTO 的制度发展引发的是规则本身的合法性质疑，并突出反映在贸易自由和其他社会价值之间的紧张关系等问题上。无论是应对哪种合法性挑战，WTO 宪政诸理论的主旨，在于以宪法和国际法相结合的原理提出 WTO 的宪法性问题，以宪法视角和宪法策略应对 WTO 的合法性危机，意图以宪法和宪政在制度设计和组织价值上的成就建构 WTO 的理想前景，指导在国际和国家层面的贸易政治和法律之间的相互依存和运行。

仅就 WTO 宪政研究的英文文献而言，已经颇具规模。其中，正面提出 WTO 宪政诸理论的学者包括 John H. Jackson、Ernst-Ulrich Petersmann、Deborah Cass、Thomas Cottier、J. O. McGinnis 等。其

他学者，则涉及运用上述某类理论进行实证研究，如 Hannes L. Schloemann；侧重 WTO 宪政方法论研究，如 Joel P. Trachtman；对 WTO 宪政某一理论路径提出批评，如 Chantal Thomas；全面批评 WTO 宪政理论的学者则以 Robert L. Howse、Jeffrey L. Dunoff 等为著。除专著外，知名期刊 Journal of International Economic Law、European Journal of International Law 以及 Michigan Journal of International Law 等，都刊发了相关的专辑。正如下文所揭示的，虽然 WTO 宪政的问题领域和研究已经具有一定纵深，但是，仍然缺少对 WTO 宪政理论本身全面、系统的研究，特别是建构性的批评和反思。

本书论述的重心是对 WTO 宪政理论本身的研究，在第四章、第五章和第六章区分了 WTO 宪政的三个主要代表理论，分别对其代表学者及其著述、基本内容、主要观点、理论基础、学术争论、实践背景和论证方法以及对实践的指导作用等方面，进行深入评析。欧美学者有关 WTO 宪政的理论和学说，实际上主导着这一研究领域的兴起和发展，并波及 WTO 法的其他研究方向。由于这类学者几乎都尚未对其相关著述进行系统的概论，因此对 WTO 宪政理论的文本本身的梳理不可或缺。在此意义上，本研究不仅将为 WTO 宪政的国内研究提供支撑，也是对 WTO 宪政现有理论的一种“修订”和完善，隐含了对 WTO 宪政进行具有学术思想史意味的归纳和叙事。

与此同时，本书在第三章、第七章以 WTO 的实践发展为实证对象，将 WTO 法的基础理论问题置于 WTO 宪政框架中进行分析，诸如 WTO 法的研究方法、WTO 义务的性质、WTO 法律体系的特性、WTO 争端解决中的法律适用、WTO 法和其他国际法规则的关系、WTO 法的变迁路径、WTO 法的民主合法性等问题。鉴于欧盟提供了国际组织宪法化具有足够的超国家程度的实例，本书第八章将以欧盟的宪法合法性问题作为参照，论述 WTO 宪法化的可能性和可行性，并借以考察 WTO 宪法化的发展前景。结合第二章、第三章，第七章、第八章在对 WTO 宪政的理论路径进行评析、运用和检验的同时,也提出了笔者对 WTO 宪政的一种反思性理论建构。

尽管有自身的特性,WTO 宪政仍是国际组织乃至国际法宪政的一个组成部分。WTO 宪政研究的现状表明,如果没有对以国家为垄断的宪政理论进行解构和结合国际法的再建构,就不可能超出方法论的层面提出具有本体论意义的 WTO 宪政理论。在笔者完成"国际组织宪政研究"的基础上,①本书第一章对国际法和国际组织宪政的理论发展进行了简要的概述,期待 WTO 宪政融入国际法宪政更为广泛的理论建构中。

近年来,由于贸易投资政治的急剧变化、WTO 的谈判功能陷入停滞、大型区域贸易协定和自贸协定的冲击、其他国际会议论坛和组织在相重叠领域的竞争,多边贸易体制面临着日益深刻的宪法危机。世人期待 WTO 提供解决方案,提升 WTO 在包容性、联动性的全球经济发展中具有的根本性、有价值的地位,实现所有国家的发展和可持续发展。这既是 WTO 宪政论能否继续指导实践所面临的挑战,也为其提供了制度检讨和理论更新的时机。

---

① 参见陈喜峰:《国际组织宪政论》,法律出版社 2016 年版。

第一章 国际法和国际组织宪政论纲

自1648年《威斯特伐利亚和约》以来的近现代国际法,一直关注主权、国家的同意(consent)和政府间的国际关系。对于民族国家而言,强调自足一统的宪法和奉行平等协调的国际法,貌似格格不入,所谓世界政府或者国际国家之类的设想也一直为现代国际法学所摒弃。然而,冷静思考国际法和国际法学的进程和发展,仍然可以发现某种意义上的国际宪政思想绵延不绝,近年来甚至悄然形成一种研究规模和趋势。

国际法的宪政和国际法的宪法化密切相关而有所区别。① 后者描述一种过程,前者相当于一种精神态度或一套完整的体系。宪法化概念

---

① Mattias Kumm,"The Legitimacy of International Law: A Constitutionalist Framework of Analysis", *The European Journal of International Law*, Vol. 15, 2004, p. 931.

意味着一个逐渐发展的过程，揭示宪法或宪法性法律可以在一种动态的过程中生成和成长；宪政则意味着对正当宪法（legitimized constitution）的追求，是指一套通常与自由宪法相关联的价值，如法治和权利保障。[①] 因此，国际法宪法化，即出现、创制和确认国际法秩序中的宪法要素的持续过程；[②]在这个过程中，国际法秩序的宪政原则、制度和程序得以确立。[③] 本书将根据侧重点的不同间或使用这两个概念。

一、国际法的宪法化和宪政发展

（一）国际法宪法化理论的萌芽

国际法宪法化的思想很早就开始萌芽。古罗马时期的法学家西塞罗（Cicero）提出有一种真正的法律是"世界国家的宪法"，在自然法的意义上就是一种正义的理性（right reason）。根据西塞罗的看法，自然法放诸四海而皆准，对所有人类和国家都具有相同的拘束力。

自 16 世纪起，维多利亚（Franciscode Vitori）、格劳秀斯（Hugo Grotius）以及法泰尔（Emeric de Vattel）三位国际法学者，对国际法理论多有贡献。三位学者皆认为，所有的国际法原则，并不是由人为有意的选择而产生，而是源自具有永久和普遍性效力的正义原则。对他们而言，自然法加诸所有国家共同的权利与义务之中。

格劳秀斯认为国家必须要遵守国际法，因为遵守国际法合乎每个国家的自身利益。他也认为国际社会中的国家，彼此均受制于国际法的最

---

① Deborah Z Cass, *The Constitutionalization of the World Trade Organization: Legitimacy, Democracy, and Community in the International Trading System*, Oxford U., 2005, pp. 28 – 33.

② Anne Peters, "The Merits of Global Constitutionalism", *Indiana Journal of Global Legal Studies*, Vol. 16, No. 2, 2009, pp. 397 – 411.

③ Anne Peters, *Constitutional Fragments-On the Interaction of Constitutionalization and Fragmentation in International Law*, Centre for Global Constitutionalism, University of St. Andrews, Working Paper No. 2, 2015, pp. 11 – 12.

高规范"普遍至上的正义"(universal supremacy of justice)。而且,自然法学派的劳里默极力主张建立一个强有力的国际联合,即所谓的国际政府。① 居于自然法学派和实在法学派之间的格劳秀斯派的代表学者沃尔夫(Christian Wolff)则提出"世界国家"的主张,认为各国的总体构成一个凌驾于各成员国之上的世界国家。②

中世纪末叶,开始出现了思想家提出永久和平计划的潮流。德国哲学家康德(Immanuel Kant)被认为第一次提出了广泛意义上的国际宪法或宪政思想。在《世界公民观念之下的普遍历史观念》(1784 年)一书中,康德强调"确立一部完美的市民宪法问题,从属于受法律管制的与其他国家的外部关系问题,并且除非后者得以解决方能解决前者"。在《论持久和平:一个哲学的方案》(1795 年)一书中,康德所提议的国际条约,要求将法治原则扩展到国家的政府间关系,以及其与外国公民的跨国关系中。为了保证国内和国际层面的和平,"所有能够影响他人的人都必须恪守某类市民宪法"。该市民宪法包括:第一,以国内个人公民权为基础的宪法;第二,以国家在国家间关系的国际权利为基础的宪法;第三,以世界主义权利(cosmopolitan right)为基础的宪法。康德还设想了共和国家的联邦(federation of republican states),该联邦并不旨在获得任何与国家或"国际国家"相似的权力,而只是维护和保证每个国家本身的自由。③

这些早期的与世界或国际宪法有关的思想,与本书所述的"国际法的宪法化"之间具有简明而复杂的关系:19 世纪以前,现代意义上的国家和国际社会、宪法和国际法以及宪法学和国际法学都在积极地"开疆拓域",各自的轮廓都在逐渐萌芽、成长和舒展。例如,从 16 世纪开始,

① 杨泽伟:《宏观国际法史》,武汉大学出版社 2001 年版,第 160~162 页。

② 王铁崖:《国际法引论》,北京大学出版社 1998 年版,第 4、308、326 页。

③ Armin von Bogdandy, "Constitutionalism in International Law: Comment on a Proposal from Germany", *Harvard International Law Journal*, Vol. 47, 2006, pp. 223-242.

经过几个世纪的努力，国际法学逐渐从其他学科或领域中分离出来，成为一门独立的专业学科。“国家”(state)一词最早在16世纪由意大利思想家马基雅维利在其《君主论》中使用。而国际关系中的主要行为者德国迟至1871年才初步完成民族国家的内部整合，并在随后的20世纪遭遇离合。神权和主权，王权和人权，国际法和宪法早期分别关注的重心大相径庭。从某种意义上说，在19世纪以前的这类“自然法”“世界法”以及国际宪法思想，实际上是宪法和国际法等法学部门混沌初开并分道扬镳的过程，与现代国际法的宪法化强调两者之间的互动和融合形成了对比。

特别是在今天这个有60多亿人口、近200个主权国家的世界上，所谓国际宪法或宪政无疑是乌托邦。国际法学者一般认为，世界政府是对国家的否定，而世界法是对国际法的否定。然而，国际宪法或世界国家之类的设想，因为其固有的普世主义和以理性为基础的法律大同理念，具有天然的吸引力，而强调主权独立的国家宪法和国际法恰恰缺乏这种特质。这似乎是理解为什么国际法学发展的各个时期和各种流派都出现过这类思想的关键。

(二)国际法宪法化理论的出现

20世纪上半叶，随着国际政治舞台上的主要国家先后完成了民族、国家、宪法以及主权的内部整合，因两次世界大战的深刻教训，奉行“威尔逊主义”的国际理想主义者，努力提出各类国际规则、成立国际组织，希望通过对无政府状态的国际社会的重新组合来规范各国的主权权利。

尝试将宪法规则适用于国际领域是宪法主权概念在第一次世界大战后的10年间占主导地位的象征，并在第二次世界大战后获得了简短的复兴。在日本学者筱田英朗看来，宪政或立宪主义是专制主义和无政府主义、绝对国家主权和世界政府之间倾向“折中”的政治表达。[①] 宪政希望政治权力能得到约束,但并不提倡对传统政治权威实行全面禁止。国内宪政的要旨是约束国内社会中公权力的宪法规则的主权权威。同理,所谓国际宪政也可通过约束国际社会中的公权力的国际规则的相同主权权威而获得实现。既不存在国际宪法也不存在国际立法机构的事实,与作为一种意识形态的宪政思想模式毫无关系。宪政或立宪主义的政治含义,是指对基本法律统治的信仰。例如,保护个人权利免受公权力的侵害是宪政的核心价值,而无论它是否作为一项具体的宪法规定。这种基本价值倾向也适用于国际领域,国际关系的法律化就是建立国际社会基本规则体系的一种尝试。所以,筱田英朗用“宪法的”一词表示一种“国际宪政”理论倾向:制定一套效力高于主权原则的基本规则。[②]

这一时期,国际法学者也使用过宪法或宪法的措辞,在 20 世纪 20 年代,奥地利国际法学者菲德罗斯(Alfred Verdross)将国际法的基本原则称为“国际社会的宪法”,并提出了“国际法共同体”(international legal

---

① 所谓宪法主权是相对于君权神授、国家主权和人民主权的概念来说的,其最重要的意涵是将主权权威归诸宪政精神,而不属于任何一个人、一群人、一个集团、一个机构或一个政治单位。这个理论建构在历史上经过三次的累积而成,包括 17 世纪的英国非成文宪法发展、18 世纪的美国立宪运动以及两次世界大战间的国际和平秩序运动。格劳秀斯、洛克和孟德斯鸠阐述了古典时代理性主义中的“宪法”原理。古典时期的理性主义者并不承认“国家理性”,因为国家不是一个神秘的有机体,而是法治下的个人联合体。所谓格劳秀斯传统的特征是“国际关系总体上要受法治的支配”。从广义上解释,法治并不只是意味着制定法律的主权者的存在,而是宪政或立宪主义的象征。这一思想流派将主权概念置于法律体系或者宪法规则的范围内。换言之,宪法主权就是存在于宪法规则范围内的主权概念。See Hideaki Shinoda, *Re-examing Sovereignty: from Classical Theory to the Global Age*, London: Macmillan Press Ltd., 2000, pp. 24 – 35; 中文译著为[日]筱田英朗:《重新审视主权——从古典理论到全球时代》,戚渊译,商务印书馆 2004 年版。

② [日]筱田英朗:《重新审视主权——从古典理论到全球时代》,戚渊译,商务印书馆 2004 年版,第 25 ~ 26、73 ~ 93、172、182 页。

community)的“国际宪法”(international constitution)概念。① 菲德罗斯后来在其国际法的教科书中认为《联合国宪章》属于这种意义上的宪法。②我国国际法学者周鲠生也在当时指出:“现代国际法的新趋势……第一是一般公法学说的革新。最近二三十年中,有一部分法学家,尤其法国的杜骥,开始攻击传习的公法学说,对于国家人格主权等向来构成公法学的基础者在根本上推翻。这派学说在新进学者中间日益得势,以致令人觉得公法学大有将建设在完全新的基础上面之势。公法学说的如此大变,一方面直接影响到国内法,同时也自然影响到国际法……许多固有的原则或理论都须得重新估价或改造,而在国际法学上形成一种新趋势。”③

第二次世界大战后的欧洲,对世界秩序和国际法的作用具有三类认识。第一类是附随与其利益和信仰最相似的强权国家,这类认识在国际法的理解上是相当现实主义的。第二类是构建一个统一的欧洲,对于国际法的未来持双重观点,即欧洲国家所参与的一套宪法性质的法律,以及其他所有国家符合传统国际法的法律。第三类是推动按照共同价值和共同之善(common good)指导政治权力的全球法律共同体(global legal community),这经常被概括为国际法的宪政。上述三类认识大体上分别为英国、法国和德国所持有。④

尽管不是完全一致,将现代国际法理解为一种全球法律共同体或国际共同体(international community)的奠基,一直是多数德国国际法学者的主流认识。例如,自 1945 年起,温格尔(Wilhelm Wengler)、莫斯勒

---

① See Alfred Verdross, Die Verfassung der Völkerrechtsgemeinschaft (The Constitution of the International Legal Community), Verlag von Julius Springer Wien, 1926.

② Bardo Fassbender, *UN Security Council Reform and the Right to Veto*, The Hague, Kluwer Law International, 1998, pp. 37 – 115.

③ 周鲠生:《现代国际法的新趋势》,载王铁崖等编:《周鲠生国际法论文选》,海天出版社 1999 年版,第 3 页。

④ See Armin von Bogdandy, “Constitutionalism in International Law: Comment on a Proposal from Germany”, *Harvard International Law Journal*, Vol. 47, 2006.

(Hermann Mosler)和图姆夏特(Christian Tomuschat)一直在海牙国际法学院讲授基本课程,后两位学者都持有这种认识。1974 年,莫斯勒所讲授总论的标题为"作为法律共同体的国际社会"。[①] 1980 年,莫斯勒指出:"任何社会,无论如何没有组织,也必须有根本的宪法规则,否则该社会就不是一个共同体而只是个人简单地集合。这就是法律所创立和发展的规律。"莫斯勒指出,"作为法律共同体的国际社会"(international society as a legal community)由所有国际法的主体构成,包括主权国家、国际组织、人民和少数者、交战团体、个人等。[②] 图姆夏特则较为系统地论述了国际法的宪法化。[③] 在图姆夏特看来,国际法逐级成为一种复合的体现,将经历共存的国际法、合作的国际法、作为全面指导社会生活的国际法、国际共同体的国际法四个阶段。在此意义上,"国际法可被视为人类的宪法"。[④]

与之相似,1964 年,美国国际法学者弗雷德曼(Wolfgang Friedman)在《变动中的国际法结构》中提出,一般来说,国际法的结构经历了从共存(co-existence)到合作(co-operation),再到共同体(community)的发展过程。共存的国际法注重以主权行为为基础的过程,合作的国际法注重世界范围内公民的实质福利,而共同体的国际法在支持共同体利益优先于个体国家利益的进程中不断进展,在国际环境法、推动国际共同体关注自决权问题的一系列规范以及人权的国际保护中得到特别体现。弗

① See Hermann Mosler, *The International Society as a Legal Community*, RECUEIL DES COURS, Vol. 140, 1974.

② Detlev F. Vagts, " Treaty Interpretation and the New American Ways of Law Reading", *European Journal of International Law*, Vol. 4, 1993, pp. 472 - 481.

③ See Christian Tomuschat, *International Law: Ensuring the Survival of Mankind on the Eve of a New Century*, Recueil des Cours, 1999, pp. 289 - 438; Obligations Arising for States Without or Against their Will, 241 - IV RdC, 1993, pp. 209 - 240.

④ Christian Tomuschat, " International Law as the Constitution of Mankind, in International Law on the Eve of the Twenty-first Century: Views from the International Law Commssion", U. N., 1997, pp. 37 - 50.

雷德曼指出，如果人类希望实现更有效的国际（社会）组织化，则国际法必须发展为宪法。①

与之相近，1950年，在联合国成立不久后，英国国际法学者H. 劳特派特（Hersch Lauterpacht）就使用过宪法措辞，不过当时主要是对《联合国宪章》的一种比喻。其后他在《国家主权与人权》一文中表达了与“国际法宪法化”相似的观点：“可以设想根据两个不同的模式实现联邦统一的目标。第一个模式，可以是互为补充的普遍原则和区域联合原则相互结合、相互妥协的产物。主张在某个区域内实行统一的道德权威的呼声，正在日益增加，因为这样的区域联合着眼于或者说能够成为真正的法治的世界联邦的演变链条中的一个环节。以此为前提，区域性国家联合就得到了合理的证明，可能就是有益的……按照第二个模式，促进国际社会的最终统一，不仅需要在形式上有意识地采纳一个全面的世界联邦宪法，还需要逐步接受联邦制所固有的和其本质所要求的一些制度。其中，在一个联邦性质的联合内部，由该联合承认的和有效保障的保护人权制度，比那些以取消国家的国际人格为基础的主张，似乎更有实现的可能。”②

在冷战期间，国际关系仍然主要以传统威斯特伐利亚体系为特征，仅在经济等领域获得了区域和有限程度的整合。这种体系虽然接受条约规则和习惯规则，但依赖于国家的同意，而不愿更多地接受有能力在未经同意下制定规则的国际制度和机构。因此，在国际关系制度化的两种一般模式即政府间主义和一体化中，威斯特伐利亚体系总是倾向于不损及主权的前者。尽管经济领域的一体化可以促进所谓高级政治领域的一体化，但冷战期间主要关注的仍然是和平与安全，是“国际政治法”

① Wolfgang Friedmann, *The Changing Structure of International Law*, Columbia University Press, 1964, pp. 60 – 71, 131, 152 – 160.

② ［英］H. 劳特派特：《国家主权与人权》，李鸣译，载沈宗灵主编：《西方人权学说》，四川人民出版社1994年版。

而不是国际经济法。[①] 特别是国际法宪法化和宪政的理论仍然止步于宪法和国际法的鸿沟。对于国际法宪法化的描述大多是一种设想、类推甚至比喻,缺乏较为深入的论证。[②]

(三)国际法宪法化理论的兴起

自20世纪90年代以来,国际法的基础和结构受到经济、政治、法律和文化等多方面的影响,特别是随着冷战结束和经济全球化的推波助澜,国际法的宪法化逐渐成为引人瞩目的焦点。法学者对广泛意义上全球宪政(global constitutionalism)的理论和实践开始重视,以国际法学为主要依托的国际法宪政理论也得到多方面的发展,逐渐形成了一种研究规模和趋势。

从研究现状来看,大体上形成了三个联系密切而迥然不同的法学路径:第一,以法理学和比较法学对所谓"法律全球化"、"法律多元主义"(legal pluralism)、"全球法"(global law)和"社会宪政"(societal constitutionalism)理论研究为代表,形成了理论法学的"宪政全球化"研究。第二,以宪法学的比较立宪主义(constitutionalism or constitutional Government)为路径、以国家宪法为本位的"跨国宪政"研究。第三,以国际关系的全球治理理论和国际法学的国际法宪政理论为基础的"国际宪政"研究。[③] 显然,第三种路径是本章关注和考察的重点。

1. 以国际关系理论和国际法进行综合研究的学者,主张经济全球化促进了跨国问题和全球问题的出现,全球治理不仅意味着"没有政府的治理",也意味着国家宪法不再能全面管制所有的治理问题,国家宪法形

---

① Joel P. Trachtman, "The International Economic Law Revolution: International Economic Law and International Economic Integration", *University of Pennsylvania Journal of International Economic Law*, Vol. 33, 1996, p. 17.

② 在这一时期,宪法化实际上开始在欧共体中发生。不过,这一时期的欧共体以功能主义为主导,其状况如同肯尼迪认为的那样,对于本身的宪政理想是"务实的、稳健的和羞涩的"。See David Kennedy, "The International Style in Postwar Law and Policy", *Utah Law Review*, Vol. 1, 1994, pp. 7 – 118.

③ 参见陈喜峰:《国际组织宪政论》,法律出版社2016年版。

成完整的基本秩序的传统观念也受到质疑，因此提出作为补充的在国际层面的宪法化。

自 20 世纪 70 年代起，全球化特别是经济全球化的影响日盛，促进了跨国问题和全球问题的出现。与格劳秀斯时代主要关注国家之间的关系和问题相比，今天，代表国际社会整体利益或者人类共同利益的"全球问题"，以及牵涉某个地区的"区域问题"，成为关系到国际社会和全人类福祉的新领域、新问题。这些全球问题和区域问题突破了传统的地域和主权界限，以其如同核爆炸式的放射性后果令各国牵涉其中。在冷战后时代，全球化使主权国家陷入了一种自相矛盾的处境之中：一方面国家间的相互依存得到前所未有的加强，另一方面却在经历着一个权力逐渐分散和社会不断分解的过程。

全球治理理论对此提供了有力的解释。按照全球治理理论，政府"统治"权威的最终保障来自对合法暴力手段的垄断，其以强制为特征；而"治理"的权威主要源于共识，其以自愿为本据，离开了普遍认同，治理就难以真正发挥效用。① 全球治理理论强调多元化的治理主体在营造共识的基础上，以协调的方式构建多层次的网络，对全球问题实行"各种路径的综合治理"。换言之，在所谓全球化时代，国家和国际社会成为国家、政府间国际组织和"超国家组织"、形成中的跨国甚至全球公民社会共同治理的领域。因此，"治理"以各种方式发生在地方、国家、区域、国际和跨国、全球或世界等各种层面，以此形成了"多层次治理"（multilevel goverance）。

国际社会结构在全球治理方向的变动导致法学理论的相应发展。与全球治理的多方式和多层次相似，相关的法学理论呈现出多角度和多

---

① See James N. Rosenau, Governance, Order, and Change in World politics, in id. / Ernst-Otto Czempiel (eds.), Governance Without Government, 1992, pp. 1 – 7. See also Commission on Global Governance, Our Global Neighbourhood: The Report of the Commission on Global Governance, 1995.

方法的情况。其中,就国际法学而言,如美国学者昆曼(Mattias Kumm)认为,所谓"治理的国际法"正在出现,其主要特征是国际法的主题事项显著扩展,国际法的制定程序逐渐削弱了国家的同意与国际法义务之间的关联,以及国家在解释和适用国际法时,逐渐失去了灵活性。随着新安全威胁、贸易自由、人权保护、气候变化等全球问题的出现,国际法已经以各种形式改变了国际法的实践。不仅联合国、国际货币基金组织和世界银行肩负更多使命,还出现了国际刑事法院和 WTO 争端解决机制等国际争端解决机构的"司法化"趋势。这类制度、机构和实践的发展,必然引发国际法在理论上的相应发展。①

简言之,"治理的国际法"正在使国内法和国际法的界限逐渐模糊。无论是主题事项的范围,还是制定、解释和实施的过程,都逐渐难以在结构上区分国际法和国内法。也有学者重新阐明了"跨国经济法",认为国际法是在跨国法律过程中形成和运行的。因国际经济法逐渐对威斯特伐利亚体系提出挑战,促使主权、国内管辖领域、主权平等以及领土管辖权等基本概念都必须变更,这就是"国际经济法革命"。②

在此基础上,既然"治理"以各种方式发生在地方、国家、区域、国际和跨国、全球或世界等各种层面,那么相应的"宪法化"或"宪政"也可能发生在超出国家以外的其他层面,并被认为是"跨国宪政""多层次宪政""全球宪政"或者"宪政网络"(constitutionalism network)。

在这种情况下,国家和国家宪法也感受到全球化的压力:全球问题迫使国家在国际组织内通过双边和多边条约进行合作。典型的政府职能,诸如保障人身安全、自由和平等,已经在部分程度上转移到更高的层

① Mattias Kumm, "The Legitimacy of International Law: A Constitutionalist Framework of Analysis", *The European Journal of International Law*, Vol. 15, 2004, pp. 907 – 931.

② Joel P. Trachtman, "The International Economic Law Revolution: International Economic Law and International Economic Integration", *University of Pennsylvania Journal of International Economic Law*, Vol. 33, 1996, pp. 1 – 22.

面。而且,非国家行为者逐渐被授权或委托行使传统的国家政府职能,甚至涉及核心的军事和政治活动。这类现象的结果意味着国家宪法不再能全面管制所有的治理问题。从而,国家宪法形成完整的基本秩序的原始诉求受到了质疑。总体上,国家宪法不再是宪法的全部,逐渐形成了国际层面的宪法化。只有不同层面的治理结合在一起,才能提供全面的宪法保护。①

因此,从经济全球化、全球治理、治理的国际法到全球宪政,国际法的宪法化以这种角度完成了从实践到理论的发展,论证了宪法或宪政不拘泥于国家层面的可能性,进而使国际法宪政理论具有了实在的内容。值得注意的是,一方面,一些全球治理论者往往过分关注非政府国际组织及跨国公司等私人部门的作用。实际上,全球化既限制了民族国家选择的自由,又是民族国家自己选择的结果。由国内宪法所授权的国家代表仍然是国际层面的主要行为者,由国家政府、行政机构和法院所组成的网络仍然是全球治理的核心。另一方面,全球宪政理论不仅在很大程度上依托于全球治理理论,而且具有重要的能动作用,并发展出独特的全球宪政的国际法学面向。其关键在于,全球治理理论本身不能使全球治理获得合法性,而主要是一种描述性的阐释;而全球宪政论则以宪政为视角,建构了公法性的分析框架,提供了使全球治理正当化的契机。②

2. 强调国际法的普遍性、统一性和权威性,认为国际法的宪政是指推动按照共同价值和共同之善指导政治权力的全球法律共同体,主张国际体系的宪法特征是奉行和保证基本法律价值。为此,民主、法治和人权等宪政价值可以"上升"到国际层面,成为国际法中具有宪法性质或起

---

① See Anne Peters, "Global Constitutionalism Revisited", *Leyden Journal of International Law*, 2006 (forthcoming). Thomas Cottier, Maya Hertig, The Prospects of 21st Century Constitutionalism, Max Planck UNYB, Vol. 7, 2003, pp. 261 – 328.

② Amichai Cohen, "Bureaucratic Internalization: Domestic Governmental Agencies and the Legitimization of International Law", *Georgetown Journal of International Law*, Vol. 30, 2005, p. 1079.

到宪法功能的规则和原则,特别是在涉及安全、人权、海洋法、环境法和国际刑法等领域。

一些学者认为,在现代国际法中,国家自创立时起就置身于国际法基本性质的规则框架中,这类规则确定其基本的权利和义务,而无论其同意与否。国际社会最基本的和构成性的规则,如主权或条约必须遵守,无此国际社会就无法存在。① 另一些学者则推崇国际强行法规范的宪法性质。例如,意大利国际法学者凯塞斯(A. Cassese)指出,依托国际强行法规范,至上的或宪法的原则得以创制。② 劳特派特认为,强行法规则"可以视为国际公共秩序的宪法性原则的国际法的超越原则",即几乎等同于宪法性原则。③

荷兰国际法学者韦特(Erika de Wet)提出,国际宪法秩序的基本实体要素,主要是指国际法秩序的价值体系,通过国际法主体特别是国家的实践,某些具有强烈道德支持的实定法获得了特殊的等级地位。④ 前述图姆夏特认为,某些国际法规则在国际领域和国内领域起到一种宪法功能,即"为了国际法实质上最终所针对的人类利益而保障国际和平、国家间关系的安全和正义、国家内部的国内人权和法治"。国际体系的宪法特征是奉行和保证基本法律价值,为了使人类能够在一个允许个人享有人权的和平条件下继续生活,这类价值必须得到维持。《联合国宪章》第2条关于禁止使用武力的原则和核心的国际人权,提供了例证。因此,某些重要的国际义务对于国内法体系来说是根

---

① See A. Hurrell, International Society and the Study of Regimes, A Reflective Approach, in V. Rittberger (ed.), *Regime Theory and International Relations*, Clarenden, 1993.

② A. Cassese: *International Law*, Oxford, 2005, p. 202.

③ 王铁崖:《国际法引论》,北京大学出版社1998年版,第247页。

④ Dupuy, Pierre-Marie, "Some Reflections on Contemporary International Law and the Appeal to Universal Values: A Response to Martti Koskenniemi", *European Journal of International Law*, Vol. 16, 2005, pp. 131 - 137.

本性的，并因此可以被认为履行了针对全世界的宪法功能。以国际人权等“二战”后产生的概念为基础，图姆夏特认为：国际共同体逐渐由以国家为中心的体系向“以价值或个人为导向的体系”（a value-oriented or individual-oriented system）转变，这一事实已经对国际法的范围和意义产生重要影响。①

值得注意的是，国际法的普遍性、统一性和权威性不仅依赖于国际法的基本法律价值即所谓宪法性原则，也应以国际法体系本身形成一定的规范等级为基础。近年来，国际法学逐渐重视国际法规范之间及次级体系之间的协调和冲突问题，当属此例。②

3. 部分学者关注国际法的合法性问题，主张国际法的创制、适用和解释应加强民主性、透明度和可问责性，而具有良法善治特征的国际制度和机构，可以在一定程度上作为民族国家主权行使的替代。

国际法的合法性问题成为国际法学的焦点问题之一，固然有其历史的甚至意识形态的原因，③但根本原因仍然是冷战结束所引发的国际社会在政治结构上的巨大变化，特别是国家主权和国家的同意不再被视为国际法合法性的唯一来源。这突出地表现为下述三个方面。

第一，冷战结束后国际法的发展使民主合法性问题日益严重。国际法的主题事项显著扩展，传统上的国内关注事项逐渐与国际法所讨论的问题产生重叠。公民则发现他们处于一种困境：在国内层面对民主过程的参与，由于国际法逐渐增强的有效性而受到限制，但同时在国际层面又没有确立相应的民主制度和实践。而且，所谓跨国或国际公民社会已

---

① Christian Tomuschat, International Law: Ensuring the Survival of Mankind on the Eve of a New Century, Recueil des Cours, 1999, pp. 289 – 438.

② See International Law Commission, Conclusions of the work of the Study Group on the Fragmentation of International Law: Difficulties arising from the Diversification and Expansion of International Law, 2006.

③ 关于意识形态和国际法的关系，可参见［英］苏珊·马克斯：《宪政之谜：国际法、民主和意识形态批判》，方志燕译，上海世纪出版集团2005年版，第1～32页。

经出现和发展,而公民发现他们个人仍然只是国际法的"消费者"而不能有效参与国际法的制定和运行过程。

因此,美国学者托马斯·弗兰克(Thomas Franck)于1992年提出,遵守国际规则依赖于政府的成本收益分析,依赖于政府间规则对国内法和政策制定过程的国际化,更依赖于国际规则本身的合法性。这种合法性,归因于国际法正在出现的"民主治理规范"。弗兰克还解释了民主的概念:当被用作国际权利的用语时,民主是指那种因被治理者同意而合法化的治理模式;其合法性的关键在于,要有证据证明,民众同意政府为其咨询的程序。①

第二,传统上国际法规则的合法性,一般是通过在条约或习惯国际法中对国家的同意所规定的程序性要求,或者通过合作与和平解决争端的实体性条件来获得。② 而现代国际法的制定程序逐渐削弱了国家的同意和根据国际法所承担义务之间的关联。

根据1969年《维也纳条约法公约》的规定,国家通过签署和批准等程序表达国家对一项条约的同意,这类程序就是使条约承诺具有合法性的方式。这类程序完成后,条约必须信守(pacta sunt servanda)原则要求国家遵守其根据条约所承担的义务。③ 由于这类义务是在国家的同意下所承担的,所以并没有引发合法性问题。④ 但是,《维也纳条约法公约》所编撰的条约规则是一般性的,假定条约义务一旦承诺便保持不变。实

① Thomas M. Franck, "The Emerging Right to Democratic Governance", *American Journal of International Law*, Vol. 86, 1992, pp. 46 – 91.

② See Thomas Franck, *The Power of Legitimacy Among Nations*, New York, Oxford University Press, 1990.

③ 参见1969年《维也纳条约法公约》第6~16条、第26条。其中,根据第11条的规定:"一国承受条约拘束之同意得以签署、交换构成条约之文书,批准、接受、赞同或加入,或任何其他同意之方式表示之。"

④ Daniel Bodansky, "The Legitimacy of International Governance: A Coming Challenge for International Environmental Law", *American Journal of International Law*, Vol. 93, 1999, pp. 596 – 597.

际上,国家达成的协定经常不完整或不精确,有待后续的国家实践予以澄清和补充。①

从这个角度上来说,国际组织在条约方面起到了重要作用。国际组织被授权监督条约当事方的行为、解决条约当事方之间的争端、解释较为含混不清的条约规定并且促进法律发展。尽管国际条约仍然仅约束当事国,但具有准司法性和准立法性权限的国际组织逐渐增多。条约一旦被签署和批准,对有关权利和义务的确定在很大程度上就是这类国际组织的职权了。例如,有学者指出,联合国安理会在"9·11"事件之后所采取的准立法行为,就是这类组织对其管辖范围采取扩大解释的典型例证。② 因此,在一定程度上,正是国际组织使条约义务成为动态的和发展的。国家遵守这种意义上的条约义务,就可能引发合法性问题,而国家同意的形式规则并不能解决。

第三,国家在解释和适用国际法时,也逐渐失去了灵活性。这归因为所涉国际法义务的相对明确,也因为强制性的第三方争端解决机制逐渐增加。有效的监督、争端解决和实施机制使国家不遵守的成本更加高昂,国际法在许多领域对国内政治和法律过程施加了重要的约束,这不可避免地引发了国际法对权威的进一步诉求。③

民主不仅是宪政的要求,宪政也必须解决宪法化过程中的民主问题。在此意义上,宪法化是一种更深层次的民主化过程,民主合法性是任何宪政发展面对的核心问题之一。国际法的合法性问题彰显了国际组织在国际法宪政中的潜力和挑战,例如,如果国内和国际组织都是人们为服务于需要而成立的,如何能够保证国际组织中的民主参与和民主

---

① Joel P. Trachtman, "The Domain of WTO Dispute Resolution", *Harvard International Law Journal*, Vol. 40, 1999, p. 333.

② Szasz, "The Security Council Starts Legislating", *American Journal of International Law*, Vol. 96, 2002, p. 901.

③ Tushnet, "Transnational/Domestic Constitutional Law", *Loyola of Los Angeles Law Review*, Vol. 37, 2003, p. 239.

控制？在国际层面没有单一的“人民”、统一的公共意见和政党体制，民主合法化和代议制的国内传统，如公民投票、全民投票和国内议会，能够适合于区域和世界范围的组织吗？或者，政府间规则制定和政策制定所必须的民主合法化，是否要求新的宪法契约理论、代议制理论或参与理论？应在不同的民主模式中选择还是留给国家决定？就问题的提出而言，这是在国际法宪政的理论建构中迈出的实质性的一步。

（四）结论

笔者曾经提出，国际法的宪法化和宪政，主旨在于借鉴国家宪政在制度设计和政治设想上的成就，以人权保障、国际法治和民主治理等宪法原则组织国际法体系的规范等级，形成国际共同体的基本法律秩序，指引主权权力在国际和跨国层面的运行，实现对国际共同体中的个人利益、国家利益和全人类整体利益的保障和协调，旨在促进国际法秩序的有效性和公平性。①

以宪法化的角度看待国际法及国家的相关实践，呈现出一幅复杂的景象。一方面，大多数所谓国际法的宪法化现象目前只能称为法律化和制度化。从国际法和国内法一并考虑，还可以看到在不同的治理层面表现出“不成体系”的宪法化，而且主要局限于少数领域。另一方面，依据目前国际社会的现实情况，国际法的宪政，主要体现在宪法原则、宪法性质和宪法功能等方面的宪法化。② 在国际乃至更广泛的非国家层面，宪法的某些特性业已出现，某些宪法功能得到施行，某些宪法价值得以确认。

对于国际法学者来说，由于全球化时代的国际法在基础和结构上的变动，对宪法和宪政的祈求可能更加紧迫。国家所面临的诸如环境恶

---

① 参见陈喜峰：《国际组织宪政论》，法律出版社 2016 年版。

② See Kathrin Blanck, Angelika Hable and Ulrike Lechner, “Conference Report: Europe’s Constitutionalization as an Inspiration for Global Governance? Some Viennese Conference Impressions”, *German Law Journal*, No. 1, 2005.

化、安全隐患、经济发展和人权保护等问题，不再能局限于国内层面单独解决，也加剧了国际机构和制度不成体系的显现。[①] 在国际法的关联性和有效性都遭到挑战的背景下，宪法话语（constitutional discourse）的转向可以被理解为反映了国际法学者对国际法的现时地位和作用在规训意义上的深刻忧虑。简言之，对国际法领域中宪法话语的祈求，也许是一种修辞策略，旨在赋予国际法以国家宪法结构和规范所具有的权限和权威。[②]

二、国际组织的宪法化和宪政

（一）国际组织的宪法化

自弗雷德曼于 1964 年首次提出将“国际宪法”作为“国际法的新领域”，[③]“国际宪法学”便可以说是国际法学中正在形成的新部门。国际组织的宪法化、宪政及其研究是国际宪法学的一个重要组成部分，弗雷德曼当时所指的国际宪法即代称政府间国际组织的宪法，瓦特尔（Christian Walter）也指出，国际组织或国际机制的基本规则是一种国际共同体的部分宪法（partial constitution）。[④]

国际法的宪法化和宪政发展，一般性地为国际组织的宪法化提供理论基础。而且，作为国际社会中主权国家进行合作的高级法律形式，国际组织的宪法化具有自身的特有优势和潜力：

第一，国际社会的组织化趋势为国际组织的宪法化提供了背景和依托。国际社会在 19 世纪体现为以国际会议为表现形式的国际合作与协

---

① Cesare P. R. Romano, “The Proliferation of International Judicial Bodies: The Pieces of the Puzzle”, *N. Y. U. Journal International Law and Policy*, Vol. 31, 1999, p. 709.

② See Jeffrey L. Dunoff, “Constitutional Conceits: The WTO's ‘Constitution’ and the Discipline of International Law”, *European Journal of International Law*, Vol. 17, 2006.

③ Wolfgang Friedmann, *The Changing Structure of International Law*, New York: Columbia University, Press, 1964, pp. 152 – 159.

④ Christian Walter, “Constitutionalising (Inter) national Governance-Possibilities for and Limits to the Development of an International Constitutional Law”, *German Yearbook of International Law*, Vol. 44, 2001, p. 191.

调,在 20 世纪则体现为职能无所不包的现代国际组织所组成的国际组织网,后者主要体现在国际组织数量的增加与职能的扩大等方面。而且,国际组织网的形成是现代国家既彼此独立又相互合作的必然结果,是国家权力分散和国家展开合作需求之间的“结构平衡”。① 20 世纪被称为国际组织的世纪。国际组织在数量和类型方面的空前发展,不仅说明国际组织的确有助于改善多国家体制的运行状态,而且展示了其协调国家利益与人类共同利益相互发展的潜力。② 简言之,国际社会日益出现了组织化的趋势。③

第二,政府间国际组织的建立,以国家间的正式条约为其组织章程。尽管这种组织章程在本质上仍然是国家间的多边条约,但与一般的国际条约有所不同的是,成立国际组织的条约主要规定有关组织本身的建立、法律地位和职能、组织结构、决策程序以及财务与人事管理等方面。在此意义上,国际组织的组织章程首先是国际组织本身的基本法,这种性质和功能决定了它们享有与国内法中宪法相似的地位和效力。

第三,建立全球性国际组织的条约,往往规定有国际社会需要共同遵守的一般性原则。加入这种组织的国家越多,接受这种规则的国家就越普遍,从而使某些重要规则可能产生一般国际法的效力。在此方面,《联合国宪章》颇具代表性。该宪章第 2 条,在规定本组织及其成员国应遵守的各项原则时,特别规定非联合国会员国应遵守该各项原则。因此,宪章形式上是基于一般国际法而制定的一个国际组织的组织章程,实质上是一项对全球一切国家产生普遍影响的最大公约,是现代国际法

---

① 梁西:《国际组织法》,武汉大学出版社 2001 年版,第 327 ~ 336 页。

② 余敏友:《二十世纪的国际组织研究与国际组织法学》,载《法学评论》1999 年第 2 期。

③ 梁西:《国际组织法》,武汉大学出版社 1998 年版,第 409 页。

最重要的渊源。①

第四,一个重要的政府间组织,不仅自身是一种国际合作的法律形式,而且还显示着一个以其基本文件为核心的国际法律体系的形成。②国际组织的基本文件不仅是国际组织本身的基本法,也以此为核心建构了一种国际法律体系,明确规定了成员国的基本权利和义务,确定了国际组织的国际法律人格和责任,设立了制度和机构,界定了国际组织的有限权力和决策程序,规定了批准、修改和争端解决程序等。在某些情况下,还可能包括保证"次级条约法"(secondary treaty law)与初级宪法规则相一致的优先性规则(priority rules)。③ 在此基础上,国际组织初步具备了较为系统的哈特意义上的"次级规则"。

第五,随着国际组织逐渐增多、国际组织的制度和机构日益精密以及国际组织的职能范围不断扩大,在国际组织内部机构之间,在国际组织之间错综复杂的法律关系上,对组织、制度和机构设计方面提出了更高的要求。国家宪法作为人类社会设计"国家组织"的法律成就,尽管不可能机械地进行法律移植,但宪法中所包含的法治、分权、制衡和民主等理念或价值无疑提供了相当的借鉴。在此方面,国际组织中"立法""行政"和司法机构如何配备、如何实现相互之间的制衡、国际组织之间如何实现相互之间的权力分配和平衡,是非常现实的"宪政问题"之一。④

第六,在国际组织与其成员之间关系、国际组织法与其成员国内法

---

① 梁西主编:《国际法》,武汉大学出版社 2002 年版,第 344 ~ 345 页。

② 曾令良:《世界贸易组织法》,武汉大学出版社 1996 年版,第 34 ~ 35 页。

③ Ernst-Ulrich Petersmann, "How to Constitutionalize International Law and Foreign Policy for the Benefit of Civil Society", *Michigan Journal of International Law*, Vol. 20, 1999, pp. 13 – 14.

④ Christian Walter, "Constitutionalizing (Inter) national Governance-Possibilities for and Limits to the Development of an International Constitutional Law", *German Yearbook International Law*, Vol. 44, 2001, p. 170.

关系以及国际组织成员与其国内法关系上日益密切，包括宪法在内的公法和作为国际公法一部分的国际组织法之间出现了逐渐趋同的现实发展。由于国际组织获得了越来越多的权威，成员国被整合得更加紧密，它们的国内法也日益趋同，国际组织将在更大程度上依赖于与联邦国家的宪法的类推和转换联邦国家的法律原则。一个国际组织纳入其目标而传统上属于国家的职能越多，为了解释该组织的章程和辨认“一般”原则，成员国的宪法及行政法的一般原则就不仅更有可能而且更经常是有关组织适当的原则。① 宪法的某些概念和原则极可能演变为国际（公）法的一般法律原则，而直接影响和成效明显的当属国际组织法。②

（二）国际组织的宪法和宪政

宪法的内涵及其分类很多，如日本宪法学者芦部信喜指出，形式意义的宪法是指以宪法这种名称所称呼的成文法典即宪法典。实质意义的宪法是将具有某种特定内容的法称为宪法，这种意义的宪法又可分为固有含义的宪法和立宪意义上的宪法。前者指宪法作为规定国家统治之基本法，后者即基于 18 世纪末市民革命时期所主张的、通过限制专断性权力来广泛保障国民权利的宪法。立宪意义上的宪法，是一种历史意义的观念，最重要的目的在于限制权力以保障人权。③ 芦部信喜的三分法，大体上与描述性、解释性和规范性的三分视角相应，因而也成为本书建构国际组织宪法概念的基本参照。④

概言之，笔者提出国际组织的宪法概念，是指对国际组织的政治和法律关系予以制度化、组织化、法律化，创建并组织具有一定等级的法律和机构体系，规定并限制国家和国际组织的权力，确认并保障与国际组

① 张文彬：《论私法对国际法的影响》，法律出版社 2001 年版，第 212～213 页。

② 陈喜峰：《简论欧盟法中的相称性原则》，载《法学评论》2003 年第 5 期。

③ ［日］芦部信喜：《宪法》（第 3 版），林来梵等译，北京大学出版社 2006 年版，第 4～5 页。

④ 本部分以下详见陈喜峰：《国际组织宪政论》，法律出版社 2016 年版。

织相关的个人的基本权利。宪政视角下国际组织发展的理想前景，是形成一种宪法性的、自足性的、职能性的、动态性的、多层次的共同体，这种宪法共同体的宗旨、原则和价值建构维系着各种成员的认同。

笔者主张，国际组织的宪法可以具有三个面向，即条约宪法、职能宪法和权利宪法。具体地说：

第一，在国际组织本身的渊源和法律体系中，国际组织的基本文件处于效力的最高层次，国际组织所有其他有关内部事务和对外关系的法规，都受基本文件的约束。在国际组织的基本文件中，国际组织的基础条约又处于核心地位。其他条约和立法性决议中与组织事项有关的规范以及国际组织的宪法解释和宪法惯例，都不应与国际组织的基本文件相抵触。

国际组织文件或基础条约的宪法性质的核心，在于基础条约以其演进解释和目的解释（evolutionary and teleological interpretation）为基础，为国际组织的结构和活动提供了法律基础和框架。以此，尽管国际关系不断变动，国际组织仍然持续发挥效能，有效履行其既定的宗旨和职能。这表明国际组织的基础条约将需要随着变动的情况予以调整适应，以便国际组织有效地运行和活动。① 另外，宪法可以指制定和修改、解释和适用、实施和执行的相关规则。国际组织因履行其宗旨和职能的需要，也可能以种种惯例方式实现国际组织及其条约的"宪法变迁"，而一般的条约并没有这种发展的空间。

因此，笔者提出，国际组织的条约宪法，是旨在规范国际组织的组织事项，以国际组织的基础条约及其正式修改为基本的宪法典，以其他条约和立法性决议中与组织事项有关的规范为宪法性法律，以国际组织的

---

① Sato Tetsuo, "The Legitimacy of Security Council activities under Chapter Ⅶ of the UN Charter after the end of the Cold War", in Jean-Marc Coicaud and Veijo Heiskanen (eds.), *The Legitimacy of International Organizations*, United Nations University Press, 2001, p. 325.

宪法解释和宪法惯例为动态性发展内容的总称,亦即国际组织在形式意义上的宪法概念。国际组织的条约宪法在宪政的意义上是指国际组织自身的宪法,确立了新的国际法主体,揭示国际组织法律渊源的范围不限于组织文件,指明国际组织法律体系的等级特点,标志着国际组织法的动态性发展,整合着国际组织与成员国的关系。

第二,在宪法的构成要素中,对公权力的界定及其组织,可以追溯到古希腊和古罗马时期的宪法观念,宪法是确认和限制公权力范围和形式的基础,是规定公权力的性质、结构和有限范围的文件。简言之,宪法是对公权力合法性的规范保障。① 国际组织固有意义上的宪法与公权力密切相关。例如,建立国际组织的条约创立了践行中的治理体系,国际组织的基础条约必然包括治理体系的基本规则、对机构范围和性质的界定及其权力的分立规则,以及这类权力如何行使的规则。其特性是创设了国际法人格者,对保留施加限制,重建默契的可能性。② 又如,国际组织确立了制度和机构,指引和限制这类机构,并通过修改程序使这类规则固定化,其目标是创设具有一定立法自主权的国际法主体,以此实现某些共同目标。尽管国家之间的协议是国际组织存在的前提条件,一旦自治的实体出现,这类条约就转变为国际组织的宪法。

在此基础上,笔者提出,国际组织的职能宪法是指规定和限制国际组织以职能为承载地的公权力,为国际组织公权力的行使提供法律基础、形式、范围以及程序和实质限制的基本原则和规则,使国际组织实现其作为非国家的政治共同体的职能目标。国际组织的职能宪法在宪政的意义上是指所涉及国际法秩序主体在公权力方面的组织和分立过程,

---

① Sergio Dellavalle, Constitutionalism Beyond the Constitution: The Treaty of Lisbon in the Light of Post-National Public Law, Jean Monnet Working Paper 03/09, 2009, pp. 5 - 11.

② H. G. Schermers & N. M. Blokker, *International Institutional Law*, 4th *ed.*, The Hague: Kluwer, 2004, pp. 724 - 731.

标志着国际组织具有了实质性的“自治”权力。基于主权权力的授予、让渡或分立，国家层面和国际组织层面的宪政形成了一种宪法共存。

第三，在宪法学上，实质立宪意义上的宪法，不是规定国家组织和机构的制度设计，而是确认和保障公民的基本权利，并进而实现基本权利对国家权力的制约。以此，宪法的构成性功能得以发挥。① 这种意义的宪法，是一种以基本权利理论为基础的“权利宪法”。

在此意义上，笔者提出，国际组织的权利宪法，以人之尊严作为基本规范，以基本权利的国际化所形成的国际人权规范作为价值体系和价值基础，确认并保障与国际组织相关个人的基本权利，使国际组织的宪法秩序得以确立公权力行使的界限，亦即国际组织立宪意义的实质宪法概念。国际组织的权利宪法在宪政的意义上不仅用以限制国际组织对公权力的行使，而且应促成和维系国际共同体的共同之善，使后者成为国际组织权利宪法的外在制约，这体现为国际法和国际组织不仅要提供“公共物品”，而且应彰显“共同之善”，创设政治框架促进对共同之善的宪法商议，而宪政民主是宪法商议的程序保障。

① Ernest A. Young, “The Constitutive and Entrenchment Functions of Constitutions: A Research Agenda”, *University of Pennsylvania Journal of Constitutional Law*, Vol. 10, 2008, pp. 399 - 401.

第二章　WTO宪政研究兴起的实践原因和理论概述

一、WTO宪政研究兴起的实践原因

(一)WTO面临的三重挑战

贸易自由化理论以比较优势为基础,但其本身并不足以解释为何需要多边贸易体制,因为国家单边推行自由贸易也能获益。对此,至少有三种对关贸总协定或WTO存在理由的解释:第一种关注经济动机。“囚徒困境”模型证明,WTO成员不应采取“以邻为壑”的政策,而应通过互惠地降低关税和扩大市场准入获得经济效益的“双赢”。第二种关注限制贸易的政治动机。根据公共选择理论和宪法经济学,由于集体行动问题,自由贸易的支持者即消费者并不容易承担游说的成本。保护主义集团则更容易组织起来,进行有利于产业的游说活动。而互惠地降低关税和扩大市场准入为后者的游说施加了更大的成本,有助于克服这类贸易保护主义集团所获得的不相称的政治影响力。第三种关注贸易关系的非歧视性。关贸总协定处理现有的双边和歧视性贸易政策,多边贸易体制关注非歧视而不是经济效益,注重保护生产商而不是消费者的福利。①

与这三种解释相应,多边贸易体制的实践呈现出三种特性:

第一,如国际关系学者基欧汉等人所提出的,关贸总协定以国际合作的俱乐部模式(club model)得以成功运行。来自国情相似国家的少数外交官和经济学家就贸易政策问题进行工作,并没有公众参加或监督。关贸总协定成功地维系着与国际关系外部世界的相对隔绝,由于制度的运行与其他问题领域的国际制度没有密切联系,它们可以从系统中"分离出来"。其成员则可以确立规则,以主导与之相联系的问题领域。在俱乐部模式中,缺乏对"局外者"的透明度具有关键性意义:部长们可以就难以分解甚至难以理解的事情达成"一揽子"解决方案。②

第二,关贸总协定本质上是一种契约式平衡(contractual balance),成员可以在为保护非贸易价值所必需的情况下减损贸易义务,一般条件是应提供补偿或接受报复,即达成"契约式平衡"。第二次世界大战后的贸易和金融秩序,主旨在于使国家能够以符合其政治和社会稳定的方式管制其国内经济,而降低保护主义者"逐底竞争"(race to the bottom)的风险。关贸总协定包含了各种例外或紧急情况条款,承认缔约方在某些情况下可能需要提供贸易保护,以便应对经济危机。因此,总协定的法律结构旨在保证即使少数国家不得不临时违背其贸易承诺,也至少是临时

① Henrik Horn & Petros Mavroidis, "Legal and Economic Aspects of the Most-Favoured Nation Clause", *European Journal of Political Economy*, Vol. 17, 2001, p. 233.

② See R. O. Keohane, J. S. Nye, The Club Model of Multilateral Cooperation and the World Trade Organization: Problems of Democratic Legitimacy, in R. Porter et al. (eds.), Efficiency, Equity and Legitimacy: The Multilateral Trading System at the Millenium, Washington D. C., 2001;也可参见[美]罗伯特·O. 基欧汉、约瑟夫·S. 奈:《多边合作的俱乐部模式与世界贸易组织:关于民主合法性问题的探讨》,门洪华、王大为译,载《世界经济与政治》2001年第12期。

性的,不至于引发多边贸易体制的信誉危机,甚至恢复以邻为壑的贸易保护主义。例如,WTO 的众多例外条款,诸如 1994 年关贸总协定第 6 条“反倾销税和反补贴税”、第 12 条“为保障国际收支而实施的限制”、第 18 条“政府对发展经济的援助”、第 19 条“对特殊产品进口的紧急行动”、第 20 条“一般例外”和第 21 条“安全例外”等都体现了这种契约式平衡。

第三,在 20 世纪下半叶的经济自由化过程中,“深嵌的自由主义”(embedded liberalism)模式给予这种发展以理论基础。“深嵌的自由主义”于 1982 年第一次提出,本意是指政府与其国民为同意布雷顿森林体系所主导的国际经济秩序而达成的“社会契约”。① 深嵌的自由主义模式与国际层面的贸易自由化和金融流动密切相关,主权国家根据这种模式降低了参与国际市场的风险,在实现国内政策目标和外向型政策之间取得平衡。这种理论模式被认为是自“二战”以来国际经济自由化得以持续发展所隐含的“交易”:新的自由贸易协定不能损害国家必须提供的各类社会保障。据此,关贸总协定相当于一种交易和妥协,国家的所有社会部门同意开放市场,同时分担因开放市场所产生的社会调整成本。

上述三种特性具有密切的关系,契约式平衡与深嵌的自由主义在原理上相似,不过前者更侧重法律,后者更侧重政策,而这两者的运行都依赖于“俱乐部模式”。这类特性,使关贸总协定成功地维持了一个基础不甚牢固的多边贸易体制。总协定运行的 47 年里,在促进与保障世界贸易多数领域的自由化方面,成就令人瞩目,推动世界贸易的增长始终如

① 论述深嵌的自由主义模式的代表学者鲁杰,主要著述参见 John Gerard Ruggie, International Regimes, “Transactions and Change: Embedded Liberalism in the Postwar Economic Order”, *International Organization*, Vol. 36, 1982; Globalization and the Embedded Liberalism Compromise: The end of an Era? Max-Planck-Institute for the Study of the Societies, Working Paper 97/1, 1997; Taking Embedded Liberalism Global: The Corporate Connection, in the David Held & Mathias Koenig-Archibugi Taming (eds.), *Globalization*: *Frontiers of Governance*, Cambridge: Polity Press, 2003。

一地超过了同期世界生产的增长。

然而，自 20 世纪 70 年代以来，这三种模式都不同程度地遭到了诸多实践因素的质疑和挑战：首先，日本贸易、经济迅速增长，形成与美国和欧共体谈判相对抗的新阵容。同时也开启了美国和欧共体与第三个经济实力相当的对手展开贸易竞争的时代，导致少数国家不愿善意履行关贸总协定所规定的义务，各种规避措施甚至违反总协定的行为甚嚣尘上。其次，随着关税税率大幅度降低，非关税壁垒和政府对企业和贸易政策的干预显得日趋重要。总协定成功地把关税降到如此低的水平，加之 20 世纪 70 年代至 80 年代初期的持续经济衰退，驱使各国政府设法采用其他保护形式抵御各部门面临的日益严峻的海外竞争。再次，随着非殖民化运动的深入和政治合作的加强，发展中国家参与国际贸易过程中所面临的挑战日趋受到重视。20 世纪 60 年代发生的一系列事件，诸如 1961 年的不结盟运动、1964 年 77 国集团的形成和 1964 年联合国贸发会议的召开，标志着发展中国家力量的日趋强大以及国际社会对其利益的关注。最后，但也许至关重要，自 20 世纪 80 年代以来，在国际经贸得到迅速发展的同时，要求生态平衡、环境保护、劳工核心标准的维护乃至企业社会责任等方面的诉求也相应彰显，科学发展、可持续发展以及和谐发展的要求不断成为大多数国家和国际社会的共识。

尽管乌拉圭回合实现了从关贸总协定这一制度事实到 WTO 这一国际组织的转型，但乌拉圭回合后的多边贸易体制仍面临着经济全球化下新的贸易问题。除继续乌拉圭回合未完成的服务贸易、与农产品有关的支持和保护措施等方面的谈判外，随着全球经济一体化进程的继续深入与强劲，WTO 及其成员，既要对环境、劳工或社会标准的普遍关注做出正当合理的反应，又要防止以贸易限制作为合法反应手段从而推行隐蔽的新贸易保护主义政策。

俱乐部模式在贸易政策制定上的优势本身也是其难以为继的诱因。首先，逐渐深入的贸易自由化导致所谓公民社会对贸易政策更加敏感，对贸易自由化的复杂前景也更加关注,它们期望自己的声音为人所知。其次,越来越多的发展中国家参与由富国主导的俱乐部。发展中国家开始要求在贸易谈判和政策制定中起到更大作用时,俱乐部模式显然难以继续维系。最后,所谓国际组织的民主缺陷问题也进一步激化了对俱乐部模式的反对意见。

从深嵌的自由主义和契约式平衡来说,1995 年 WTO 对关贸总协定的转型主要是“法律化”发展,这在一定程度上削弱了两类模式的基础。深嵌的自由主义主张,一国在承担国际经济法律义务的同时,还应考虑国内的各种复杂因素。然而贸易方面的“法律化”使贸易价值具有了强有力的法律保障,特别是经过加强的争端解决机制使贸易价值具有了异乎寻常的法律地位。发展中国家不愿意将人权、劳工权或环境保护之类更直接地置于 WTO 之内,因为发展中国家担心这类社会条款可能被保护主义滥用为依据。这种主张隐含的推定是社会条款不能被用以作为保护主义的根据。而反全球化的示威者认为,WTO 规则应使 WTO 在各种价值之间取得更适当的平衡。1999 年西雅图第三次部长级会议和 2003 年坎昆第五次部长级会议的反全球化示威活动,是会议失败的主要原因之一。

如上所述,以 WTO 为主导的多边贸易体制,面临着政治、经济和法律的三重挑战:在政治上,随着发展中国家的加入和所谓跨国公民社会的出现,世界范围内加强国际组织民主的呼声高涨,使 WTO 必须考虑透明度、责任和参与之类的要求。在经济上,经济全球化和日益密切的相互依存,使 WTO 不能回避以其他国内社会政策为目标的需要。在法律上,由于 WTO 争端解决机制的准司法性和有效性,使 WTO 实体规则具有了实际上的优先性,从而加剧了上述政治经济问题的紧迫程度。

(二)WTO 面临的三重问题

与上述 WTO 所面临的三重挑战相应,WTO 本身面临着三重实践性问题:

第一,谈判是多边贸易体制的驱动力量,然而近年来的多边谈判似乎举步维艰。尽管有诸多其他方面的理由,但 WTO 的决策程序无疑需要加强。WTO 虽然规定了投票程序,但自关贸总协定起一直奉行没有任何正式反对意见的"协商一致"。这种协商一致方式被认为是造成决策失灵的制度原因之一。另一个重要原因则是发展中成员参与决策过程的权利经常被发达成员损害。迄今为止,投票表决仅行使过一次,即在厄瓜多尔加入时总理事会以 2/3 多数作出决定。①而 WTO 成员也仅在少数不公开的会议上明确表示了否决意见。②

第二,与上述相对,主要以所谓反向协商一致方式进行决策的 WTO 争端解决机制,却在争端解决方面作出了富有成效的法律发展。而且,正由于在"立法"决策上的难度造成 WTO 争端解决的实践处于一种"超然"的地位,围绕 WTO 争端解决机制所谓"司法能动主义"或司法造法的争议日盛。

第三,受 WTO 交叉谈判和交换优势的吸引,贸易关联事项逐渐成为 WTO 谈判和关注的议题。主要以促进贸易自由化为目标的 WTO 规则,几乎对其他所有的社会和法律方面都产生了重要影响。贸易与环境、人权、劳工标准、发展、公共卫生、竞争和投资,甚至与反腐败、传统文化、反恐怖主义、自然风光或灾害和国际移民等都存在这样或那样的关系。贸易关联问题受到关注,根本上是自由贸易和社会政策之间存在的紧张关系。一方面,这种紧张关系证明,在与国际贸易规制相关的各种相竞争的价值之间存在着一定的"关联"("link""linkage"或"related"等)。事实上,考虑到个人、国家及其制度所偏好的价值多种多样,这类关联几乎是不可避免的现象。另一方面,相竞争价值之间的紧张关系导致了对多

① General Council Decision of 16 August 1995, WT/ACC/ECU/5. 根据笔者所知,这可能是多边贸易体制历史上唯一一次正式投票表决。

② 例如,在 1999 年 WTO 新任总干事的选举过程中,因为这类否决意见导致了两人分别任职 3 年。See General Council Decision of 22 July 1999, WT/GC/26.

边贸易体制在制度性统一方面的威胁。这类议题不仅造成WTO规则和其他国际法规则之间需要协调,而且体现了贸易价值和其他社会价值的冲突,还加剧了国际法不成体系现象的显现。①

解决前述三重问题的困难在于:这三重问题本身是密切相关的。如前上诉机构成员巴菲尔德(Claude Barfield)所述,从关贸总协定到WTO的立法行为从来就不顺利,因为通过一项新义务要求成员协商一致。因此,WTO缺乏对司法造法有效的立法纠正方式。在司法决策上采取较为有效的消极协商一致方式,而立法决策上采取难度颇大的协商一致方式,这两类"协商一致"一并构成了WTO的"宪法缺陷"(constitutional flaw)。② 在此基础上,WTO以协商一致为基础的无效的决策程序和以反向协商一致为基础的高效的争端解决程序之间的不平衡关系,被称为

---

① 在此方面的代表性著述参见Sungjoon Cho,"Linkage of Free Trade and Social Regulation:Moving beyond the Entropic Dilemma",*Chicago Journal of International Law*, Vol. 5,2005,pp. 625 – 674;Daniel Kalderimis,"Problems of WTO Harmonization and the Virtues of Shields over Swords",*Minnesota Journal of Global Trade*, Vol. 13, 2004, pp. 305 – 351;Larry A. DiMatteo, Kiren Dosanjh, Paul L. Frantz, Peter Bowal, Clyde Stoltenberg,"The Doha Declaration and Beyond:Giving a Voice to Non-Trade Concerns Within the WTO Trade Regime",*Vanderbilt Journal of Transnational Law*, Vol. 36,2003, pp. 295 – 160;Sara Dillon,"Farewell to 'Linkage':International Trade Law and Global Sustainability Indicators",*Rutgers Law Review*, Vol. 55,2002, pp. 87 – 154;Ernst-Ulrich Petersmann,"Is Reconciliation Possible:Legal, Economic and Political Objectives of National and International Competition Policies:Constitutional Functions of WTO 'Linking Principles' for Trade and Competition",*New England Law Review*, Vol. 34, 1999, pp. 145 – 162。

② Claude E. Barfiled,*Free Trade, Sovereignty, Democracy:the Future of the World Trade Organization*, The AEI Press,2001,p. 1.

WTO的“制度困境”(institutional paradox)。[①] 该制度困境的“困境”在于,如果立法决策顺利,则所谓司法造法并非不能克制;如果司法决策不顺利,则对立法决策的要求就不那么迫切。然而如本书下述,WTO在立法和司法上的决策方式经过了历史的发展,各自具有充分的理由。综合两者来看,又一并对贸易关联问题的解决产生重要影响:立法途径难以有效为贸易关联问题制定规则,而司法途径又受制于《争端解决规则和程序的谅解》(DSU)在管辖权和适用法上的特殊规定,使贸易价值不可避免地具有较高的法律地位。

从WTO的宪法化来说,这类问题都涉及WTO的“制度平衡”(institutional balance)。制度平衡是宪法理论中所谓分权和制衡原则的一种较为松散的代称。WTO的制度平衡狭义是指在WTO各种机构之间的权力分配关系,广义上包括WTO与WTO成员、WTO与其他国际制度甚至与跨国或国际公民社会之间的权力分配关系。

WTO的“制度困境”显然涉及WTO内部各种机构之间的权力分配关系,或可称为WTO本身的宪法化问题。一方面,由于关贸总协定在降低关税上的成就,对非关税壁垒的关注使WTO更加深入地涉及WTO成员原有的管辖范围,在WTO成员施行必要的社会政策目标和WTO所奉行的自由贸易目标之间存在紧张关系。贸易关联问题的解释和解

---

① 关于“制度困境”的代表性著述,参见 Ignacio Garcia Bercero,“Functioning of the WTO System:Elements for Possible Institutional Reform”,*International Trade Law and Regulation*,Vol. 6,2000,p. 103,p. 105;See also Clauded Barfield,*Free Trade*,*Sovereignty*,*Democracy*:*The Future of the World Trade Organization*,The AEI Press,2001;Frieder Roessler,The Institutional Balance Between the Judicial and the Political Organs of the WTO,in New Directions in International Economic Law:Essays in Honour of John H. Jackson,2000,pp. 200,338;Claus-Dieter Ehlermann,“Tensions Between the Dispute Settlement Process and the Diplomatic and Treaty-Making Activities of the WTO”,*World Trade Review*,Vol. 1,2002,pp. 301 – 305;John Jackson,“The WTO ‘Constitution’ and Proposed Reforms:Seven ‘Mantras’ Revisited”,*Journal of International Economic Law*,Vol. 4,2001,p. 67。

决是 WTO 成员和 WTO 之间关系进行重新组合的标志,可称为纵向的 WTO 宪法化过程。另一方面,这也是国际法制度和机构之间在管辖范围和功能上的权力分配。而且,也涉及 WTO 内部机构之间的某种权力分配关系,可称为横向的 WTO 宪法化过程。因此,上述三重问题是 WTO 宪政现有理论主要针对的实证问题中的一部分。

对此,2005 年的“萨瑟兰报告”①以及相关学者的研究②提出了多种

① See Report by the Consultative Board to the Director-General Supachai Panitchpakdi, The Future of the WTO, Addressing Institutional Challenges in the New Millennium, 2005.

② 关于研究“萨瑟兰报告”的著述参见 Thomas Cottier, The Erosion of Non-Discrimination: Stern Warning without True Remedies, *Journal of International Economic Law*, 2005, pp. 595 - 601. Donald McRae, “Developing Countries and ‘The Future of the WTO’”, *Journal of International Economic Law*, 2005, pp. 603 - 610; Joel P. Trachtman, “The Missing Link: Coherence and Poverty at the WTO”, *Journal of International Economic Law*, 2005, pp. 611 - 622; Mitsuo Matsushita, “The Sutherland Report and its Discussion of Dispute Settlement Reforms”, *Journal of International Economic Law*, 2005, pp. 623 - 629. Robert Wolfe, “Decision-Making and Transparency in the ‘Medieval’ WTO: Does the Sutherland Report have the Right Prescription”, *Journal of International Economic Law*, 2005, pp. 631 - 645. Ernst-Ulrich Petersmann, “Addressing Institutional Challenges to the WTO in the New Millennium: A Longer-Term Perspective”, *Journal of International Economic Law*, 2005, pp. 647 - 665; Peter Van den Bossche and Iveta Alexovicova, “Effective Global Economic Governance by the World Trade Organization”, *Journal of International Economic Law*, 2005, pp. 667 - 690. Gary Clyde Hufbauer, “Inconsistency between Diagnosis and Treatment”, *Journal of International Economic Law*, 2005, pp. 291 - 297. Patrick A. Messerlin, “Three Variations on ‘The Future of the WTO’”, *Journal of International Economic Law*, 2005, pp. 299 - 309; Steve Charnovitz, “A Close Look at a Few Points”, *Journal of International Economic Law*, 2005, pp. 311 - 319; William J. Davey, “The Sutherland Report on Dispute Settlement A Comment”, *Journal of International Economic Law*, 2005, pp. 321 - 328; Joost Pauwelyn, “The Sutherland Report: A Missed Opportunity for Genuine Debate on Trade, Globalization and Reforming the WTO”, *Journal of International Economic Law*, 2005, pp. 329 - 346; Peter Sutherland, “The Doha Development Agenda: Political Challenges to the World Trading System”, *A Cosmopolitan Perspective Journal of International Economic Law*, 2005, pp. 363 - 375; Faizel Ismail, “A Development Perspective on the WTO July 2004 General Council Decision”, *Journal of International Economic Law*, 2005, pp. 377 - 404。

解决方案。不少学者建议进行根本性的"宪法"修改,这包括三种情况:第一,某些人建议,借鉴关贸总协定争端解决程序外交模式的优点,规定可以否决争端解决报告的明确条件,①或者在上诉机构报告的通过上施行协商一致规则。这类方式实际上是一种倒退。第二,某些人建议,对上诉机构施行更严格的节制,在上诉机构报告的通过上,施行 WTO 成员的 1/3 或者多数决方式。② 这类方式显然侧重"节制"。第三,某些人建议,进一步使 WTO"法律化",将新义务的立法决策方式修改为 WTO 成员的多数决,对司法造法提供立法上的平衡。③ 这类方式显然侧重"平衡"。此外,有人主张以另外的方式作为新的制衡渠道,如规定私人当事方以投诉权。④ 还有人认为,司法造法或者司法能动主义可以在现行的 WTO 宪法结构中得到节制,其方式是进一步澄清《WTO 协定》,或者对裁判机构制定更加限制或遵从的审查标准。

上述建议,在解决 WTO 的"宪法问题"上各有所长,也各有不足。但更为严重的问题在于,这类建议彼此掣肘、相互制约。每一种宪法解

---

① See Claude E. Barfiled, *Free Trade, Sovereignty, Democracy: the Future of the World Trade Organization*, The AEI Press, 2001.

② Thomas Cottier & Satoko Takenoshita, "The Balance of Power in WTO Decision-Making: Towards Weighted Voting in Legislative Response", *AUSSENWIRTSCHAFT*, Vol. 59, No. 2, 2003, pp. 171, 184 – 186.

③ 关于上诉机构报告的通过方式问题,参见 Robert E. Hudec, "The New WTO Dispute Settlement Procedure: An Overview of the First Three Years", *Minnesota Journal of International Law*, Vol. 8, 1999. Claude E. Barfiled, *Free Trade, Sovereignty, Democracy: the Future of the World Trade Organization*, The AEI Press, 2001。其中巴菲尔德建议 1/3,而休德克建议多数决。关于审查标准问题,参见 Stephen P. Croley & John H. Jackson, "WTO Dispute settlement procedure, Standard of Review, and Deference to National Governments", *American Journal of International Law*, Vol. 90, 1996, pp. 193 – 213; Daniel K. Tarullo, "The Hidden Costs of International Dispute Settlement: WTO Review of Domestic Anti-Dumping Decisions", *Law and Policy in International Business*, Vol. 34, 2002, p. 109。

④ John Ragosta, "Unmasking the WTO-Access to the DSB System: Can the DSB Live Up to Its Moniker 'World Trade Court'", *Law and Policy in International Business*, Vol. 31, 2000, p. 739.

决方法在解决部分问题的同时又产生了新问题。首先,部分程度甚至完全回到外交性的争端解决机制,已经被关贸总协定的实践证明问题重重,将根本上削弱多边贸易体制法律化或司法化的根本目的之一,即节制美国针对其他成员的贸易措施即单边使用 301 条款等贸易制裁手段。特别是在今天,绝大多数贸易限制都是采取非关税壁垒的形式,深入成员传统的主权管辖范围内,更不能支持这类提议。其次,多数决可能提高决策程序的效率,可以提高 WTO 短期的输出合法性。但是,由于 WTO 成员丧失了对新规则的否决权,这对于政治和参与施加了更大的限制,进而削弱了对 WTO 及其争端解决机制的支持。在整体上反而造成更大的合法性缺陷。最后,进一步的法律化却没有必要的政治支持,将使政治决策面临更大的压力,并要求更高程度的参与。而且,不能使争端解决机制在政治上能够"可持续发展"。

(三)WTO 面临的合法性困境

上述情况可以借用美国学者丹诺夫(Jeffrey L. Dunoff)关于 WTO 公平问题上的"三重困境"措辞:关注的焦点在于对 WTO 相关民主性、合法性和可问责性的批评。对民主性的批评集中在 WTO 决策的相对封闭和发展中国家在 WTO 中的相对边缘化;对合法性的批评质疑 WTO 在解决贸易关联问题时是否超越了其权力和职能;对可问责性的批评主要谴责决策权力从国内到国际的转移,特别是批评 WTO 争端解决机制所作出的决定,认为这些决定侵蚀了国家的权力。换言之,民主性意味着 WTO 对这类贸易关联问题如何决策,合法性意味着 WTO 是否应对这类贸易关联问题进行决策,可问责性意味着 WTO、WTO 成员或其他国际法主体如何承担决策的权力和责任。

然而,这似乎要求 WTO 同时追求三个不同的策略:要求 WTO 推进经济一体化以提高社会福利;推动某种形式的全球政治民主以保证政策是由直接受影响的人来制定;同时要维护国家主权。但是,WTO 一次只能追求上述三个策略中的两个。因此,WTO 面临着"三重困境":要求

WTO追求三个策略,却无法同时做到。①

上述"三重挑战""三重问题"和"三重困境",都不可避免地涉及WTO的合法性问题:②

第一,WTO现在被认为同时缺乏输入合法性和输出合法性。输入合法性意味着WTO的内部透明度和发展中国家在决策过程中的有效

---

① Jeffrey L. Dunoff, The WTO's Legitimacy Crisis: Reflections on the Law and Politics of WTO Dispute Resolution, *The American Review of International Arbitration*, Vol. 8, 2002, pp. 197 - 200;另参见[美]丹诺夫:《WTO贸易法公平吗》,陈延忠译,载《国际经济法学刊》(第8卷),北京大学出版社2004年版,第25~29页。

② 关于WTO的合法性问题的代表著述参见: C. Bellman, R. Gerster, "Accountability in the World Trade Organization", *Journal of World Trade*, Vol. 30, 1996, pp. 31 - 74; Phillip R. Trimble, "Globalization, International Institutions, and the Erosion of National Sovereignty and Democracy", *Michigan Law Review*, Vol. 95, 1997, pp. 1944 - 1960; R. Howse, Adjudicative Legitimacy and Treaty Interpretation in International Trade Law: The Early Years of WTO Jurisprudence, in J. H. H. Weiler (ed.), *The EU, the WTO and the NAFTA: Towards a Common Law of International Trade*, Oxford, 2000, pp. 35 - 70; R. Howse, The Legitimacy of the WTO, in J. - M. Coicaud, V. Heiskanen (eds.), *The Legitimacy of International Organizations*, New York/Tokyo, 2001, pp. 355 - 407; Jeffrey L. Dunoff, The WTO's Legitimacy Crisis: Reflections on the Law and Politics of WTO Dispute Resolution, *The American Review of International Arbitration*, Vol. 12, 2002, pp. 197 - 208; R. Howse, "How to Begin to Think About the 'Democratic Deficit' at the WTO", in Stefan Griller (ed.), *International Economic Governance and Non-Economic Concerns*, Wien: Springer, 2002; America Beviglia Zampett, Democratic Legitimacy in the World Trade Organization: The Justice Dimension, *Journal of World Trade*, Vol. 37, 2003, pp. 105 - 126; Bacchus James, "A Few Thoughts on Legitimacy, Democracy, and the WTO", *Journal of International Economic Law*, Vol. 7, 2004, pp. 667 - 673; Smythe Elisabeth, Democracy, Development and the WTO's Legitimacy Challenge: Assessing the Doha Development Round, Paper presented at the conference; Endgame at the WTO? Reflections on the Doha Development Agenda, University of Birmingham, UK, 2005; Smythe Elisabeth and Peter Smith, "Legitimacy, Transparency, and Information Technology: The World Trade Organization in an Era of Contentious Trade Politics", *Global Governance*, Vol. 12, 2006, pp. 31 - 53; Manfred ELSIG, "The World Trade Organization's Legitimacy Crisis: What Does The Beast Look Like", *Journal of World Trade*, Vol. 41, 2007, pp. 75 - 98。

参与。[①] 许多发展中国家质疑,通过有限成员的非正式谈判而作出的决定缺乏合法性。同时,将未被邀请的发展中国家代表排除在绿屋会议之外,显然违反了 WTO 成员的主权平等原则。另外,分析 WTO 与社会政策有关的立法和司法决定,则能够确定 WTO 法的输出合法性。在此意义上,WTO 法和人权、社会、劳工和环境政策之间的关系就体现了输出合法性。[②] 正如在欧共体内部,继 20 世纪 60 年代欧共体成员国的市场准入壁垒逐渐消除后在欧共体层面施行了社会再管制(re-regulation),从乌拉圭回合到多哈回合,关贸总协定的"消极一体化"逐渐转向了 WTO 的"积极一体化",如对知识产权、技术法规和规章、卫生和动植物检验标准和电线服务标准等方面的协调。但是,WTO 在这类问题上的处理具有相当的争议。如巴格瓦蒂指出,这类朝向所谓更高程度社会标准的积极一体化,经常起源于"商业"考虑。亦即,这类协调针对的对象不是发展中国家的福利而是发达国家的生产商,后者经常鼓吹发展中国家对其出口商"不公平"竞争负有责任,因为发展中国家的经济、社会、环境等管制性标准较低。[③]

第二,曾经为关贸总协定提供合法性渠道不再完全适用于 WTO。合法性可以源于 WTO 的实质有效性。一方面,合法性可以源于同意,正如 WTO 成员已经通过国内议会批准之类的方式同意了所承担的 WTO

---

① Markus Krajewski, From "Green Room" to "Glass Room"-Participation of Developing Countries and Internal Transparency in the WTO Decision-Making Process, A TradeWatch Paper, Bonn, Germanwatch, 2000, pp. 16 – 18.

② Steve Charnovitz, "The World Trade Organization and Social Issues", *Journal of World Trade*, Vol. 28, 1994, pp. 17 – 33; Jeffrey K. Dunoff, "Trade and Recent Developments in Trade Policy and Scholarship", *Northwestern Journal of International Law and Business*, Vol. 17, 1996 – 1997, pp. 759 – 774; Joel P. Trachtmann, "Trade and... Problems, Cost-Benefit Analysis and Subsidiarity", *European Journal of International Law*, Vol. 9, 1998, pp. 32 – 85.

③ Jagdish Bhagwati, "Symposium: The Boundaries of the WTO: Afterword: The Question of Linkage", *American Journal of International Law*, Vol. 96, 2002, pp. 126 – 134.

义务。但是,“同意”作为 WTO 的合法性来源不无问题。某些批评者认为,由于 WTO 已经涉及诸如环境和人权等广泛的社会关注事项,国家可能在事实上将在国际贸易领域的部分主权权力“委托”给了 WTO 行使。而且,在批准之后,不仅现有规则可能得到发展,而且新规则也可能不断被制定。① 甚至,WTO 成员不再被认为是唯一有权表示这类“同意”的代表。例如,查诺维茨(Steve Charnovitz)一直主张增加在 WTO 内的公共参与,并提出在 WTO 推行所谓世界主义政治。② 另一方面,WTO 实现某些福利增长目标的有效性,可以提供合法性的潜在来源。但是,与关贸总协定相比,由于管制的重心日益转向非关税壁垒,WTO 条约体系不仅在福利效果上更加含混不清,而且国家收益的不对称、经济和非经济价值之间的紧张关系,使国家间的谈判变幻莫测、难以为继。

第三,合法性依赖于一套既定的规范,以衡量相关制度的有效性。当这些规范本身遭到质疑时,就产生了相关制度是否适合于制定这类规范的问题。但是,WTO 在如同关贸总协定那样管制关税方面的合法性,被认为并不支持其在诸如安全或食品方面制定标准的合法性。不少发展中国家甚至对《WTO 协定》本身进行了反思和质疑,在他们看来,就发达国家和发展中国家对比而言,乌拉圭回合谈判的结果及其实施都存在着不对称。例如,在乌拉圭回合中,发达国家凭借自己在多方面的谈判优势,将服务贸易和知识产权等有利于发达国家的新领域和新问题纳入 WTO 内,而发展中国家则所得无几。在乌拉圭回合协定的实施过程中,发达国家又在与贸易有关的知识产权等方面对发展中国家不断施加压力,而在所承诺的分阶段取消服务和纺织品配额等方面则不断拖延,进

① Kal Raustiala, "Sovereignty and Multilateralism", *Journal of International Law*, Vol. 1, 2000, pp. 401 – 411; Phillip R. Trimble, "Globalization, International Institutions, and the Erosion of National Sovereignty and Democracy", *Michigan Law Review*, Vol. 95, 1997, pp. 1958 – 1960.

② Steve Charnovitz, "Participation of Nongovernmental Organizations in the World Trade Organization", *U. Pa. Journal of International Economic Law*, Vol. 17, 1996, p. 331.

展缓慢。

简言之,WTO 被认为失去了关贸总协定所实现的平衡。这种“失衡”意味着 WTO 的规则更加有效和强制,而没有满足更高的政治和参与要求。只有足够的参与和政治才能维持高水平的法律或规则。WTO 目前的情况是,在继续高水平的法律化时缺乏公众支持或输入合法性,而且,与关贸总协定不同,输入合法性的缺乏并没有被贸易自由化的进展或输出合法性所弥补。总之,如果说过去关贸总协定面临的是自由贸易与保护主义的争斗,那么今天 WTO 面临的则是怎样管理全球性经济相互依存的这一全新而更为艰难复杂的难题。如果说,过去关贸总协定的种种实验经常遇到的是规则滞后于实践的合法性问题,那么今天 WTO 的发展所引发的是规则本身的合法性质疑。

由前加拿大贸易部长率领的独立委员会于 2007 年 12 月发布了“首次沃维克报告”(First Warwick Report),列举了 WTO 所面临的五个挑战:①第一,工业化国家不断增多的反对进一步的多边贸易自由化。这一趋势对进一步对等开放不适当限制的市场构成威胁,并削弱了国际经济合作这一有价值的工具。过去主要由美国和西欧统治的两极全球贸易体制已被多极体制所替代,这是既成的事实。第二,如何保证这一演变的结构不至于陷入更长时期的僵局,或更糟糕的分崩离析。第三,在这种改变的环境下,成员之间就 WTO 的各项宗旨和职能努力促成广泛基础的协议,并反过来有效地界定 WTO 的边界。第四,保证众多的《WTO 协定》和程序为其最弱的成员带来利益。这需要成员处理好当前的贸易规则与公平、正义和发展之间的关系。第五,其关系到优惠贸易协定的扩散,以及如何采取步骤,保证其最终推进非歧视和透明度原则。更为严重的是,结合前述“萨瑟兰报告”的批评,这些挑战实际上反映了近年

① See Report of the First Warwick Commission, The Multilateral Trade Regime: Which Way Forward? University of Warwick, UK, 2007, Executive Summary.

来人们对WTO逐渐显现的担忧:以"制度"见长的多边贸易体制,不仅面临新回合的谈判议题进展不顺,而且与其他跨国或国际的机制和路径相比,似乎渐渐失去了竞争的优势。

"萨瑟兰报告"和"首次沃维克报告"发布十余年后,这些担忧有增无减。2015年,WTO发布了《WTO成立20周年:挑战和成就》报告,阐述了多边贸易体制在过去20年的运转情况以及未来面临的挑战,①在主题事项和主要论点方面都未超出前两份报告的内容。

实际上,2001年展开的多哈回合谈判最初设立了颇为进取的目标,并取得了一些实质成果,但并不可观。2013年巴厘岛和2015年内罗毕的两次贸易部长会议,《贸易便利化协定》(Trade Facilitation Agreement)、《信息技术产品协定》(Information Technology Agreement)扩围协定得以通过,在《政府采购协定》的修改、农产品出口补贴削减承诺等方面也取得了一定的进展。与取得的成果相比,WTO目前面临的问题和挑战更多。

第一,多哈回合谈判启动以来,已经有数十个国家签订了数百份贸易协定,在WTO以外发起贸易谈判似成为了新常态。根据WTO统计的"实体协定",将相同参与方的货物和服务协定归为一类,2015年年底全球范围内共计达成262个区域贸易协定(RTAs),其中156个协定包含亚太地区的一个或多个参与方。特别是在美国的引领下,12个国家通过了涉及24%全球商品贸易的《跨太平洋伙伴关系协定》(TPP)。《加拿大—欧盟全面经济和贸易协定》(CETA)已经完成谈判,《跨大西洋贸易与投资伙伴关系协定》(TTIP)和《区域全面经济伙伴关系协定》(RCEP)正处于谈判进程之中。形成对比的是,多哈回合的内罗毕会议就各成员如何推动多哈回合谈判,甚至是否继续推动多哈回合并未达成一致。

---

① See WTO, The WTO at Twenty: Challenges and achievements, 2015.

第二,世界市场发生深远变化,数字技术的迅速发展和运输效率的提升导致了国际生产网络在形态、方向和性质上的变革。全球价值链(GVCs)已经并将继续成为最重要的生产、信息、创新和服务的国际网络。全球价值链反映和揭示了全球化背景下国际产业合作与竞争的新模式和发展方向,尽管贸易谈判往往更基于对本土有限生产能力的考虑,贸易却越来越频繁地通过跨国投资关系、技术革新和价值链交互而实现。随之而来的是贸易和投资以及其他国际经贸因素之间关系的变化,需要新的有效合作及规则框架。与20国集团峰会(G20)、亚太经合组织(APEC)、世界银行以及国际货币基金组织等及时跟进相比,WTO制度现有的包容性和联动性略显颓势。

第三,在WTO制度的发展中,一些早已提出的问题仍然存在,并变得更加深刻。例如,发展中国家特别是最不发达国家参与多边贸易体制面临很多困难,并未能公平分享全球贸易发展的利益;就业、环境、食物价格等因素在贸易全球治理进程中的地位更加显现,与贸易有关的各种"贸易关联问题"广泛涉及WTO法与其他国际法规则之间的关系,以及一些内在不合理的规则设计,要求WTO法进一步提高合法性;WTO争端解决机制作出了一些争议较大的裁决,纠错及监督程序的缺位甚至引发民主合法性危机。

总之,由于贸易投资政治的急剧变化、WTO的谈判功能陷入停滞、大型区域贸易协定和自贸协定的冲击、其他国际会议论坛和组织在相重叠领域的竞争,多边贸易体制面临着日益深刻的宪法危机。世人期待WTO提供解决方案,提升WTO在包容性、联动性的全球经济发展中具有的根本性、有价值的地位,实现所有国家的发展和可持续发展。

二、WTO宪政理论概述

就WTO的实践发展而言,根据笔者梳理,可以简要阐述支持WTO宪法化的若干理由:

第一,《WTO协定》具有了较为完备的组织法、实体法和程序法,为

WTO全体成员就规则制定的周期谈判提供了法律和制度框架,使WTO的法律体系不断自我发展。《WTO协定》有多处条款作出明确规定以避免或解决《WTO协定》的内部冲突,促进了WTO法律体系的统一和法律等级的形成。例如,《WTO协定》第16条第3款明确规定:在本协定的条款与任何多边贸易协定的条款产生抵触时,应以本协定的条款为准。

第二,WTO规定了决策程序,即WTO对有关事项如条文的解释、修改、义务的豁免以及接纳新成员(加入)和退出等作出决定时应遵循的程序规则,具备了宪法性的"次级规则"。经过加强的WTO争端解决机制,是除区域层面外的国际范围内最具有法律性和司法性的争端解决机制。这种争端解决机制不仅为个人权利提供了法律和司法保障,而且与贸易政策审议机制一并形成了司法审查制度。

第三,WTO内部机构之间已经出现和形成了纵向和横向的权力分配及其制衡,如《WTO协定》在条约解释方面的规定。

第四,《WTO协定》不仅规定了WTO成员之间的权利和义务,而且在知识产权、私人"进口权和出口权"以及其他私权方面直接规定了个人权利。

第五,WTO已经为世界贸易提供了宪法性原则,诸如非歧视原则等不仅是国际贸易的基本原则,而且为WTO成员进行自由贸易提供了国际层面的宪法保障。与国内宪法相似,在与WTO成员国内法的关系上,WTO法已经获得了某种高级法的地位。《WTO协定》前言中规定的促进"可持续发展"和"提高生活水平"之类目标,体现了对"社会正义"的关注。

应当指出,WTO的这些实践发展尽管具有了宪法化的某些特质,却很难称得上与那些较为成熟的政府间国际组织有所不同。鉴于本书以下各章将予以详述,这里仅就本书下述研究范围进行阐述:由于WTO宪法化的"实践"的确乏善可陈,本书论述的重心是WTO宪法化的"理论"

本身即 WTO 宪政研究,在第四、五、六章分别论述了 WTO 宪政的三大代表理论。这三章将分别对其代表学者及其著述、基本内容、理论基础、学术争论、实践背景、实质观点和论证方法以及对实践的指导作用等方面,进行深入分析。

作为国际组织宪政的一部分,WTO 宪政的理论基础仍然源于国际法和宪法原理。在反思三大代表理论后,WTO 宪政的一种理论建构也随之展开。对此,本书将在第三、七章以 WTO 的实践发展为实证对象,将 WTO 法的基础理论问题置于 WTO 宪政的理论框架中进行分析,诸如 WTO 法的研究方法、WTO 义务的性质、WTO 法律体系的特性、WTO 争端解决中的法律适用、WTO 法和其他国际法规则的关系、WTO 规则的合法性等问题。鉴于欧盟宪法化过程提供了迄今唯一的实际例证,本书第八章将以欧盟的宪法合法性问题作为参照和比较,以阐明作为 WTO 宪法化结果的合法性问题,并简要展望 WTO 宪政的理想前景。

第三章　WTO研究方法论和WTO宪政研究

WTO法的研究方法涉及三种层次：首先，“WTO的学科研究方法”主要是指研究WTO的各种学科方法，以现有学科体系的划分为基本单位。虽然WTO法只是WTO在法律方面的体现，但这类方法仍然可以一般性地适用于WTO法的研究。例如，“国际机制论”是以国际关系理论研究WTO的主要方法之一，但该理论研究作为“国际机制”的WTO既包括WTO法律制度，也包括WTO其他方面的制度。因此就方法论而言，应主要研究国际机制论如何适用和解释WTO法律制度。① 其次，“WTO法学研究的方法”，以WTO法的法学研究为主旨，其方法多以传统的法学研究方法为主，但由

① 参见徐崇利：《国际关系理论与国际经济法律秩序的构建》，载《武大国际法讲演集》（第1卷），武汉大学出版社2006年版。

于法学研究方法本身已经出现了法社会学、法经济学、法人类学等新的发展，也可能具有非法学的意向。最后，狭义的“WTO 法的研究方法”，是以上述两层次为基础，以 WTO 法为特殊研究对象所形成的方法，其方法既包括传统的法学研究方法，也包括可能适合于研究 WTO 法的非法学研究方法，还可能包括与方法本身关联和交叉而进一步形成的方法。

作为全球化时代国际经济关系发展的引擎，WTO 及其发生的各种活动，广泛地影响着国际和国内的政治、经济、法律甚至生态和社会方面，而 WTO 法的研究方法也广泛地涉及政治学、经济学、法学和其他学科方法。一方面，WTO 法不可避免地有超出法律之外的“溢出”效果；另一方面，WTO 法的问题必然具有法学之外的面向。因此，上述层次不可或缺，其运用有相互补充和相互支撑之功效。

WTO 的影响尤以在国际政治、国际经济和国际法领域为甚，国际政治学方法、经济学方法和法学方法无疑构成了研究 WTO 法的“三驾马车”。而这三类方法及其交叉学科方法的产生和融合，为 WTO 研究注入了新的活力，日益成为一种值得关注的研究趋势。但是，应注意到传统学科的划分自有其内在机理，尤其是理论基础和理论路径自成体系，问题与方法的不对称性引发的是方法本身的合理性问题。特别是对 WTO 法来说，在未确立起系统的基本范畴和理论框架的情况下，直接运用非法学的学科方法于实际法学问题，可能使所谓跨学科研究成为一种简单机械的相加。

因此，在方法论意义上的 WTO 法的研究方法，应是一种深层次的综合研究方法或跨学科方法，包括对上述两个维度所涉及方法的相辅、相融和相成。以所形成的具有论点或结论意味的“方法”，再对 WTO 法的理论和实践进行研究，不仅在方法上具有独到之处，在论证上也将获得特定化的解释力。这种具有综合性和跨学科性方法的形成过程，实质上涉及方法论研究的核心问题之一，即为实体理论发展提供基本范畴、理论路径(approach)和框架(frame)。[①] 而后三者所可能形成的理论模式甚至范式(paradigm),则是本章所试图阐明的要旨。本章首先阐述广泛意义上 WTO 法的研究方法,包括“WTO 法的学科研究方法”和“WTO 法学研究的方法”。在此基础上,本章通过梳理和归纳 WTO 法在理论模式上的变迁,提出 WTO 宪政研究正在成为 WTO 法的一种理论范式。

一、WTO 法的研究方法

(一)WTO 法的国际政治学研究方法

国际政治关系是国际关系的主要部分,一般认为,“国际关系理论”中所指的国际关系就是国际政治的内容。因此,从方法的角度看,国际关系理论即指国际政治理论,国际政治学方法主要指国际关系史和国际关系理论所提供的方法。

国际关系史的研究方法以回溯性分析为特征。多边贸易体制的历史发展是现代国际贸易关系史的主要部分,通过国际关系史的研究方法,可以梳理多边贸易体制的产生和发展背景、政策和法律的变迁过程以及成员和组织之间的互动关系。[②] 借助国际关系史的研究方法,其强项有三:第一,多边贸易体制的产生和发展与当时的国际政治格局密切相关,“国际贸易组织”(ITO)的未遂、关贸总协定的成败和 WTO 的诞生,皆可借助其国际政治关系背景加以阐明。第二,谈判是多边贸易体制的驱动力量,回顾谈判议题的起源、发生、形成、交换和结果,有助于理

---

① 美国社会学者加姆森(William Gamson)认为,框架的定义大致可分为两个层次,一是指“界限”(boundry),指涉人们观察世界的镜头,代表观察事物的取材范围;二是指“架构”(building frame),指涉人们由框架建构意义,代表一种意义联结,是一种观察事物的世界观。因此,框架的基本定义可浓缩为:“人们或组织对于事件的主观解释与思考结构。”参见臧国仁:《新闻媒体与消息来源》,台北三民书局 1999 年版,第 155 ~ 239 页。

② See A. O. Adede, The Political Economy of the Trips Agreement: Origins and History of Negotiations, International Centre for Trade and Sustainable Development, 2001.

解WTO法逐渐形成的法理基础,并进而作出以史为鉴的判断。例如,在多哈回合针对WTO争端解决机制改革的谈判中,就是否应修改专家小组报告的通过方式发生了激烈争议。联系20世纪80年代初期关贸总协定专家小组报告频频被败诉方所阻挠的窘境,这类争议的结果不言而喻。第三,既可以横向比较同一历史时期不同国家、不同组织的贸易政策和法律,也可以纵向比较不同时间、不同国家前后的贸易政策和法律。因此,国际关系史的研究方法得以结合比较贸易政策和法律的变迁因素与因果关系。

国际关系史的方法固然有其直观优势,然而历史的例证对未来的预期充斥着不确定性,因此经常更需要理论的论证。从方法的研究来说,国际关系理论可以区分为“大理论”(grand theory)和“中层理论”(middle theory)。

国际关系的大理论,是从整体上对国际关系进行思考而形成的宏观层面的理论。国际政治学中的各种学说与理论,理想主义、现实主义、新现实主义、新自由(制度)主义以及建构主义等,均不同程度地涉及国际组织。它们虽然对国际组织的性质与作用看法各异,但都试图从各自的视角来分析研究国际组织现象,从而形成了国际组织研究中的政治学派。国际关系的大理论可一般性地适用于WTO的研究,就其功效而言,新自由主义的机制理论(regime theories)具有较为明显的意义。① 机制理论认为,与现实主义者的预期相比,新兴贸易强权实体和美国政治霸权的衰落并未导致国际经济合作或者关贸总协定的中断。机制理论将国际贸易外交与囚徒困境相比:只有互惠的贸易自由化能够改善国家福利,在没有国际协调的情况下,单边保护主义和如规避关贸总协定规则

---

① See G. Richard Shell, “Trade Legalism and International Relations: An Analysis of the World Trade Organization”, *Duke Law Journal*, Vol. 44, 1995, p. 829; Shell, G. R., “Trade Legalism and International Relations Theory: An Analysis of World Trade Organization”, In the Howse, R. (ed.), *The World Trading System*, 1998, pp. 333 – 416.

那样的欺诈行为将大行其道。机制理论强调,国际规则、机制和多重博弈通过削减不确定性和信息不对称,监督对规则的遵守和引导国家信守承诺,从而有助于克服囚徒困境,并且促进"理性的自私者"之间进行"没有霸权的合作"。而且,周期性的多边贸易谈判回合、贸易政策审议机制和争端解决机制都提高了规则违反的成本,并引导国家认识到互惠性地遵守规则的长期利益。简言之,机制理论为 WTO 存在和运行的理论基础提供了重要的论证,本章第二部分将另行阐述。

国际关系的"中层理论",如系统理论、决策理论、沟通理论、策略理论、影响理论、学习理论、稳定理论、依赖理论以及发展理论等,均可被用于国际组织研究。① 这些理论对国际组织的组织权力结构、稳定与发展等因素,国际组织与成员国、成员国与成员国相互关系以及国际组织与其他国际组织相互间的关系等竞合过程,均可提供不同的学理上的解释,并据以了解国际组织本质与特征。与国际关系的"大理论"相比,这类"中层理论"在方法上具有较为实用的优势。例如,新自由主义及其致力于国际合作研究的合作理论,用经济学的交易成本理论来解释各种国际制度。政府通过谈判建立制度,必然是出于对无制度条件下运作的高额交易成本的关注。但是,缺乏证据证明,在建立多边制度之后,交易成本是否出现明显的下降?如果下降,下降多少?有多少双边谈判被其代替?即使国际制度确实改变了成员政府间的谈判过程,国际制度也仅仅是谈判过程中的一个可能性影响,或许还不是最重要的一种影响。为了进一步深化和细致对国际谈判的研究,国际关系理论学者提出了一些"实用的中层理论",如谈判理论(negotiation theories)。② 除谈判理论

① See Cynthia Weber, *International Relations Theory, A critical introduction*, London:Routledge,2001.

② [美]约翰·奥德尔:《世界经济谈判》,孙英春译,世界知识出版社 2003 年版,第 6 ~ 11 页;Odell, John S. *Negotiating the World Economy*, *Ithaca*, Cornell University Press 2000;World Bank, Trade Blocs, Washington, D. C. ,2001;[奥]维克托·克里蒙克主编:《国际谈判:分析、方法与问题》(第 2 版),华夏出版社 2004 年版。

外,功能一体化论和全球治理理论对于 WTO 的研究也成效显著。例如,功能一体化理论认为,国际规则和组织对于克服国际自助体系的无政府状态是必要的,甚至在缺少霸权的情况下也能引导自私者进行合作。功能主义强调,在促进"态度改变"和动态地扩展相互依存的合作领域中,亚国家行为者和超国家行为者之间的跨国经济和社会合作具有重要意义。不仅在欧共体规则和制度框架内的功能性的市场一体化中,而且在 WTO 框架内贸易和经济一体化中也产生了某种态度改变和扩展了全球合作的新领域。前者如强制性的 WTO 争端解决机制及其对单边报复的禁止,后者如在服务贸易和与贸易有关的知识产权领域。按照全球治理理论,国家和国际社会成为国家、政府间国际组织和"超国家组织",形成跨国甚至全球公民社会共同治理的领域。据此,古茨曼(Guzman)提出,鉴于与贸易有关的非贸易问题日益严重,应将 WTO 转变为一种可以就这类问题进行谈判的论坛。为此,对于诸如环境保护、劳工标准、公共卫生和人权之类的非贸易事项,应在 WTO 内设立由专家组成的专业"部门",以此作为"部门性谈判"的场所。①

国际政治学研究方法擅长政策分析与评估,对于透视 WTO 体系的实际运作、决策模式、组织行为、政策形成与发展等关键性议题发挥不可替代的重要作用,并可了解 WTO 体系的发展方向。实际上,WTO 首先是国际政治的产物,其形成与发展多取决于国际政治。在某些政治学者看来,WTO 是有关国家建立和发展正式的、连续性的常设组织机构以处理彼此之间某些贸易关系的一种过程。总体上,国际政治学方法特别是其中的国际关系理论,在研究 WTO 法的政策基础、动态运行和实际功效方面,具有重要的解释和论证作用。

---

① Andrew T. Guzman, "Global Governance and the WTO", *Harvard International Law Journal*, Vol. 45, 2004, pp. 303 – 351; John O. McGinnis and Mark L. Movsesian, "Response: Against Global Governance in the WTO", *Harvard International Law Journal*, Vol. 45, 2004, pp. 353 – 365.

（二）WTO 法的经济学研究方法

以经济学方法研究 WTO 法，其主要强项体现为两大方面。一方面，经济学研究方法就贸易流动从事客观数量分析，通过借助对各国贸易效果的评估，评判各国贸易政策与贸易措施的合法性，为拟定贸易政策及筹划贸易谈判立场服务。WTO 所确立的具有法律约束力的规则对于国际的和国别的贸易流量的影响，乌拉圭回合协定于发达国家和发展中国家所产生的不同经济后果，针对生产者和消费者福利的不同效益，经济学方法均有直接作用。① 另一方面，经济学方法以经济人假设，资源的稀缺性，信息的不完全、不对称，交易费用大于零以及外部效应的普遍存在等基本理论假定，通过对政治市场的经济学分析，给出了经济学意义上的政治答案，对于 WTO 如何纠正如跨国外部性那样的跨越边境的市场失灵、贸易保护主义那样的政府失灵以及帮助国际公共物品的提供，论证了 WTO 及其规则的必要性和效能，并借以分析各种行为体之地位和互动关系。

上述第一个方面，就 WTO 法的法学研究而言，主要作用是得以评估 WTO 规则的经济后果而非对规则本身的分析。上述第二个方面无疑与 WTO 法的政治学、法学等研究的关系更为密切，其中，公共选择经济学分析、新制度经济学分析、规制经济学分析乃至宪政经济学分析等方法尤其为著。

公共选择理论用交易的观点看待政治过程，把政治过程看作市场过程。只不过市场过程的交易对象是私人产品，而政治过程的交易对象是公共产品。进入政治领域的人们也有各自不同的价值观和偏好，这些价

① J. Kelsey, "Global Economic Policy-making: A New Constitutionalism", *Otago Law Review*, Vol. 9, 1999, p. 535; P. Alston and M. Chiam (eds.), *Treaty-making and Australia: Globalization versus Sovereignty*, Sydney, Federation Press, 1995; M. Kahler, *International Institutions and the Political Economy of Integration*, Washington: The Brookings Institution, 1995.

值观和偏好都应受到承认和尊重。公共选择经济学一直批评,从公民利益的立场来看,国际组织不仅缺乏民主而且成本高昂。因其方法论上的个人主义(私人和公共的选择都是以个人使其利益最大化为前提),公共选择理论否认国内或国际利益的存在,并且警惕在国内和国际的政策制定过程中利益集团的寻租和官僚的滥用权力。公共选择理论可以解释,为何宪法规则一旦达成,就降低了在后宪法的政策过程中因寻租的利益集团、官僚和政客所导致的风险。例如,在多边贸易体制内,从 1962 年关于纺织品的短期安排到 1963 年的长期安排,再到 1974 年更加全面的《纺织品和多纤维协定》,证明在国内贸易政策决策过程的信息不对称所导致的偏袒保护主义集团的风险,同样也可能在没有国内层面议会和司法控制的国际组织中发生。因此,与国家层面相比,分权和对权力的限制以及其他对决策过程的宪法节制,在国际组织层面也是必要的。

新制度经济学将制度作为经济增长的一个内生变量,进而研究制度的基本功能、影响制度变迁的因素、作出不同制度安排选择的原因、制度变迁的路径选择和路径依赖,以及在制度变迁中国家行为和意识形态的作用等。在对制度的研究中有两个最为重要的方面:其一,关于产权的制度是一个社会最重要的制度,产权理论的突破是导致新制度经济学产生的直接原因。用产权和交易成本理论研究制度选择与调整,以及用产权理论重新研究和解释历史的既是产权学派研究的主要分支,又是新制度经济学的主要研究方法和理论流派。其二,制度可分为正式的制度和非正式的制度,法律又居于正式制度的核心(习惯法除外)。同时,尽管法是可以变化的,但至少在短期内,它制约了安排的选择。因此,将法律和法律变化作为制度与制度变迁来研究具有重大意义。在国际领域所交换的物品是"关于权力分配的协议",这一领域分析的核心是国际经济组织如何有效地使国家的偏好最大化。如何规制国际经济中的"相互依存"是规制经济学所致力的根本问题之一。经济学一般认为,规制是指政府采取的可以影响市场交易的产品或服务的价格、数量和质量以及相关信息的各种措施，以便制止和减少不充分重视社会利益的私人决策。简短地说，规制是市场经济条件下，政府为解决市场失灵问题而对市场和企业行为进行的直接干预。但是，规制的实际效果却并不总是能很好地实现其目标。例如，由于规制者和规制对象之间的特殊利益关系的形成，还会产生“规制者被捕获”现象即大量的非生产性的寻租活动所导致的腐败等问题。规制权的分配包括在某一纵向层面就各种规制领域而言的分配，以及在某一规制领域就各种纵向层面而言的分配。①

以方法论和规范性的个体主义为基础，宪政经济学为“制度”提供了“宪法”分析框架，每种宪法都是实现个体偏好的方法。宪政经济学通过相同的推理来论述各种类型的宪法：使个体偏好最大化。这为在价值多元的国际社会中，如何对这类价值进行评价和确定其是否和如何一体化提供了有力的分析工具。② 宪法框架及其分析的任务，是进行比较制度分析，以便确定能最大化地实现偏好的制度特征。例如，宪政经济学分析用以评价 WTO 的作用：第一，WTO 是否能够确定和实施自己的决定，而不是 WTO 成员这样做？第二，如果可行，WTO 是否成为一个“组织化的行为者”，能够拥有自己的作用？第三，如何容许这样的行为者存在？③

总之，无论是从规范性还是实证性的意义上看，经济学都能够就 WTO 的不同要素一并讨论。WTO 法的法经济学分析框架及其分析的主要任务，是进行比较制度分析，以便确定能最大化实现偏好的制度特征，下述第四章将另行详述。诚然，标准的经济理论固然能够解释 WTO 的作用，但局限于成员共享针对国际性的市场失灵所保证自由贸易的共

---

① Lucian A. Bebchuk, “Federalism and the Corporation: The Desirable Limits on State Competition in Corporate Law”, *Harvard Law Review*, Vol. 105, 1992, p. 1435.

② Joel P. Trachtman:《WTO 的宪法》，孔庆江译，载《国际经济法学刊》2007 年第 2 期。

③ Gabriele Orcalli, A Constitutional Interpretation of the GATT/WTO, Constitutional Political Economy, 2003, pp. 141 – 154.

同利益范围内。因此,在研究对象上难以区别所谓“高级政治”和“低级政治”,单纯的经济分析容易得出不切合国际经贸实际的结论,是经济学方法在 WTO 法研究方面的主要弊端。

(三)WTO 法的法学研究方法

在研究 WTO 法的法学研究方法中,国际法学方法一直是主要的和主流的方法,这缘自 WTO 为一政府间国际组织。然而,随着多边贸易体制法律性的加强,近年来出现了以国内法研究 WTO 法的新趋势,国内法和国际法的原理和方法在 WTO 法的研究中呈现出相互融合的新发展。

在国际法中,国际法基础理论、国际组织法、国际条约法、国际争端解决法和国际责任法与 WTO 法研究的关联性最强,所起到的作用也最大。国际法基础理论,特别是关于国际法的主体、渊源、效力的根据以及国际法和国内法的关系等,为 WTO 在国际法上的法律地位、WTO 法律义务的性质和效力以及 WTO 法和其他国际法规则之间的关系等问题提供了理论依据。对于 WTO 基本文件、成员资格、组织机构、职能范围、活动程序甚至财政预算等“组织问题”的研究,无疑属于国际组织法的固有领域。对于 WTO 和其成员、其他国家和国际组织乃至与所谓跨国公民社会之间的法律关系,国际组织法也提供了一定的理论基础。一般来说,国际组织必须建立在条约的基础之上,甚至可以说国际组织是国际条约发展的高级形态。在《WTO 协定》的缔结和修订、适用和解释,WTO 成员的国内实施以及 WTO 对外签订协定等问题的研究上,以 1969 年和 1986 年两个《维也纳条约法公约》为基础提供了参照。WTO 争端解决机制在维护多边贸易体制的安全和可预见性上起到了关键作用,在这一机制的法律性质、可适用的法律渊源以及裁决执行措施的效力等问题的探究上,国际争端解决法和国际责任法提供了重要的理论基础。

国内法包括传统上主要针对国内法的法理学等也可以运用于 WTO 法的研究中。近来这一趋势似有加强之势。其主要原因有四:第一,

WTO 的法律制度日益完善和复杂,需要更加深入的法理基础,而国际法本身的法理学基础相对薄弱,也为这方面的研究提供了空间。第二,WTO 的建立和发展,首先依赖于成员国在国内组织机构和法律制度的发展程度,成员国的国内法原理特别是关于国家机构的公法原理本身是构建 WTO 的重要源泉。第三,经济全球化等外部环境的改变,使国内贸易法借助 WTO 等方式日益协调,甚至使其出现了"趋同化"的现象,并影响到 WTO 法律制度本身的变迁,使形式意义上国内法对 WTO 法的比较研究不断丰富。第四,WTO 法律制度的约束力不断提高,使成员国受到更大程度上的约束,这不仅加强了 WTO 和成员国之间的法律关系,而且使 WTO 法律制度直接影响到成员国的国内法,甚至出现了两者"一体化"的现象,使 WTO 法的研究在实质意义上需要以国内法的相关原理、制度和规则为基础。

正因如此,国内法学所提供的法学方法,加深了 WTO 法研究的深度和广度。例如,作为一种法律体系的 WTO 法,其首要的问题是如何认定其性质和特性。近年来,WTO 研究者结合法理学中的分析实证主义法学等,更加侧重从法理上对 WTO 法的"体系"进行深入的探讨。①

法学方法虽然为 WTO 的规范化、制度化和技术化做出了具有重大实际意义的贡献,但仍有自身的局限性。一方面,法学方法不足以科学地反映 WTO 的现象与本质,不能动态全面地揭示 WTO 及其运行环境的复杂多变。例如,WTO 的国际法分析,一直重在描述和比较法律规则、程序和制度,并且假定政府使其公共利益最大化。尽管国际法分析的目的应该是检验和完善在 WTO 的制度结构与其职能之间的互动关系,但这类分析很少考虑到与市场失灵、政府失灵和宪法失灵有关的经

---

① Raj Bhala, "WTO Dispute Settlement and Austin's Positivism: A Primer on the Intersection", *International Trade Law & Regulation*, Vol. 9, issue 1, 2003.

济学理论,以及由此导致的规制问题。另一方面,在如何通过改革 WTO 以更好地促进一般公民的利益,或者 WTO 如何民主化等问题上,国际法显然言之甚少。运用国内法原理研究 WTO 法的问题,具有一定的补充作用,同时需要慎重考虑因为背景不同而导致的局限性。正如杰克逊所指出的,国际层面存在的幻想之一,是对国内法规则和国际法规则之间错误的类推和信赖。①

二、WTO 法的理论模式

如第二章所述,现有的国际法原理并没有为 WTO 法及其发展提供足够的理论基础,这是 WTO 宪法化理论之所以在研究方法上兴起的原因之一。经过梳理,笔者提出,WTO 法在其发展的前世今生,在不同阶段出现了具有一定共时性的"理论模式"。这类理论模式具有大体上相同的研究对象,相似的研究问题,相近的研究路径,甚至具有相关的研究学者和研究成果,从而形成了一种 WTO 法"学术研究的共同体"。更重要的是,这将可能逐渐汇聚成一种理论范式,从而引领 WTO 法的未来研究。

(一)多边贸易体制的制度化:奠基的制度理论模式

以"制度"(institution)为基本范畴和研究路径的制度理论模式,是多边贸易体制研究最早出现的理论模式,并且影响和带动了其他理论模式的发展。

将关贸总协定作为一种制度并关注多边贸易体制的"制度建设"问题,就学术研究而言,既源于关贸总协定在制度上的先天不足,更归功于知名世界贸易专家杰克逊。② 杰克逊所理解的制度,包括条约安排、组织

---

① John H. Jackson, "National Constitutions, Transnational Economic Policy and International Economic Law: Some Summary Reflections", in the M. Hilf & E. U. Petersmann, eds., *National Constitutions and International Economic Law*, Kluwer Law and Taxation Publishers, 1993, p. 569.

② 详见本书第四章。

机构、争端解决过程和行为者，以及一系列非正式的惯例和程序。杰克逊指出，他是在这一措辞的广义上使用，将多边贸易体制的制度性结构作为整体，包括其非正式的机制和管理。

制度模式之所以成为多边贸易体制理论模式的奠基，其主要原因在于：首先，在 1995 年之前，关贸总协定是作为一种制度事实而不是国际组织存在的。关贸总协定只是规制国际贸易壁垒而非全部国际贸易问题的全球性或准全球性制度，不是一项法律基础健全的国际组织。其次，关贸总协定在实践运行的近半个世纪里，存在持续不断、意义深远的制度变迁，甚至逐渐发展出国际组织所必需的机构和结构。总之，关贸总协定在“制度”上的不足，是以制度理论模式研究多边贸易体制的基本动因。但是，杰克逊对于制度理论模式的贡献，主要在于他提出了这类理论模式的研究问题和研究路径。[①] 对此，下述第四章将另行详述。

就研究路径而言，制度理论模式主要包括两种外延，其一是国际关系学的机制理论；其二是新制度经济学或者经济制度主义，特别是其中的交易成本分析。两者都已经被直接适用于 WTO 法的研究中。

从机制理论看，1975 年，前述鲁杰第一次将国际机制的概念引入国际关系理论研究中，将国际机制定义为“由一群国家接受的一系列相互的预期、规则与规章、计划、组织的能量以及资金的承诺”。1989 年，阿博特（Kenneth Abbott）第一次将国际关系的机制理论引入国际法的研究中。[②] 阿博特指出，不仅国家决定了国际关系运行的结果，而且国家是通过各种机制的规则和程序运行和互动。国际机制的价值在于削减了国家间的交易成本，提高了信息的质量和获取的机会，并且对国家行为合法化或者非合法化，还便利了国家间的互惠。简言之，机制为国际行为

---

① John H. Jackson, "The Perils of Globalization and the World Trading System", *Fordham International Law Journal*, Vol. 24, 2000, pp. 371, 375.

② Kenneth W. Abbott, "Modern International Relations Theory: A Prospectus for International Lawyers", *Yale Journal of International Law*, Vol. 14, 1989, p. 335.

的研究提供了有力的分析工具。1995 年,摄尔(Richard Shell)第一次将机制理论正式适用于 WTO 法的研究,并且从现实主义、机制理论和自由主义角度对 WTO 及其 WTO 法进行了较为全面地分析。通过对现实主义和机制理论的比较及其适用,摄尔指出,多边贸易体制在争端解决方面的转变,使争端解决程序成为一种更加法律化的制度,代表了现实主义向机制理论的转型。其要点在于,加入国际制度有利于鼓励多边贸易谈判,促进该制度成员之间对信息的充分交换从而使各自的比较优势得到充分发挥,贸易条约正是国际制度的重要体现。① 简言之,机制理论的本质是在国际或跨国关系中,制度便利了国际行为者的预期、计划及其执行,并且构成了国家或其他国际行为者进行合作的基础。② 制度节制了国际行为者的行为,制度能够存在于自利的世界中是因为它们具有对于国际行为者来说的价值。③

从新制度经济学来说,尽管随着法律经济学的日益发展,新制度经济学已经在国内法的研究中得到运用,但国际法学尚未广泛地涉及这一分析工具。④ 美国学者塔奇曼(Joel P. Trachtman)是以制度经济学研究

---

① G. Richard Shell,"Trade Legalism and International Relations:An Analysis of the World Trade Organization",*Duke Law Journal*,Vol. 44,1995,pp. 829,859.

② 少数研究机制理论的学者提出,机制理论也适用于非国家行为者。See e. g., Susan Strange, States and Markets, 1988, p. 200; Virginia Haufler, Crossing the Boundary Between Public and Private International Regimes and Non-State Actors, in *Regime Theory and International Relations*, Volker Rittberger ed. ,1993.

③ Naboth van den Broek,"Legal persuasion, Political Realism, and Legitimacy", *Journal of International Economic Law*, Vol. 4,2001,pp. 426 – 429.

④ 例如,[美]理查德 · A. 波斯纳:《法律的经济分析》,蒋兆康译,中国大百科全书出版社 1997 年版。2007 年出版的《法经济学手册》(Handbook of Law and Economics)则设专章介绍了国际法的法经济学分析, See A. Mitchell Polinsky, Steven Shavell eds. ,*Handbook of Law and Economics*, Vol. 1, North Holland,2007,pp. 757 – 822。

WTO 的主要代表之一。① 在以新制度经济学分析国际经济组织包括 WTO 后,塔奇曼得出结论,尽管需要进行更多的理论和经验研究,新制度经济学为国际经济组织的研究和比较提供了有用的工具。② 简言之,新制度经济学以制度解释理性自利的行为者的行为,行为者在以制度提高了实现行为者偏好的效益的基础上创造和调整制度。

总体上看,如上述两类制度主义的理论所述,共同点在于制度包括正式和非正式的规则,以及所形成的过程、行为者和组织,谋求以交易成本最小化而实现福利最大化,主要的区别在于强调效力(机制理论)还是效益(新制度经济学)。③ 诚然,正如斯劳特(Anne-Marie Slaughter)指出的,机制理论在很多方面仍然存在不足,特别是机制理论不能解释机制本身的创建,也未能充分考虑个人和国家之间的关系。④ 摄尔也承认,机制理论不足以解释制度和个体偏好之间的关系,并不能完全代表 WTO 法的理论模式。⑤

---

① 在此方向上,在法律经济学的重镇芝加哥大学的赛克斯(Alan O. Sykes)等人也进行了大量的研究,在其法学院网站上发布了多份以法经济学分析 WTO 法的工作报告。

② Joel P. Trachtman, "The Theory of the Firm and the Theory of the International Economic Organization: Toward Comparative Institutional Analysis", *Northwest Journal of International Law and Business*, Vol. 17, 1996, pp. 470 – 474.

③ See Deborah Z Cass, *The Constitutionalization of the World Trade Organization: Legitimacy, Democracy, and Community in the International Trading System*, Oxford U. P, 2005.

④ See Anne-Marie Slaughter, "International Law and International Relations Theory: A Dual Agenda", *American Journal of International Law*, Vol. 87, 1993, p. 205; Anne-Marie Slaughter, Andrew Tulumello & Stepan Wood, "International Law and International Relations Theory: A New Generation of Interdisciplinary Scholarship", *American Journal of International Law*, Vol. 92, 1998, p. 367; Steven Ratner & Anne-Marie Slaughter, "Appraising the Methods of International Law: A Prospectus for Readers", *American Journal of International Law*, Vol. 93, 1999, p. 291.

⑤ G. Richard Shell, "Trade Legalism and International Relations: An Analysis of the World Trade Organization", *Duke Law Journal*, Vol. 44, 1995, pp. 829, 859.

(二) 多边贸易体制的法律化:法律理论模式的兴起

根据法理学中的“制度法”理论,制度是法律或其他规范系统的组成部分;或者是由社会关系中的个人和与制度或制度所涉及的与人联系的客体共同组成的社会实体。因此,多边贸易体制在制度建构上的发展,必然意味着多边贸易体制的“法制建设”进程,由此兴起的法律理论模式具有以下三种外延:

第一,法律主义(legalism)强调法律在多边贸易体制中的表现和作用。例如,关贸总协定第二任总干事奥内维尔·朗对总协定数十年的实践进行总结,归纳出所谓受法律控制的实用主义(the legally controlled pragmatism)。在奥内维尔·朗看来,关贸总协定本身就是法律与实用主义的混合物。一方面,总协定包括了体现其基本原则的各种具体规定,明确了各缔约方的法律权利义务和协定上的责任。另一方面,总协定纳入了反映承认政治现实的诸种灵活程序。实用主义在总协定中具有各种不同的表现形式,一般而论,在缔约各方面临困难的国际贸易问题和国际贸易关系的新发展而总协定又没有任何可供利用的具体规则时,实用主义就会走向前台;具体而论,人们不难在总协定各种例外条款中发现实用主义的痕迹。①

第二,据前述阿博特等认为,“法律化”(legalization)的三条规则是:“义务”(obligation),即规则应对行为体具有拘束力,而且这种法律上的约束力并非来自强迫、互惠或道德的考虑;“精确”(precision),指规则应以非模糊的方式设定命令性、授权性或禁止性行为规范;“授权”(delegation),指独立的第三方(包括司法机关、仲裁机构及行政组织等)有权执行、解释或在争端解决过程中适用规则,以及可能有权进一步制

---

① 余敏友:《论关贸总协定的历史地位与作用》,载《武大国际法评论》2003 年第 1 期。

定规则。[①] 从以上三要素的实质来看，其都是针对国际法的“有效性”问题。具体地说，“义务”是从立法的内在方面强调了国际法规则所具有的有效性；而“精确”是从立法的外在形式上保证国际法规则效力的顺利发挥；“授权”则是从法律实施的层面上支持国际法律规则的有效性。戈登斯坦（J. Judith Goldstein）将其具体运用于WTO法的研究，指出法律化意味着，经过从关贸总协定到WTO的转变，WTO法已经扩大了规制领域，具有了“义务性”的法律特征，并且在立法性或政治性过程以及司法解释或适用方面更加精确。[②]

第三，与关贸总协定争端解决程序后期的法律发展相应，1978年，杰克逊适时提出国际关系发展的两种模式：权力导向和规则导向（power orientation and rule orientation）。其后，杰克逊对这两个概念彼此之间及其和国际体制之间的关系进行了阐明。在规则导向模式中，争端通过国际制度既定的规则和程序予以解决和执行。这种框架的确立，旨在削弱甚至消除强权国家行使权力的能力。[③] 对此，下述第四章将另行详述。

总体上看，法律理论模式揭示了法律对国际组织发展无可替代的作用，为多边贸易体制的法律化实践提供了理论基础，在一定程度上揭示了国际关系的法律化和国际社会的组织化是人类发展的必然规律。

诚然，法律理论模式也存在不足。例如，有批评者指出，将法律化归于法的若干特性有失偏颇，似乎表明法是而且只能是这种形式化和制度化特性的有限集合。而法律更多是一种过程而不是形式或者表现结果。法律与其他社会规范形式的区别就在于所创造和实施的过程有别，表现

---

① Kenneth W. Abbott, Robert O. Keohane, Andrew Moravcsik, Anne-Marie Slaughter and Duncan Snidal, "The Concept of Legalization", *International Organization*, Vol. 54, 2000, pp. 401 – 419.

② See J. Judith Goldstein, M. Kahler, R. O. Keohane, and A-M. Slaughter (eds.), *Legalization and World Politics*, Cambridge MA, The MIT Press, 2001.

③ ［德］E. – U. 彼得斯曼：《国际经济法的宪法功能与宪法问题》，何志鹏、孙璐、王彦志译，高等教育出版社2004年版，第153～155页。

为法律过程的价值、行为者参与的能力和法律推理的使用。这种对法的广义认识,使我们注意到产生合法性的法律程序、方法、制度和过程。政治的法律化并非局限于义务、精确和授权的技术和形式的标准,其不仅关注从非正式规范到正式规范的合法律性(legality),更应关注合法性(legitimacy)的特征和效果,需要法律与所依赖的社会实践相适应。[①] 综合来看,法律理论模式容易单方面强调法律的作用,忽视了贸易法和贸易政治在多边贸易体制中不可分割关系的本质。

(三)多边贸易体制的司法化:特殊的司法理论模式

与作为法律化典型的 WTO 争端解决机制相对应,"司法化"(judicialisation)也成为一个关键的范畴,进而形成了 WTO 法研究的司法理论模式。

从国际争端解决法的角度看,国际规则受到有约束力的第三方争端机制的约束可以视为是司法化的开端。静态地看,狭义的司法化意味着国际争端解决机构具备了与法院相似的结构,并因此按照既定的程序和实体的法律规则解决争端。动态地看,司法化意味着法在裁判体制内不断得到演进,在既定规则的基础上对程序和实体规则作出发展,以及在裁判和未来的规则制定之间的互动关系。[②] 此外,私人当事方可以就国际规则在国内层面的执行诉诸国内司法机制,可以视为是国际制度司法化的一种补充。

多边贸易体制最初的争端解决规则只有关贸总协定第 22 条和第 23 条两个条款。20 世纪 70 年代到 80 年代,关贸总协定的司法化过程逐渐彰显。缔约方逐渐依赖争端解决机制,专家小组开始将总协定视为可执

---

① Finnemore, Martha, Toope, Stephen J., "Alternatives to 'Legalization': Richer Views of Law and Politics", *International Organization*, 2001, Vol. 55, Issue 3, p. 743.

② See Dirk De Bièvre, Governance in International Trade: Judicialisation and Positive Integration in the WTO, Max Planck Institute for Research on Collective Goods Bonn, 2004/7.

行的法律，担任专家小组成员的法官和贸易法专家也日益增多。这种变迁过程为 WTO 争端解决机制的产生创造了条件。1989 年，被诉方的否决权被撤销了。自那时起，被诉方在法律上不可能再阻挠专家小组的成立、专家小组裁定的通过以及对报复的多边授权。而 WTO 的成立，新增加的上诉程序是另一制度性改革。正如科蒂尔（Thomas Cottier）指出，与 WTO 司法化相关的因素包括：上诉机构对专家组的裁决进行全面重新审查，较高的上诉率，对上诉机构裁决较缓慢的立法反应以及上诉机构缺乏发回重审的权力等。科蒂尔认为，这些因素将最终导致传统的并经国际法和国际关系证明为具有一定效力的司法模式。①

广义的司法化则不仅包括司法机制的建立，而且还指一个体制内，成员的政治性政策或者行为受到可执行规则的监督和约束；作为组织或共同体的代理机构吸收和参照司法决定和惯例的过程，并因此使这类机构的行为模式与之相适应。前者指争端解决的司法化（judicialization of dispute resolution），而后者涉及贸易政治的司法化（judicialisation of trade politics）。② 争端解决的司法化，意指治理规范性结构的权威通过第三方争端解决机制形成、巩固和发展的过程。政治的司法化，意指政治行为者在相互交往中的战略行为通过规则制定所逐渐确定的过程。

这种界定的实质，是将司法化作为一种通过规则和战略行为之间相互依存而得以维系的政治过程。如斯维特（A. S. Sweet）所述，司法权力（judicial power）意指争端解决者权威性地确定共同体规范性结构的内容的能力，在多边贸易体制中，新的规范性结构（《WTO 协定》）确立了治理特定政治行为者（WTO 成员）之间关系的规则。而常规性地使用第三方争端解决方式，导致了这类关系的变迁。在此意义上，司法化即是

---

① Thomas Cottier, "The WTO Dispute Settlement System: New Horizons", *American Society of International Law*, Vol. 86, 1998, p. 91.

② A. S. Sweet, "Judicialization and the Construction of Governance", *Comparative Political Studies*, Vol. 32, 1999, p. 149.

这种变迁的简称。在司法化的过程中,司法权力也得以构建。① 斯维特在对多边贸易体制和法兰西第五共和国的变迁进行深入分析的基础上,提出了一种由持续的第三方争端解决所构成的治理模式。治理包括三个要素:战略行为(strategic behavior),即个体行为者在既定共同体内如何认识和追求其利益;政策制定(policymaking),即价值和资源在既定共同体内如何分配;体系变迁(systemic change),即规范性结构在既定共同体内如何得到构建、维系和更新。斯维特认为,由第三方争端解决所构成的治理模式,在微观层面关注个体行为者的战略行为(效能最大化),在宏观层面关注这类行为所发生的制度环境或者社会结构。根据这种模式,由于第三方争端解决的持续进行,争端解决者构建并管理了在交易、争端和规则之间的特定因果关系。这种治理一旦确立,便可以贯穿针对个体行为合规则性的商议过程,而这类商议逐渐被政治代理机构的推理和行为所吸收,以此方式,政治过程就司法化了。根据这一模式可以预期,在某些特殊条件下,第三方争端解决将构成一种政治变迁的关键机制。斯维特认为,这种分析有助于揭示战略行为和社会结构之间的复杂关系。②

总体上看,司法理论模式可以视为是法律理论模式的一种特殊变体,其共同点都是试图实现对贸易政治和贸易法律关系的“规则之治”。相对而言,司法理论模式在研究对象上更加专注,在研究路径上彰显了法的动态过程的面向,在一定程度上揭示了 WTO 法的成长与变迁方式。

---

① See A. S. Sweet, “The New GATT: Dispute Resolution and the Judicialization of the Trade Regime”, in M. Volcansek (ed.), *Law Above Nations: Supranational Courts and the Legalization of Politics*, Florida University Press, 1997.

② 但也有学者认为,WTO 法在规范体制的发展中,通过上诉机构的形式逐渐具有了自己的解释性权威。然而,将司法化的定义扩大到这种范围,严重损害了其解释力。See Dirk De Bièvre, Governance in International Trade: Judicialisation and Positive Integration in the WTO, Max Planck Institute for Research on Collective Goods Bonn, working papers, 2004/7.

在此意义上，多边贸易体制的司法化实质是其法律化的高级阶段。

如上所述，迄今 WTO 法的研究文献表明，已经初步形成了制度、法律和司法三种理论模式。综合考察，三种理论模式的出现既与多边贸易体制的历史变迁相适应，具有一定的历时性，也可以解释、论证和预测多边贸易体制的不同面向，具有共时性。因此，呈现出历时性与共时性交相辉映的情景。另外，诸理论模式彼此相对独立，不仅具有各自的基本范畴和路径，而且有可能对同一实践得出形式上相反的结论。例如，1947 年至 1969 年的关贸总协定，虽然呈现出制度化的强势特征，但同时也是"反法律化"的。关贸总协定临时适用后，逐渐演变为一个事实上的国际组织，这一"制度化"的过程在关贸总协定初期却是"反法律主义"(anti-legalism)的。① 因此，仍然需要更加综合和包容的研究框架。

三、WTO 法的宪政范式

范式是指常规科学所赖以运作的理论基础和实践规范，是从事某一科学的研究者群体所共同遵从的世界观和行为方式，从本质上讲是一种理论体系。在其提出者库恩(Thomas Kunn)看来，②范式是一种对本体论、认识论和方法论的基本承诺，是科学家集团所共同接受的一组假说、理论、准则和方法的总和，这些东西在心理上形成科学家的共同信念。③

---

①　在 20 世纪 50 年代，关贸总协定的工作组方式成为最早的第三方争端解决形式。不过该工作组通常是由获得缔约方授权的外交官所组成的，并且反对针对关贸总协定的诉讼。Robert Emil Hudec, Enforcing International Trade Law: The Evolution of the Modern GATT Legal System, Matthew Bender, 1993, p. 137.

②　美国科学哲学家托马斯·库恩(Thomas Kunn)于 1962 年提出并在《科学革命的结构》(The Structure of Scientific Revolutions)中系统阐述了范式的概念和理论。

③　范式的特点是：第一，范式在一定程度内具有公认性；第二，范式是一个由基本定律、理论、应用以及相关的仪器设备等构成的一个整体，它的存在给科学家提供了一个研究纲领；第三，范式还为科学研究提供了可模仿的成功的先例。可以看出，在库恩的范式论里，范式归根结底是一种理论体系，范式的突破导致科学革命，从而使科学获得一个全新的面貌。载 http://baike. baidu. com/view/26218. htm，最后访问日期：2008 年 7 月 23 日。

范式的形成需要充分的经验性和规范性证据,这一源起于科学哲学的概念具有不确定性和适用于社会科学研究的排异性,但无疑为探讨 WTO 法的研究主流态势提供了一种基本范畴。

诚如丹诺夫所述,近年来,宪法话语已经成为 WTO 法学研究的中心。三种主流的 WTO 宪政理论,将 WTO 宪法分别理解为由 WTO 的制度建构、一套规范性承诺或者对相冲突价值进行司法调解的过程所构成。① 令人惊异的是,这与上述 WTO 法的理论模式一一对应,为"WTO 宪政"的理论范式所兼容并包。具体地说:

第一,制度强调一系列广泛的义务的机制,宪法强调重组公权力的法律体系的创造。制度意味着广泛的公共、私营、法律和准法律的机制,对行为者设立义务,并促进这类制度形式的合法性。宪法意味着一种法律体系的发展,要求立法渠道的权威性、法律体系的合法性、参与的水平、代表性和透明度以及民主性。宪法是一项具有宪法化特征的制度,是一种高等级的制度,是制度之制度。如果缺乏这类特征或要素,制度便不能简单地与宪法等同。简言之,"宪法"一词,既能描述性地用于阐述 WTO 特殊法律安排的内部运行,又能规范性地用于论述与宪法相似的制度,以提出对宪法的诉求。

第二,法律化缺少宪法化的政治面向。正如同法律需要政治,政治也需要法律。法律所生发出的法治存在的问题在于,法律规则只具有合法律性意义上的合法性而不具有正当性意义上的合法性,它们只具有事实的强制力而缺乏规范上的有效性。尽管在必要时可以通过惩罚来强制服从法律,但如果人们在任何时候都会出于对法律的尊重而遵守规则,那么这样的法律,才实现了良法和善治的完美结合。因此,法律理论模式并非是自足的,而 WTO 宪政的理论范式,正在于以宪法原理分析

---

① 参见 Jeffrey L. Dunoff:《宪政的幻象:WTO 的宪法和国际法的规训》,陈喜峰译,载《国际经济法学刊》2007 年第 2 期。

WTO 面临的合法性问题。①

第三,从宪法的视角看,国际组织争端解决机制和国际组织法对私人诉诸国内法院的保障,加强了在国际的和国内的规则制定、实施和司法性争端解决机制之间的分权。在关贸总协定时期绝大多数争端解决裁定的通过和实施,经常不是因为关贸总协定的制裁权,而是被诉方认识到遵守这类裁定符合其长期利益,而且有助于其政府抵抗保护主义集团的压力和遏制国际组织成员的权力政治。②由于 WTO 争端解决机制的广泛接受和使用,与其他绝大多数国际制度不同,WTO 给予了在作为整体的国际社会内相对独立的第三方发挥作用的空间,这类作用具有了新社会契约或宪法的要素。③ 可以说,三种 WTO 理论模式统一归于"WTO 宪政"的理论范式,是当代 WTO 法学研究的最主要趋势之一。出现这种三分归晋的情况绝非偶然。笔者认为,人类社会的法律发展史,可以说,大体上就是从制度化到法律化、司法化再到宪法化的一种进程。制度建构的完善产生对法律和司法的需求,而法治建设发展到一定程度必然要求宪法的成长和变迁。诚然,作为 WTO 法新兴的理论范式,WTO 宪政研究正处于发展的过程中,尚需要更多理论的探讨和实践的检验。

---

① 参见陈喜峰:《WTO 权利宪法论:经济宪法视角的一种批评》,载《国际经济法学刊》2008 年第 2 期。

② See Ernst-Ulrich Petersmann, The GATT/WTO Dispute Settlement System: International Law, International Organizations and Dispute Settlement, 1997.

③ Stefan Ohlhoff & Hannes L. Schloemann, Rational Allocation of Disputes and "Constitutionalisation": Forum Choice as an Issue of Competence, in James Cameron & Karen Campbell (ed.), *Dispute Resolution in the World Trade Organization*, London: Cameron May, 1998, p. 302.

第四章　WTO 制度宪法论

一、WTO 制度宪法论概述

(一)代表性著述介绍

以制度为基础的 WTO 宪政理论(WTO 制度宪法论),以杰克逊教授为主要代表。[①] 自 1959 年至 2014 年年底,杰克逊总共正式发表了各种著述 190 种。[②]

---

① 约翰·H. 杰克逊教授(John H. Jackson),20 世纪 60 年代初曾在 GATT 秘书处访问研究,40 多年来,一直从事世界贸易体制的法律与政策问题的研究与教学,曾在美国密歇根大学法学院任教 30 多年,被聘为赫塞尔·E. 英特马法学教授(Hessel E. Yntema Professor of Law),并兼任过该校副校长学术事务助理、美国国际法学会副会长。1997 年 12 月退休后,又被乔治城大学聘为大学教授(University Professor),曾任乔治城大学法学院(GULC)国际经济法研究所所长,主编《国际经济法学刊》(牛津大学出版社),并且担任该出版社"国际经济法系列"丛书的总编。2008 年获得美国国际法学会的最高奖曼利·O. 哈德森奖(Manley O. Hudson)。

② 仅限于笔者的收集范围,其中部分资料索引参见 Biblography of Principal Publications by Professor John H. Jackson as of February 1999, *Michigan Journal of International Law*, Vol. 20, 1999, pp. 193 – 206。

其中,除了早期的 3 篇论文外,①其余几乎都直接涉及关贸总协定和 WTO 法的研究。根据对杰克逊著述的梳理,杰克逊关于关贸总协定和 WTO 法的研究可以分为三个方向:

第一,专门研究关贸总协定、WTO 以制度为基础的宪法问题和宪法化过程。② 这类著述主要涉及关贸总协定和 WTO 本身在制度和机构方

---

① See John H. Jackson, "Eminent Domain-Procedure-Relation of Judge and Jury in Michigan Condemnation Proceedings", *Michigan Law Review*, Vol. 58, 1959; David W. Louisell & John H. Jackson, "Religion, Theology, and Public Higher Education", *California Law Review*, Vol. 50, 1962; John H. Jackson, "The Legal Framework of United Nations Financing: Peacekeeping and Penury", *California Law Review*, Vol. 51, 1963.

② John H. Jackson, Constitutional Treaties: Institutional Necessity and Challenge to International Law Fundamentals, in Reflections on the Constitutionalisation of International Economic Law: Liber Amicorum for Ernst-Ulrich Petersmann, Marise Cremona, et al. eds., Leiden, Martinus Nijhoff Publishers, 2014, pp. 193 – 200; See The Evolution of the World Trading System: The Legal and Institutional Context, in *The Oxford Handbook of International Trade Law*, Daniel Bethlehem et al. eds., Oxford University Press, 2009; "The WTO Institution and Constitution: Evolution and Prospects", In *WTO and East Asia: New Perspectives*, edited by M. Matsushita and Dukgeun Ahn, London: Cameron May, 2004, pp. 13 – 23; "The WTO Evolving Constitution", In einem vereinten Europa dem Frieden der welt zu dienen... Liber amicorum Thomas Oppermann, edited by C. D. Classen et al. eds., Duncker & Humblot, 2001, pp. 411 – 426; "The WTO 'Constitution' and Proposed Reforms: Seven 'Mantras' Revisited", *Journal of International Economic Law*, Vol. 4, 2001, pp. 67 – 78; "The World Trade Organization: Constitution and Jurisprudence", Chatham House Papers Series, London: Royal Institute of International Affairs, 1998; "Reflections on Constitutional Changes to the Global Trading System", In Public Policy and Global Technology Integration, edited by F. M. Abbott and D. J. Gerber, The Netherlands: Kluwer Law International, 1997; International Competition in Services: A Constitutional Framework, Washington, D. C.: American Enterprise Institute for Public Policy Research, 1988; Constructing a Constitution for Trade in Services, *World Economy Vol.* 11, 1988, pp. 187 – 202; Implementing the Tokyo Round: National Constitutions and International Economic Rules, J. V. Louis and M. Matsushita, co-authors, Ann Arbor: University of Michigan Press, 1984; "The Birth of the GATT-MTN System: A Constitutional Appraisal", *Law & Policy In International Business*, Vol. 12, 1980, pp. 21 – 58; "United States-EEC Trade Relations: Constitutional Problems of Economic Interdependence", *Common Market Law Review*, Vol. 16, 1979, pp. 453 – 478; See The Constitutional Problems of the International Economic System and the Multilateral Trade Negotiation Results, in Proceedings of the Annual Meeting of The American Society of International Law, Vol. 56, 1979.

面的“内部宪法问题”，也部分涉及关贸总协定和 WTO 与 WTO 成员之间、关贸总协定和 WTO 与其他国际法制度之间以及 WTO 成员彼此之间的“外部宪法问题”。最近几年，结合经济全球化对国际公法、国际经济法在结构和基础上的重要影响，杰克逊也更多地将其置于这种广泛背景下研究。①

第二，在关贸总协定和 WTO 方面，杰克逊比较注重从制度的角度研

① John H. Jackson, et al., "Panel Discussion: Reflections on the World Trade Organization in the Context of Economic Globalization", in *The WTO: Governance, Dispute Settlement, and Developing Countries*, Merit E. Janow, Victoria Donaldson & Alan Yanovich eds., Huntington, N. Y.: Juris Publishing, 2008, pp. 297 - 318; John H. Jackson, "The World Trade Organization After Ten Years: The Role of the WTO in a Globalized World", in *Current Legal Problems*, Jane Holder et al., eds., Oxford: Oxford University Press, 2007, pp. 427 - 446; "International Economic Law: Complexity and Puzzles", *Journal of International Economic Law*, Vol. 10, 2007, pp. 3 - 12; Reflections on the Trade & Peace Relationship, in Trade as Guarantor of Peace, Liberty and Security? Studies in Transitional Legal Policy, No. 37, Padideh Ala'i Tomer Broude & Colin Picker eds., Wash., D. C.: The American Society of International Law, 2006, pp. 23 - 32; See Sovereignty, *The WTO and the Changing Fundamentals of International Law*, New York: Cambridge University Press, 2006; "The Changing Fundamentals of International Law and Ten Years of the WTO", *Journal of International Economic Law*, Vol. 8, 2005, pp. 3 - 15; Changing Fundamentals of International Law and International Economic Law, Archiv des Völkerrechts, Vol. 41, 2003, pp. 435 - 448; "The Perils of Globalization and the World Trading System", *Fordham International Law Journal*, Vol. 24, 2000, pp. 371 - 382; "International Economic Law in Times That Are Interesting", *Journal of International Economic Law*, Vol. 3, 2000, pp. 3 - 14; "Global Economics and International Economic Law", *Journal of International Economic Law*, Vol. 1, 1998, pp. 1 - 23; "Reflection on the 'Boilerroom' of International Relations", *American University Journal of International Law & Policy*, Vol. 10, 1995, pp. 595 - 606.

究关贸总协定和 WTO 在制度上的特点和发展，①而关贸总协定和 WTO 的争端解决机制可能是杰克逊最为关注的研究对象之一。②

---

① John H. Jackson, "Perceptions about the WTO Trade Institutions", *World Trade Review*, Vol. 1, 2002, pp. 101 – 114; "Fragmentation of Unification among International Institutions: The World Trade Organization", *N. Y. U. Journal of International Law & Politics*, Vol. 31, 1999, pp. 823 – 831; "GATT and the Future of International Trade Institutions", *Brook. Journal of International Law*, Vol. 18, 1992, pp. 11 – 29; *Restructuring the GATT System*, New York: Council on Foreign Relations Press, 1990; Reflections on Restructuring the GATT, In the J. J. Schott, Completing the Uruguay Round: A Results-Oriented Approach to the GATT Trade Negotiations, edited by Washington, D. C. : Institute for International Economics, 1990; GATT Machinery and the Tokyo Round Agreements, In Trade Policy in the 1980's, edited by W. R. Cline, Washington, D. C. : Institute for International Economics, 1983, pp. 159 – 188; MTN and the Legal Institutions of International Trade, Committee Print, Washington, D. C. : U. S. Government Printing Office, 1979, pp. 96 – 14; "The Crumbling Institutions of the Liberal Trade System", *Journal of World Trade Law*, Vol. 12, 1978, pp. 93 – 106; *World Trade and the Law of GATT*, Indianapolis: Bobbs-Merrill, 1969; "The Puzzle of GATT: Legal Aspects of a Surprising Institution", *Journal of World Trade Law*, Vol. 1, 1967, pp. 131 – 161.

② John H. Jackson, "WTO Dispute Settlement: Promise Fulfilled, in Trade and Competition Law in the EU and Beyond", Inge Govaere, Reinhard Quick & Marco Bronckers eds., Northampton, Mass. : Edward Elgar, 2011, pp. 194 – 203; "Comment, Process and Procedure in WTO Dispute Settlement", *Cornell International Law Journal*, Vol. 42, 2009, pp. 233 – 240; "The WTO Dispute Settlement After Ten Years: The First Decade's Promises and Challenges", in *The WTO in the Twenty-First Century: Dispute Settlement, Negotiations, and Regionalism in Asia*, Yasuhei Taniguchi, Alan Yanovich & Jan Bohanes eds., Cambridge, Mass. : Cambridge University Press, 2006, pp. 23 – 27; "International Law Status of WTO Dispute Settlement Reports: Obligation to Comply or Option to 'Buy Out'?" *American Journal of International Law*, Vol, 98, 2004, pp. 109 – 125; "Some Reflections on Compliance with WTO Dispute Settlement Decisions", C. M. Vazquez, co-author, *Law & Policy In International Business*, Vol. 33, 2002, pp. 555 – 567; The WTO Dispute Settlement Understanding-Misunderstandings on the Nature of Legal Obligation, In Dispute Resolution in the World Trade Organisation, edited by J. Cameron and K. Campbell, London: Cameron May, 1998, pp. 69 – 74; "The WTO Dispute Settlement Understanding-Misunderstandings on the Nature of Legal Obligation", *American Journal of International Law*, Vol. 91, 1997, pp. 60 – 64; The Role and Effectiveness of the WTO Dispute Settlement Mechanism, In *Brookings Trade Forum*, 2000, edited by S. M. Collins and D. Rodrik, Washington, D. C. : Brookings

第三,如下所述,从国际法和国内宪法相结合的角度看待关贸总协定和 WTO 法与 WTO 成员国内法之间的相互影响和相互关系,是杰克逊一以贯之的思路。①

总体上看,杰克逊对关贸总协定和 WTO 法的研究,具有以下四个特点:一是坚持运用国际公法的基础理论研究国际经济法包括 WTO 法的具体规则,并且结合国际法的发展趋势对某些概念和原理进行了新的论述。二是强调国际经济法和国内法特别是宪法之间的关系,对关贸总协定缔约方和 WTO 成员的国内宪法体系和贸易法进行了大量的分析和比

Institution Press,2001,pp. 179 – 236;*The Jurisprudence of GATT and the WTO:Insights on Treaty Law and Economic Relations*,Cambridge University Press,2000;"The Jurisprudence of International Trade:The DISC Case in GATT",*American Journal of International Law*, Vol,72,1978,pp. 747 – 781;"Dispute Settlement and a New Round",In the J. J. Schott, ed.,"The WTO After Seattle",Washington,D. C.:Institute for International Economics, 2002,pp. 69 – 82;"Dispute Settlement and the WTO:Emerging Problems",*Journal of International Economic Law*, Vol. 1, 1998, pp. 329 – 351;"Process, Compliance and Implementation Issues in WTO Dispute Settlement",American Society of International Law, Proceedings of the 91st Annual Meeting,Washington,D. C.:The Society,1997,pp. 277 – 278;*Implementing the Uruguay Round*,A. O. Sykes,co-author,New York:Oxford Univ. Press,1997;"Implementing the Tokyo Round:Legal Aspects of Changing International Economic Rules",J. V. Louis and M. Matsushita,co-authors,*Michigan Law Review*,Vol. 81,1982,pp. 267 – 397.

① John H. Jackson,WTO Dispute Procedures,Standard of Review,and Deference to National Governments, S. P. Croley, co-author, In *International Law*: *Classic and Contemporary Readings. 2nd ed.*,edited by C. Ku and P. F. Diehl,Boulder,Lynne Rienner Publishers,2003,pp. 231 – 253;WTO Dispute Panel Deference to National Government Decisions:The Misplaced Analogy to the U. S. Chevron Standard-of-Review Doctrine,S. P. Croley,co-author,In International Trade Law and the GATT / WTO Dispute Settlement System,edited by E. Petersmann,Studies of Transnational Economic Law,London:Kluwer Law International,1997,pp. 185 – 210;In *The Effect of Treaties in Domestic Law*,edited by F. G. Jacobs and S. Roberts,London:Sweet & Maxwell,1987;"The General Agreement on Tariffs and Trade in United States Domestic Law",*Michigan Law Review* Vol. 66,1967, pp. 250 – 332;"Dispute Settlement and the WTO:Emerging Problems. In From GATT to the WTO:The Multilateral Trading System in the New Millennium",by The WTO Secretariat,The Hague:*Kluwer Law International*,2000,pp. 67 – 81.

较分析。三是注意经济学、政治学和国际关系理论与国际法相结合的跨学科研究,特别是某些较为“实用”的理论和方法。四是主张对国际经济法进行经验性的研究,针对国际经济事务中的实践问题进行实证分析。另外,根据彼得斯曼(Ernst-Ulrich Petersmann)所述,杰克逊的研究“超越了国际法的传统观念,采取了一种市民导向的宪法路径,考虑到贸易商、生产商和消费者的需要,也考虑到民主合法性以及国际组织和规则的宪法节制的需要”。①

由于杰克逊在研究范围上的基础、广泛和前瞻,几乎所有从法学或结合法学角度研究 GATT/WTO 的著述都不能回避杰克逊的奠基性成果。在此意义上,WTO 制度宪法论不仅是 WTO 宪法化理论中最早形成的一种理论模式,而且获得了较为广泛的认同和借鉴。② 可以说,颇多

① Ernst-Ulrich Petersmann, “The Constitution of John H. Jackson”, *Michigan Journal of International Law*, 1999, p. 149. 彼得斯曼在该文中提到,自 1995 年以来,《牛津英语词典》(Oxford English Dictionary)在上诉机构报告得到多次引用,成为解释 WTO 法的主要资源之一。而这也应归功于杰克逊教授,因为杰克逊于 1969 年出版的“World Trade and the Law of GATT”不仅至今被誉为“关贸总协定的圣经”,而且杰克逊也在该书中提到了这一词典。

② 2016 年,Journal of International Economic Law 刊登了对杰克逊教授及其学术贡献的纪念专辑:Reto Malacrida, “Call It the ‘WTO Charter’: John Jackson and His Abiding Concern for Treaty Nomenclature and Structure”; Edna Ramirez-Robles, “Professor John H. Jackson’s contributions to Development in WTO Law”; Roberto Echandi, “The Impact of an Idea: John Jackson’s Striving for a Rule-Oriented International Economic System”; Thomas Cottier, “John H. Jackson, Sovereignty-Modern and the Constitutional Approach to International Law”; Tomer Broude, “A Field of his Own: John Jackson and the Consolidation of International Economic Law as a Scholarly Domain”; William J. Davey, “John Jackson and the Rule of Law”; Peter L. H. Van den Bossche, “John H. Jackson and WTO Dispute Settlement”; Debra P. Steger, “John H. Jackson-WTO Institution Builder”; Gary Horlick, “John Jackson as a Resource for Scholars and Others”, *Journal of International Economic Law*, etc., 2016, Vol. 19, No. 2。

WTO研究者都在不同程度上响应或发展了WTO制度宪法论。①

(二)WTO制度宪法论的组成部分

综合来看,WTO制度宪法论具有三个组成部分:②

第一,"WTO的制度和宪法",将多边贸易体制的制度性结构作为整体,包括WTO的条约安排、组织机构、争端解决过程和行为者,以及一系列非正式的惯例和程序。WTO的制度和宪法具有规则导向、贸易规制和权力分配三个要素。

规则导向是一种具有灵活性的法治,区别权力导向和规则导向模式的缔约方关键不在于是否运用谈判等争端解决方法,而在于是否存在既定的规则和具有实施结果的程序。规则的功能是为处理社会秩序的集中问题提供机制,即协调动机各不相同的个人的行为,以产生所有参与者都能接受的结果模式。

贸易规制是指WTO应积极采取协调、遵从和结合等方式,在纵向上与WTO成员的国内贸易法律和政策、在横向上与其他相关的国际制度相互促进,以实现贸易政策与社会政策的权衡和处理。这一要素并不预先确定贸易价值和其他社会价值之间在理论上的等级,而应根据不同的情况予以区别对待。

权力分配是指以权力分配分析模式来理解主权的概念,并以此确定对贸易政策的规制是否更适合于在国家或国际制度以及其他层面上行使。同时具有偏好在国际层面作出政府行为的理由,以及偏好在国家或

---

① 例如,Jeffrey L. Dunoff将WTO制度宪法论称为"作为制度和机构建设的宪政"(Constitutionalism as Institutional Architecture),而Deborah Z Cass则称为"制度管理主义"(Institutional Managerialism)。See Jeffrey L. Dunoff,"Constitutional Conceits:The WTO's 'Constitution' and the Discipline of International Law", *European Journal of International Law*, Vol. 17, 2006, pp. 647 - 675; Deborah Z Cass, *The Constitutionalization of the World Trade Organization: Legitimacy, Democracy, and Community in the International Trading System*, Oxford U. P, 2005.

② 从杰克逊本人的"WTO制度宪法论"来说,主要侧重于前两个方面。

其地方层面作出政府行为的理由。因此，选择在国际、国家或地方层面作出贸易规制的决策，也应通过考虑各种相关情况予以决定。在此方面，在国家和地方层面分配权力的从属性原则具有重要意义，同样可以适用于这种广泛的权力分配分析。而在国际制度和机构本身，也应考虑进行适当的权力分配和节制。

总体上，其根本问题是在 WTO 和 WTO 成员之间，以及其他相关国际组织甚至所谓跨国公民社会之间有效和正当地分配贸易规制权。

第二，"WTO 与 WTO 成员关系的制度和宪法"，对多边贸易体制的组织框架，必须在其整个法律制度的背景下进行评价。这种法律制度不仅涉及作为国际法文件和组织的 WTO 本身，还涉及该组织与大量国内法律制度包括宪法性的和政府性的结构之间的相互关系。

其基本理论观点是：其一，国际法和国内宪法体系之间存在密切的关联，应依此理解国际经济体系及其未来的发展。其二，制定更有效的政策和国际贸易体制的基本目标，整体上在于促进以比较优势和规模经济理论为基础的贸易自由化。其三，诸多对贸易自由化的障碍，存在于国内政策和法律结构中，影响到跨国的经济的法律和政策。特别是各种利益集团和"寻租者"，经常具有超出其所占经济份额或国内政策体系中地位的影响力。其四，随国际贸易法的动态演进，国家间和经济体制间更加相互依存，必然使国际规制水平得到更高的发展，也使国际贸易制度与国家宪法体系具有了更大程度的相似性。

第三，"作为方法的 WTO 制度宪法"，实质是一种方法论，是指运用法律的新制度经济学和宪政经济学分析方法，对 WTO 进行了在此意义上的"制度和宪法"研究，为 WTO 制度宪法论提供了重要的论点支持和论证方法。其范围包括前述第三章所述的国际关系的机制理论、新制度经济学和宪政经济学等。

二、WTO 制度宪法论的基本内容

(一)作为概念的制度和宪法

关贸总协定的制度一直是政策制定者、政府官员和学者主要的忧虑来源,其组织机构,仅包括必要程序和权力分配的最基本的轮廓。旨在管理国家间国际经济关系的关贸总协定,为行使其如下三个主要职能而需要一种机构和框架:第一,就政策和趋势进行讨论和交换看法,包括足够的人力资源和必要的背景信息。第二,新规则的制定将与国际经济条件的变化同步。第三,用以正式和非正式解决国家间分歧或争端的机制。①

杰克逊在早期的著述中就提到了 GATT 在制度和机构设计(institutional design)上的宪法化方向。1969 年,杰克逊在其《世界贸易与 GATT 法律》一书中,即以"可能的国际贸易制度和机构的宪法结构"(The Constitutional Structure of a Possible International Trade Institution)作为最后一章的标题。他得出结论:

"国际经济制度和机构的永恒之谜,在于如何衡量合法的国内政策目标的范围,同时阻止以更大公共福利为代价而利用这类目标来维护特殊利益。另外的功能……在于使其成员能够实现公共目标,而不被该成员内部集团的反社会行为挫败。……该结构及其运行应使其成员尽可能有效地实现这类目标。从长期看来,该制度和机构的运行很可能是最重要的。"②

约 20 年后,在乌拉圭回合谈判正在如火如荼地进行时,杰克逊先后出版了《服务业的国际竞争:宪法性框架》(1988 年)和《重塑 GATT 体

---

① See John H. Jackson, GATT Machinery and the Tokyo Round Agreements, in Trade Policy in the 1980's, W. R. Cline ed., Institute for International Economics, Charter V, Washington, DC, 1983.

② John H. Jackson, *World Trade and the Law of GATT*, Lexis Law Publisher, 1969, p. 788.

制》(1990 年)两书。[①] 特别是他在后者中提出,国际贸易体制应有一种宪法性地位和结构。不过,尽管杰克逊在 GATT/WTO 法研究领域具有特别的影响力,但在 20 世纪 80 年代末期以前,鲜有学者以宪法术语来论述 GATT 的体制性结构问题。

1990 年,在乌拉圭回合谈判者云集的伦敦会议上,杰克逊关于一种经过加强的新制度和机构的设想,引起了当时的 GATT 总干事[②]邓克尔(Arthur Dunkel)的注意。随即,杰克逊被加拿大政府聘为顾问,负责起草与所拟新国际组织和协定有关的要点。随后,一份建立"多边贸易组织"(Multilateral Trade Organization)的草案随《邓克尔最后文本》在 1991 年公布。其后又几经外交谈判,乌拉圭回合最终确立了世界贸易组织。应该说,WTO 革新的制度和机构很大程度上归功于杰克逊等身的著述和不懈的倡导。杰克逊在乌拉圭回合之后的著述,继续关注作为制度和机构建设的宪法问题。

1995 年,杰克逊继续了这一思路,指出需要理解世界贸易体制的"国际宪法"。[③] 1997 年,杰克逊在《世界贸易体制:国际经济关系的法律和政策》中最后一章第一节的标题是"贸易宪法":

前述各章,总括而言,就是当今世界的国际贸易关系宪法。这是由非常复杂的经济政策、政府政策、政治限制等结合而成。并且,总体上,它在特定体制框架内,通过各种规则或法律规范设置了一整套复杂的限制。该宪法对公共或私人事务的决策者可选择的政策,设置了不同水平

---

① See John H. Jackson, International Competition in Services: A Constitutional Framework, Washington, D. C.: American Enterprise Institute for Public Policy Research, 1988; *Restructuring the GATT System*, New York: Council on Foreign Relations Press, 1990.

② 在 1964～1967 年的肯尼迪回合中,自 1965 年 3 月起,GATT"执行秘书"改称"总干事"。

③ See John H. Jackson, William J. Davey, & Alan O. Sykes, Jr., *Legal Problems of International Economic Relations: Cases, Materials and Text on the National and International Regulation of Transnational Economic Relations*, West Publishing Company, 1977; 2d ed., 1986; 3d ed., 1995.

的限制。有些规则几乎是不可改变的,有些则较容易改变。整个体制的复杂部分在于限制的多样性。这对现实中可选择的解决问题的方法形成了限制。此外,这些限制性规则还存在不同的范围与水平。有些限制来自于主权国家政府的制度(如美国宪法或 WTO 成员的法律)。有些规则来自于国际体制及其条约要求,这以 WTO 体制的宗旨为核心,但是也受到了布雷顿森林体系的其他因素影响,并且,确实也受到整个国际法结构的影响(如果可能有的话,显得微弱些)。①

2000 年,杰克逊指出:"我的重点在制度和机构方面,对此我称为世界贸易体制的宪法。"他还补充指出,他是在广义上使用这一措辞的,即将多边贸易体制的制度性结构作为整体,包括其非正式的机制和管理。②

由上可见,虽然杰克逊著述中宪法的意义有不同的侧重,但其核心内涵始终涉及多边贸易体制的制度和机构建设问题。自 1995 年 WTO 实现了对关贸总协定的"转型"以后,近年来杰克逊比较关注 WTO 争端解决机制的强项和限制,WTO 决策程序的不足之处,以及 WTO 的未来发展方向,并提出改革 WTO 制度和机构的建议。在 2005 年的"萨瑟兰报告"中,一般认为杰克逊执笔了第 6 章至第 8 章,分别涉及 WTO 争端解决机制、决策程序以及谈判过程方面的制度和机构建设问题。③

正因如此,与杰克逊早中期主要是从 WTO 成员尤其是美国的"宪法"角度看待 WTO 的制度和宪法,他更关注 WTO"本身"的制度和宪

---

① See John H. Jackson, *The World Trading System*: *Law and Policy of International Economic Relations*, The MIT Press, 1997.

② John H. Jackson, "The Perils of Globalization and the World Trading System", *Fordham International Law Journal*, Vol. 24, 2000, pp. 371, 375.

③ 这一推测来源于查诺维茨(Steve Charnovitz)的判断。See Steve Charnovitz, "A Close Look at a Few Points", *Journal of International Economic Law*, Vol. 8, 2005, pp. 311 - 319. 上述"萨瑟兰报告"第 6 章的标题是"WTO 的争端解决机制",第 7 章的标题是"一个务实的机构:决策制定与多速前进",第 8 章的标题是"一个务实的机构:加强政治投入,确保有效运转"。

法。换言之,在一定意义上,杰克逊使 WTO 制度宪法论“回归”了 WTO 宪法化的本意。1997 年,杰克逊提出:

立法趋于照顾特定选民。行政机关有其特殊政策选择目标,并且,往往更远离选民,而接近于一定的精英。对于贸易宪法的制定而言,这些紧张是真正的两难处境。我们在美国所看到的,并且在欧洲共同体也看到了逐渐联邦化的过程。因此,不妨设问:在国际多边水平上,最终会不会也出现某种必然并行的发展。

之后,杰克逊在 2000 年《全球化的危机和世界贸易体制》中指出:

成功的国际合作性制度,包括 WTO 应具有如下特征:第一,规则导向的体系。第二,具有争端解决程序。第三,国际规制性制度。第四,声誉和合法性。第五,透明度。第六,参与。①

2001 年,杰克逊在《WTO 宪法和所提议的改革:再论七条圣训》中提出:“WTO 具有内部的和外部的宪法。内部宪法是指 WTO 的规则和制度,及其在管理经济相互依存中的效力。内部宪法由 WTO 的内部运行、WTO 内部的组织机构、各机构的职能或功能、在各机构支持下所制定的规则、指导运行的基本原则等所构成。据此,1995 年以前的多边贸易体制并不能被认为已经宪法化,因为没有这类内部秩序。”②

在学术生涯的最后十余年,杰克逊更多地从结合国际法宪政的视角,对 WTO 制度宪法论进行了更广泛意义的理论建构。在 2003 年《现代主权:旧概念的新路径》中,杰克逊提出:

具有合法的良治(good governance)特征的国际制度和机构,可以在一定程度上作为民族国家主权行使的替代。这类特征中诸如:不仅适用于民

---

① John H. Jackson, “The Perils of Globalization and the World Trading System”, *Fordham International Law Journal*, Vol. 24, 2000, pp. 371 – 375.

② 杰克逊所谓 WTO 的“外部宪法”主要是指 WTO 和 WTO 成员之间的宪法关系问题,广泛地说,也包括 WTO 与其他各种国际制度以及所谓跨国公民社会之间的关系。“The WTO ‘Constitution’ and Proposed Reforms: Seven ‘Mantras’ Revisited”, *Journal of International Economic Law*, Vol. 4, 2001, pp. 67 – 78.

族国家,而且适用于国际制度和机构的民主合法性要素;施行制度目标的效率和能力;在条约灵活性方面的技术,使制度与变动的世界相适应以及其所必需的司法的制度性结构等。本质上,这就是国际法的宪法模式。①

这不仅是杰克逊第一次实质性地提出国际法的"宪法模式",也是杰克逊多年致力于 WTO 制度宪法论的一种总结和拓展。此后,在 2006 年的《主权、WTO 和变动中的国际法基础》中,杰克逊在第 6 章全面阐述了其"宪法思想",指出"宪政"至少具有四种不同的类型:第一,适用于具有一部宪法的民族国家;第二,宪法在规范性意义上的应有内容,诸如民主或人权等特性;第三,国际或跨国的政府间机构或国际组织的发展,如联合国和欧盟;第四,作为整体的国际法体系的规范创制及其演进适用(norm creation and evolutionary application)的过程。②

杰克逊认为,第四种类型的宪政指明了再建国际法基础的总体方法。与存在种种问题的主权概念以及国际法创制的"同意理论"相比,特别是就世界不同层级的治理实体内部及其之间的权力分配而言,宪政提供了一种务实的功能主义路径。在列举了国际制度和机构所面临的种种挑战后,杰克逊指出:与"制度和机构性的"(institutional)一词相比,"宪法"可用于广泛的指称更稳定和重大的人类制度和机构性框架;同时,也仍然涵盖了经验上值得关注的实体,这类实体仍然具有为长期有效施行其责任和目标所必需的特征。③

针对作为国际法法源的条约固有的刚性(rigidity)或者说"僵化",杰克逊在 2014 年还提出了"宪法性条约"(constitutional treaty)的界定,并以此用于分析 WTO 法及其争端解决中的条约解释问题。杰克逊指出,

---

① John H. Jackson, "Sovereignty-Modern: A New Approach to an Outdated Concept", *The American Journal International Law*, Vol. 97, 2003, pp. 782 – 802.

② John H. Jackson, *Sovereignty, the WTO and the Changing Fundamentals of International Law*, New York: Cambridge University Press, 2006, pp. 223 – 224.

③ John H. Jackson, *Sovereignty, the WTO and the Changing Fundamentals of International Law*, New York: Cambridge University Press, 2006, pp. 225, 263 – 267.

具有宪法性的条约，其解释方法不应拘泥于《维也纳条约法公约》所规定的解释通则，而应采取一些特定的或更灵活的解释技术。①

（二）WTO 的制度和宪法

"WTO 的制度和宪法"具有三个要素，分别是规则导向、贸易规制和权力分配。

1. 规则导向、权力导向和法治

与关贸总协定争端解决程序后期的法律发展相应，1978 年，杰克逊适时提出国际关系发展的两种模式：权力导向和规则导向。此后，杰克逊对这两个概念彼此之间及其和国际体制之间的关系进行了阐明：第一，权力导向和规则导向相互排斥。第二，权力导向意味着国家有行使权力反对其他国家的自由，规则导向意味着存在限制国家行使这种权力的规则。第三，国际体制和 GATT/WTO 多边贸易体制的历史反映了从权力导向到规则导向的演进。②

---

① John H. Jackson, "Constitutional Treaties: Institutional Necessity and Challenge to International Law Fundamentals", in *Reflections on the Constitutionalisation of International Economic Law: Liber Amicorum for Ernst-Ulrich Petersmann*, Marise Cremona, et al. eds., Leiden, Martinus Nijhoff Publishers, 2014, pp. 193 – 200.

② 关于规则导向，杰克逊的主要著述参见：John H. Jackson, "The Crumbling Institutions of the Liberal Trade System", *Journal of World Trade Law*, Vol. 12, 1978, pp. 93 – 101; "Governmental Disputes in International Trade Relations: A Proposal in the Context of GATT", *Journal of World Trade Law*, Vol. 13, 1979, p. 1; The Legal Meaning of a GATT Dispute Settlement Report: Some Reflections, in the Niels Blokker & Sam Muller, eds., Towards More Effective Supervision by International Organizations: Essays in Honour of Henry G. Schermers, 1994; "Global Economics and International Economic Law", *Journal of International Economic Law*, Vol. 1, 1998, pp. 1 – 23; The World Trade Organization: Constitution and Jurisprudence, Chatham House Papers Series, London: Royal Institute of International Affairs, 1998, chapter 4; *The Jurisprudence of GATT and the WTO: Insights on Treaty Law and Economic Relations*, Cambridge: Cambridge University Press, 2000; [美]约翰·H. 杰克逊：《GATT/WTO 法理与实践》，张玉卿、李成钢、杨国华等译，新华出版社 2002 年版，第 6 ~ 10 页；[美]杰克逊：《国家主权与 WTO：变化中的国际法基础》，赵龙跃、左海聪、盛建明译，社会科学文献出版社 2009 年版，第 164 ~ 168 页。

权力导向模式假定存在两种类型的国家：更有权力的强权国家和较少权力的弱势国家。在权力导向中，所偏好的争端解决方法就是谈判。这在援助许诺、空中运输、贸易减让和汇率变动等领域得到证明。强权国家更可能支持对自己有力的国际体制，并在争端解决中利用自己的权力对另一方施加影响。相比之下，规则导向模式认为，权力在很大程度上是不相关的。在规则导向模式中，争端通过国际制度既定的规则和程序予以解决和执行。这种框架的确立，旨在削弱甚至消除强权国家行使权力的能力。因此，弱势国家更可能支持规则导向而不是权力导向。在通常情况下，大贸易国或者强有力保护主义利益集团的代表喜欢双边谈判和其他权力导向方法；而小国以及未组织起来群体的成员则趋向于采用规则导向方法来解决利益冲突。①

以杰克逊为代表的一些国际法和国际关系学者，将规则导向模式推崇为多边贸易体制中权力政治和法律控制之间关系演变的指南，引导关贸总协定争端解决程序进行改革，并成为 WTO 争端解决机制“法律化”的理论基础。②

第一，规则导向的制度对于市场运行具有重要的意义。

人类的制度包括许多结构和众多的形式。对于那些构建市场运行基础的制度而言，法律和法律规范是其中最重要的组成部分。关于人类制度的法治，或者以规则为基础(rule-based)的或规则导向的制度，对市场运行具有重要意义。在经济行为的背景中，特别是当这种行为处于分

---

① ［德］E. －U. 彼得斯曼：《国际经济法的宪法功能与宪法问题》，何志鹏、孙璐、王彦志译，高等教育出版社 2004 年版，第 153～155 页。

② Ernst-Ulrich Petersmann, "On The Constitution of John H. Jackson", *Michigan Journal of International Law*, Vol. 20, 1999, pp. 150 – 151; Marc L. Busch and Eric Reinhardt, "Testing International Trade Law: Empirical Studies of GATT/WTO Dispute Settlement", in *The Political Economy of International Trade Law: Essays in Honor of Robert E. Hudec*, eds. by Daniel L. M. Kennedy & James D. Southwick, Cambridge University Press, 2002, p. 457.

散决策的背景下，如在市场经济中，规则能够起到重要的操作作用。只有规则才能为潜在的投资和贸易发展的形势提供可预见性和稳定性。企业需要一定的可预见性和指引，以便作出合适的有效率的投资和符合市场发展的决策。这种确定性和可预见性对于国际事务，特别是对于有众多企业参与的、由分散的市场规律所引导的经济事务而言，至关重要。

组织是重要的，并且法律在这类组织中起到重要作用。是什么法律原则起到这一作用呢？规则导向模式对于构建有关经济活动的国际组织的价值。规则导向模式使争端方的注意力集中在规则上，并且大致可以预计如何成立一个中立的法庭以实施规则。反过来这将引导各方更加注重条约制度的规则，从而带来更大的确定性和可预见性。世界经济日益相互依存，使国际谈判和讨价还价越来越困难，透明度和参与的要求使唯一合适的途径是回到规则导向的机制中。通过这种机制，不同的公民、议会、政府和国际组织都将努力并最终达成一定的规则。①

第二，规则导向是一种具有灵活性的"法治"。

规则是指法律决策中所使用的非自由裁量的法令，以指导、调整、控制和改变具有决策能力的代理机构的行为。规则可以一般适用，并为个人和国家之间的相互关系提供确定性和可预见性。规则的功能是为处理社会秩序的集中问题提供机制，即协调动机各不相同的个人的行为，以产生所有参与者都能接受的结果模式。规则导向与法治不同，其意味着较少地拘泥于规则，在规则的实施方式上为了适应现实可能有所变通，特别是它包含了一些谈判和讨价还价的余地。

任何法律制度必须包容其规则内在的灵活性，并经常地调整以适应

---

① John H. Jackson, "The Crumbling Institutions of the Liberal Trade System", *Journal of World Trade Law*, Vol. 12, 1978, pp. 93 – 106; "Governmental Disputes in International Trade Relations: A Proposal in the Context of GATT", *Journal of World Trade Law*, Vol. 13, 1979, pp. 1 – 4.

人类社会实践的需要。问题的关键在于实施规则的程序,特别是争端解决程序,必须设计得尽可能地促进整个规则制度的稳定性和可预见性。为此目的,程序必须是可信赖的、正当的并且是合理高效的。例如,A 国和 B 国就 B 国对从 A 国进口的小型器械的待遇问题发生了贸易争端。第一种解决方式是 A 国和 B 国进行谈判,这可能有利于争端双方中的强者。第二种可能的解决方法是,以协商一致的规则为基础,谈判者就规则的实施进行讨论。在谈判解决方案的过程中,双方应知道,任何未解决的争端最终将由一个中立的第三方在规则的基础上进行裁判。

在上述两种方法中,通过谈判解决争端都是消除分歧的根本途径。问题的关键在于,什么是谈判筹码?仅仅存在规则还不够,当涉及适用或解释这些规则时,有必要使双方确信,如果他们之间的谈判陷入困境,那么将会设计一种被各方接受的、公平地解释或适用规则的解决机制。如果没有这种机制,各方剩下的只有依靠其权力地位了。①

第三,规则导向的主要例证是争端解决机制的演变。

在关贸总协定的争端解决活动中,围绕关贸总协定争端解决程序的宗旨及手段的基本政策,一直存在争论。争论的焦点在于,关贸总协定争端解决程序的基本目的,是谈判还是适用关贸总协定规则。② 虽然谈判(negotiation)也可能借助于一定的程序规则,但裁判(adjudication)必须按照既定程序通过解释和适用有关协定来解决争端。某些缔约方希望通过谈判而不是第三方裁判以达成相互接受的解决办法,因为没有直接谈判所通过的争端解决结果不容易得到执行。而且,具有强迫性质的司法解决容易损害双边友好关系,反而增强了冲突的可能性。另外一些缔约方则认为谈判过程变幻莫测,实力强大的国家占据明显优

---

① See John H. Jackson, *The Jurisprudence of GATT and the WTO: Insights on Treaty Law and Economic Relations*, Cambridge University Press, 2000.

② 余敏友:《WTO 争端解决机制法律和实践》,武汉大学出版社 1998 年版,第 6、10、65、104~114 页。

势，因而希望通过裁判解决争端，并以法律方法保证争端解决结果的实施。

在权力导向和规则导向这两种方式中，谈判和私了是解决争端的主要手段；关键在于争端各方认为什么是谈判筹码。在各方所接受的调整相互经济关系的规则的范围内，一种能预知将就这些规则的实施进行谈判的制度，看来有若干理由应予以优先考虑，仅有规则是不够的。”因此，区别权力导向和规则导向模式缔约方关键不在于是否运用谈判等争端解决方法，而在于是否存在“既定的规则和程序”和具有实施结果的程序。“在这两种方式中，通过谈判解决争端都是消除分歧的根本途径。①

关贸总协定争端解决程序以 GATT1947 第 22 条和第 23 条为基本的法律渊源。除 GATT1947 第 23 条第 2 款与缔约方全体调查争端有关的规定外，所倾向的主要方法是双边或多边协商。亦即，关贸总协定鼓励缔约方之间通过谈判解决争端。实际上，在关贸总协定中，大约有 20 多个条款要求缔约方就特别情况下实施的限制性贸易措施进行谈判或协商。随着多边贸易体制的深入发展，出于对非关税壁垒和所谓灰色区域措施的关注，缔约方逐渐认识到加强裁判解决方法的重要性。1955 年第 9 次缔约方全体会议对关贸总协定第 22 条和第 23 条作出修订。1969 年缔约方全体通过的《第 23 条程序》第一次确立了发展中缔约国解决争端的特别程序规则。1979 年东京回合第一次对关贸总协定争端解决的核心文件进行了系统的编撰。1989 年《争端解决规则及程序的改进措施决定》进一步巩固了关贸总协定争端解决程序的法律基础。

早在 1980 年，杰克逊就指出：“尽管争端解决程序最初是割裂的，但

---

① ［美］约翰·H. 杰克逊：《世界贸易体制：国际经济关系的法律与政策》，张乃根译，复旦大学出版社 2001 年版，第 120～123 页；［美］约翰·H. 杰克逊：《GATT/WTO 法理与实践》，张玉卿等译，新华出版社 2002 年版，第 8～10 页。

是通过秘书处在争端解决方面富有成效的工作，以及建立各种多边贸易谈判争端专家小组所采用的有效程序性规则，仍然可能朝着统一的程序发展。"①1995 年《WTO 协定》的生效及 WTO 争端解决机制的创立，证明了杰克逊的预见。

2. 贸易政策、法律和规制

贸易政策（trade policy）是指在法律、规章、国际协定和谈判方面由政府采取的一整套立场，目的是为国内企业创造有法律约束力的市场准入。贸易政策同时还力图制定为国内企业提供预见性和安全性的规则。贸易政策的基本构成因素是最惠国待遇、国民待遇、透明度和相互减让等。为了更加有效，贸易政策需要由国内的政策来支持以促进革新和增强国际竞争力，同时也应该通过灵活而现实的方式进行。

规制（regulation），在指导和调整行为者的行为方面具有规则的许多特征，但规制的渊源更加广泛，包括公共的和私营的制度，因此，规制的实施和执行适用于一系列广泛的行为者，而不仅仅是国家法律机制。例如，产业协会可以通过形成一套环境监督方面的原则"规制"其企业对环境的影响。或者，企业也可以通过内部行为规则进行自我规制。与规则相比，规制的优势在于其灵活性，法律制度的优势则在于稳定性和可预见性，而经济实体对改变的商业和技术环境将作出迅速的调节。

经济学上的观点一般认为，规制是指政府采取的可以影响市场交易的产品或服务的价格、数量和质量以及相关信息的各种措施，以便制止和减少不充分重视社会利益的私人决策。简短地说，规制是市场经济条件下，政府为解决市场失灵问题而对市场和企业行为进行的直接干预。但是，规制的实际效果却并不总是能很好地实现其目标。例如，由于规制者和规制对象之间的特殊利益关系的形成，还会产生"规制者被捕获"

---

① John H. Jackson, "The Birth of the GATT – MTN System: A Constitutional Appraisal", *Law and Policy in International Business*, Vol. 12, 1980, pp. 21 – 58.

现象即大量的非生产性的寻租活动所导致的腐败等问题。

根据杰克逊所述,一般而言,市场导向的经济学家讨论避免政府干预,除非在所谓市场失灵时。市场失灵可能是由于外部性、信息不对称、垄断化或国防需要之类公共产品问题引起的。这些市场失灵的情况彰显了社会成本与市场成本的不同。据此,人们建议政府以各种方式回应。政府可提供商品,如高速公路、教育、服务,还可以征税、规制或者重新设置各种动机。在任何情况下,政府都不得不与这些情况中互相竞争的目标作斗争。

相关主题的创设可能包括劳工标准、产品标准、保险、银行与信托机构、证券规制、航运、知识产权、税收、投资、竞争政策、环境规制、货币政策等,但是,这类主题并非都能为 WTO 所包容。因此,问题在于能否在这种广泛的背景下,形成某种更一般的政策分析框架。对此,杰克逊认为:

第一,国际经济法可以分为两类:一类是国际经济交易(transactional)法,涉及在国际贸易或其他经济活动中进行的交易活动,主要关注私人企业或其他主体的行为。另一类是国际经济规制(regulatory)法,关注的是国家的、地方的或国际的政府机构的地位和作用。两类国际经济法的联系之一在于,国际贸易的交易可能是所有私人经济交易中政府规制最多的。①

第二,国际经济法应和国内关于税收、劳动、反垄断和其他规制问题的立法一并作为规制法。从贸易政策的角度看,一方面,各国政府有权在不违反《WTO 协定》的条件下,根据本国市场的特点,对市场交易者实行一些规制。另一方面,当外国商品或服务进入一国市场并享受或不享受国民待遇时,这类规制措施就可能产生限制贸易的效果。

---

① John H. Jackson, "Global Economics and International Economic Law", *Journal of International Economic Law*, Vol. 1, 1998, pp. 1 – 23;[美] 约翰 · H. 杰克逊:《GATT/WTO 法理与实践》,张玉卿、李成钢、杨国华等译,新华出版社 2002 年版,第 1 ~ 11 页。

第三,国际贸易的实体性问题可以用两种不同的方法进行处理,每种方法都源于特定的原理。一是"自由贸易"或非政府方法,即试图制定旨在普遍地将政府干预降低到最小范围的规则。二是更强调管理的方法,或被称为"有组织的自由贸易"或"干预主义",即鼓励政府合作,并管理或指导贸易流动的类型和数量。① 关贸总协定最初反映了第一种方法的观点,但许多守则采用了第二种方法。例如,《奶制品安排》规定成立国际奶制品理事会,以评估并展望奶制品的世界市场情况,提出解决市场不平衡的可能方法。②

两种方法的根源在于,如同所有的政府活动,国际贸易体制及其宪法包含各种相互冲突与竞争的政策目标。因此,如同大多数的政府体制,解决或协调这些互相竞争的目标的方法对于该体制长远的成功,至关重要。比如,自由贸易中以比较优势等经济原则为基础的目标,经常与保护社会平民百姓中较贫穷的弱势者这一目标相冲突。因此,在一定程度上,自由贸易政策的"纯粹性"已放宽,以便包容某些帮助较穷国家进行调整这类互相竞争的目的。

第四,国际规则、国内宪法与规范的复杂相互作用,使WTO成员经常选择第四等最佳经济政策。例如,行政部门希望避免为了某种行动而到国会或议会谋求必要授权,这样就会排除一些选择。因此,政府可采用非正式的措施,或其他在经济学上好处少一点的方法,以消除一些国家或国际规则对特定行动所设的成本。例如,从经济和政策性的角度来说,出口限制安排作为一项贸易政策工具,通常是第四或第五好的选择。法律上的原因存在于两方面:一方面,与政府的国内宪法结构有关。该

---

① John H. Jackson, "The Birth of the GATT - MTN System: A Constitutional Appraisal", *Law and Policy in International Business*, Vol. 12, 1980, pp. 21 - 58.

② John H. Jackson, Managing the Trading System: The World Trade Organization and the Post-Uruguay Round GATT Agenda, in the Peter B. Kenen (ed.), "Managing the World Economy: Fifty Years After Bretton Woods", *Institute for International Economics*, 1994, p. 131.

结构可能禁止使用其他措施，如关税或进口数量限制，可能要求议会通过法案或者要求立法授权的明确规定。另一方面，与国际规则有关。例如 GATT1947 第 19 条，其主要的免责条款要求实施进口限制的缔约方以新的贸易减让补偿出口国。

第五，如何规制国际经济中的“相互依存”及其相互竞争的政策目标？对此，可以提出不同的方法：一是协调（harmonization），即建立某种制度，逐步使各国不同的经济规制与结构趋于统一。例如，某些产品类别的标准化或者统一适用反补贴税或保障措施的程序。二是互惠（reciprocity），即建立某种制度，采取不断交易或交换的措施，以使贸易自由化。关贸总协定的关税谈判就采用这种方法。三是接合（interface），即承认世界上存在不同的经济制度，并希望创设制度性方法以缓和因这些不同而引起的国际对峙。① 杰克逊对最惠国待遇的分析，可以说是彰显上述观点和方法的典型例证，阐明了贸易政策、法律和规制之间的复杂互动关系。

一方面，最惠国义务的基本政策同时受经济理由和政治理由的支持。就政治理由而言，没有最惠国待遇原则，各成员政府更容易组成贸易派系和团体，从而导致误解和争端。而且，国家间的特殊交易，以及锁定特定目标的贸易限制行为更容易实施，多边贸易体制就成为不稳定的经济环境。另一方面，其他的政策需要，如帮助发展中国家的发展、通过区域贸易一体化促进贸易自由化等，以及政府在便利或特殊交易方面常见的动机，已经导致了对最惠国原则实质性的并且明显增长的偏离。

从经济学看，最惠国待遇的实施使产品的生产可以基于相对优势的经济理论。这样，各成员所有的进口产品，都有可能出自最有生产竞争力

---

① ［美］约翰·H. 杰克逊：《世界贸易体制：国际经济关系的法律与政策》，张乃根译，复旦大学出版社 2001 年版，第 377 页。

的生产商。反之,如果各成员对来自不同国家或地区的相同产品都征收不同的关税,就会影响产品的正常竞争,最终影响世界整体的经济效率。

从贸易政策考虑,最惠国待遇保证了双边关税减让的价值,使双边贸易减让成为多边贸易体系的基础,从而保障了多边贸易体制的正常运行。事实上,最惠国待遇客观上起到了促进市场开放的作用,使各成员通过多边贸易体系分享自由贸易成果,成为贸易自由化强大的推动力。

从国际政治的角度考虑,通过最惠国待遇原则,国际贸易中的弱势国家也可以得到平等待遇,从而改善了它们由于经济地位的原因在双边谈判中所处的不利地位。与此同时,贸易大国的强势被相应削弱,从而减少了国际贸易中的对抗情绪和报复行为,有利于贸易环境的稳定和进一步改善国际关系。可以说,最惠国待遇是保障国际贸易主权平等的唯一途径,通过这个途径,任何新成员都可以直接进入国际市场。

从国内政治角度考虑,最惠国待遇使国内政策更加直接和透明,同时简化了政府对保护措施的管理,例如,最惠国待遇的适用可以减轻原产地对贸易的障碍。无条件的最惠国待遇具有重要的宪法意义。在有关国际贸易的事务中,它起到将行政部分的权利限制在安全范围内的作用,认真执行最惠国待遇政策的政府就会减少对贸易的干预,因为最惠国待遇限制了国内某些特殊利益集团在执行贸易政策时的任意性,使他们难以采取特殊的歧视性贸易措施。①

3. 主权、权力分配和制衡

各种权力分配问题是宪法或宪政所关注的核心问题之一,功能性的权力分配分析(power allocation Analysis)是杰克逊用于分析WTO制度

① See John H. Jackson & Alan O. Sykes, Jr., *Implementing the Uruguay Round*, Clarendon Press, 1997.

和宪法的重要路径。[①] 这涉及政府不同层次决策过程的适当分配问题，例如，每个联邦国家都面临这样的问题，即什么是中央政府与组成联邦的州或市的政府之间权力的适当分配？国际制度尤其是多边贸易体制也面临这一问题。当相互依存推动各国更多地协调行动时，也产生了是否逐步地将决策转移至国际制度和机构会更有利于整个世界这一问题。例如，同意将多少权力授予这样的国际体制？在什么情况下，希望保留本国或其地方政府基于较接近受影响的选民而行使的控制？在什么程度上，规制贸易政策的协调方法会与旨在保持决策过程更接近于受影响的个人或企业这种联邦主义原则相关联？

根据杰克逊所述，这需要以权力分配分析模式来理解主权的概念，并以此确定对贸易政策的规制是否更适合于在国家或国际制度和机构以及其他层面行使。主权涉及国际制度和机构与各国政府之间的关系，以及关于它们在管理跨国经济活动中各自起到的适当作用。绝大多数情况下，在当代政策争议中使用的"主权"一词，实际上涉及权力分配的问题，这种权力通常是"政府决策权"。问题在于，怎样调和关于在各国

---

① 杰克逊在此方面的主要著述参见：John H. Jackson, *Sovereignty, the WTO and the Changing Fundamentals of International Law*, New York: Cambridge University Press, 2006; "Sovereignty-Modern: A New Approach to an Outdated Concept", *The American Journal International Law*, Vol. 97, 2003, pp. 782 – 802; "Sovereignty, Subsidiarity, and Separation of Powers: The High-Wire Balancing Act of Globalization", In D. L. M. Kennedy and J. D. Southwick (eds.), *The Political Economy of International Trade Law: Essays in Honor of Robert E. Hudec*, Cambridge University Press, 2002, pp. 13 – 31; The Uruguay Round Results and National Sovereignty, In the J. Bhagwati and M. Hirsch eds., *The Uruguay Round and Beyond: Essays in Honor of Arthur Dunkel, Ann Arbor*, Mich.: University of Michigan Press, 1998, pp. 293 – 304; "The Great 1994 Sovereignty Debate: United States Acceptance and Implementation of the Uruguay Round Results (Essays on International Law in Honor of Professor Louis Henkin)", *Columbia Journal of Transnational Law*, Vol. 36, 1997, pp. 157 – 188; "The World Trade Organization and the 'Sovereignty' Question", *Legal Issues Eur. Integration*, Vol. 1, 1996, pp. 179 – 187。

政府和国际机构之间分配处理这类问题的权力，以及有必要在国际组织里为防止权力滥用或权力不当配置而建立“节制和平衡”。例如，在1994年美国有关维护本国主权的全国性大辩论中，杰克逊指出，其实质和关键就在于权力分配问题，即决策权力如何在国内机构与美国政府之间适当地分配。①

权力分配可以多种多样。就横向的权力分配而言，可以发生在政府实体亦即立法、行政和司法机关之间，也可以发生在各种国际组织之间以及国际组织的各内部机构之间。而且，权力分配也可能发生在政府性的和非政府性的参与之间。

权力分配分析涉及各种价值方面的考虑。一方面，经济学家所称的协调利益或博弈论中的“囚徒困境”，提出了偏好在国际层面作出政府行为的理由。另一方面，在国家的地方层面分配权力的从属性原则（principle of subsidiarity）给出了偏好在国家或其地方层面作出政府行为的理由。从属性原则基于这样一个理念：一个国家或国家联邦为共同利益而行使的权力，应仅仅是个人、家庭、公司、政府所不能单独行使的那些权力；在多层级的政府中，政府权力应分配给与选民关系最密切的那一级政府机构。

从属性原则不仅是联邦制国家中推崇的基本分权原则，而且同样适应欧盟这一独特国际实体的一体化发展，这在新欧共体条约、欧盟条约以及《里斯本条约》中都有明确规定。例如，《里斯本条约》的序言宣称：各成员国“决心继续创建一个欧洲人民间日益紧密的联盟，使各项决策的作出能依照从属原则，尽可能与其公民贴近”。简言之，在欧盟，从属性意味着一种价值，即政府决策应尽可能地在“权力阶梯”（power ladder）的下端作出。在所涉及的各种政策价值之间，基本理念之一是政

---

① 关于“1994年主权大辩论”，国内著述可参见陈安：《十年来美国单边主义与WTO多边主义交锋的三大回合》，载《国际经济法学刊》2004年第3期。

府应更接近其选民,则其决策能够更好地反映这些选民的利益。① 据此,权力分配分析应考虑如下情况:

第一,国家政府使用国际规则促进它们所认为在国家层面重要的政策,而这类政策由于其国内宪法或政治结构而难以行使。与此相似,某些国家期望在国家层面就某些问题保留权力,可以在国家层面如愿实现某些应该由政府实现的政策。

第二,某些人期望政府决定应在更高的层面例如国际层面作出,而这又必须考虑在国际层面也可能发生潜在的权力滥用。因为国际制度通常没有可与国家制度相提并论的民主过程。另外,权力也可能在较低的政府层面被滥用。美国宪法的分权原则,不仅避免权力的垄断及其滥用,而且这种分权同时适用于同等层面和不同层面的政府行为之间。更高层面的条约可以节制较低层面的权力滥用行为。而在某种程度上,没有直接效力的条约的实施,也可以用于节制更高层面的决策。

第三,在涉及权力分配的决策时,就相关事项而言的规则导向的政策目标很重要。特别是就经济目的而言,一种规则体系提供了额外的准确、安全和可预见性。因此,政府权力应在哪种层面分配的问题,在某种程度上就成为"不同的层面是否有不同的能力以作出有效的规则导向安排"的问题。

在此基础上,与国家制度和机构相比,就国际制度和机构中进行适当的权力分配及其节制而言,政策制定者应考虑如下因素:

(1)条约的灵活性,亦即条约修改方面的因素和国际组织的治理问题,特别是如何选择国际组织的职员。例如,政府倾向于提出所偏好的候选人,而不考虑其是否能够胜任工作。(2)国际组织在决策过程中的治理,应如何设计投票程序?是否要求协商一致?决策程序是否有效率低下、脱离现实甚至不合法的问题?(3)国际民主技术。例如,在何种程度

---

① 曾令良:《论欧洲联盟法中的从属原则》,载《武汉大学学报》1999年第2期。

上,给予外交人员以特权和豁免是适当和必要的?因为在国际组织决策的背景下这种特权将可能导致外交人员的不负责任。(4)国际外交的实际运行,通过权力导向的讨价还价在某些时候可能削弱规则导向。(5)与国际组织资源有关的国际组织的治理问题。例如,对国际组织职员的财务情况进行审查。(6)依托于国际组织的争端解决机制及其司法技术的影响。例如,在国际条约的解释和适用方面。(7)在不同政府层面的签订条约的宪法权力。例如,条约的直接适用或自动执行性质等问题。(8)与民族国家或地方层面相比的治理问题。例如,如何评估决策的透明度和参与的程度,以及为履行职能所需要的资源。

WTO 是体现上述原则的主要例证之一,同时也存在诸多的权力分配问题。就权力分配而言,WTO 具有两个主要的并且有时相冲突的部分。一方面,WTO 具有一定的制度结构,以谈判和形成规则,并且在国际贸易所需要的情况下予以修改。另一方面,WTO 具有强有力的争端解决机制,对 WTO 成员的贸易政策权力施加了节制。因此,不仅在 WTO 成员和 WTO 之间存在一系列权力分配问题,在 WTO 这两个主要部分之间也存在一定的权力分配关系。这种方法,主要用以务实地理解在不同治理层面的权力分配。

(三)WTO 与 WTO 成员关系的制度和宪法

WTO 制度宪法论不仅将 WTO 的制度和机构理解为宪法,也融合了 WTO 与 WTO 成员之间的宪法关系和宪法问题。

1983 年,杰克逊指出:“对多边贸易体制的组织框架,必须在其整个法律制度的背景下进行评价。这种法律制度不仅涉及作为国际文件和组织的 WTO 本身,还涉及该组织与大量国内法律制度包括宪法性的和政府性的结构之间的互动。”①

---

① See John H. Jackson, GATT Machinery and the Tokyo Round Agreements, in the W. R. Cline(ed.), *Institute for International Economics*, Washington, DC, 1983, Charter V.

1993 年,杰克逊在《国家宪法、跨国经济政策和国际经济法》一文中,就国内宪法和国际经济法的关系问题提出了"一些简明扼要的思考",并揭示其与彼得斯曼等学者之间的"共同主张"和"在路径上的根本分歧"。① 1998 年的《世界贸易组织:宪法和法理》集中反映了杰克逊对 WTO 宪法化理论的全面观点:

第一,国际法和国内宪法体系之间存在密切的关联,应依此理解国际经济体系及其未来的发展。第二,制定更有效的政策和国际贸易体制的基本目标,整体上在于促进以比较优势和规模经济理论为基础的贸易自由化。第三,诸多对贸易自由化的障碍,存在于国内政策和法律结构中,影响到跨国的经济的法律和政策。特别是各种利益集团和"寻租者",经常具有超出其所占经济份额或国内政策体系中地位的影响力。第四,随着国际贸易法的动态演进,国家间和经济体制间更加相互依存,必然使国际规制水平发展到更高的层面。第五,国际贸易体制应符合规则导向而不是权力导向。面对企图削弱贸易自由化的国内利益集团或寻租者,重要的在于如何使规则更加有效。②

由于 WTO 与 WTO 成员关系的制度和宪法是杰克逊一贯坚持的务实主义和比较分析方法的反映,因此他的论述也主要集中在对具体问题的分析上。

1. WTO 成员国内宪法对 WTO 法的影响

WTO 所确立的"世界贸易宪法"反映了国内与国际规范、体制和政策的相互作用。两者之间的联系极为重要:至少由于美国宪法结构的缘

---

① John H. Jackson, "National Constitutions, Transnational Economic Policy and International Economic Law: Some Summary Reflections", in the M. Hilf & E. U. Petersmann, eds., *National Constitutions and International Economic Law*, Kluwer Law and Taxation Publishers, 1993, pp. 569 – 576.

② See John H. Jackson, "The World Trade Organization: Constitution and Jurisprudence", *The Royal Institute of Inernational Affairs*, 1998.

故,关贸总协定才形成了如今这样的协定,后来还受到欧共体结构的影响。美国贸易法至少也是由于关贸总协定,才演变为如今这样的体制。为了探讨如何选择某些政策,不仅应知道 WTO 关于规则形成与条约的变化,而且至少要了解主要国家的相似程序。

因此,理解国际法体系,就必须理解国内法律和政治体系与国际法体系之间的关系。① 政府组织可以分为国际组织和国内或国家的组织两部分,这两部分密切相关。②

(1)对外贸易权的宪法分配及其对多边贸易谈判的影响

对于美国国际贸易关系有关的美国宪法和法律制度,杰克逊用力甚多。由于涉及政府决策权力,他首先剖析了美国对外贸易权的宪法分配及其对多边贸易谈判的影响。③

政府行政部门与立法机构之间存在的由宪法导致的紧张关系,是美国国际经济政策的显著行为特征。美国国会非常清楚其调整国家间和涉外商事关系的明确宪法权力,但国会不能有效地参与涉外协议的谈判,历史发展的结果是授权和行政声明导致了权力从国会向总统的实质性转移。典型例证是"国会快轨实施程序"(Congressional fast track implementing

---

① John H. Jackson, "Status of Treaties in Domestic Legal Systems: A Policy Analysis", *American Journal of International Law*, Vol. 86, 1992, pp. 310 – 311.

② 在此方面的主要著述参见 John H. Jackson, "The General Agreement on Tariffs and Trade in United States Domestic Law", *Michigan Law Review*, Vol. 66, 1967; See John H. Jackson, Jean-Victor Louis, & Mitsuo Matsushita, *Implementing the Tokyo Round: National Constitutions and International Economic Rules*, University of Michigan Press, 1984; U. S. Constitutional Law Principles and Foreign Trade Law and Policy, in *National Constitutions and International Economic Law*, Meinhard Hilf & Ernst-Ulrich Petersmann eds., Kluwer Law and Taxation Publishers, 1993。

③ John H. Jackson, Keeping the President on the Fast Track, Law Quadrangle Notes, University of Michigan Law School, Vol. 40, No. 3, 1997, p. 74.

procedures)，[①]这类程序及其历史发展在美国参与多边贸易谈判过程中起到了重要的作用，并深刻影响了多边贸易体制的谈判结果。

国会快轨实施程序最初由美国的立法否决程序改编而来。在该程序中，美国总统向国会提出建议，如果国会未通过不批准的决议，则该建议即成为法律。最初的修改是，规定在向国会提出国际协议和拟议的实施立法前，必须与国会有一个为期 90 天的磋商阶段。这种规定的意图在于使国会的意见和建议能被美国代表在谈判中予以考虑，其结果是更可能得到国会的批准。

在 1973 年至 1974 年国会考虑非关税壁垒的程序中，宪法方面和其他的反对意见导致了对立法否决建议的放弃。作为替代，特殊的国会程序即国会快轨实施程序应运而生。这类快轨程序保留了磋商阶段，确保了谈判结果将会在合理期限内由国会不加修改地进行表决。由于行政机构和国会为保证国际协定不与国内法产生分歧而进行了认真的磋商和讨价还价，这类程序得到了国会在很大程度上的认同。

杰克逊指出，对国内压力集团的敏感性可能使国会迫使行政部门过分地屈从于法定表述，而这种表述将侵蚀多边贸易体制的自由贸易规则。在美国和其他主要的 WTO 成员中，政府并不是单一的，而是由众多

---

① 国会快轨实施程序(以下简称快轨程序)是美国国会批准总统所签署的双边及多边贸易协定的一种特殊程序。快轨程序的本质在于，国会对于总统所提出的贸易协定及其实施法案，保证能在一定的期限内通过或者否决。这种保证的原因是给予美国谈判者以信誉，被认为是 20 世纪最后 25 年内美国在行政性和立法性政策协调方面最大的革新之一。快轨程序源于《1974 年贸易法》，并且在其后的《1979 年贸易协定法》《1984 年贸易和关税法案》《1988 年汽车贸易和竞争法案》以及《2002 年贸易促进授权法》中得到更新。这些法案构成了快轨程序的法律基础，其关于快轨程序所包含的一般要件是：(1)指明贸易谈判的目标、所授权施行的协定的类型；(2)对行政机构在谈判过程中的程序性要求，如向国会相关委员会通知其启动谈判的意图、与相关委员会和私方咨询团体就谈判问题进行协商以及提前通知总统缔结一项协定的意图等；(3)所授权缔结一项协定的期限；(4)规定总统就有关协定、该协定实施法案的草案和支持文件等向国会陈述的规则；(5)国会的程序性承诺：向白宫介绍总统的实施法案的草案，并且在一定的期限内(最多 90 个立法日)通过或者否决，而不得修改该草案。

竞争性利益集团和政府派别组成。这些派别经常不信任政府特别是其他政党执政的政府，因此经常寻求对行政自由裁量权的限制。进行这种限制的技巧之一就是制定规则和与这类规则相关的参与性程序。国会快轨实施程序正是这类程序的典型。

实际上，美国仅有两个贸易协定即北美自由贸易协定和 GATT/《WTO 协定》的达成，要求了快轨程序的授权。① 但是，美国未经过快轨程序所达成的贸易协定，有很大数量在性质上是倾向于保护主义的，如双边纺织品协定；或者是美国贸易伙伴所采取行为的一般性协定，如日本承诺开放其手机市场；或者是美国国会业已授权的协定。实质上，在经过快轨程序所签署的这两个重要协定中，国会左右了实体性优先权并积极参与了实施法案的起草。②

（2）GATT/《WTO 协定》在国内法适用中的宪法问题

GATT/《WTO 协定》在国内法中的适用也是杰克逊致力分析的重要问题。③

国内实施和执行程序对将来的谈判有很大的关联性。不同的程序

---

① 上述限于当时的情况。实践中，美国自 2009 年起加入《跨太平洋战略经济伙伴协定》（Trans-Pacific Strategic Economic Partnership）即 TPP 谈判，2013 年和欧盟发起了《跨大西洋贸易与投资伙伴关系协定》（Transatlantic Trade and Investment Partnership）即 TTIP 谈判。2015 年 6 月 24 日，美国国会批准了针对 TPP 的"快速通道"贸易谈判授权法案，并由美国总统奥巴马于 2015 年 6 月 29 日签署贸易促进授权法案。

② 关于国会快轨实施程序，另可参见裘兆琳：《美国府会之争：一九九四年乌拉圭回合协定法个案研究》，载《欧美研究》（台湾）1998 年第 4 期。裘兆琳在该文中指出，国会快轨实施程序的立法意图是保障国会参与对外贸易协定谈判和增加行政当局和外国谈判的能力，并分析了美国各党派之争对乌拉圭回合协定的谈判和实施上的影响。

③ 在此方面的主要著述参见 John H. Jackson，"Status of Treaties in Domestic Legal Systems：A Policy Analysis"，*American Journal of International Law*，Vol. 86，1992；United States，in the Francis G. Jacobs & Shelley Roberts，eds.，*The Effect of Treaties in Domestic Law*，Sweet & Maxwell，1987，p. 141；"The Great 1994 Sovereignty Debate：United States Acceptance and Implementation of the Uruguay Round Results"，*Columbia Journal of Transnationall Law*，Vol. 36，1997，pp. 157－188。

不仅会对谈判者及其谈判策略产生影响,而且还会在国际谈判结果的法律实施方面给各国造成某种不对称。这种不对称可能破坏谈判方视为曾已经获得的实质对等的某些方面。

杰克逊认为,应在经验的和务实的(empirical and pragmatic)考虑的基础上,对国际条约在国内法中的法律地位和效力问题以体制性的和综合性的方式加以分析。其基本结论是,具有民主制度的国内法体系存在合理的理由,避免国际条约在国内法中的直接适用以及这类条约规则比在后的国内制定法具有更高的法律地位。宪法起草者认为国际制度和条约制定程序与国内制度和立法程序具有可比性,因此,应依此来理解国内宪法程序和国际条约的国内法地位之间在功能上的互动关系。

关于东京回合,杰克逊指出,在各国执行东京回合协议方面,可以提出三个具体问题:第一,缔约方是否将所涉及协议作为国际法律义务来接受。这类问题本身并无太大争议,不过对于国家所接受国际义务的性质,应分析接受是在何种国内宪法程序下作出的,因为不同的程序可能意味着对国际协议所做的不同层次的政治和法律承诺。第二,国际协议在一国国内"直接适用"的程度。该问题在美国法中有时被称为"自动执行的性质"。例如,如果特定协议不是本身就可以自动适用或在国内法中自动执行,是否应将其通过转化为国内法予以适用?如果可以自动适用,则是否存在国际规则不必作为国内法一部分予以适用的理由?第三,分析相关国家执行机制的程度。首先是"规则的层次"问题,即东京回合协议是否具有比缔约方国内法更高的地位。其次是国际规范被适用的程度,即被国内有效的政府法规或规章所实施的程度。

具体地说,关于条约国内宪法效力的法律和宪法问题,至少包括以下问题:第一,谈判的权力。第二,签署的权力。第三,将条约作为有约束力的国际法律义务加以接受的权力。第四,按照国内宪法,条约的有效性。第五,执行条约义务的权力。第六,条约在国内法中的直接适用性。第七,条约在国内法中的可援引性。第八,在国内法中,当条约规范与其他国内法规范相冲突时,规范的层级问题。第九,管理条约的权力,诸如正式批准的程序、为国内适用及作为国际法事务解释条约的权力、修改或终止条约的权力等。

在详细分析了上述每个问题的含义后,杰克逊指出,所谓"将条约直接适用于国内法体系",基本含义是指该国内法体系的法院及其他政府机关将条约规定看作法律的渊源,如同看待宪法、制定法或其他国内法律文件一样。对此,同时具有支持或反对条约直接适用的"政策"。

支持条约直接适用的政策包括:第一,主张一元论的学者认为,全部法律都是整个体系的一部分,国际法自动构成国内法律体系的组成部分。而且,国际法是世界法律体系的更高形式,因此应比国内法具有更高的地位。第二,强调提高国际法的效力,认为赋予条约直接适用性可以提高它们的重要性,减少一国疏于或拒绝将条约规定转换为国内法的可能。第三,条约的直接适用更好地保护了其他缔约方的利益,使各缔约方都根据条约履行他们的义务。第四,国际习惯法赋予各国善意的义务,要求国家直接适用条约。第五,如果条约包括了旨在适用于个人的规范,那么直接适用条约能够更好地保护该法律体制中个人的权利。第六,直接适用的概念将增强国际法的声誉和国家对国际法的尊重,这对国际秩序是有益的。第七,在联邦制国家包括被某些人认为是"联邦"的欧共体,使联邦法律既直接适用又具有优先效力,则能够将联邦体系更加密切地联系在一起。因此,这类做法应"类推"到国际层面。

反对条约直接适用的政策包括:第一,所谓二元论主张国际法是一个独立于国内法的体系,因此没有符合逻辑的理由能够使国际条约自动地成为国内法体系的一部分。第二,即使一国承诺了一项条约义务,该国仍然有权利自己决定执行或履行国际义务的方法,只要是以善意行事。第三,功利主义的反对意见认为,某些国家的宪法在条约制定过程中规定了非常少的民主参与。在这种情况下,需要国会等的转化立法就成为对条约制定过程的一项重要制衡。第四,国内立法机关通常希望通过一些特定方法使条约适应国内的具体情况,如最直观的理由是需要以本国的语言转换那些非本国官方语言的多边条约。第五,立法机关可能具有其他的政策考虑,如希望将条约直接适用限制于条约的某些部分。第六,行政机关可能担心直接适用会导致法院判决政府行为违反了条约,这将使政府感到尴尬,甚至面临国际诉讼程序的危险。第七,国家宪法体系在条约适用问题上具有相当大的差异,直接适用的国家与不允许直接适用的国家存在不对等性,因此直接适用至少应以互惠为条件。第八,直接适用可能导致政府不参加本来很希望参加的国际条约。第九,如果一项条约直接适用,则可以主张国际机构对国际法问题的解释在国内法中也具有权威性。然而,当条约的国际解释与国内法律机构的解释相冲突时应如何处理这种情况?

对于上述针锋相对的关于条约直接适用的政策考虑,杰克逊指出,这些政策因素使分析深入国际法的基本法理以及条约的遵守问题。而国内法的政治和法律结构同样需要深入考虑。例如,将对条约规定的民主接受作为提高其效力的主要手段,与直接适用等法律结构相比,是否各有所长?如果一项宪法性的条约制定程序并未规定诸如议会批准之类的民主性参与,则除非议会加以转化,国际条约不可能在国内法中具有效力。这类要求作为国内立法程序的一部分,能够代替宪法体系中议会对条约制定过程的直接参与。鉴于美国宪法赋予美国总统在"参议院的意见和同意"的情况下制定条约的权力,杰克逊指出,美国的司法实践是给予国会立法在与国际条约规则相冲突时的优先性,而美国的立法实践是通过国会决议批准和实施国际条约。因此,美国宪法对这类正当程序的保障,也要求不应不加考虑地将国际条约规则在国内法院中直接适用。①

在对上述政策考虑进行了初步分析后,杰克逊指出了"与直接适用

---

① John H. Jackson, "Status of Treaties in Domestic Legal Systems: A Policy Analysis", *American Journal of International Law*, Vol. 86, 1992, pp. 316 – 324.

的规范更高地位相关的政策”:第一,本质上,“既直接适用又具有更高地位”意味着条约规定已经被“宪法化”了,或者说被赋予了一种几乎等同于本国宪法的“宪法性地位”。但是,制定条约的程序,通常缺少修宪程序的严格性和民主性,这将不可避免地产生所谓民主缺陷问题。第二,参与制定条约的国际机构较为软弱和不足,对直接适用问题具有重要影响。即使假设国际机构足以民主地制定新规则,通常也难以修改或改善条约规则及其次级规则。这导致国家政府在接受国际条约规范时相当慎重,如果政府及其公民对国际机构及其条约具有更大程度上的信任,则“既直接适用又具有更高地位”将可以成为一种对自己政府的制衡。例如《欧洲人权公约》及其”对参加国政府的宪法制约”。第三,国家宪法修改的难度,也影响到国际规则保护、国内规则保护或宪法保护之间的选择。如果条约的“更高地位”并不优先于宪法,则宪法有助于纠正上述民主缺陷之类的问题,然而在这种情况下条约本身也变得不那么有效了。

由于存在上述种种“政策问题”,杰克逊认为,重点在于应集中精力设计争端解决程序,提高确定各缔约方公民在接受条约规范上的民主参与,以使条约更加有效,而不是过分依赖于直接适用之类的概念。

2. WTO 对 WTO 成员国内法的影响

GATT/WTO 争端解决报告的法律性质和效力是杰克逊论述的又一颇具宪法意义的问题。根据对杰克逊相关著述的梳理,①杰克逊对这一

---

① 在此方面,杰克逊的主要著述参见:John H. Jackson,“The Legal Meaning of a GATT Dispute Settlement Report:Some Reflections”, in the Niels Blokker & Sam Muller, eds. ,Towards More Effective Supervision by International Organizations, Essays in Honour of Henry G. Schermers, 1994, p. 149;“The WTO Dispute Settlement Understanding-Misunderstandings on the Nature of Legal Obligation”,In the J. Cameron and K. Campbell, eds. ,*Dispute Resolution in the World Trade Organisation*, London: Cameron, 1998, pp. 69 – 74;“Some Reflections on Compliance with WTO Dispute Settlement Decisions”, C. M. Vazquez, co-author, Law & Policy In *International Business*, Vol. 33, 2002, pp. 555 – 567;“International Law Status of WTO Dispute Settlement Reports:Obligation to Comply or Option to ‘Buy Out’”,*American Journal of International Law*, Vol. 98, 2004, pp. 109 – 125。

问题的理解和阐述随着多边贸易体制的历史发展而不断深入，大体上可以分为以下三个层次。①

（1）GATT 争端解决报告的法律性质、效力和影响

GATT 争端解决报告的法律性质之所以成为一个问题，主要在于三个原因：第一，关贸总协定争端解决的理论奉行权力导向，尽管逐渐转变为规则导向。第二，GATT1947 第 23 条并未将对关贸总协定规则的实际违反作为投诉的条件。第三，关贸总协定争端解决机制在决策程序上实行协商一致规则。

经过关贸总协定争端解决程序的历史发展，这类问题都逐渐得到了部分解决：一方面，如前述及，关贸总协定争端解决程序逐渐从权力导向模式转到了规则导向模式。例如，从最初的工作组程序发展为拥有客观的第三方专家的专家小组程序，就是对这种趋势的支持。另一方面，根据关贸总协定的"案例法"，在"1962 年乌拉圭诉诸 GATT1947 第 23 条案"中，专家小组裁定，违反关贸总协定的义务将被认为"有初步证据表明了利益的丧失或损害"。1987 年"石油超级基金案"中，专家小组认为，在某些案件中，如果认定违反了义务，则据此得出的利益的丧失或损害的假定是不可反驳的。不过，协商一致的决策规则对争端解决报告的法律地位产生了不利影响。即使缔约方全体通过了报告，由于缺少明文规定，专家小组裁定的法律影响仍然存在一些法律问题。GATT 争端解决报告已经被证明具有法律性质，那么其法律效力如何呢？GATT1947 第 23 条明确授权缔约方全体，可批准对违反义务的缔约方中止履行协定下的减让或其他义务。但是，这并未表明执行争端解决程序的结果是一项国际义务。

杰克逊认为，没有通过的 GATT 争端解决报告不具有约束力。对于

---

① 严格地说，下述 GATT/WTO 争端解决报告的法律性质和法律效力问题更适合在以上"WTO 的制度和宪法"部分论述，在此是为了完整论述杰克逊在这一问题上的理论发展。

通过的专家小组报告,其法律效力可能有多种。但最可能的解释是,首先,它是必须遵守的国际法义务;其次,它是当前案件中的争端当事方必须遵守的国际法义务;再次,它没有先例的效力,尽管存在并不严格的事实上的先例效力;最后,它可以作为关贸总协定的"后续实践"(《维也纳条约法公约》第 31 条)的证明。

可以说,缔约方全体通过一项专家小组报告,就相当于通过一项关于正式解释关贸总协定的决议或决定。因为 GATT1947 第 35 条为缔约方全体联合行动提供了广泛的授权:"以便实施本协定涉及联合行动的规定,更广泛地说,以期便利本协定的运用和促进其目标的实现。"结合 GATT1947 第 25 条规定的多数决方式,缔约方全体有权通过决定或决议,对关贸总协定作出正式的解释。由于专家小组报告也是由缔约方全体(理事会)协商一致才能予以通过,可以认为专家小组报告具有这种效力。但是,实践表明,缔约方全体经常作出否定的声明,以及一些专家小组经常偏离先前专家小组报告的做法,都意味着缔约方全体并未将所通过的专家小组报告视为"根据第 25 条的授权作出的正式解释"。因此,杰克逊通过实证分析的方法,证明了 GATT 争端解决报告具有对争端当事方而不是所有缔约方的国际法效力。

(2) WTO 争端解决报告的法律性质和效力

上述两个层次的问题,在 1995 年《WTO 争端解决规则和程序的谅解》(DSU)中都得到了根本解决。而杰克逊在 WTO 争端解决机制成立之前对这类问题的论述,也得到了 DSU 几乎完全一致的证明。

第一,WTO 争端解决机制是一种规则取向的制度。其所产生的各种建议和裁定必须旨在实现符合《WTO 协定》赋予其成员权利和义务的一种满意的解决(DSU 第 3 条第 4 款)。因此,根据 DSU 协商与争端解决条款正式提起的争端的所有解决办法,包括仲裁裁决,都必须符合《WTO 协定》而且不得剥夺和损害任何成员根据《WTO 协定》所享有的各种利益(DSU 第 3 条第 5 款)。

第二,如违反某项协定,则损害或丧失就被推定存在。这意味着一般有这样一个假定,即对各该规则的违反已对 WTO 其他成员造成不利影响。在此种情况下,被告成员有权反驳该项指控(DSU 第 3 条第 8 款)。

第三,除非争端解决机构以协商一致决定不通过专家小组或上诉机构报告,否则该报告就应由争端解决机构通过并应由争端当事方无条件接受(DSU 第 16 条第 4 款和第 17 条第 14 款)。因此,"消极协商一致"或"倒协商一致",特指 WTO 争端解决机构(DSB)采用的一种决策方式。DSB 的决策程序,除 DSU 第 26 条第 2 款要求在审议通过"其他情势所涉非违法之诉"的建议和裁决等方面以协商一致方式决策外,均以"消极协商一致"方式作决定。要阻挠 DSB 通过裁定或建议甚至于授权报复等方面的决议,就必须获得 DSB 全体成员的明确同意(包括争端当事方和第三方);反之,要 DSB 通过此类决议,只要胜诉方一方同意就能达到目的。这种决策方式,使 WTO 争端解决程序具有准自动化和准司法性,具有几乎自动通过专家小组的设立、专家小组或上诉机构的报告以及授权中止减让或其他义务(报复)等方面的 DSB 决定的效果。

第四,在撤销或纠正违法措施、补偿和授权中止减让或其他义务这三种救济手段中,除"非违法之诉"(GATT1994 第 23 条第 1 款第 2 项)及其特殊救济(DSU 第 26 条第 1 款)外,积极的补偿和消极的报复都是临时的救济,都是在建议和裁定在合理期限内未被执行的情况下才可以采取的(DSU 第 3 条第 7 款、第 22 条第 1 款和第 8 款),并在违法行为被纠正并因此回复先前的平衡时应予撤销。

在此方面,杰克逊在 2005 年的"萨瑟兰报告"中,特别提到了执行裁决过程中出现的问题:

随着越来越多的争端解决案子的专家组报告或上诉机构报告得到 DSB 的通过,进入裁决执行阶段,大家的注意力很自然地转移到争端解决程序下游阶段的程序,特别是那些涉及旨在促使裁决得到强制执行或遵照执行的各项措施上。

如果裁决没有得到执行,DSU规定可以由胜诉方提出要求(败诉方)给予“补偿”。在GATT和现在的WTO条款中,补偿措施传统上均不是以货币形式支付。相反,此类补偿往往是败诉方额外开放本国市场准入。当裁决尚未得到执行,也未能就补偿达成一致时,可以采取临时性的中止减让措施或所谓的报复。有些人坚持认为,WTO成员在WTO争端解决机制中被裁定败诉后,可以自由选择是否执行由DSB通过的上诉机构或专家组报告提出的义务,而作为替代,该成员可以仅仅提供补偿或接受报复了事。这是一个错误的理念。

有一项原则性的总体义务很重要,要求成员采取措施,使被起诉的政府活动与WTO规则一致起来。虽然DSU文字上没有100%地明确说明这一点,但是,这一点可以通过仔细分析整个DSU和十几个条款看出来。①

杰克逊的上述观点,或可称为“国际法义务论”,涉及和一些WTO法学者之间的学术论争。实际上,主张可以自由选择执行与否,贬低或曲解了WTO法的国际法性质。正如杰克逊鲜明地指出:

允许政府以提供“补偿”或者接受“中止义务”的形式“买断”(buy-out)其WTO义务会造成WTO体制中成员之间待遇的不平等。这种做法有利于那些富裕的大国,它们能够支付得起这样的“买断”,从而维持那些与WTO规则不相符的措施,继续损害和扭曲贸易。WTO规则旨在提供市场的可预见性,而这种做法只能减损贸易和投资对WTO体制的

① Report by the Consultative Board to the Director-General Supachai Panitchpakdi, The Future of the WTO, Addressing Institutional Challenges in the New Millennium, January 2005, paras. 240 – 41; John H. Jackson, "International Law Status of WTO Dispute Settlement Reports: Obligation to Comply or Option to 'Buy Out'", *American Journal of International Law*, Vol. 98, 2004, pp. 109 – 125.

依赖。对于比较贫穷的 WTO 成员，尤其是最不发达国家，它们参与世界贸易程度不深，"买断"义务的做法损害了它们依赖争端解决机制的信念和能力。这些国家通常没有能力有效地利用报复这个武器，因为一旦使用，报复还会伤害到它们自己，同时损害贸易自由化目标。①

在此基础上，杰克逊建议，可以允许执行争端解决报告裁决的一方提供货币补偿，作为对胜诉方提供补偿性市场开放措施的替代。而且应确保货币补偿只能是在完全执行裁决之前的一项临时性措施，否则，"买断"问题还会出现。②

(3) GATT/WTO 专家小组报告对国内法的影响

就 GATT/WTO 专家小组报告的法律性质和效力问题而言，如果停留在上述论述，也堪称完整和细致。然而，杰克逊以其一贯主张的研究方法，继续研究了这一问题更深入的方面，即专家小组报告对国内法的影响问题。

从 GATT 专家小组报告来看，杰克逊以美国为例指出，美国在关贸总协定理事会经常采取的立场是，当专家小组裁定美国的做法与其所承担的 GATT 义务不一致，并且专家小组报告获得通过时，美国将遵守专家小组的裁定。③ 但是，美国的任何法律机构，包括法院、国会或行政机

① Report by the Consultative Board to the Director-General Supachai Panitchpakdi, The Future of the WTO, Addressing Institutional Challenges in the New Millennium, January 2005, para. 242.

② Report by the Consultative Board to the Director-General Supachai Panitchpakdi, The Future of the WTO, Addressing Institutional Challenges in the New Millennium, January 2005, para. 243.

③ 应指出，杰克逊的上述论点是一般性的。根据统计，美国在关贸总协定的整个历史的案件中，完全遵守、部分遵守和完全不遵守的比例分别为：64%、7% 和 29%。在 20 世纪 80 年代，完全遵守和完全不遵守的比例分别为 60% 和 40%，没有"部分遵守"的案件。See Naboth van den BROEK, Power Paradoxes in Enforcement and Implementation of World Trade Organization Dispute Settlement Reports, *Journal of World Trade*, Vol. 37, 2003, pp. 141 – 162.

构,都不会将所通过的专家小组报告自动纳入国内法。理论上,如果一项国际协定本身可直接适用于美国司法实践(所谓自动执行协定),根据后法原则,则美国国内的法律机构就有义务将其视为联邦成文法一样予以对待。在这种情况下,如果一项通过的专家小组报告解释了关贸总协定的条款,并且关贸总协定被视为是美国法的一部分,则美国国内的法律机构将受专家小组报告的约束。实践中,不仅尚无任何一个这样的实例,而且美国法院明确拒绝适用 GATT 专家小组报告的案例反倒为数不少。

杰克逊指出,根据《美国对外关系法重述》,美国法院在解释制定法时,应以与美国所承担的国际法义务相一致的方式来解释制定法。因此,尽管一项 GATT 专家小组报告不具有"直接的"效力,但其确实可以在美国国内司法实践中发挥相当大的作用。它应该是解释美国承担的国际法义务时所使用的部分资料,反过来它也应影响国内法院解释相关制定法。

尽管上述主要探讨 GATT 专家小组报告对国内法的影响,但同样适用于 WTO 专家小组报告。在前述美国"1994 年主权大辩论"中,杰克逊就所谓"接受 WTO 制度会损害美国主权"作出解释:"同理,WTO 专家小组争端解决程序作出的结论也不能自动地变成美国法律的一部分。相反,通常是经过美国国会正式立法,美国才必须履行各种国际义务或执行专家小组报告所作出的结论。"①

（四）作为方法的 WTO 制度宪法论

如前所述,以塔奇曼等为代表的学者,运用法律的新制度经济学和宪政经济学分析方法,对 WTO 进行了在此意义上的"制度和宪法"研究,为 WTO 制度宪法论提供了重要的论点支持和论证方法。鉴于这种

① John H. Jackson, "The Great 1994 Sovereignty Debate: United States Acceptance and Implementation of the Uruguay Round Results", *Columbia Journal of Transnational Law*, Vol. 36, 1997, pp. 157 – 188.

研究的实质是一种方法的运用，与上述杰克逊的 WTO 制度宪法论相区别，可称为“作为方法的 WTO 制度宪法论”。①

1. 关于 WTO 法的制度主义研究

仅就作为方法的“制度”而言，也包括多种含义。如前第三章所述，在以制度主义的角度研究国际法或 WTO 法时，通常有两种路径。其一是国际关系的机制理论；其二是新制度经济学，特别是其中的交易成本分析。两者都已经被直接适用于 WTO 法的研究中。

新制度经济学关注制度形成的原因，以及具体的制度结构问题。②塔奇曼认为，制度包括三类要素：正式的组织性制度，诸如立法、行政和司法机构及其所构成的组织；正式的规则，诸如从宪法规则到普通立法；非正式的制度，由没有法律效力的组织和规则所构成。塔奇曼指出，国家使用和设计国际制度以使成员的净收益最大化，所谓净收益即交易所获得的收益减去交易的损失和成本。新制度经济学和国际领域的市场有所不同，在国际领域所交换的物品是“关于权力分配的协议”，这一领域分析的核心是国际经济组织如何有效地使国家的偏好最大化。在以新制度经济学分析国际经济组织包括 WTO 后，塔奇曼得出结论，尽管需要进行更多的理论和经验研究，新制度经济学为国际经济组织的研究和比较提供了有用的工具。③ 简言之，新制度经济学以制度解释理性自利的行为者的行为，行为者以制度提高了在实现行为者偏好的效益的基础上创造和调整制度。

---

① 值得指出，杰克逊本人不仅受到这类方法的影响，而且也在某些论述中直接使用了这类方法，上述区分仅为论述的整体层次起见。

② Joel P. Trachtman, *The Future of International Law: Global Government*, Cambridge University Press, 2014, pp. 13 - 14.

③ Joel P. Trachtman, "The Theory of the Firm and the Theory of the International Economic Organization: Toward Comparative Institutional Analysis", *Northwestern Journal of International Law and Business*, Vol. 17, 1997, pp. 470, 473 - 474.

2. 关于 WTO 规制的新制度经济学

如上所述，如何规制贸易政策和其他社会政策以及其之间的关系，亦即通过解决或协调这些互相竞争的目标，以规制国际经济中的“相互依存”是 WTO 制度宪法论所致力研究的根本问题之一。根据塔奇曼等学者的研究方法，可通过“规制性竞争”(regulatory competition)分析模式予以处理。

“规制”一词可以在广义上使用，涉及所有的公法。公法包括明显的规制性领域，如反信托、环境规制、食品和药物规制以及安全规制；也包括如税收和国际贸易规制这类较不明显的规制性领域。① 与规制相关联的概念是规制性竞争(regulatory competition)，包括竞争性的放松规制(competitive deregulation)、规制的竞争性失灵(competitive failure to regulate)、规制性补贴(regulatory subsidies)等。地方、州、联邦、区域、全球，规制可以存在于任何层面。

规制权(regulatory power)的分配包括在某一纵向层面就各种规制领域而言的分配，以及在某一规制领域就各种纵向层面而言的分配。前者例如，在国家层面，贸易规制和其他规制领域(诸如环境、劳工、卫生)之间的分配。后者例如，就国际贸易规制而言，在 WTO、WTO 成员之间、WTO 成员内部等各种层面的分配。这种分配涉及横向竞争和纵向竞争。在横向竞争中，经济制度处于相同的对经济权力和福利负责的社会组织层面。包括国家之间、国家和国际共同体之间以及国家和其地方之间的横向竞争。换言之，是在 WTO 成员之间、WTO 成员和 WTO 之间、WTO 成员的政府和地方之间。其中，主要的是国家之间的横向竞

① Joel P. Trachtman, “International Regulatory Competition, Externalization, and Jurisdiction”, *Harvard International Law Journal*, Vol. 34, 1996, pp. 47 – 78; “Regulatory Jurisdiction and the WTO”, *Journal of International Economic Law*, Vol. 10, 2007, pp. 631 – 651; The Economic Structure of the Law of International Organizations, at SSRN: http://ssrn.com/abstract=2385751 or http://dx.doi.org/10.2139/ssrn.2385751. Jan. 26, 2014.

争。在纵向竞争中,描述的是规制权在不同层面的制度之间进行的分配。纵向竞争确定了就相关联的经济活动而言,国家是否属于比其他社会制度更有效的规制者。① 因此,纵向合作是必需的,以此在某一纵向层面进行责任分配的过程(process of allocation of responsibility),并且确立在各种规制领域内纵向竞争的规则。也需要就某一规制领域区分在各种纵向层面的责任,以实现最优的规制。特别是在政府不同层面的纵向合作是必需的,以此容许政府职能以尽可能精确的方式分配。

为实现最优的规制水平,需要在各种纵向层面进行合作的可能性。而为了协调和沟通这种纵向的合作,实际上就是要求承认国际法制度不仅是被国家所唯一地限定,而且应在超出国家层面或者低于国家层面进行可能的最优分配。进而言之,纵向合作要求在各种纵向层面之间就责任进行谈判和分配,因此需要设计和建立制度。在此方面,作为联邦政府原则的从属性起到了重要作用,要求各种社会偏好(preferences)和优先性的谈判和吸收,使规制处于能最有效实施社会目标的某一政府层面。在此意义上,国家和跨国组织的经济基础,就转化为确定国家或其他类型的组织是否以较低的社会成本提供了较多的社会物品的社会契约问题。②

3. 关于 WTO 宪法的宪政经济学

宪政经济学实质上是新制度经济学的一个分支,就处理特定合作问

---

① Lucian A. Bebchuk, "Federalism and the Corporation: The Desirable Limits on State Competition in Corporate Law", *Harvard Law Review*, Vol. 105, 1992, p. 1435.

② Joel P. Trachtman, "International Regulatory Competition, Externalization, and Jurisdiction", *Harvard International Law Journal*, Vol. 34, 1996, pp. 47 – 48.

题的宪法解决方案而言,和功能主义具有密切关系。① 宪政经济学为宪法提供了一种实证主义分析的方法,认为宪法化的核心特征是权威分享。按照宪法安排所导致的权威分享程度,可以发展一种宪法化的一般标准。依此路径,宪法是人类交往的工具:通过权威分享以促进规则确立的机制。②

在不同的社会背景中,宪法具有不同的作用和含义。随着社会变迁,在一段时期所选择的宪法类型也可能不再受欢迎。如果存在多重纬度的宪法化,如何在衡量宪法化的过程中将这类不同纬度的宪法化相提并论?更重要地,宪法化在什么时候具有规范性的吸引力,即宪政是否是规范性的时代诉求?对此,规范性个体主义通过参照个体偏好来回答规范性问题。在宪法化增强了个体实现其偏好的能力时,就是具有吸引力的,反之亦然。宪政经济学假定,宪法的存在,是用以解决交易成本和战略问题的,后者可能阻碍权力有效交换的实现。在此意义上,宪法是为在最大程度上实现个体公民偏好的政治解决方案。根据交易成本或者战略模型,宪法是被设计用以克服实现帕累托最优结果的交易成本或者战略障碍。如果合作中并没有获得潜在的价值,宪法也就并不重要,甚至并不存在。当价值因合意而达成时,宪法通过减少交易和战略成

① Joel P. Trachtman 关于 WTO 宪政经济学的主要著述参见:Joel P. Trachtman, "Changing the Rules: Constitutional Moments of the WTO", *Harvard International Law Journal*, Vol. 24, 2004; The WTO Constitution: Tertiary Rules for Intertwined Elephants, Working Paper, No. 753, pp. 1 – 27, The Berkeley Electronic Press, 2005; "The Constitution of WTO", *The European Journal of International Law*, Vol. 17, 2006, pp. 623 – 646; Constitutional Economics of the World Trade Organization, in Jeffrey L. Dunoff and Joel P. Trachtman, *Ruling the World: Constitutionalism, International Law, and Global Governance*, Cambridge University Press, 2009, pp. 206 – 229; *The Future of International Law: Global Government*, Cambridge University Press, 2014, pp. 260 – 264; Joel P. Trachtman:《WTO 的宪法》,孔庆江译,载《国际经济法学刊》2007 年第 2 期。

② Joel P. Trachtman, *The Future of International Law: Global Government*, Cambridge University Press, 2014, pp. 260 – 262.

本,促进价值的实现。①

例如,WTO 宪法的核心特征之一,与规制保护主义的规则相关。这类规则如美国宪法中的商业条款,对可能产生过度贸易壁垒的国内规章施加限制,被认为具有宪法性质。在某种意义上,这类针对保护主义的规则是动态从属性的特别规则,它们在特定范围内限制了国家的权力。进一步而言,宪法可以产生本身的需求:宪法一旦确立,通过削减国际安排的交易成本和战略成本,就可能使一系列本不受欢迎的安排变得具有吸引力。这就是对宪法发展的“路径依赖”。因此,一旦立法和议会的中央集权特征因某个目的而确立,也很容易被用于其他目的。

宪政经济学承认宪政时刻的可能性。在宪政经济学的代表学者詹姆斯·布坎南(James M. Buchanan)所谓的宪政时刻,②“不确定性之幕”(veil of uncertainty)容许个人或国家就宪法变革达成合意,即使他们对可能的未来影响并不确定。事实上,正是不确定性促成了合意的达成。宪政时刻通常因选民所关注事项的改变或其认知的改变而致。这一观点解释了次级规则的达成:诸如多数决机制或权力分配的规则,确定了制定初级规则的能力,而初级规则在实际上支配着人们的行为。依此视角,国家在足够确定能总体上受益而不能确定获益多少的情况下,将同意达成新的次级规则。因此,诸如对 WTO 的公众认识和关注,包括环保、人权和健康在内的全球利益所导致的压力,对全球贫困的关注和贸易的作用,以及对恐怖主义的恐惧等,都在逐渐发展,对 WTO 的宪政时刻都会有所作用。

国家的偏好发生了改变,或者实现这类偏好的技术性或制度性方式发生了改变,或者国家对这类偏好的认知发生了改变,都有望发生宪法

① Joel P. Trachtman, *The Future of International Law: Global Government*, Cambridge University Press, 2014, p. 261.

② 参见[澳]杰佛瑞·布伦南、[美]詹姆斯·布坎南:《宪政经济学》,冯克利等译,中国社会科学出版社 2004 年版。

变革。例如,在乌拉圭回合中,争端解决机制之所以得到加强,是两种权衡的宪政时刻所导致的:第一,美国提出,除非 WTO 建立更有力的争端解决机制,否则不会放弃根据《1974 年贸易法》301 条款而采取的单边主义措施。这一条件旨在结束对 301 条款的讨论,但美国的主要贸易伙伴接受了这一改变。第二,更有力的争端解决机制将使 WTO 成员的承诺变得更有力。由于承诺通常符合自由化的方向,这也将带来贸易的进一步自由化。在 1994 年,各方尚不确定谁能从更有力的争端解决机制中获利最多。但是,各方确信所有成员都能不同程度地从中获益,并愿意接受其他成员可能获益更多。总之,宪政经济学将宪法视为促进偏好实现的战略。宪法框架及其分析的任务,是进行比较制度分析,以便确定能最大化地实现偏好的制度特征。①

三、对 WTO 制度宪法论的评析

(一)WTO 制度宪法论的理论和实践背景

WTO 制度宪法论随多边贸易体制的成长而形成。WTO 制度宪法论为 WTO 基础理论研究提供了一种奠基性的理论输出,而几乎所有其他理论模式也在不同程度上为 WTO 制度宪法论提供理论输入。甚至,持有“反 WTO 宪法化”主张的学者,其研究前提或结论也认同 WTO 制度宪法论的部分观点。这是 WTO 制度宪法论的独到之处。而杰克逊等学者在 WTO 制度宪法论上的晚近发展,显然受到了其他 WTO 宪政理论的影响。因此,WTO 制度宪法论在 WTO 宪政中具有一种“总论”的性质。诚如下述,这也增添了识别各种与 WTO 制度宪法论相近然而相

---

①　塔齐曼指出:“WTO 宪法是可塑的。我们必须在无端假想 WTO 永远不可能有宪法之斯库拉岩礁(Scylla)和使用宪法话语来人为限制政治诉求之卡津布狄斯旋涡(Charybdis)中间掌舵前进,并反问哪些领域是社会发展所需要的,而这类领域又如何相互联系起来。”参见 Joel P. Trachtman, The WTO Constitution: Tertiary Rules for Interwined Elephants, Working Paper, No. 753, pp. 1 – 27, The Berkeley Electronic Press, 2005, pp. 1 – 27;“The Constitution of WTO”, *The European Journal of International Law*, Vol. 17, 2006, pp. 623 – 646。

异理论的难度。

关贸总协定在制度建构上的缺失，是杰克逊以制度的视角研究多边贸易体制的历史动因。如杰克逊所指出的，关贸总协定存在"先天缺陷"，这包括关贸总协定义务的临时性质、败诉方有权否决对其不利的争端解决报告、因关贸总协定不统一引发的学理性和实践性影响，以及与变动的关贸总协定规则有关的实践性困难等。

20 世纪 60 年代，当杰克逊开始研究多边贸易体制时，除了从事海关和国际贸易的律师，鲜有法律人涉及该领域。豪斯(Robert L Howse)就指出，杰克逊是第一位提议新的多边贸易体制应以"全球贸易宪法"为形式的学者。① 在经济背景中，只有规则导向模式才能为分散的国际市场提供所必需的安全和可预见性。而通过一部创立新国际组织的"宪法"，能够最好地实现这类模式。杰克逊的同事汤普森(Robert B. Thompson)认为，在半个多世纪的学术生涯中，杰克逊有三个关键时刻：一是 20 世纪 60 年代开启了法律人对国际贸易领域的关注；二是所倡导的规则导向在 20 世纪 90 年代彰显于 WTO 的成立；三是 21 世纪对国际经济关系其他领域的拓展。②

WTO 制度宪法论在关贸总协定运行 47 年后，以 WTO 的建立为标志获得了引人瞩目的成功，以至于多边贸易体制的"法律化"模式认为，贸易法已经逐渐取代了贸易政治(trade politics)。③ 特别是，当"规则导向"的稳定性最终使政治和外交的反复无常相形见绌时，WTO 被认为是支撑经济全球化的载体，甚至出现了向宪法化迈进的"宪政时刻"。

然而，2005 年"萨瑟兰报告"却提出了几乎相反的改革意见。"萨瑟

---

① Robert L. Howse, "Tribute—The House that Jackson Builts Restructuring the GATT", *Michigan Journal of International Law*, Vol. 20, 1999, pp. 107 – 108.

② Robert B. Thompson, "John Jackson's Legacy: Defining a Field", *Journal of International Economic Law*, 2016, Vol. 19, No. 2, pp. 317 – 319.

③ Judith Goldstein, Miles Kahler, Robert Keohane & Anne-Marie Slaughter, "Introduction: Legalization and World Politics", *International Organization*, Vol. 54, 2000, pp. 385 – 389.

兰报告”指出,WTO 长期被各国政府首脑所忽视,呼吁今后每 5 年举行一次 WTO 成员首脑峰会,每年举行一次部长级会议;建议由 30 个 WTO 核心成员组成“特别磋商小组”,讨论 WTO 的方向性问题;还建议改进 WTO 协商一致的决策方式,任何成员如反对一项集体决定,必须事先说明该决定是否涉及其“国家利益”。

总体上看,除了批评区域贸易安排对多边贸易体制的危害外,“萨瑟兰报告”的主旨在于增加 WTO 的政治化而不是继续推进法律化,正如报告指出:“WTO 被世界各地的政治领导人称为贸易政策发展的首要工具,然而,对这个机构的经常性的、直接的、正式的、政治性的投入却是最小的——部长级会议每两年召开一次,或仅在危机来临时召开。”①

如本书第二章所述,“萨瑟兰报告”“首次沃维克报告”以及《WTO 成立 20 周年:挑战和成就》报告,反映了一种逐渐显现的担忧:以“制度”见长的多边贸易体制,不仅面临新回合的谈判议题进展不顺,而且与其他跨国或国际的机制和路径相比,似乎渐渐失去了相竞争的优势。显然,WTO 制度宪法论需要检讨和更新。此时,忆及杰克逊十几年之前的话语,竟然那样贴切:

> WTO 及《WTO 协定》,并不是唯一重要的国际经济法制度和机构,它面临着如下一般性问题:制度结构和 WTO 的治理;权力分配对各种参与者的影响,诸如政府和非政府实体、富国和穷国、生产商和消费者等;WTO 发展过于激进,日益涉及主权国家的内部规制和治理事项;WTO 难以继续发展,以应对世界市场的政府扭曲及变化;WTO 完成其议题的有效性,诸如自贸协定的扩散。②

---

① Report by the Consultative Board to the Director—General Supachai Panitchpakdi, The Future of the WTO, Addressing Institutional Challenges in the New Millennium, January 2005, para. 316.

② John H. Jackson, “The Changing Fundamentals of International Law and Ten Years of the WTO”, *Journal of International Economic Law*, Vol. 8, 2005, pp. 6 – 8.

(二)WTO 制度宪法论在实质观点上的价值和缺失

1. 关于规则导向的质疑和理解

如前所述,以杰克逊为主要代表的 WTO 法研究者,通过区分权力导向和规则导向,将规则导向模式推崇为多边贸易体制中权力政治和法律控制之间关系演变的指南,引导关贸总协定争端解决程序进行改革,并成为 WTO 争端解决机制"法律化"的理论基础。

1995 年 WTO 争端解决机制成立后,由于在争端解决各方面的法律性质和约束力上都有所加强,赢得了普遍的赞誉。① 特别是在运行的最初几年里,WTO 争端解决机制较为成功地解决了一些争端,获得了具有实效的执行,证明了法律化或司法化的实践性价值。② 通过区分权力导向和规则导向,WTO 制度宪法论者提出了分析国际体制和国家间争端解决的新模式。与 WTO 制度宪法论的其他要素相比,规则导向显然获得了最大程度的认可。诚然,对于规则导向模式本身,也存在实践和理论两方面的质疑。

按照权力导向和规则导向模式的区别,除 GATT1994 第 22 条和第 23 条外,在 WTO 争端解决机制提供的各种争端解决方法中,协商(DSU 第 4 条)、斡旋、调停和调解(DSU 第 5 条)等属于权力导向方法;而专家小组和上诉程序(DSU 第 6 条至第 20 条)、普通仲裁(DSU 第 25 条)以及执行争端解决程序(DSU 第 21 条第 3 款和第 22 条第 6 款仲裁、第 21 条第 5 款程序)等属于

---

① 例如,人们赞誉为这是在人类解决国际贸易争端的进程中,"法律战胜了政治""律师打败了外交官""乌拉圭回合最根本的变革"。分别参见:M. M. I Mora,"A GATT with Teeth: Law Wins Over Politics in the Resolution of International Trade Disputes",*Columbia Journal of Transnational Law*, Vol. 31, 1993, pp. 155 – 156; M. K. Young,"Dispute Resolution in the Uruguay Round: Lawyers Triumph over Diplomats", *International Lawyer*, Vol. 29, 1995, pp. 389 – 409; Kim Van der Borght,"The Review of the WTO Understanding on Dispute Settlement: Some Reflections on the Current Debate", *American University International Law Review*, Vol. 14, 1999, p. 1223。

② William J. Davey, "The WTO Dispute Settlement System: The First Ten Years", *Journal of International Economic Law*, Vol. 8, 2005, pp. 17 – 50.

规则导向方法。根据规则导向模式,WTO 争端解决机制的协商程序和专家小组程序,是分别与权力导向和规则导向相对应的核心程序。统计并比较两者所解决的争端数据,可以得知 WTO 争端解决实践表现出了哪种"导向"。

WTO 争端解决实践的数据统计表明,争端通过专家小组和上诉程序解决的比例在上升,而协商的成功率下降了。① 而且,这种差距在继续加大。因此,仅就协商程序和专家小组程序所分别成功解决的争端数量而言,规则导向方法在 WTO 争端解决实践中逐渐取得了主导地位。但是,这一结论不无问题。一方面,统计数据不能反映所涉 WTO 争端的全貌。如果分析总体的争端解决数据,结论将大相径庭。② 另一方面,仅限

---

① Kara Leitner and Simon Lester, "WTO Dispute Settlement 1995 – 2004: A Statistical Analysis", *Journal of International Economic Law*, Vol. 8, 2005, pp. 231 – 244.

② 国外学者在对争端解决的数据统计中,通常仅以明确援引关贸总协定或 WTO 法的投诉为计算依据,这种投诉以协商请求(request for consultations)为形式。例如:DSB, Overview of the State of Play of WTO Disputes, available at www. wto. org/english/tratop e/dispu e/stplay e. doc; Marc L. Busch & Eric Reinhardt, Testing International Trade Law: Empirical Studies of GATT/WTO Dispute Settlement, in *The Political Economy of International Trade Law: Essays in Honor of Robert E. Hudec Daniel*, eds. by L. M. Kennedy and James D. Southwick, Cambridge University Press, 2002。其中一个问题在于,多投诉方或多被诉方的争端如何计算? 由于在涉及多投诉方或者多被诉方的争端中某些争端当事方可能达成双边解决,因此,绝大多数学者都将此分别计算。例如:Henrik Horn et al., Is the Use of the WTO Dispute Settlement System Biased, CEPR Discussion Paper, 1999; Marc L. Busch, Democracy, "Consultation, and the Paneling of Disputes Under GATT", *Journal of Conflict Resolution*, Vol. 44, 2000, pp. 425 ~ 446。就协商而言,还涉及如下情况:第一,在正式的协商解决争端数据中,由于协商程序的保密性(DSU 第 4 条第 6 款),并且不要求成员提供协商的书面报告,只是简单地规定成员提出的相互同意的解决办法"应通知"DSB 和有关理事会及委员会(DSU 第 3 条第 6 款),上述数据仅是形式上的。第二,实践中存在援用协商程序但以其他方式解决争端的情况,亦即,并非以协商方式"结案"。通常,通过协商的结案形式是达成了"相互同意的解决办法"。但是,实践中发展了多种结案方式。第三,在 WTO 之外或者诉诸 WTO 争端解决机制之前,存在大量处于"法律的阴影"下的贸易争端及其和解。WTO 并非是 WTO 成员之间唯一的联系渠道,还有官方访问、双边峰会或者低层接触等。除非不能通过双边谈判解决争端,WTO 成员一般不会贸然提起正式的 WTO 协商请求。因此,在 WTO 规则和正式列入 WTO 争端解决表的背后,存在难以准确计算的争端及其解决形式。

于解决了争端的协商程序和专家小组程序相比较而言,规则导向方法在WTO 争端解决实践中逐渐取得了主导地位。但是,这一结果不仅助长了 WTO 成员在 WTO 争端解决机制之外谋求争端解决的动机,而且无助于改善 WTO 争端解决的执行记录。从整体上看,这正是 WTO 争端解决机制法律化的"反法律化"效果。① 也许正因如此,在目前尚在进行的改革 DSU 的谈判中,很多 WTO 成员的谈判议案旨在加强该机制的政治性而不是法律性。

规则导向模式也遭到了国际关系理论中建构主义(constructivism)的质疑。在权力导向和规则导向的区分中,"权力"无疑是最关键的术语,因为这不仅影响如何看待权力导向中的权力及其行使,如何分析规则导向对权力的限制,而且影响到如何阐释多边贸易体制的特征及其争端和谈判的结果。

第一,规则导向模式吸收了新自由主义特别是制度主义、合作理论等领域的若干要素,但在总体上并没有超出现实主义的框架。杰克逊并未明确界定权力导向中的"权力",也未解释权力如何行使。规则导向模式注意到了国际体制的作用,但仍然趋向于将权力从绝对意义上来理解,权力所行使的环境是静态的。相比之下,建构主义认为,不仅国际体制影响了国家的行为和观念,而且权力在静态环境下既不可能被所有也不可能被衡量。尽管现实主义认为,结果依赖于在静态环境中所行使的总体结构性权力(aggregate structural power),而建构主义认为权力是一个动态过程,在此过程中,结果为当事方的行为和所针对问题的环境所

---

① 参见陈喜峰:《论 WTO 争端解决的谈判法理和程序构建》,载《武大国际法评论》2006 年第 2 期;以及仍然适用于十年后的数据:Kara Leitner, "WTO Dispute Settlement 1995 - 2015 - A Statistical Analysis", *Journal of International Economic Law*, 2016, Vol. 19, No. 1, pp. 289 - 294。

严重影响。[1] 将权力从互动关系的环境中独立出来,使权力成为一种抽象的绝对概念。

第二,在规则导向模式中,规则和程序被认为是确立了所有成员的"水平竞技场"(a level playing field),而不论各成员所具有权力的程度。建构主义则认为,既定的规则和程序并未限制国家对权力的行使,所依赖的环境对强权国家和弱势国家谈判的结果具有重要影响。而且,在规则较弱时,权力不对称将对争端解决的结果起到更大的作用。另外,建构主义又认为,在国际体制中并没有真正的行使权力的自由,因为所有国家都依赖于国际体制以实现国家目标。特定争端的结果并不能被预测,因为弱势国家可能具有不同的战略和机制,以克服结构性权力的不平衡。因此,权力不对称的影响在双边争端所赖以发生的多边环境中就发生了变位。

第三,规则导向模式可以解释权力和规则对争端解决及其遵守的各自作用,而难以解释权力和规则的互动影响。为了执行国际义务,现实主义推崇诸如制裁之类的惩罚性措施,但实际上制裁的成本过高而不能适用于大多数国家。而建构主义认为,国际政治的根本结构是社会性的,塑造了行为者的认同(identities)和利益,而不仅仅是他们的行为。权力在很大程度上依赖于国家的行为,而不仅仅是国家对资源和能力的所有,国家看待权力的愿望和技术是构成权力的重要因素。因此,塑造和转移国际行为者的认同和利益是促进遵守的方式,并强调将诸如透明度

① Edith Brown Weiss, Strengthening National Compliance with Trade Law: Insights from Environment, in the Marco Bronckers and Reinhard Quick (eds.), *New Directions in International Economic Law: Essays in Honour of John H. Jackson*, Kluwer Law International, 1 edition, 2000, pp. 457 - 471.

和能力建设的积极措施与制裁一并施行的重要性。①

总体上,建构主义并未认为,现实主义的视角毫无价值或者其强调结构性权力完全错误。但是,建构主义者以对权力的不同理解修正了规则导向模式:第一,权力导向和规则导向共同存在,而并非相互排斥。第二,权力导向意味着在国际体制所施加限制的范围内行使权力的自由,该限制即合作和合法性原则。规则导向意味着规则和程序以及司法裁决的存在,两者一并界定了国际体制中合法行为的边界,并容许国际社会按照共同规则和规范的仲裁者和执行者来行为。第三,国际体制历史的特征是,国际体制在两个极端之间的一系列持续变动而非直线性的方向运动,权力导向和规则导向的共存表明从未实现过任一极端。②

笔者认为,对于规则导向模式应从以下两个方面来理解:

(1)就规则导向模式适用于 WTO 争端解决机制而言,关键在于确认规则导向和权力导向的区别方式。应当区别"没有任何既定规则的谈判"和"在既定规则下的谈判"。前者关注较为正式的国家间互动的程序,严格地说,排除了"有所默契地讨价还价或者其他规制冲突的行为"。这种界定也排除了其他的争端解决形式,诸如调解、调停、调查、仲裁、诉诸国际或区域组织或者司法解决,因为这些程序要求当事方存在作为前提条件的有关协定。实际上,建构主义者片面地理解了权力导向和规则导向模式的区别。在 WTO 制度宪法论中,规则导向是一种具有灵活性的法治,区别权力导向和规则导向模式缔约方关键不在于是否运用谈判等

---

① George W. Downs, "Is the Good News About Compliance Good News About Cooperation"? *International Organization*, Vol. 50, 2000, pp. 379 - 387; Jonas Tallberg, "Paths to Compliance: Enforcement, Management, and the European Union", *International Organization*, Vol. 56, 2002, p. 609.

② Matthew S. Dunne Ⅲ, "Redefining Power Orientation: A Reassessment of Jackson's Paradigm in Light of Asymmetries of Power, Negotiation, and Compliance in the GATT/WTO Dispute Settlement System", *Law and Policy in International Business*, Vol. 34, 2002, pp. 341 - 342.

争端解决方法,而在于是否存在“既定的规则和程序”和具有实施结果的程序。“在这两种方式中,通过谈判解决争端都是消除分歧的根本途径。”

(2)就分析多边贸易体制的特征而言,权力导向和规则导向仍然是具有独立特质的概念。规则导向模式所指明的演进方向,体现了改进国际政治和国际法律运行的价值取向,WTO争端解决机制的法律化在一定程度上是这种演进的表现和实现。诚然,如建构主义所揭示的,在国际体制中权力导向和规则导向总是共同存在和持续变动的。根本原因正是所有国际体系在执行国际法过程中固然存在的多边主义缺陷,即国家主权以及发展中国家和发达国家在政治经济领域的差异。这不仅符合国际关系理论中国际无政府状态的假定和国家相互依存的现实,而且指明了规则导向模式在促进和维护国际合作方面的局限性。

2. 关于贸易政策和相竞争政策的规制

如何规制贸易政策和其他社会政策,亦即通过解决或协调这些互相竞争的目标,以规制国际经济中的“相互依存”是WTO制度宪法论所致力的根本问题之一。理论上这涉及在没有所谓“全球贸易共同体”的背景下,如何权衡贸易和非贸易价值之间的紧张关系。但是,围绕WTO是否应进行规制和如何进行规制的问题,WTO制度宪法论者与其他同样从“宪法化”或“宪政”角度进行论证的学者具有不同的主张。

就贸易关联问题而言,杰克逊提出了两个方面的解决方法。一方面,采用“有管理的制度主义”,认为应采取协调、遵从和结合等方式与WTO成员的国内贸易法律和政策以及其他相关的国际制度进行互动,并以此促进社会价值的实现。另一方面,理论上WTO在立法方面的规则和程序可以对司法造法进行制衡。因此,应在WTO内部宪法的制度设计上,解决司法和立法之间的不平衡关系,以期能促进贸易关联问题的立法决策或司法裁判。

科蒂尔在这点上基本支持杰克逊的主张。科蒂尔认为,WTO的宪法化是“一种态度和框架,能够对不同的然而同样合法地经过民主确定的基本价值和政策目标进行权衡，旨在促进广泛意义上的自由和福利”。① 科蒂尔提出，在国家之间存在基本的和伦理的分歧，目前的问题是多边贸易体制过于偏重市场准入，使旧的功能主义模式不再适应，应采取稳健的宪法化模式。亦即，在不同的然而同样合法的政策目标之间进行权衡。

吉尔哈特(Peter M. Gerhart)认为，宪法意味着一套在制度、机构和个人之间分配立法和决策权力的制度安排。外部的参与角度符合联邦主义原则、美国国内商业条款的法理以及有效主权概念。以民主、联邦主义和主权等相互关联的概念为基础，在 WTO 的两种宪法观中，内部的经济角度并不适当，而外部的参与角度完全与之相符合。这种外部的参与角度，没有任何社会价值能够预先确定，而只能通过 WTO 与 WTO 成员之间以及其彼此之间就各种国内政策进行相互监督和协调。②

塔奇曼从方法上给出了论证。宪政经济学是一项可以包括任何类型偏好的分析技术，这类偏好包括人权、环境保护、民族主义和政治责任以及再分配等。因此，宪政经济学通过相同的推理来论述各种类型的宪法：使个体偏好最大化。这对于在价值多元的国际社会中，如何对这类价值进行评价和确定其是否和如何一体化提供了有力的分析工具。塔奇曼为此提出了“功能间宪法”(interfunctional constitutions)：根据宪政经济学，功能间宪法促进了在不同范畴的偏好之间的部门间均衡。根据企业理论，功能间宪法产生了不同范畴的偏好的单一制度，这类偏好本可能贯穿于国际法体系的市场。这能有效地解释，为什么某些职能性领域应一并在

① Thomas Cottier, Maya Hertig, The Prospects of 21st Century Constitutionalism, Max Planck UNYB Vol. 7, 2003, pp. 261 – 328.

② Peter M. Gerhart, “The Two Constitutional Visions of the World Trade Organization”, *University of Pennsylvania Journal of International Economic Law*, Vol. 24, 2003, pp. 1 – 73.

单一的国际组织内处理,而其他一些领域则更适合单独处理。①

因此,WTO 制度宪法论者在此达成了一致意见:WTO 应积极采取协调、遵从和接合等方式,在纵向上与 WTO 成员的国内贸易法律和政策、在横向上与其他相关的国际制度相互促进,以实现贸易政策与社会政策的权衡和处理。这种模式并不对贸易价值和其他社会价值之间的关系进行预设,而是正如杰克逊等指出的,目前对贸易关联问题的研究缺乏务实的政策导向和发展导向的视角,需要进行大量的实证研究,才能解决实际问题。而且,在贸易关联问题的处理上,不可能采用统一的模式,应根据不同的情况予以区别对待。

在这点上,甚至反对 WTO 宪法化的豪斯也支持贸易和非贸易价值相关联,豪斯认为:"国际层面裁判的合法性并不是完全不同于国家层面的合法性","从联邦国家例如美国的国内经济一体化中借鉴某些法理是非常可能的"。② 不过,豪斯的最终意见是批评性的:WTO 及其前身关贸总协定在很大程度上都以功利主义为前提,占据主流的国际贸易理论就具有浓厚的功利主义伦理。这种理论基础对与其相竞争价值的处理具有直接影响。亦即,WTO 争端解决机制几乎是不可避免地作出有利于贸易价值方面的裁定,从而起到了在各种价值之间的宪法裁判作用。这种宪法裁判在合法性上存在缺失。

上述围绕贸易和其他社会政策之间的论争,反映了制度和宪法的联

---

① "The Constitution of WTO", *The European Journal of International Law*, Vol. 17, 2006, pp. 623 – 646.

② Robert Howse, Adjudicative Legitimacy and Treaty Interpretation in International Trade Law: The Early Years of WTO Jurisprudence, in the J. H. H. Weiler, eds. , *The EU, the WTO, and the NAFTA*, Oxford University Press, 2000, p. 41; Robert Howse, Managing the interface between International Trade Law and the Regulatory State: What Lesson Should (and Should Not) Be Drawn from the Jurisprudence of the United States Dormant Commerce Clause, in the Thomas Cottier and Petros C. Mavroidis, eds. , *Regulatory Barriers and the Principle of Non-Discrimination in World Trade Law*, University of Michigan Press, 2000, p. 142.

系和区别:制度强调一系列广泛的义务的机制,意味着广泛的公共、私营、法律和准法律的机制,对行为者设立义务,并保证这类新制度形式的合法性。与之相比,宪法一词,既能描述性地用于阐述 WTO 特殊法律安排的内部运行,又能规范性地用于论述与宪法相似的制度,以提出对宪法的诉求。WTO 制度宪法论在此研究方法的最重要特性在于,无论是规则导向、贸易规制还是权力分配等要素,都在价值判断上保持一定的中立或距离,并不预先确定对结果的偏好或倾向。因此,WTO 作为国际体制内的一部分,应与其他相平行的国际制度进行互动,依此促进社会价值的实现。与诸多其他研究 WTO 的模式相比,制度模式旨在使国际体制内所有可用的渠道都起到作用,同时并不预先在社会价值间规定任何等级。遗留的问题在于,在这种持有中立态度的规制模式中,WTO、WTO 成员以及相关国际组织,谁应起主导作用?换言之,就具体问题而言,在哪种层面的决策被认为是适当的?这是下述"权力分配"要素所针对的问题。

3. 对贸易规制权的权力分配分析

如何在 WTO 和 WTO 成员之间,以及其他相关国际组织甚至所谓跨国公民社会之间有效地和正当地分配贸易规制权?这是 WTO 制度宪法论致力于论述的基本问题之一。

对此,杰克逊等人仍然延续了一贯坚持的"务实"和"经验"的立场:这需要以权力分配分析模式来理解主权的概念,并以此确定对贸易政策的规制是否更适合于在国家或国际制度以及其他层面行使。应同时考虑偏好在国际层面作出政府行为的理由,以及偏好在国家或其地方层面作出政府行为的理由。因此,在国际、国家或地方层面作出贸易规制的决策,应通过考虑各种相关情况予以决定。

在此基础上,WTO 制度宪法论特别论述了两个方面的内容:第一,在国家和地方层面分配权力的从属性原则具有重要意义,其同样可以适用于这种广泛的权力分配分析。第二,国际制度和机构本身,也应考虑进行适当的权力分配和节制。

塔奇曼提出,存在三种可以分析的“从属性”。第一,选择一定的领域和规则并入 WTO 法中,必然意味着某种动态从属性。亦即,通过具体的争端解决和立法行为,在 WTO 成员和 WTO 本身之间存在动态的权力分配。这类分配可以随时间改变的需要而调整技术和社会结构。第二,在功能间宪法中,存在功能从属性,亦即从属性原则可以适用于 WTO 与其他国际组织之间的权力分配。第三,在次级规则中,用以确定宪法之间权力分配的规则被称为“第三级规则”(tertiary rules)。这种第三级规则用以协调国际组织的宪法之间,或其与成员国的宪法之间的关系。① 在 WTO 宪法化的过程中,可以设想一种作为第三级规则的“宪法从属性原则”(principle of constitutional subsidiarity),在权力分配不明时确定归属的宪法层级,使问题的处理最为有效。②

在此方面,反对 WTO 宪法化的豪斯则提出所谓全球从属性(global subsidiarity)原则:第一,WTO 应遵从对国家在贸易规制方面的选择结果。例如,WTO 争端解决机制应遵从政治谈判以及经过谈判所达成的结果。在这点上,欧共体荷尔蒙案提供了示范。WTO 法也应遵从其他国际制度,并且对于其他制度所拥有的专门职能予以尊重。在这点上,就需要在制度上使其相互关联。第二,WTO 应促进在国家和国际层面的政治包容性(political inclusiveness)原则。WTO 应鼓励 WTO 成员提高国内贸易决策的透明度和参与度,而上诉机构应允许提交法庭之友摘要。这些程序步骤将加强 WTO 决策和国内民主程序之间的联系。第三,WTO 应授权包括国家在内的各种“行为者”使政府得以满足为履行

---

① Joel P. Trachtman, “Trade and … Problems, Cost-Benefit Analysis and Subsidiarity”, *European Journal of International Law*, Vol. 9, 1998, p. 32.

② Joel P. Trachtman, “Constitutional Economics of the World Trade Organization”, Jeffrey L. Dunoff and Joel P. Trachtman, *Ruling the World: Constitutionalism, International Law, and Global Governance*, Cambridge University Press, 2009, p. 229.

其 WTO 义务所必需的条件。例如,WTO 应谋求通过新的规则制定和金融援助而解决社会倾销问题。①

值得指出的是,豪斯提出的这种从属性原则,与上述 WTO 制度宪法论的从属性原则虽表面相似,但实质不同。WTO 制度宪法论并没有预先确定国际与国内的层面之间、制度与制度之间的优劣等级,从属性只是其中考虑的一个方面。即使是宪政经济学,也并不预设经济立宪主义(economic constitutionalism)甚至与其无直接关系。② 而豪斯所主张的全球从属性原则,实际上表明了对 WTO 成员或其他国际制度的倾向。这也是 WTO 制度宪法论与各种“形似而神不似”的理论模式容易混淆的地方。此外,鲍威林(Joost Pauwelyn)曾经提出了激进的观点,主张大多数 WTO 义务,尽管在形式上是多边的,在性质上却是互惠的(reciprocal)甚至是双边的(bilateral),③贸易及贸易自由化并非像人权或环境保护那样是一种价值,因此,在冲突的情况下后者应当“胜过”WTO 规则。④ 在此方面,麦金尼斯(J. O. McGinnis)和莫维塞西恩(Mark I. Movsesian)不仅支持将 WTO 视为“世界贸易宪法”,而且试图提出能够确定权力归属而不是局限于权力分析的范围。为此,麦金尼斯等主张“反歧视模式”(anti-discrimination model)。

关贸总协定成功实现了关税的大幅度降低,由此也迫使保护主义利益集团寻求非关税壁垒。其代表做法是游说国家主管部门设立所谓新保护主义措施,即表面上旨在实现环境、劳工、卫生和安全等社会政策目

① Robert L. Howse & Kalypso Nicolaides, “Enhancing WTO Legitimacy: Constitutionalization or Global Subsidiarity?” *Governance*, Vol. 16, 2003, pp. 73 – 94.

② Joel P. Trachtman, *The Future of International Law: Global Government*, Cambridge University Press, 2014, p. 262.

③ See Joost Pauwelyn, The Nature of WTO obligations, Jean Monnet Working Paper 1/02, 2002.

④ Joost Pauwelyn, *Conflict of Norms in Public International Law: How WTO Law Relates to Other Rules of International Law*, Cambridge University Press, 2003, p. 73.

标而实际上是阻止来自于外国的竞争的措施。这类新保护主义措施不仅隐蔽,而且造成了在规制上的困难,因为某些合法的社会政策确实是防止市场失灵所必需的。对此,可以提供反歧视模式和规制模式两种解决方法:

规制模式主张授权 WTO 制定全球性的劳工、环保、卫生和安全标准。麦金尼斯等认为,规制模式忽视了 WTO 成员具有不同的观点和发展水平,制定统一规则将损害国家主权。而且,由于 WTO 比国家规制机关更加远离民众的控制,利益集团反而能在国际层面再次施加影响。简言之,规制模式会损害国家主权并导致无效率的规制。而且,如果 WTO 准备发挥规制功能,其合法性问题将会更加突出。因为不存在全球性的公民社会,不能保证受 WTO 决定约束的多数公民的代表权。

反歧视模式,WTO 应使用其职权范围有限的争端解决机制解决就这种歧视性贸易措施所提出的争端,而不是代替 WTO 成员制定统一的全球性规则。WTO 也不应该允许非政府组织参与政策制定和争端解决过程,因为非政府组织本身的代表性和可问责性都有很多问题。在反歧视模式下,WTO 成员保留了制定各自的国内社会政策的法规和规章的权力。

麦金尼斯等反对规制模式,而主张采用反歧视模式。认为只有授予 WTO 规制权力时,WTO 才会对成员的民主构成威胁。如果使 WTO 的权力保持适当的限制,则 WTO 将通过抑制保护主义者利益集团的影响而促进国家民主多数的权力。①

麦金尼斯等提出了一系列程序导向(procedure-oriented)的检验方

---

① See John O. McGinnis, Mark I. Movsesian, "The World Trade Constitution", *Harvard Law Review*, Vol. 114, 2000; John O. McGinnis, "The WTO as a Structure of Liberty", *Harvard Journal of Law and Public Policy*, Vol. 28, 2004, pp. 81 – 88; [美]约翰·O. 麦金尼斯、马克·L. 莫维塞西恩:《世界贸易宪法》,张保生等译,中国人民大学出版社 2004 年版,第 4 页。

法,认为这“使 WTO 争端解决机制能在不取代劳工、环保、卫生和安全政策方面的国内规制的情况下取消隐形的贸易保护主义”。这类检验方法包括:第一,影响国际贸易的国内政策法规应具有透明度、以效能为导向和一致性。透明度要求给处于分散状态的群体以实际代表权。效能导向则要求按照目标而不是过程立法。一致性要求规制外国进口产品的法规和规制可比较的国内法规相一致。第二,其他程序导向的方法,如客观证据要求,即要求 WTO 成员阐明其法规的事实根据。在遵从 WTO 成员规制选择权的前提下,谨慎采取最小限制性标准进行检验。构成所谓隐形贸易保护主义措施的特征是:第一,该措施应属于那种仅仅是为了通过限制进口而使国内企业得利才会制定的措施。第二,该措施不具备任何公共利益的基础。

如上所述,麦金尼斯等所提出的反歧视模式,在研究方法上以联邦制度与 WTO 进行类推,并且以宪法视角重新解释了 WTO 的基本原则和所谓增强民主的基本规则。这种类推的研究方法有很强的直观性,但是如果没有谨慎地结合国内和国际背景的不同进行比较分析,也容易产生片面和偏颇。例如,麦金尼斯以处理美国对外贸易权的“国内贸易宪法”与 WTO 的“世界贸易宪法”相类比,则 WTO 应相当于美国的联邦政府而不是州。而按照美国的“贸易宪法”,美国州之间的和对外的贸易权都主要在联邦层面予以规制,则恰恰应主张 WTO 的规制模式而不是反歧视模式。在这点上,麦金尼斯给出的理由仅仅是 WTO 没有公民权的诉求等,因此为了民主起见而应由 WTO 成员本身进行实质性的规制,WTO 的规制权则限于程序方面。

在主要论点方面,反歧视模式可能问题更大。根据反歧视模式,WTO 应该避免设立实质标准的过程,不应卷入 WTO 成员国内政策的制定,并制造拖延和僵持的动机。然而,这首先混淆了 WTO 制定国际标准(立法)和审查贸易争端(司法)的不同性质和功能。其次,在争端解决方面,反歧视模式忽视的事实在于,WTO 成员的绝大多数非关税壁垒都具有或声称具有合法的国内社会政策目标,不对非关税壁垒与这类社会政策目标进行实质性分析,就只能从非关税壁垒是否与自由贸易目标相符合进行分析。而后者恰恰是关贸总协定争端解决机制的做法。以涉及贸易关联问题的争端为例。关贸总协定时期,专家小组通常是仅仅以贸易自由化为审查起点,排他性地审查所投诉措施与关贸总协定是否相符合。因此,被诉措施几乎都被裁定违反了关贸总协定。而 WTO 争端解决机制则逐渐根据个案进行较为全面地权衡,不再是仅以与贸易自由化目标的相符程度为考察起点,而是同时从有关措施实现公共政策目标的可行性和有效性来审查所谓必要性的要求。因此,在一定程度上降低了必要性等要求,从而提供了被诉方胜诉的可能。按照麦金尼斯的反歧视模式,WTO 争端解决机制如果不能在实质上审查被诉措施是否具有合法的非保护主义目标,特别是其"可行性和有效性",则只能回到关贸总协定的审查方式。最后,在规则制定方面,反歧视模式主张 WTO 成员保留几乎完全的规制权。这种"放任自流"的方式只能使 WTO 丧失本来已经有限的职权。在此意义上,麦金尼斯的反歧视模式与"世界贸易宪法"的建构显然背道而驰。

(三)WTO 制度宪法论在论证方法上的强项和不足

如前所述,WTO 制度宪法论的几个组成部分具有明显的区别。在"WTO 与 WTO 成员关系的制度和宪法"部分,WTO 制度宪法论运用的方法,彰显了从比较法的角度探讨宪法和国际法的关系,借以阐明其表现和特征,依赖于国际法、宪法及其相结合所提供的研究方法。

杰克逊在"GATT/WTO 协定在国内法的适用中的宪法问题"和"GATT/WTO 专家小组报告的法律性质和效力"等问题上的论述,堪称 WTO 制度宪法论在此研究方法上的经典之作。在看似宽泛甚至有些松散的表述中,蕴涵着其一以贯之的论证思路。而且,杰克逊对 GATT/WTO 法的历史发展、GATT/WTO 争端解决案例以及美国国内法的相关实践等实证论据的依赖,保证了最终结论的稳妥性和现实性。

特别是，杰克逊在经验的和务实的考虑基础上，对国际条约在国内法中的法律地位和效力问题以体制性的和综合性的方式加以分析；对于 GATT/WTO 专家小组报告在国内法中的影响问题，立足于（美国）国内的法律和政治结构的具体情况，对 WTO 成员的宪法体制和 WTO 的宪法之间的关系进行了结合研究。这不仅是 WTO 法乃至国际法需要的研究方法，也揭示了对 WTO 法和国际法的研究需要对国内法有深入的了解。

另一个例证是“WTO 争端解决机制的审查标准”问题，杰克逊认为：为帮助确定一个国际机构在处理一国行为时所适用的审查标准或范围，应考虑从国内司法实践，特别是从美国司法实践来进行类推是否适当。接着，可以从关贸总协定专家小组的“例证性案例法”、WTO 法律和谈判背景以及与美国司法实践的类推等进行分析。最后，应注意到类推的局限性。①

总之，WTO 制度宪法论在“WTO 与 WTO 成员关系的制度和宪法”部分，运用了一种历史的、经验的、务实的、比较的以及法理的研究路径，

---

① 杰克逊通过上述方法层次，逐步得出如下结论：第一，与行政机构严格比较，WTO 成员有义务实施他们根据 WTO 协定所承担的义务，但并不存在完全代替国家实施 WTO 协定的行政机构。第二，虽然专家小组与法庭相似，被要求审理相互竞争的成员之间的诉求，但专家小组对 WTO 协定所作的解释，不会取代任何对整个 WTO 成员负责的机构所作出的解释。第三，涉及的根本法律问题非常不同：在国内宪法和行政诉讼中，法院的任务是根据本国法律审查国内的行政行为或决定，但国际机构的任务是明确国际规范的含义及其适用的问题。如果该国际条约具有直接效力，则该国际规则也许就是可适用的国内规则，并且该国际规则也许还具有影响解释本国法律的作用。但是，在许多情况下，至少在美国，即使法院的决定与国际义务不一致，法院审查本国法对案件的结果也具有决定性作用。第四，当一项条约的主权成员将解释权和争端解决权交给国际法庭时，就可能面临审查标准问题。由于主权的固有存在，国内审查标准并不适合于类推为国际做法。John H. Jackson & Steven P. Croley, WTO Dispute Procedures, Standard of Review, and Deference to National Governments. S. P. Croley, co-author In *International Law: Classic and Contemporary Readings. 2nd ed.*, edited by C. Ku and P. F. Diehl, Boulder, Colo.: Lynne Rienner Publishers, 2003, pp. 231 – 253.

对宪法和国际法及其相互关系进行了综合性的比较,得出了与实践相符合并可以指导实践的结论。

与参与 WTO 宪政理论纷争的其他学者尤其是欧陆学者相比,杰克逊强调从国内法角度进行实证比较分析,其认为美国和欧洲在国际法的理解和研究上存在三种根本的分歧:第一,国际法在欧洲比世界上任何其他地方尤其是美国都更加重要。在一定程度上,这是因为欧洲历经数个世纪的发展,许多欧洲小国认为必须在国际法规则的框架中交往。第二,许多受过大陆法熏陶的欧洲人,在法律主张上倾向于自上而下的思考。他们强调精英在国际事务中的作用,认为应遵从精英的活动。第三,绝大多数美国人更信赖美国宪法及其政治体制的稳定性,认为不必或不应参与国际制度和机构。在一定程度上,国际法被认为是附加性的,甚至对于美国宪法体制来说是危险的干预。因此,美国人倾向于怀疑国际法的价值。美国宪法的历史也表明,美国人认为修改宪法并非易事,引入保护经济权利而不是人权的宪法则更加困难。[①]

这种趋势为美国司法的理论和实践所支持。通过司法上的“政治问题”原理、“国家行为”原理、“非自动执行条约”理论和“后法”规则,美国的司法实践对美国国会的权力表现了相当的司法克制。特别是在对外贸易政策领域,美国充分显示了一个强权国家的实力与国家利益的实现之间的因果关系。

杰克逊同意,需要从宪法的角度看待和分析国际法规则,当这类规则的适用违反人权或其他宪法原则时,国内法可以拒绝遵守。但是,这不可避免地使某些国内宪法原则成为判明国际法义务的性质和效力的“标准”,就已经生效的条约义务而言,与国际法和国内法关系的一般原

① John H. Jackson, “National Constitutions, Transnational Economic Policy and International Economic Law: Some Summary Reflections”, in the M. Hilf & E. U. Petersmann, eds., *National Constitutions and International Economic Law*, Kluwer Law and Taxation Publishers, 1993, pp. 569 – 576.

理相违背。如果所认为"国内宪法原则"的违反只是 WTO 成员的一种托辞,那么最终损害的将是其宪法本身。因此,严格地说,WTO 制度宪法论在"WTO 与 WTO 成员关系的制度和宪法"部分,在研究方法上值得借鉴,但其强项也是不足:联系后来 WTO"美国 301 条款案"的专家小组裁定,以及美国对诸多败诉争端的执行情况,应当说,除了那些争端背后的政策的、政治的或者经济的原因,WTO 制度宪法论为专家小组的裁定和美国在这类争端中的表现提供了法律上的部分理由。[①]

此外,不得不指出,上述"WTO 与 WTO 成员关系的制度和宪法"部分,实质上只是"与国际法有关的宪法问题"或者"与宪法有关的国际法问题",虽然基础稳固,然而并非真正的 WTO 宪法或宪政研究。在杰克逊学术生涯的最后十几年,与早中期关注关贸总协定及 WTO 协定对美国国内法和国内贸易政策的影响,主要以 WTO 成员尤其是美国的"宪法"视角以及一些国际关系、经济学方法相比,后期更加侧重于运用国际公法原理以及国际法宪政研究的一些新近发展,甚至还提出了国际组织自身的善治、透明度、参与、权力制衡、民主合法性,以及国际法的法源、国际法规范的正当性等更为广泛的主题,使 WTO 制度宪法论"皈依"了 WTO 宪法化的本意。

同样是涉及 WTO 协定在国内的适用、WTO 决策程序、WTO 的政策目标、WTO 争端解决裁决的遵守和执行、条约解释的方法等具象问题,杰克逊从主权和"同意理论"的批评性分析着手,提出了功能性的权力分配分析路径。杰克逊指出,所谓主权经常被视为民族国家的权力垄断,而国际法的渊源被认为必须得到国家的同意,这两者在现代国际法中都

---

① 在美国 301 条款案中,专家小组初步裁定,美国 301 条款违反了 DSU 第 23 条关于加强多边体制的规定。但是,专家小组接着认为,由于美国国内的"制度因素和行政因素",即美国总统提交美国国会的《政府行政声明》,已经在实际上取消了美国贸易代表在 DSU 程序结束之前发动 301 条款的自由裁量权。因此,美国 301 条款并未违反 DSU 等相关规定。这一结论以美国政府当局在《政府行政声明》所作出的承诺和保证为基础。值得注意的是,该案专家小组的推理思路似乎与杰克逊的上述论断如出一辙。

存在种种问题。与之相比，宪政提供了一种重塑国际法包括国际组织的总体方法。与拘泥于主权等相比，以宪政视角看待国际组织的基础条约及其解释和适用，更具有建设性。就 WTO 而言，应当在机构的组成结构上保证充分的灵活性，使其具有不断演进和与变动的世界相适应的能力。

从研究路径上看，除了塔奇曼所推崇的功能主义方法论外，杰克逊的分析方法和源起于欧盟的多层次宪政论异曲同工。在杰克逊的权力分配路径中，权力是指某种合法权威（legitimate authority），①实质上是一种中性的权力概念。而多层次宪政论是一种克服国内法和国际法传统分类的知识框架，全球治理与国内治理的区别是程度上而非性质上的，全球宪政的重要方面就是在各种治理层面分立权力。多层次宪政自身是指为符合民主标准，非国家层面的公权力也应在宪法节制的范围内予以构建。② 与具有浓厚国家意味的“主权”一词相比，公权威（public authority）为国家、国际或超国家的公权力行使提供了一个更有解释力的概念。③ 在国际层面上实施的权威行为可以视为国际公权威的行使，为国际公权威的行为规范提供了一种公法路径。④

从理论建构上看，杰克逊提出的是一种以 WTO 的制度为宪法，针对（WTO 成员和 WTO）贸易管制权的构成和限制的原理。如日本宪法学者芦部信喜指出的三种含义的宪法中，除文本宪法外，固有含义的宪法

---

① John H. Jackson, "The Changing Fundamentals of International Law and Ten Years of the WTO", *Journal of International Economic Law*, Vol. 8, 2005, p. 12.

② Thomas Cottier, "Multilayered Governance, Pluralism, and Moral Conflict", *Indiana Journal of Global Legal Studies*, Vol. 16, 2009, p. 647.

③ Armin von Bogdandy, Common Principles for a Plurality of Orders: A Study on Public Authority in the European Legal Area, Jean Monnet Working Paper 16/14, 2014, pp. 6 – 15.

④ Armin von Bogdandy, Philipp Dann and Matthias Goldmann, "Developing the Publicness of Public International Law: Towards a Legal Framework for Global Governance Activities", *German Law Journal*, 2009, Vol. 09, No. 11, pp. 1380.

是指宪法作为规定国家统治之基本法,对国家权力具有构成性作用,实质上是一种权力宪法;立宪意义的宪法通过限制专断性权力来广泛保障国民权利,实质上是一种权利宪法。① 在笔者所完成的另一项"国际组织宪政研究"中,据此提出了国际组织的条约宪法、职能(权力)宪法和权利宪法:国际组织的条约宪法,是指旨在规范国际组织的组织事项,以国际组织的基础条约及其正式修改为基本的宪法典,以其他条约和立法性决议中与组织事项有关的规范为宪法性法律,以国际组织的宪法解释和宪法惯例为动态性发展内容的总称;国际组织的职能宪法是指规定和限制国际组织以职能为承载地的公权力,为国际组织公权力的行使提供法律基础、形式、范围以及程序和实质限制的基本原则和规则,使国际组织实现其作为非国家的政治共同体的职能目标;国际组织的权利宪法是指以人之尊严作为基本规范,以基本权利的国际化所形成的国际人权规范成作为价值体系和价值基础,确认并保障与国际组织相关的个人的基本权利,使国际组织的宪法秩序得以确立公权力行使的界限。② 有趣的是,WTO 制度宪法论与彼得斯曼等主张的 WTO 权利宪法论相比,可以清晰地看出,两者分别相当于 WTO 的职能宪法和权利宪法。③ 同时,两人都在不同的意义上将 WTO 制度视为 WTO 的"条约宪法"。④

四、结束语

宪法化既是合法性问题的原因,也将是解决合法性问题的结果。一方面,将制度描述为宪法,使 WTO 在制度上的发展将直面宪法合法性问

---

① [日]芦部信喜:《宪法》(第3版),林来梵等译,北京大学出版社2006年版,第4~5页。

② 参见陈喜峰:《国际组织宪政论》,法律出版社2016年版。

③ 关于 WTO 权利宪法论,参见陈喜峰:《WTO 权利宪法论:经济宪法视角的一种批评》,载《国际经济法学刊》2008年第2期;《以基本权利为核心的贸易与人权一元论:评彼德斯曼对贸易与人权的理论建构》,载《现代法学》2009年第2期。

④ Ernst-Ulrich Petersmann, "Why Treaty Interpretation and Adjudication Require 'Constitutional Mind-Sets'", *Journal of International Economic Law*, 2016, Vol. 19, No. 2, pp. 389 – 390.

题。另一方面,WTO 制度宪法论也扩展了合法性的范围,在制度发展为宪法的过程中将不得不产生,也不得不处理各种本来潜在的合法性问题。在此意义上,WTO 制度宪法论在方法上的不足是国际组织乃至国际法本身的不足:在国内社会中,宪法或宪政必然包括对法治、少数者权利和其他人权的承诺,这种承诺基本上是预先确定的,因此,绝大多数国际法和国际组织所不能确定的价值问题能够在国家层面被很好地作出决定。

总体上看,这三个组成部分所构成的 WTO 制度宪法论,具有较为广泛的内涵,涉及 WTO 几乎所有与制度或宪法有关的问题领域,在方法和观点上都具有强大的包容性。在此意义上说,WTO 制度宪法论将继续获得长足的发展,甚至成为“统领”WTO 宪法化研究乃至 WTO 法学研究的理论。诚然,如何与其他 WTO 宪政理论形成一个较为统一和协调的研究模式,融入当代国际法宪政理论和实践的新发展,并有效指导多边贸易体制的未来发展,将是 WTO 宪政理论的当代研究者必须完成的使命。

第五章　WTO 权利宪法论

一、WTO 权利宪法论概述

(一)代表性著述介绍

以权利为基础的 WTO 宪政理论(WTO 权利宪法论),彼得斯曼(Ernst-Ulrich Petersmann)教授几乎是唯一的相关理论代表学者。作为研究彼得斯曼 WTO 宪政思想的基础,有必要对其研究领域和研究文献进行梳理,以窥视其治学路径和研究视角。与前述 WTO 制度宪法论相似,以下对 WTO 权利宪法论的阐述,试图在批注和评论 WTO 权利宪法论的同时,也能作出进一步的立论和发展,而不是局限于主要倡导者的理论窠巢之中。借用建构主义的话语表述,期待在认知该理论的同时也建构理论本身。

彼得斯曼最早的学术经历是 1972 年参编马克斯—普朗克比较公法与国际法研究所的年度报告。1975 年,彼得斯曼早期的著述涉及《国家经济权利和义务宪章》。①

在20世纪80年代，他正式发表的著述涉及世界贸易原则、贸易政策和法治、欧共体及其对外贸易法、关贸总协定及其争端解决程序、欧共体和关贸总协定的关系等领域或主题，②其中绝大多数都在20世纪90年代以后得到他的继续关注，并且在研究内容和研究方法上不断发展。

1986年，彼得斯曼发表了《作为宪法问题的贸易政策》一文，这是彼得斯曼第一次在论文题目里提到“宪法”。③ 1987年，彼得斯曼发表了《国际经济公法的宪法功能》一文，这是彼得斯曼第一次正式以“宪法”视角来分析国际法，而且似乎成为他对自己理论研究路径的宣言。④ 1991年，彼得斯曼在《国际经济法的宪法功能与宪法问题》中指出：“国内贸易法的历史发展也受到国内法律体系的经验和宪法性规则的强劲影响。传统上被海德堡马克斯—普朗克比较公法和国际法研究所适用的方法论路径——即既从比较国内公法的角度又从国际法的角度来分析国际法律问题——对国际

---

① E. U. Petersmann, “Charter of Economic Rights and Duties of States, in Bernhardt (ed.)”, *Encyclopedia of Public International Law*, Vol. 1, 1975, pp. 561 – 566. 20年后，彼得斯曼在自己的著述中同样提到国家的“权利和责任”，但论述的视角已经大相径庭。See E. – U. Petersmann, Rights and Duties of States and Rights and Duties of their Citizens, in U. Beyerlin et al. (eds.), Recht Zwischen Umbruch und Bewahrung: Festschrift Rudolf Bernhardt, Berlin: Springer, 1995, pp. 1087 – 1128.

② E. U. Petersmann, “Principles of World Trade”, *Encyclopedia of Public International Law*, Vol. 8, 1985, pp. 530 – 539; “Grey area trade policy and the rule of law”, *Journal of World Trade*, Vol. 22, 1988, pp. 23 – 44; “International and European Foreign Trade Law: GATT Dispute Settlement Proceedings against the EEC”, *Common Mktert Law Review*, Vol. 22, 1985, p. 441; Die EWG als GATT-Mitglied, in Hilf/Petersmann (Hrsg.), GATT und EG, Baden-Baden, 1986, p. 119; “The Mid-Term Review Agreements of the Uruguay Round and the 1989 improvements to the GATT dispute settlement procedures”, *German Yearbook of International Law*, Vol. 32, 1989, pp. 280 – 322.

③ E. U. Petersmann, Trade Policy as a Constitutional Problem, Aussenwirtschaft (Swiss Review of International Economic Relations), Vol. 46, 1986, pp. 405 – 439.

④ E. U. Petersmann, Constitutional Functions of Public International Economic Law, in P. van Dijk (ed.), Restructuring the International Economic Order: the Role of Law and Lawyers, Deventer: Kluwer, 1987, pp. 49 – 75.

经济法和国际经济秩序上的任何宪法分析而言都是不可或缺的。”①

在20世纪90年代,除了对关贸总协定和WTO宪法化方面的研究外,彼得斯曼的研究领域主要有两个:第一,对于欧共体和欧盟的宪法研究。②

---

① See E. – U. Petersmann, *Constitutional Functions and Constitutional Problems of International Economic Law*, University Press, Fribourg, Switzerland, 1991.

② E. U. Petersmann 在20世纪90年代对欧共体或欧盟的著述为:“Constitutionalism, Constitutional Law and European Integration”, *Swiss Review of International Economic Relations*, Aussenwirtschaft, 1991, pp. 247 – 80. “National Constitutions, Foreign Trade Policy and European Community Law”, *European Journal of International Law* Vol. 2, 1993, p. 1; “National Constitutions and International Economic Law”, in the M. Hilf and E. – U. Petersmann (eds.), *National Constitutions and International Economic Law*, 1993, p. 3; “Constitutional Principles Governing the EEC's Commercial Policy”, in M. Maresceau (ed.), *The European Community's Commercial Policy after* 1992: *The Legal Dimension* 21, 1993. “Proposals for a New Constitution for the European Union: Building-Blocks for a Constitutional Theory and Constitutional Law of the EU”, *Common Market Law Review*, Vol. 32, 1995, pp. 1123 – 1175. “The External Powers of the Community and the Union: Proposals for Protecting the Interests of EU Citizens Rather Than the Interests of EU Politicians”, in the Vinter, et al. (eds.), *Reforming the Treaty on European Union*, 1995, pp. 265 – 277; “The Moral Foundations of the European Union's Foreign Policy Constitution: Defining 'European Identity' and 'Community Interests' for the Benefit of EU Citizens”, Aussenwirtschaft, *Swiss Review of International Economic Relations*, Vol. 51, 1996, p. 151; “The Foreign Policy Constitution of the European Union: A Kantian Perspective”, in Festschrift fumur E. J. Mestmumacker, 1996, pp. 433 – 448. “May the EC Violate International Law?” Eur. J. Bus. L., *EuZW*, Vol. 8, 1997, pp. 325 – 331。E. U. Petersmann 在21世纪以后对欧共体或欧盟的著述为:“International Activities of the European Union and Sovereignty of Member States”, in: E. Cannizzaro (ed.), *The EU as an Actor in International Relations*, 2002, Kluwer, pp. 321 – 345. “Will EU Enlargement Facilitate Transatlantic Leadership?” in: *EUI Review summer*, 2003, pp. 8 – 9. “From State Sovereignty to the 'Sovereignty of Citizens' in the International Relations Law of the EU?” in N. Walker (ed), *Sovereignty in Transition*, 2003, pp. 145 – 165; “Commentary on EC Treaty Articles 305 – 307, together with C. Spennemann”, in: von der Groeben/Schwarze (eds), Vertrag über die Europäische Union und Vertrag über die Europäische Gemeinschaft-Kommentar, 6th ed. Vol. 4, 2004, pp. 1633 – 1665. “The 2004 Treaty Establishing a Constitution for Europe and Foreign Policy: A New Constitutional Paradigm?” in: C. Gaitanides et alii (eds), Europa und seine Verfassung. Festschrfit für M. Zuleeg, 2005, pp. 176 – 194. “Constitutionalizing and Globalizing European Foreign Policies”, in: S. Griller (ed), *New Foundations for European and Global Governance*, 2005。

第二,对于关贸总协定和 WTO 法的研究,特别是乌拉圭回合和多哈回合谈判所取得的成就和面临的挑战、①关贸总协定和 WTO 争端解决机制的改革及其谈判、②WTO 争端解决案例的实证分析。③ 其他则涉及贸易

① E. U. Petersmann, *The new GATT Round of Multilateral Trade Negotiations*. 2nd ed. Deventer: Kluwer, 1991, pp. 501 - 577; "Why Do Governments Need the Uruguay Round Agreements, NAFTA and the EEA?" In: *Swiss Review of International Economic Relations*, Aussenwirtschaft, Vol. 49, 1994, pp. 31 - 55. "Mini-Symposium on Developing Countries in the Doha-Round: Introduction", *Journal of International Economic Law*, 2005, pp. 347 - 362; "Addressing Institutional Challenges to the WTO in the New Millenium: A Longer Term Perspective", *Journal of International Economic Law*, 2005.

② E. U. Petersmann, "Improvements to the functioning of the GATT system including dispute settlement". A new GATT for the nineties and Europe', international conference held in Tübingen, Vol. 92, 1990, pp. 25 - 27; "The GATT/WTO Dispute Settlement System: International Law", International Organizations and Dispute Settlement 1997; "How to Promote the International Rule of Law? Contributions by the World Trade Organization Appellate Review System", *Journal of International Law*, Vol. 1 (25), 1998, pp. 26 - 33. "Additional Negotiation Proposals on Improvements and Clarifications of the DSU", in: E. U. Petersmann (ed.), "Preparing the Doha Development Round: Improvements and Clarifications of the WTO Dispute Settlement Understanding", EUI 125 - 137, 2002; "WTO Negotiators Meet Academics: The Negotiations on Improvements of the WTO Dispute Settlement System", *Journal of International Economic Law*, 2003, pp. 237 - 250; The Doha Development Round Negotiations on Improvements and Clarifications of the Dispute Settlement Understanding, 2001 - 2003; "An Overview, as well as Additional Negotiations Proposals on Improvements and Clarifications of the DSU", F. Ortino/E. U. Petersmann (eds.), "The WTO Dispute Settlement System", 1995 - 2003, pp. 3 - 18, 2004, pp. 91 - 98; "Trade Negotiations and Dispute Settlement: What Balance between Political Governance and Judicialization?" G. Sacerdoti et alii (eds.), The WTO at 10: *The Role of Dispute Settlement*, chapter 4. 3, 2005.

③ E. U. Petersmann, "Prevention and Settlement of Transatlantic Economic Disputes: Legal Strategies for EU/US Leadership", as well as "Preventing and Settling Transatlantic Economic Disputes: Legal and Policy Recommendations from a Citizen Perspective", E. U. Petersmann/ M. A. Pollack (eds.), *Transatlantic Economic Disputes. The EU, the US and the WTO*, Oxford University Press, 2003, pp. 3 - 64, pp. 577 - 594; "The WTO Dispute over Genetically Modified Organisms: Interface Problems of International Trade Law, Environmental Law and Biotechnology Law", F. Francioni (ed.), *Biotechnology and International Law*, 2005.

和竞争、①WTO 规则和国内法、②国家贸易企业③和服务贸易④等。在此领域,还包括贸易与人权关联问题的研究,但由于彼得斯曼一开始就将其置于宪政理论的分析框架中论述,因此另当别论。

以上对彼得斯曼在并非专注于"WTO 宪法化"领域的文献梳理表明:第一,彼得斯曼的研究,以欧共体和欧盟的历史演进为首要背景,以其宪法或宪政发展为主要研究对象。在 WTO 法方面,关注 WTO 体制的整体发展方向,对争端解决问题特别关注。这两类研究,实际上都成为彼得斯曼包括 WTO 宪法化理论在内的国际法理论的有机组成部分。欧洲的宪政发展不仅为彼得斯曼提供了有说服力的例证,而且彼得斯曼的高超之处在于,以自己的宪法理论学养和对欧洲宪政发展的观察,总结出了一整套自由的国际经济秩序乃至国际秩序的宪法理论,并将其扩展至 WTO 等其他国际组织。第二,彼得斯曼的研究对象不仅包括欧共体和欧盟,而且涵盖了以 GATT/WTO、世界银行和国际货币基金组织为支柱的布雷顿森林体系以及其他国际经济组织,此后更扩展到联合国、国际劳工组织等经济领域之外的国际组织,还涉及公民社会、国际非政

---

① E. U. Petersmann, "International Competition Rules for the GATT/WTO World Trade and Legal System", *Journal of World Trade*, Vol. 27, 1993, pp. 68 - 75; "International Competition Rules for Governments and for Private Business", *Journal of World Trade*, Vol. 30, 1996; "WTO Core Principles and Trade and Competition", B. Hawk (ed), *International Antitrust Law & Policy*, Annual Proceedings of the Fordham Corporate Law Institute, 2004, pp. 669 - 684; "Competition-oriented Reforms of the WTO World Trade System", R. Zäch (ed.), *Towards WTO Competition Rules*, 1999, pp. 43 - 73.

② See E. U. Petersmann, "On Reinforcing WTO Rules in Domestic Laws", in the J. J. Barcelo III/H. Corbett (eds.), *Rethinking the World Trading System*, chapter 11, 2005.

③ E. U. Petersmann, "GATT law on state trading enterprises: critical evaluation of Article XVII and proposals for reform". *State trading in the Twenty-First Century* / ed. T. Cottier and P. C. Mavroidis. Ann Arbor: University of Michigan Press, 1998, pp. 71 - 96.

④ E. U. Petersmann, "Liberalization of International Air Transport Services through the GATS?", in *Perspectives of Air Law, Space Law and International Business Law for the Next Century*, 1996, pp. 175 - 190.

府组织等非传统国际法的“行为者”。在研究主题上,不仅包括国际贸易、国别贸易、国际金融和货币等,而且还涉及竞争、人权和投资。① 第三,彼得斯曼的研究,具有较强的积累性,特点是比较关注实践问题的理论价值,②善于提升实际问题的理论高度,研究经历总体上具有明显的系统性和演进性。因此,具有强大的自我发展、自我改进和自我完善的“功能”。的确,很少有学者像彼得斯曼那样,一直坚持基本上相同的核心命题即国际经济组织的宪法化,并针对具体问题以各种角度不断发展、不断更新,甚至做到了循时渐进。③ 有批评者甚至有些不满地说道:“这一事实很可能解释了,为什么作者的论文中超过 1/5 的引文都是他自己先前的著述。”④但这也从侧面说明其理论建构的相对完整和循序渐进。

就 WTO 权利宪法论的理论发展而言,彼得斯曼将 WTO 的宪法化,置于国际经济组织、国际经济法以及国际经济秩序的整体框架中予以分析,并扩大到经济领域之外的国际组织、国际法乃至全球一体化法的更广泛的范围内。因此,彼得斯曼实际上提出的是一种以国际经济组织及其法律的宪法化为中心的宏大叙事的理论,针对 WTO 宪法化的权利宪法论只是其中的一部分,虽然可能是其最重要的组成部分。对此,笔者认为,从彼得斯曼的理论发展来看,WTO 权利宪法论可以区分为以下两

① E. U. Petersmann, “Legal, Economic and Political Objectives of National and International Competition Policies: Constitutional Functions of WTO ‘Linking Principles’ for Trade and Competition”, *New England Law Review*, 1999, Vol. 34, p. 145.

② E. U. Petersmann, “Proliferation and Fragmentation of Dispute Settlement in International Trade: WTO Dispute Settlement Procedures and Alternative Dispute Resolution Mechanisms”, in J. Lacarte/J. Granados (eds.), *Inter-Governmental Trade Dispute Settlement*, Cameron & May, 2004, pp. 417 – 484.

③ See E. U. Petersmann, “Multilevel Trade Governance in the WTO Requires Multilevel Constitutionalism”, in C. Joerges/E. U. Petersmann (eds.), *Constitutionalism, Multilevel Trade Governance and Social Regulation*, Hardcover, 2007.

④ Philip Alston, “Resisting the Merger and Acquisition of Human Rights by Trade Law: A Reply to Petersmann”, *The Jean Monnet Working Paper*, No. 12/02, 2000, pp. 3 – 5.

个阶段。①

(二)WTO 权利宪法论的第一阶段

WTO 权利宪法论的第一阶段可以分为两个时期。第一个时期大致从 1986 年至 1994 年,彼得斯曼完成了"国际经济组织"和规则(包括关贸总协定)的宪法问题、宪法性质和宪法功能的提出和论证。② 在此方面,彼得斯曼的代表著述是《国际经济法的宪法功能和宪法问题》一书。不过,尽管该书是彼得斯曼迄今篇幅最长的著述,却仅代表了彼得斯曼这一阶段第一个时期的思想。第二个时期,即从 1995 年 WTO 正式成立至 1999 年。在这一时期,彼得斯曼通过将研究对象从国际经济组织和国际经济法扩大到国际组织和国际法,系统地提出了国际组织宪法化的理论和方法。在此时期,《宪政和国际组织》(1996 年)、《如何改革联合国体系:宪政、国际法和国际组织》(1997 年)以及《宪政和国际裁判》(1999 年)等集中论述了国际组织的宪法化理论和实践,是彼得斯曼在

---

① 目前国内对 WTO 乃至国际经济法的"宪法化研究"正式发表的论文包括:孙璐:《WTO 规则:国际经济领域的世界性宪法》,载《法制与社会发展》2002 年第 6 期;王彦志:《国际经济法的宪政进路》,载《当代法学》2004 年第 4 期;李春林:《国际贸易法的宪法化与我国经济法的重新定位》,载《华东政法学院学报》2004 年第 4 期;蔡从燕:《国际法语境中的宪政问题研究:WTO 宪政之意蕴》,载《法商研究》2006 年第 2 期。其中何志鹏、王彦志和孙璐除了将彼得斯曼 1991 年《国际经济法的宪法功能和宪法问题》翻译为中文译著外,还对彼得斯曼在该著作中的理论观点进行了精到的述评。

② 在此方面的代表著述参见 E. U. Petersmann, "Trade Policy as a Constitutional Problem", 1986, pp. 405 – 439; "Constitutional functions of public international economic law", P. van Dijk (ed.), *Restructuring the International Economic Order: the Role of Law and Lawyers*, Deventer: Kluwer, 1987, pp. 49 – 75。

这一时期具有代表性的力作。①

问题是理论的先导。彼得斯曼首先指出了国际贸易政策和法律中的宪法问题，这类宪法问题出于两个原因：一是市场失灵；二是政府失灵。② 接着，彼得斯曼认为，历史和宪法理论，国内和国际秩序要求三种不同类型的规则，而国内法和国际法的发展也表明了三类基本规则和社会秩序：一般规则、结果导向的规则和宪法规则，③分别用以解决国内和

① 在此方面的代表著述参见 E. U. Petersmann，"The Transformation of the World Trading System through the 1994 Agreement Establishing the World Trade Organization"，*European Joural of International Law*，Vol. 6，1995，pp. 161 – 221；"Constitutionalism and International Organizations"，*Northwestern Journal of International Law and Business*，Vol. 17，1996，p. 398；"How to Reform the UN System? Constitutionalism，International Law and International Organizations"，*Leiden Journal of International Law*，Vol. 10，1997，pp. 421 – 74；"How to Reform the UN System? Lessons From the International Economic aw Revolution"，*UCLA Journal of International Law and Foreign Affairs*，Vol. 2，1998，pp. 185 – 224；"The GATT/WTO Dispute Settlement System：International Law"，*International Organizations and Dispute Settlement*，1997；"How to Constitutionalize the United Nations? Lessons from the International Economic Law Revolution"，in V. Götz，P. Selmer and R. Wolfrum（eds.），Liber Amicorum G. Jaenicke，1998；"How to Constitutionalize International Law and Foreign Policy for the Benefit of Civil Society?" *Michigan Journal of International Law*，Vol. 20，1998，pp. 1 – 31；"Constitutionalism and International Adjudication：How to Constitutionalize the U. N. Dispute Settlement System?" *NYU Journal of International Law and Policies*，Vol. 31，1999，p. 753；"Constitutionalism，International Law and 'We the Peoples of the United Nations'"，in H. – J. Cremer（ed.），*Tradition und Weltoffenheit des Rechts：Festschrift für Helmut Steinberger*，Berlin：Springer，2002，p. 291。

② 彼得斯曼关于上述问题的集中提出，参见 E. U. Petersmann，"The Transformation of the World Trading System through the 1994 Agreement Establishing the World Trade Organization"，*European Joural of International Law*，1995，Vol. 6，pp. 161 – 221。

③ 彼得斯曼在前后两篇论文中，就相似的问题首先使用了一般规则、结果导向的规则以及宪法规则的措辞，参见 E. U. Petersmann，"The Transformation of the World Trading System through the 1994 Agreement Establishing the World Trade Organization"，*European Joural of International Law*，1995，Vol. 6，pp. 161 – 221。接着，又使用了交易法、组织法和宪法的措辞，但两者几乎完全相同，参见 E. U. Petersmann，"Constitutionalism and International Organizations"，*Northwestern Journal of International Law & Business*，1996，Vol. 17，pp. 398 – 469。与之相似，"协调问题""组织问题"和"宪法问题"也曾经被彼得斯曼统一称为各种层次的"宪法问题"。

国际社会的“协调问题”“组织问题”和“宪法问题”。[①] 与市场失灵和政府失灵相关联的宪法问题,实际上是 WTO 权利宪法论第一阶段致力解决的根本问题。在这里,彼得斯曼并不是论述市场失灵和政府失灵本身的问题和规则,而是提出“管制”市场失灵和政府失灵的问题和规则,并因此在这种意义上成为一种涉及宪法失灵的“宪法问题”。与之相应,彼得斯曼也论证了需要具有宪法性质的国际规则,以及需要国际组织和规则起到宪法功能:宪法体制确认和保护不可剥夺的人权、市场自由和其他基本权利,以作为对政府权力的限制。《WTO 协定》通过世界范围的长期的具有更高法律等级的规则,在限制 WTO 成员自由裁量的贸易政策权方面起到宪法功能。

对于国际组织宪法化的概念和方法,彼得斯曼认为,国际宪政要求对专注于民族国家的宪法理论进行更新,而这又必须以过去的宪法经验为基础。[②] 在对从亚里士多德、柏拉图、马基雅维里、洛克、霍布斯、孟德斯鸠、康德到罗尔斯等一系列思想家关于宪法和宪政的理论进行回顾后,彼得斯曼认为,宪政的主旨在于对一套规范性价值的提升,这类价值旨在反对政府越权和民众短视的决定而保护公众“规则对我们行为自由的自我限制,制度和机构节制上的自我施加,都是旨在保护我们免受因我们自身的热情和不完美理性所致风险的理性反应”。[③] 在此,彼得斯曼援引“尤利西斯之桅杆”的寓意,指出宪法是一套“有效构成和限制公民权利和政府权力”的预先承诺(pre-commitments)的规范。基础性的“预先承诺”技术,其根据是“以人的理性不完美和易受与长期利益不符

---

① E. U. Petersmann, “Constitutionalism and International Organizations”, *Northwestern Journal of International Law and Business*, Vol. 17, 1996, pp. 398 – 469.

② E. U. Petersmann, “Constitutionalism, International Law and International Organizations”, *Leiden Journal of International Law*, Vol. 10, 1997, pp. 421 – 474.

③ E. U. Petersmann, “How to Constitutionalize International Law and Foreign Policy for the Benefit of Civil Society”? *Michigan Journal of International Law*, Vol. 20, 1998, pp. 1 – 31.

的短期利益所诱惑的哲学视角”。①

在此意义上,宪政具有五种主要的政治干预方式:第一,宪政出于对政府权力滥用的负面经验的反应,作为通过规则和制度限制这类滥用的方法。不过,根据各国特殊的宪法传统、历史经验和价值偏好,宪法制度及其制衡随国家不同而有所不同。第二,由古雅典城邦共和国所首创,对政府权力确立和行使过程中的民主参与是另一种干预形式。第三,针对政府权力滥用的政治干预,是孟德斯鸠所提出的立法、行政和司法权力的分配和平衡。第四,如洛克所设想,以不可剥夺的人权限制所有的政府权力,逐渐为许多国家的国内法承认。第五,对弱势群体的法律保护,以提高社会正义,是国内宪法晚近的发展。② 在此基础上,彼得斯曼指出,对自由、非歧视和法治的世界性的国际保障,能够加强和扩大其国内和政府对公民的法律保障。③

在上述基础上,彼得斯曼提出了他在第一阶段的主要观点:政治理论和欧洲的历史经验表明,授予自利的公民以可执行的权利,提供了自由宪法自执行的最有效动机。现代产权、公共选择和宪法经济学理论进一步表明,私权及其司法保护,就保证政府遵守对自由和非歧视的保障以及自由裁量的政府权力不为利益集团的“寻租”所滥用而言,是最有效的分散的激励和执行机制。因此,应当将贸易自由承认为一种基本的个

---

① E. U. Petersmann, “Constitutionalism, Constitutional Law and European Integration, Aussenwirtschaft”, *Swiss Review of International Economic Relations*, 1991, pp. 247 – 280.

② E. U. Petersmann, “Constitutionalism and International Adjudication: How to Constitutionalize the U. N. Dispute Settlement System”? *NYU Journal of International Law*, Vol. 31, 1999, pp. 753 – 768.

③ E. U. Petersmann, “Rights and Duties of States and Rights and Duties of their Citizens”, in the U. Beyerlin et al. (eds.), *Recht Zwischen Umbruch und Bewahrung: Festschrift f r Rudolf Bernhardt*, Springer, 1995, pp. 1087 – 1128.

人权利，而不是将其误解为一种单纯的“经济理论”。[①]

如上所述，彼得斯曼在 WTO 权利宪法论的第一阶段，指出国际经济组织和规则的宪法问题、宪法性质和宪法功能，初步提出了国际组织宪法化的理论和方法。就 WTO 宪法化而言，其主要理论观点是：WTO 的宪法功能在于政府通过预先承诺而自我束缚，以这种方式抵抗寻租的国内利益集团对贸易自由的侵蚀。自由的国际贸易规则发挥宪法功能，其效力依赖于补充性宪法防御和制度性分权与制衡在国内层面上的保护。因此，需要在国际和国内宪政民主中将国家的对外贸易政策和法律加以宪法化，从而遏制和克服贸易重商主义的“市场失灵”和“政府失灵”。WTO 宪法化的主要实践建议在于：需要将贸易自由承认为基本的个人权利，而公民可以在国内法院中直接援引《WTO 协定》。WTO 宪法化的主要方法是：针对自由裁量的对外政策权，WTO 和 WTO 成员相互提供自由、非歧视和法治的宪法保障。

（三）WTO 权利宪法论的第二阶段

从 2000 年开始至今，彼得斯曼的权利宪法论发展到第二阶段。令人惊奇的是，彼得斯曼的理论转型非常迅速。尽管这一阶段仍然传承了第一阶段的理论内容，但在研究重心、理论基础、主要观点以及论证方式

---

① 彼得斯曼指出：“成文宪法对具体个人权利的列举不可能穷尽，个人自由的范围包括所有未由法律明确加以限制的行为。因此，不存在宪法承认的理由来假定：个人贸易自由仅限于选择国内贸易伙伴，并不同样保护与外国贸易伙伴的跨国贸易交往。”参见 E. U. Petersmann，“Multilevel Trade Governance in the WTO Requires Multilevel Constitutionalism”，C. Joerges/E. U. Petersmann (eds.)，*Constitutionalism, Multilevel Trade Governance and Social Regulation*，Hardcover，2007。

和结论上都有所不同。①

---

① 在此方面的代表著述参见 E. U. Petersmann, "From 'Negative' to Positive 'Integration' in the WTO: Time for 'Mainstreaming Human Rights' into WTO Law"? *Common Market Law Review*, Vol. 37, 2000, p. 1363; The WTO Constitution and Human Rights, Journal of International Economic Law, 2000, Vol. 3, p. 19; "Human Rights and International Economic Law in the 21st Century", *Journal of International Economic Law*, Vol. 4, 2001, p. 3; "Human Rights in European and Global Integration Law: Principles for Constitutionalizing the World Economy", in A. von Bogdandy, P. Mavroidis and Y. Mény (ed.), *European Integration and International Coordination*: Festschrift für C. D. Ehlermann, 2002, p. 383; "Human Rights in European and Global Integration Law", in Bogdandy/Mavroidis/Mény (eds.), *European Integration and International Co-ordination*, Kluwer, 2002, pp. 383 – 40; "Constitutionalism and WTO Law: From a state-centered approach towards a human rights approach in international economic law", in D. L. M. Kennedy/J. D. Southwick (eds.), *The Political Economy of International Trade Law*, Cambridge, 2002, pp. 32 – 67; *Constitutional Economics, Human Rights and the Future of the WTO*, Aussenwirtschaft, 2003, pp. 49 – 91; "The Human Rights Approach Advocated by the UN High Commissioner for Human Rights and by the ILO: Is it Relevant for WTO Law and Policy?" *Journal of International Economic Law*, 2004, Vol. 7, pp. 605 – 628, and in E. U. Petersmann (ed.), *Reforming the World Trading System: Legitimacy, Efficiency and Democratic Governance*, Oxford University Press, 2005, pp. 357 – 380; "Human Rights, Markets and Economic Welfare: Constitutional Functions of the Emerging UN Human Rights Constitution", in C. Breining/T. Cottier (eds.), *International Trade and Human Rights*, chapter 3, 2005; "Trade and Human Rights I", in P. F. Macrory et alii (eds.), *The World Trade Organization*, 2005, chapter 61, pp. 2197 – 2233; "Human Rights and International Trade Law: Defining and Connecting the two Fields", in T. Cottier et alii (eds.), *Human Rights and International Trade*, 2005, chapter 1; "WTO Law, Regional Trade Agreements and Human Rights", in the L. Bartels (ed.), *Regional Trade Agreements and the WTO Legal System*, Oxford University Press, 2006; "Human Rights, Markets and Economic Welfare: Constitutional Functions of the Emerging UN Human Rights Constitution", in F. M. Abbott, C. Breining-Kaufmann & T. Cottier (eds.), *International Trade and Human Rights: Foundations and Conceptual Issues*, Ann Arbor: Michigan UP, 2006, pp. 29 – 68; "Human Rights, Constitutionalism and the WTO: Challenges for WTO Jurisprudence and Civil Society", *Leiden Journal of International Law*, 2006, Vol. 19, No. 3, pp. 633 – 667; "Biotechnology, Human Rights and International Economic Law", in Franceso, FRANCIONI (ed.), *Biotechnologies and International Human Rights*, Hart Publishing, Oxford and Portland, 2007, pp. 229 – 274。

彼得斯曼认为，在全球一体化法中，以 1944 年布雷顿森林协定和 1947 年关贸总协定为基础构成了今天的“国际经济宪法”，而《WTO 协定》构成了世界范围内的经济宪法（worldwide economic constitution）。政府具有保护其公民在自由贸易和法治中的一般利益的职责。而有损福利的贸易保护主义，反映了政府在履行这一合法任务时的“政府失灵”。关贸总协定的规则在某些贸易部门上的软弱，反映了国内和国际经济法更广泛的“宪法失灵”。他首先提出人权与 WTO 法“整合”的必要性。他个人权利对于以权利为基础的国际法的宪法起到了重要作用：第一，对自由、非歧视和法治的国内和国际保障，如果按照相同的目的并且彼此补充，则该保障在法律上将更加有效。如果对个体公民的保护是最高的宪法价值，按照人权解释这类保障就对公权力的滥用施加了另外的宪法节制。第二，以权利为基础的策略承认价值只能源于公民个人的人权。这削减了在宪政民主的个人前提和静态的国际法概念之间的现有矛盾。承认人的尊严在国际法中具有最高的优先性，是提高国际规则的民主合法性的第一步。据此，国际规则在政治上也较容易为议会批准程序和公民投票所接受。第三，以权利为基础的“草根策略”（grass-roots strategies）是在国际上促进和平与法治。在国内外保证这一目标的最优方式，就是将其置于对自由、非歧视和法治的国内和国际保障的环境中。历史经验和政治学已经证实了康德的法律和政治主张，即武断的国家政府具有导致侵略性对外政策的风险，欧盟的宪政和自由贸易已经创造了欧洲国家史无前例的和平与繁荣时代。以权利为基础的国际法的宪法概念，可以促进的不仅是人权、法治和经济福利的有效性，而且包括国内和国际和平。接着，彼得斯曼提出人权的宪法至上性及其对国际组织的宪法功能。首先，对人权的普遍承认作为一般国际法的一部分，要求一种适合于所有领域的国际法和国际组织的人权框架，以使人权更加有效。传统上国际法以国家为中心，个人仅仅是国际法的客体。对不可分割的公民、政治、经济、社会和文化权利的普遍承认，归功于国内和国际法院和法庭的法律发展，使经济和社会权利与公民权利和政治权利同样受到司法管辖。其次，对人权作为每个人“不可剥夺的与生俱来的权利”的普遍承认，使不可剥夺的核心人权必须具有“宪法至上性”。通过人权的运行和权衡，起到在宪法上限制国内和国际管制权滥用的“宪法功能”，并要求政府在所有政策领域保护和促进人权。

彼得斯曼认为，即使WTO并未明确提到人权，WTO争端解决规则及程序的谅解第3条也要求按照“国际公法关于解释的习惯规则澄清《WTO协定》的现行规定”。普遍承认的人权在今天已经是解释国际组织法的“上下文”的一部分，对于解释WTO规则来说，具有重要意义。首先，应将其用于解释WTO的例外条款。其次，应用以解释《WTO协定》对自由、非歧视、财产权、个人投诉权以及保护公共利益和人权的保障措施的“必要性”要求。最后，尽管WTO规则规定的是政府的国际权利和义务，但是同时也起到人权功能。通过非歧视的国内和国际规则来保护其公民的人权，是WTO成员的主权权利。而WTO法中存在大量的公共利益条款，使WTO成员能够在实施其人权义务时与WTO法相符合。另外，WTO权利宪法论第二阶段的最新发展，即彼得斯曼最近几年的著述表明，诉诸经过修正的国际和国家的正义理论以及所谓国际法的民主权利，对包括贸易自由在内的自由、以人权为宪法基础的国际正义、①国际组织的民主治理②等问题进行了一并论证，从而为人权与包括WTO在内的国际组织一体化、宪法化提供了更加广阔的视角和思路。以自由为基础的国际正义理论具有三项原则，其中包括民主治理和宪法秩序的宪法权利。彼得斯曼建议，为促进贸易政策制定方面更有效的民主和议会控制，以及更透明和更负责的代议制民主、参与民主和协商民主（deliberative democracy），国际法协会已经建议成立WTO"议会式委员会"（parliamentary committee）和WTO"公民社会委员会"（civil society committee），两者都是咨询性质的。这将有助于迄今不成体系的

① 在此方面的代表著述参见 E. U. Petersmann, "Theories of Justice, Human Rights and the Constitution of International Markets", *EUI Working Paper Law*, No. 2003/17; "Justice as Conflict Resolution: Proliferation, Fragmentation and Decentralization of Dispute Settlement in International Trade", *EUI Working Paper Law*, No. 2004/10; "Theories of Justice, Human Rights and the Constitution of International Markets", in: Symposium on the Emerging Transnational Constitution, *Loyola Law of Los Angeles Review*, Vol. 37, 2003, pp. 407 - 460; "International Trade Law, Human Rights and Theories of Justice", in S. Charnovitz et alii (eds.), *Law in the Service of Humanity: Essays in Honour of Florentino Feliciano*, Cambridge, Cambridge University, 2005, pp. 44 - 57; "Justice in International Economic Law? From the 'International Law among States' to 'International Integration law' and 'Constitutional Law'", *EUI LAW working papers*, 2006/46。

② 在此方面的代表著述参见 E. U. Petersmann, "Morality, Human Rights and International Economic Law: Towards Cosmopolitan Market Integration Law?" in H. D. Assmann/R. Sethe (eds.), *Recht und Ethos im Zeitalter der Globalisierung*, Nomos Verlag, 2004, pp. 53 - 86; "Human Rights, Cosmopolitan Democracy and the Law of the World Trade Organization", in I. Fletcher/L. Mistelis/M. Cremona (eds.), *Foundations and Perspectives of International Trade Law*, London, 2001, pp. 79 - 96; "European and International Constitutional Law: Time for Promoting Cosmopolitan Democracy in the WTO", in G. de Burca/J. Scott (eds.), *The EU and the WTO*, Oxford, 2001, pp. 81 - 110; "Challenges to the Legitimacy and Efficiency of the World Trading System", *Journal of International Economic Law*, 2004, pp. 585 - 604; "Constitutional Approaches to International Law: Interrelationships between National, International and Cosmopolitan Constitutional Rules", in J. Bröhmer et alii (eds.), *Internationale Gemeinschaft und Menschenrechte*, Festschrift für Georg Ress zum 70. Geburtstag, Carl Heymanns Verlag, KG. Köln. Berlin. München, 2005, pp. 207 - 222。

人权条约和部门性一体化协定的宪法化。

如上所述，在第二阶段的 WTO 权利宪法论中，彼得斯曼在第一阶段的基础上指出了全球一体化法框架中人权和国际组织的整合问题，提出了国际组织和人权进行宪法化的理论和方法，并初步涉及国际组织奉行宪政民主的合法性问题。就 WTO 宪法化而言，其主要理论观点是：WTO 保障自由、非歧视、法治以及社会保障而起到人权功能，而人权对促进自由、非歧视和法治的国际保障起到宪法功能，在宪法上限制国内和国际的管制权滥用。因此，不仅要求要求国际和国家在所有政策领域保护和促进人权，承认普遍的不可剥夺的核心人权具有国际法中的"宪法至上性"，而且在全球一体化法的框架中人权和 WTO 应该进行整合。另外，国际正义论和民主治理论也促进了国际组织的宪法化及其民主合法性。WTO 宪法化的主要实践建议在于：继续提高人权在国际法中的法律地位，强调人权不仅是国家也是国际组织所必须承担的义务，将贸易自由理解成一种全球一体化法意义上的经济人权，而 WTO 法应以与人权要求相符合的方式来解释。WTO 宪法化的主要方法是：通过 WTO 法和国际以及国家的人权法的整合而实现国际组织的宪法化。

二、WTO 权利宪法论：经济宪法视角的一种批评

WTO 权利宪法论在理论建构上自成体系，论证险峻特甚，观点曲高和寡，在 WTO 未来发展的理想前景上也具有很强的解释力和感召力。唯宪法学者长期认为，国家既是宪法的内容也是宪法的条件，国家可以没有成文宪法，但宪法的背后不能没有国家。① 因此，如何界定宪法的概念，祛除国家和宪法之间密不可分的魅影，是 WTO 权利宪法论必须论证的关键，也是其理论路径的概括反映。

在彼得斯曼的著述中，"宪法""权利"等核心概念一直处于"发展

---

① Patrick Birkinshaw, "Constitution, Constitutionalism and State", *European Public Law*, Vol. 11, 2005, pp. 31 – 45.

中”的状态（并将继续发展），这既反映出 WTO 权利宪法论的不断自我改进，也源于其理论基础的错综复杂。除宪法学和国际法学的传统原理外，政治和经济的自由主义理论、法律和宪法的经济学分析，乃至多种一体化论、多层次治理和多层次宪政论以及正义理论和世界主义民主理论都被纳入了彼得斯曼的视野范围。[①] 值得指出的是，包括彼得斯曼所理解的国际公法原理，这类理论渊源都经过其“提炼”甚至修正，并且忽略了诸多需要论证的前提。综观 WTO 权利宪法论的相关著述，笔者认为彼得斯曼提出了两组与“宪法”相关的概念，其中之一即经济宪法，以此为枢纽可以窥知其主要的理论路径之一。

（一）理论起点：以经济宪法为基础的 WTO 宪法功能

与宪政民主中的对外贸易政策及其法律有关的宪法问题，是 WTO 权利宪法论第一阶段所提出的主要问题，其主要观点是贸易自由应被承认为一种基本的个人权利，以此重建自由的国际贸易秩序。诚如彼得斯曼所述，让·图姆利尔对 GATT 的宪政经济学分析、弗里德利希·冯·哈耶克[②]的自由主义理论以及德国秩序自由主义学派即弗莱堡学派最早提出的“经济宪法”论是这方面主要的理论基础。据此，彼得斯曼在 WTO 权利宪法论的第一阶段提出了 WTO 的宪法功能在于政府通过预先承诺而自我束缚，以此方式抵抗“寻租”的国内利益集团对贸易自由的侵蚀；在第二阶段则明确提出：以 1944 年布雷顿森林协定和 1947 年关贸总协定为基础构成了今天的“国际经济宪法”和“《WTO 协定》是世界

---

① See E. U. Petersmann, *International Economic Law in the 21st Century: Constitutional Pluralism and Multilevel Governance of Interdependent Public Goods*, Hart Publishing, 2012; *Multilevel Constitutionalism for Multilevel Governance of Public Goods: Methodology Problems in International Law*, Hart Publishing, 2016.

② 彼得斯曼在博士生阶段的导师是本书第一章所述赫尔曼·莫斯勒（Hermann Mosler）。据彼得斯曼所述，他在海德堡时也曾受教于哈耶克。参见 E. U. Petersmann, “Human Rights in European and Global Integration Law: Principles for Constitutionalizing the World Economy”, in A. von Bogdandy, P. Mavroidis and Y. Mény (eds.), *European Integration and International Coordination: Festschrift für C. D. Ehlermann*, 2002, p. 384。

范围内的经济宪法。总体上看,WTO 的宪法功能及其经济宪法成为WTO 权利宪法论整体上的理论起点。

在 WTO 权利宪法论的第一阶段特别是第一时期,关贸总协定“规则的理由”及其宪政经济学分析是其主要论证路径,彼得斯曼以此提出市场失灵、政府失灵所导致的宪法失灵问题,并论证经济自由、个人权利和宪法之间的关系:从他们(哈耶克和图姆利尔)的自由观点来看,唯一有价值的源泉就是个体偏好,而如果对个人权利以及人们可以在其中作出选择的分散化的市场过程不加以保护,这些个体偏好将无从被知晓。如果不创制规则,就会在经济体系中产生偏见,其途径则是允许受偏袒的个人或团体强加他们自己的价值偏好,并为了他们自己的自私利益去影响公共政策。①

市场调节与政府干预、自由竞争与宏观调控,具有密切联系,两者都有内在的缺陷和失灵的客观可能。因此需要一部“经济宪法”:经济学上一直承认市场失灵和公共物品的存在,并呼吁政府干预。然而,因为有损福利的贸易保护主义,管制市场失灵的政府本身也可能发生“政府失灵”。现代宪政经济学强调宪法上的权利和经济宪法都是市场起到正当功能的前提条件。经济发展不仅应根据功利主义的数量来界定,也应按照市场参与者的“积极自由”和他们个人自我发展的个体能力来衡量。②

规则是重要的,然而以比较优势为基础的贸易自由化理论并不足以解释为何需要多边贸易体制,因为国家单边推行自由贸易也能获益。对此,“囚徒困境”模型证明,WTO 成员不应采取“以邻为壑”的政策,而应通过互惠地降低关税和扩大市场准入获得经济效益的“双赢”。然而,根

---

① [德]E. -U. 彼得斯曼:《国际经济法的宪法功能与宪法问题》,何志鹏、孙璐、王彦志等译,高等教育出版社 2004 年版,第 9 页。

② E. U. Petersmann, "Constitutional Economics, Human Rights and the Future of the WTO", Aussenwirtschaft, *Swiss Review of International Economic Relations*, 2003, Vol. 58, pp. 49 - 91.

据公共选择理论和宪政经济学，由于集体行动问题，自由贸易的支持者即消费者并不容易承担游说的成本。保护主义集团则更容易组织起来，进行有利于产业的游说活动；由于各种原因，定期选举的政府经常不能以中立的公共利益的最大化者行事。既然绝大多数人在特定领域内作为生产者获得收入而在广泛领域内作为消费者消费，集中他们的生产者利益是合乎理性的。因此，在所有社会中，与分散的消费者利益相比，生产者利益倾向于更加有组织和在政治上更有影响力。政府依赖于政治支持和顺从于利益集团的压力。这类组织上的不对称和利益集团的政治影响力，构成了对国内公民平等权的长久威胁。① 因此，互惠地降低关税和扩大市场准入为后者的游说施加了更大的成本，有助于克服这类贸易保护主义集团所获得的不相称的政治影响力。

而根据图姆利尔所述，单边国内贸易政策的制定过程具有保护主义偏见，贸易重商的保护主义就是一种宪法失灵。而多边贸易协定起到了确实的宪法功能，即保护经济自由和多数利益免受被扭曲的政府权力的干预和滥用。图姆利尔认为，区别对待权力的消除本身将间接地为国内宪政过程的改革做出实质性贡献，因为区别对待通常是在不受制约的行政权力黑箱中进行交易的关键因素。多边贸易体制在国内层次监督和检查寻租政策，维护了通常未得到表达的大多数人的意愿。②

因此，国内宪法失灵的可能性表明，贸易自由不仅需要法律也需要宪法，不仅需要国内也需要国际的宪法保障。在此基础上，正如彼得斯

---

① E. U. Petersmann, "The Transformation of the World Trading System through the 1994 Agreement Establishing the World Trade Organization", *European Journal of International Law*, 1995, Vol. 6, pp. 161 - 221.

② 图姆利尔在此方面的代表文献参见 Jan Tumlir, *Statement on Protectionism to SOMC*, *Bradley Policy Research Center*, William E. Simon Graduate School of Business Administration, University of Rochester, 1983; *Economic policy as a constitutional problem*, *London*: *Institute of Economic Affairs for the Wincott Foundation*, 1984; *Protectionism*: *Trade Policy in Democratic. Societies*, *American Enterprise Institute for Public Policy Research*, 1985。

曼指出：

国际协定，特别是《WTO 协定》可以被视为是针对自由裁量的政府政策的宪法保障。在此意义上，可以称为"宪法固定化的第二道防线"(the second line of constitutional entrenchment)。① 就国内宪政民主及其公民而言，国际组织可以被视为"政府的第四部门"(fourth branch of government)，集体供给国家所不能为个体提供的公共物品。② 总体上，通过一套更高法律等级的国内和国际规则为基础的宪法秩序，保护国家及其公民的平等权利和限制政府权力的滥用的宪法规则是必需的。对自由、非歧视和法治的互惠的国际保障，能为保护和将人权扩展到跨国层面起到宪法功能。并且，在国际法及其通过国内和国际的执行以及更严格的议会和民主控制的基础上，还能为自由裁量的对外政策权的宪法化起到宪法功能。③

实际上，在关贸总协定时期绝大多数争端解决裁定的通过和实施，经常不是因为关贸总协定的制裁权，而是被诉方认识到遵守这类裁定符合其长期利益，而且有助于其政府抵抗保护主义集团的压力和遏制国际组织成员的权力政治。针对 WTO 来说，彼得斯曼指出：宪法体制确认和保护不可剥夺的人权、市场自由和其他基本权利，以作为对政府权力的限制。《WTO 协定》通过世界范围的长期的具有更高法律等级的规则，在限制 WTO 成员自由裁量的贸易政策权方面起到宪法功能。绝大多数 WTO 规则旨在促进进口商、出口商、投资者和消费者的自由和非歧视的

---

① E. U. Petersmann, " Constitutionalism and International Organizations ", *Northwestern Journal of International Law & Business*, Vol. 17, 1996, pp. 398 – 415.

② E. U. Petersmann, " How to Reform the UN System? Lessons From the International Economic aw Revolution", *UCLA Journal of International Law and Foreign Affairs*, Vol. 2, 1998, pp. 185 – 224.

③ E. U. Petersmann, "Human Rights, Constitutionalism and the WTO: Challenges for WTO Jurisprudence and Civil Society", *Leiden Journal of International Law*, Vol. 19, No. 3, 2006, pp. 633 – 667.

竞争条件,促进了对自由、非歧视和法治在世界范围的法律保障。在第二阶段,彼得斯曼更是提出:WTO 通过保障自由、非歧视、法治和社会保障①而起到人权功能,而人权对自由、非歧视和法治的国际保障起到宪法功能,在宪法上限制国内和国际管制权的滥用。

如上所述,提出 WTO 乃至国际经济组织对其成员“自由裁量的对外政策权力”的宪法功能和宪政的“自我束缚”,是 WTO 权利宪法论最重要的理论洞见之一。尽管彼得斯曼的学说受到了诸多批评,其宪法功能的提法仍然得到较多认可。例如,通过限制保护主义利益集团的权力而促进国内民主,WTO 规则起到了国家层面的宪法功能。② 再如,通过使政府以监督等方式彼此参与其他成员的政策制定过程,使政府在国际上对国内贸易政策的外部效果承担责任,并因此在整体上促进所谓国际参与民主,③甚至“管辖民族国家间的竞争”④和“分配宪法间的权威”等,WTO 规则也发挥了国际的“宪法功能”,⑤而且,WTO 争端解决机构的司法解释对于 WTO 与 WTO 成员以及其他国际组织之间的权力分配,也起到某种意义的宪法功能。⑥ 可以说,宪法功能不仅成为 WTO 权利宪法论的理论起点,也为诸多其他 WTO 宪法化理论提供了支撑。

---

① 上述堪称 WTO 权利宪法论最经常的论断之一,除“自由、非歧视和法治”外,“社会保障”系彼得斯曼在 2006 年以后各著述中所增加的措辞。

② See John O. McGinnis, Mark I. Movsesian, *The World Trade Constitution*, Harvard Law Review, Vol. 114, 2000.

③ Peter M. Gerhart, “The Two Constitutional Visions of the World Trade Organization”, *University of Pennsylvania Journal of International Economic Law*, Vol. 24, 2003, pp. 1 – 73.

④ John O. McGinnis, “The WTO as a Structure of Liberty”, *Harvard Journal of Law and Public Policy*, Vol. 28, 2004, pp. 81 – 88.

⑤ Joel P. Trachtman, “The Constitutions of the WTO”, *European Journal of International Law*, Vol. 17, 2006, p. 623.

⑥ Hannes L. Schloemann & Stefan Ohlhoff, “‘Constitutionalization’ and Dispute Settlement in the WTO: National Security as an Issue of Competence”, *American Journal International Law*, Vol. 93, 1999, pp. 424 – 451.

值得指出的是,一方面,上述功能意义上的"宪法"措辞并不能等同于形式意义的"宪法"。前者与履行传统的宪法功能的"规范性文件"相关。彼得斯曼在 2006 年强调,宪政的主要目标是"构成和限制政府权力,以较高法律等级的宪法规则保障公民的平等权利",①也反映了宪法的传统功能是对政府权力施行限制的本意。就后者本身而言,在 WTO 权利宪法论的第一阶段第一时期,彼得斯曼指出宪法是一套"有效构成和限制公民权利和政府权力"的预先承诺的规范。这种概念只能说是一种描述而不是界定,是一种实质意义而不是形式意义的宪法。在第一阶段第二个时期,彼得斯曼认为,宪法的概念"能够在广义上使用,即一个既定人类共同体的基本法律框架,该框架界定了根据法治保证平等自由的共同规则,设立了制定、实施和司法执行规则的制度、机构和决策过程……在国际法原理和国家实践中,'宪法'一词更多地在狭义上使用,是指设立国际组织的国际协定,诸如国际劳工组织和世界卫生组织的'宪法'。这类'条约宪法'明确了成员国的基本权利和义务,确定了国际组织的国际法律人格和责任,设立了制度和机构,界定了国际组织的有限权力和决策程序,规定了批准、修改和争端解决程序等"。② 彼得斯曼指出,他是在后一种意义上使用"宪法"一词,即国际组织的"条约宪法"。如果不结合其他论证,这种宪法措辞无疑具有强烈的"类推"意味,除非对该"宪法"本身作出进一步的界定,一般地说不具有本体论的意义。至于泛泛地将"宪法"一词从语义上作广义解释,以此阐发某种宪法理论,更在其之下。彼得斯曼自己也指出:"这类宪法性协定的政府间措辞和内容表明,国际组织的'国际条约宪法'与民族国家的宪法非常不

---

① E. U. Petersmann, "Multilevel Trade Governance Requires Multilevel Constitutionalism", in C. Joerges/ E. U. Petersmann (eds.), *Constitutionalism, Multilevel Trade Governance and Social Regulation*, Hart Publishing, 2006, p. 6.

② E. U. Petersmann, "How to Constitutionalize International Law and Foreign Policy for the Benefit of Civil Society"? *Michigan Journal of International Law*, Vol. 20, 1999, pp. 13 – 14.

同。例如,人权保障和立法、行政和司法治理功能,在国内宪法中的规定比国际组织的宪法要全面得多。"最近,他还承认:如同这类"国际宪法"的有限功能和原则与国家宪法非常不同,绝大多数学者称为"国际组织法"(international institutional law)。[①] 因此,彼得斯曼迄今并未完成国际组织宪政理论的系统建构,尚待时日发展。

另一方面,彼得斯曼关于"宪法功能"的提法,既传承图姆利尔等又有所发展:"补充性国际宪法"(supplementary international constitution)系其另一重要的论证路径,与图姆利尔的宪政经济学分析大相径庭。"补充性国际宪法"一词为德国学者图姆夏特于 1977 年在提交给德国宪法教师协会的一篇论文中首创,是指与一共同体宪法秩序一并起到作用的国际条约体系。[②] 图姆夏特的本意是将人权保护的国际文件描述为联邦德国补充性宪法的主要例证,其时他将这一概念专门适用于人权的法律编撰。此后越来越多的学者认为,某些重要的国际条约是"补充性宪法条约"(Völkerrechtliche Nebenverfassungen),国际法已经具有了对国内宪法的补充性的功能。[③] 换言之,特别是在国内宪法处于空白的情况下,可以诉诸国际法予以填补,这在基本人权领域尤其明显。例如,《欧洲人权公约》一直被认为保障了相当于欧洲基本权利的标准。根据本书所述,彼得斯曼最早在 1989 年用该术语描述关贸总协定的"宪法"功能时,偏

---

① E. U. Petersmann, " State Sovereignty, Popular Sovereignty and Individual Sovereignty: from Constitutional Nationalism to Multilevel Constitutionalism in International Economic Law?" *EUI Working Paper LAW*, No. 2006/45, pp. 1 – 30. 彼得斯曼所援引的著述是 H. G. Schermers & N. M. Blokker, *International Institutional Law*, 4th ed., Hague: Kluwer, 2004。

② C. Tomuschat, Der Verfassungsstaat im Geflecht der internationalen Beziehungen, Veröffentlichungen der Vereinigung der deutschen Staatsrechtslehrer (VVDStRL) 1978, p. 51 et seq.

③ Robert Uerpmann, *International Law as an Element of European Constitutional Law: International Supplementary Constitutions*, Jean Monnet Papers, 2003, No. 9/03.

重的是这类宪法的国际法因素而不是国际法的宪政经济学分析。① 不过，作为一种论证，补充性国际宪法本身严重依赖于德国等少数国家的宪法经验。因为《德国基本法》第 24、25 条等规定，联邦可以向国际机构让渡部分主权权力，国际法的一般准则是联邦法律不可分割的组成部分，并且为联邦领土内的居民直接创设权利和义务。实践中，随着欧共体法早已经明确确立的直接效力和优先效力原则，除涉及基本权利的事项外，欧共体或欧盟基础条约等被视为德国的补充性宪法已无疑问。另外，有些国家的宪法规定人权条约在国内具有直接的、优先的效力。例如秘鲁 1978 年《宪法》第 105 条规定："人权条约包含的条款具有宪法地位。其中的权利非经宪法修正程序不得更改。"而对于大多数没有这类宪法规定的国家，如果在特殊国际组织法和其成员的个体公民之间建立某种"宪法"关系，则至少依赖于该国际组织的基础条约是否具有直接效力或直接适用的特性。也许正因如此，彼得斯曼在第一阶段提出的实践方面的主要建议在于：需要将贸易自由承认为基本的个人权利，而公民可以在国内法院中直接援引《WTO 协定》。

（二）理论路径：三种意义的经济宪法

如前所述，"经济宪法"一词最早由德国弗莱堡学派提出。1937 年，欧肯、伯姆和葛斯曼 · 多尔特在其主编的《经济的秩序》丛书首卷中提出："应将经济宪法理解为国民经济生活秩序的整体抉择。"②时至今日，本书归纳认为，广义的经济宪法论包括三个组成部分，分别是形式意义、方法意义和实质意义的经济宪法概念。

形式意义的经济宪法，正如德国学者施利斯基所述，是指所有包括

---

① 图姆夏特和彼得斯曼使用的是德语都是"völkerrechtliche Nebenverfassungen"，E. U. Petersmann，"Wie kann Handelspolitik konstitutionalisiert werden?" *Europa-Archiv*，Vol. 44，1989，p. 55。

② 吴越：《经济宪法学导论》，法律出版社 2007 年版，第 2 页。

经济内容并对经济制度进行规定的宪法规范。[①] 在经济宪法学中，一些英美法系的学者提出的是一种方法论意义的“经济宪法学”，20 世纪 60 年代以来，美国经济学家詹姆斯·布坎南等人创立公共选择学派，提出了“宪法经济”的概念。在研究范围方面，如果说传统经济学研究的是个人在既定宪法和法律制度结构下的经济选择，那么公共选择就是研究约束人类经济和政治选择的宪法和法律制度结构本身。[②] 而基于方法论的差异，这种方法意义的“经济宪法”可以区分为规范主义经济宪法学和实证主义经济宪法学两个理论分支。前者主要运用经济学的方法从宪政的抽象层面分析国家、政府及其代理人行为的合法性问题，分析集体选择的结果之所以能够被称为“公正”或“效率”所必须具备的条件；后者则运用经济学的方法研究宪政规则的形成、变动以及不同宪政规则所导致后果的差异。[③] 大体上，大陆法系的经济宪法是一个实证性概念，突出了规范经济运行的根本性法律规则；而英美法系的宪法经济则是一个思辨性概念，强调了宪法和政治运行中的经济原理。

而争论较大的是实质意义的经济宪法。[④] 例如，德国经济法学者林克提出，经济宪法是指“国家为了确定经济自由的范围，施行监督或经济统制，作为依据的基本法律原则与宪法规范”。国内学者赵世义认为，经济宪法是按照市场经济的原理和规律确立起来的，保障公民经济权利与

---

① [德]乌茨·施利斯基：《经济公法》，喻文光译，法律出版社 2006 年版，第 7 页。

② 参见邹平学：《宪政的经济分析》，珠海出版社 1997 年版。

③ 黄锫：《规范主义经济宪法学的基本架构——以布坎南思想为主轴》，载《法商研究》2007 年第 2 期。

④ 国内学者吴越认为，实质意义的经济宪法关注是否存在不成文的但是在现实生活中又有效的经济宪法规范。参见吴越：《经济宪法学导论》，法律出版社 2007 年版，第 26 页。不过，这种实质宪法更接近于“成文宪法、观念宪法和现实宪法”中的“现实宪法”类型，因传统的成文宪法和不成文宪法实际上都具有宪法的形式渊源，唯以是否存在成文的“宪法典”为区别。

自由、制约国家经济权力的根本法规范，以及据此形成的宪治经济秩序。[①] 国内学者吴越则认为，实然的经济宪法是指一个国家的现行法律尤其是宪法中涉及个体经济权利、国民经济制度以及个体与国家之间的经济关系等法律规范的总和。广义的经济宪法是宪法中关于个体的基本经济权利、根本经济制度以及宪法和其他法律中对保障基本经济权利和根本经济制度的实现具有基础性和全局性的法律规范的总和，经济宪法学以此为研究对象，由经济权利宪法学、经济制度宪法学等构成。[②] 也有国内学者认为，实质意义的经济宪法是指随着国家与社会的融合，作为政治法的宪法在完成其社会转向后，政治宪法开始深入经济领域，由规范公共领域生活的政治宪法转向对传统上属于私人领域的经济活动的干预、规范与调控的过程。经济宪法的出现标志着古典宪法向现代宪法的转型，意味着国家突破传统的活动领域与范围，深入市民生活的内部。[③]

上述各种实质意义的经济宪法概念，在理论建构上的主要分歧是如何看待经济宪法和政治宪法之间的关系。如果认为经济宪法仅是政治宪法对私人领域经济活动的转向，则经济宪法并不能成为与政治宪法相对应的独立概念。因为经济自由属于政治宪法保障的内容，而经济宪法保障的内容是经济权利，两者之间的关系是经济宪法通过对政治宪法中经济自由的限制来实现经济权利。而如果按照林克和吴越等学者的观点，对经济自由的保障显然属于经济宪法的主旨之一。在此的疑难问题是对经济权利和经济自由的定性、范围及其关系的认识。这一困惑首先是因为权利理论本身在宪法学中充满争议。按照学理上宪法基本权利

---

① 赵世义：《经济宪法学基本问题》，载《法学研究》2001 年第 4 期。

② 吴越：《经济宪法学导论》，法律出版社 2007 年版，第 7、19、27 ~ 45 页。值得指出的是，该学者所称的经济权利既包括自由权意义上的经济自由，也包括社会权意义上的经济权利。

③ 韩大元、林来梵、郑贤君：《宪法学专题研究》，中国人民大学出版社 2004 年版，第 82 ~ 83 页。

中自由权与社会权的二元划分，经济权利属于社会权而不是自由权的范围。社会权，又称为社会基本权或社会权利，是宪法赋予国家的积极作为义务。社会权利依次为：经济权利、狭义的社会权利和文化权利。社会权在三个方面不同于自由权：自由权所服膺的理念是自由，社会权所追求的价值是实质平等；自由权是消极的防御性权利，社会权是一种积极权利；自由权是可以诉请司法救济的权利，社会权不具有可诉性，不可以被法院执行。[①]

从经济宪法肇始的 1919 年《魏玛宪法》来看，经济宪法旨在确立作为自由权一部分的经济自由权的界限，以保障作为社会权一部分的经济权利来限制经济自由权的范围。例如，其第 153 条宣示了财产权并非不可侵犯的权利，而是在社会意义上受到约束的一种权利。[②] 而《德国基本法》在第二章自由权之外，也以第十二章的自由选择职业之权利和第十四章的财产与继承权体现了与《魏玛宪法》相似的规定。[③] 因此，经济自由和（社会权意义上的）经济权利既具有密切联系又有明显区别，前者要求限制国家的经济权力，反对专横干涉和非法勒索，而后者依靠国家干预经济来提供社会福利，二者之间必然发生尖锐的冲突。从政治宪法与经济宪法的学理关系看，正出于自由权向自由权和社会权并重的转

---

① 郑贤君：《社会权利的司法救济》，载《法制与社会发展》2003 年第 2 期。

② ［日］芦部信喜：《宪法》（第 3 版），林来梵等译，北京大学出版社 2006 年版，第 74 页。

③ 德国《基本法》第 12 章规定："所有德国人都有权自由选择其职业、工作地点及学习或训练地点。职业活动可根据法律而加以调控"，并且"强制劳动只能强加于那些由法院判决而被剥夺自由的人。"第 14 章规定了财产权利、责任和政府占取私有财产的条件："财产和继承权利应得到保障。其内容与限制应被法律所决定。财产施加责任。其使用亦应该为公共福利服务。只有以公共福利为由才能占取财产。占取的施行只能根据调节补偿的性质与程度之法律。这种补偿应通过建立公共利益和那些受影响的利益之间的公正平衡来确定。对于有关补偿数量之争议，（当事人）可求助于具有普通管辖权的法院。"值得指出的是，德国《基本法》第 14 章的规定不仅保障财产权，也对财产施加了公共福利的责任。

向,经济宪法学以财产权为权利的起点,在契约自由与劳动权冲突与协调的逻辑结构中,展开经济自由和经济权利二元对峙的权利体系。[①] 进一步的问题是"经济权利"的范围。在有些国家,经济权利是指与经济有关联的所有权利,如财产权也被认为是经济权利,是经济权利的核心权利甚至是全部的权利。也有学者虽然认为经济权利是与社会权利不可分的权利,所谓社会经济权利是指公民按照宪法的规定享有物质利益的权利,但该社会经济权利包括有关经济的自由权和经济权利。日本、韩国学者也多从经济自由的角度探讨经济权利。[②] 对于经济权利的核心或本质的不同认识,反映了两种不同的理念。一种理念认为只有市场体系最自由地运行,才能导致财富在公民间的分散拥有,而这是维系集体自由所必需的。因此这种理念谴责对工人权利进行法律甚至宪法的保护,认为这拖延了市场自由的进程。另一种理念也认为财产对于自由来说很重要,但并不坚信所谓市场效率和仁慈,谋求对无产者的直接授权。大体上,前者为诸多美国财产权学者所持有,后者则反映了国际人权条约的精神。[③]

有国内学者指出,"财产权"并不能被认为是一种经济权利,不能因为财产权与经济有关,就认定其是一种从属于社会基本权的经济权利。财产权是一种免于国家束缚的自由,从属于自由权体系。按照古典权利理论或者洛克的思想,自由是人身、精神与财产的三位一体。如果一个人无法拥有对其财产的支配权,它也就很难称得上是自由的。[④] 经济权利与财产权不仅性质不同,而且经济宪法对传统上与经济活动有关的自

---

① 赵世义:《经济宪法学基本问题》,载《法学研究》2001 年第 4 期。

② 莫纪宏:《实践中的宪法原理》,中国人民大学出版社 2007 年版,第 280 页。

③ Terence Daintith, " The Constitutional Protection Of Economic Rights ", *International Journal of Constitutional Law*, Vol. 2, No. 1, 2004, pp. 165 – 172.

④ 郑贤君:《论宪法社会基本权的分类与构成》,载《法律科学》2004 年第 2 期。

由权包括财产权还进行限制。①

因此,严格地说,社会权意义上的经济权利主要是一种与市场和劳动有关的权利,是个人因国家对私人经济生活的干预而获得的一种参与经济生活的权利。经济权利的内容主要包括劳动的权利、男女同工同酬的权利、未成年人的劳动权利的保护、休息的权利、组织和参加工会的权利、罢工的权利、在失去工作能力的情况下有获得社会扶养和救济的权利、在失业之时享受生活保障的权利、获得职业教育的权利等。这类权利的本质属于经济公平。此外,经济权利还包括一些个人参与企业管理和决策的权利,在一些国家,只有罢工权与组织和参加工会的权利被称为经济权利。这类权利的本质属于经济民主。② 在此意义上,经济权利的实质是国家对个人经济生活的干预,表现为对与经济生活有关的财产权与契约自由的限制。只有对这些传统的私人权利进行适当限制,才能保证其他个体经济权利的实现,才能实现经济公平和民主,保证劳动者对私人经济活动的参与权。这与国际人权法的现行规则大致相当。国际人权两公约本身是不同国家政治分歧的妥协结果,《世界人权宣言》所承认的财产权,在国际人权两公约均未得到明文规定。③ 根据《经济、社会和文化权利国际公约》的规定,经济权利大体上有:工作的权利(第 6 条)、享受适当的工作条件的权利(第 7 条)、成立工会并自由活动的权利、罢工的权利和享受社会保障的权利(第 9 条)等。

从上述分析反观目前的各种经济宪法理论,由于对"经济权利"的性质和范围存在不同的界定,其理论建构呈现出两种路径:如果认为经济

---

① 韩大元、林来梵、郑贤君:《宪法学专题研究》,中国人民大学出版社 2004 年版,第 83 ~ 89 页。

② 郑贤君:《基本权利研究》,中国民主法制出版社 2007 年版,第 204 页。

③ Catarina Krause, "The Right to Property", in Asbjorn Eide et al. (eds.), *Economic, Social and Cultural RightsI: A Textbook*, Martinus Nijhoff, 2nd, 2001, pp. 191 – 192.

宪法是与政治宪法相对独立的概念,则个体基本经济权利(这里首先指经济自由)与国家经济权力之间的关系是经济宪法的首要内容;如果认为经济宪法仅是政治宪法对私人领域经济活动的转向,则需要关注的是作为自由权的经济自由和作为社会权的经济权利之间的关系。但无论是哪种理论建构,经济自由和经济权利之间的关系都是经济宪法需要致力解决的理论问题。从实践的层面看,在政治宪法相对完善的政治体中,也许后一路径更为重要,反之亦然。

回顾彼得斯曼在权利宪法论第一阶段提出的相关论点:政治理论和欧洲的历史经验表明,授予自利的公民以可执行的权利,为自由宪法自执行提供了最有效的动机。现代产权、公共选择和宪法经济学理论进一步表明,私权及其司法保护,就保证政府遵守对自由和非歧视的保障以及自由裁量的政府权力不为利益集团的寻租所滥用而言,是最有效的分散的激励和执行机制。因此,应当将贸易自由承认为一种基本的个人权利,而不是将其误解为一种单纯的"经济理论"。如果以此作为 WTO 经济宪法的逻辑起点,则彼得斯曼需要论证以下问题:第一,"贸易自由"即使被承认为一种基本的个人权利(或者个人的基本权利),是属于经济权利还是经济自由?第二,这种基本的个人权利,无论属于国家(WTO 成员)层面还是国际(WTO)层面,抑或兼而有之?第三,根据 WTO 目前的发展情况,以此为基础的 WTO 经济宪法应奉行上述何种经济宪法的理论建构路径?然而,彼得斯曼在此方面最相关的两段表述如下:

以 1944 年布雷顿森林协定和 1947 年关贸总协定为基础构成了今天的"国际经济宪法"。政府具有保护其公民在自由贸易和法治中的一般利益的职责。而有损福利的贸易保护主义,反映了政府在履行这一合法任务时的"政府失灵"。关贸总协定的规则在某些贸易部门上的软弱,反映了国内和国际经济法更广泛的"宪法失灵"。《WTO 协定》是世界范围内的经济宪法,包括了现代国际法中所有的四类宪法要素:第一,《WTO 协定》设立了具有立法、行政和司法权的国际组织,并且这类权力在制衡的法律框架中相互作用。第二,在《WTO 协定》和任何所附的多边贸易协定相冲突时,《WTO 协定》的规定应在冲突的范围内优先适用。第三,WTO 在实质上保障贸易自由、非歧视的竞争条件、法治和诉诸法院的权利,这类保障不仅在成员的政府间关系上起到宪法功能,而且在相竞争的各国生产商、投资商、贸易商和消费者以及其本国政府之间的"世界主义关系"上起到宪法功能。第四,WTO 争端解决机构所具有的强制性管辖权促进了数百个 WTO 争端的解决,WTO 案例法更是澄清和进一步发展了 WTO 规则,从而将法治积极扩展到跨国层面。

可以看出,这里的"政府失灵""宪法失灵""国际经济宪法""世界范围内的经济宪法"与上述实质意义的经济宪法几乎没有关系,第一段勉强可以称得上体现了形式意义和方法意义的经济宪法,而第二段则只能说是一种泛泛的描述。这似乎成了 WTO 权利宪法论第一阶段的难言之隐。在 WTO 权利宪法论的第二阶段,彼得斯曼采取了折衷的路径,即在所谓全球一体化法中将贸易自由理解成一种经济人权:联合国与人权有关的法律忽视了经济自由、财产权和竞争自由。作为自由公民间互利的劳动分工和促进稀缺资源有效利用的法律前提条件,经济人权(economic human rights)在使个人获得、占有、使用和分配为享有人权所必需的资源方面起到关键作用。然而,即使可以回避分析经济自由和经济权利之间的关系,彼得斯曼仍然未能指明这种经济人权究竟属于作为社会权的经济权利还是作为自由权的经济自由。

总体上看,彼得斯曼在宪法功能和经济宪法这一组概念中,恰恰缺失了最为重要的实质意义的经济宪法论证。不仅如此,诚如下述,在未系统论证"权利宪法"的情况下,作为经济自由的贸易自由在"宪法权利"的体系中与其他可能相冲突的其他自由权和社会权之间的关系,成为更严重的问题。

（三）制度变迁：WTO 权利宪法论理论转向的实践原因

从实践来看，WTO 权利宪法论在第一阶段的理论缺失及其理论转向，正在于其适合于 1947～1995 年的关贸总协定而不是多边贸易体制的新发展。笔者认为，WTO 权利宪法论的第一阶段，就关贸总协定而言，在“宪政的经济自由主义”和“自由主义”的“暗战”中，取得了明显的优势。但其优势在多边贸易体制确立更加有效的制度建构后，又成为一种必须调整的缺失。

尽管推进贸易自由是多边贸易体制的基本宗旨，如同所有的政府活动，多边贸易体制及其缔约方的政策和法律中包含着各种相互冲突与竞争的政策目标。例如，自由贸易中以比较优势为基础的经济目标经常与保护社会平民百姓中较贫穷的弱势者这一社会目标相冲突。本书将这类社会目标统称为“社会政策”，代表着除了贸易自由（经济自由）之外的其他自由权、包括经济权利在内的社会权。换言之，贸易自由与社会政策之间的关系问题，实际上提出的是在 WTO 的“经济宪法”中，贸易自由与其他宪法权利之间的关系问题。

贸易自由化因贸易限制的削减而起，其本身在利益和责任的公正分配和承担方面是含糊不清的。尽管自由贸易政策提高了某些国家的公民福利，但这类贸易政策本身经常并没有增进福利的效果。因此，如同大多数的政府体制，解决或协调这些互相竞争的目标的方法对于该体制长远的成功至关重要。① 关贸总协定包含了各种例外或紧急情况条款，承认缔约方在某些情况下可能需要提供贸易保护，以便应对经济危机。

如本书第二章所述，关贸总协定以契约式平衡（contractual balance）作为一种折衷之道：缔约方可以在为保护非贸易价值所必需的情况下减

① See John H. Jackson, “International Economic Law: Complexity and Puzzles”, *Journal of International Economic Law*, Vol. 10, No. 3, 2007.

损贸易义务，一般条件是应提供补偿或接受报复，即达成了“契约式平衡”。关贸总协定包含了各种例外或紧急情况条款，承认缔约方在某些情况下可能需要提供贸易保护，以便应对经济危机。如前所述，在 20 世纪下半叶的经济自由化过程中，“深嵌的自由主义”（embedded liberalism）模式给予这种制度设计以理论基础。“深嵌的自由主义”一词为鲁杰（Ruggie）于 1982 年第一次提出，[①]本意是指政府与其国民为同意布雷顿森林体系所主导的国际经济秩序而达成的“社会契约”。[②] 鲁杰指出，19 世纪自由贸易政策的兴起，反映了对国内层面国家和社会关系的观念的一种再界定。当时的自由国际经济秩序，不仅源于英国的霸权，也依赖于这类观念的国际化。与霸权稳定论相比，鲁杰认为，时代的国际经济秩序是由“权力和合法化的社会目标”相融合而成，国际经济自由化深嵌于国内对“国家与社会、市场”关系的处理。

这种理论模式被认为是自“二战”以来国际经济自由化得以持续发展所隐含的“交易”：新的自由贸易协定不能损害国家必须提供的各类社会保障。其有效手段之一就是通过税收和财政支出计划，调节自由市场经济所带来的财富在不同社会群体中的不均衡分配。据此，关贸总协定相当于一种交易和妥协，国家的所有社会部门同意开放市场，而同时分担因开放市场所产生的社会调整成本。

深嵌的自由主义模式有力地论证了关贸总协定如何成功地维持一

---

① See John Gerard Ruggie, “International Regimes, Transactions and Change: Embedded Liberalism in the Postwar Economic Order”, *International Organization*, Vol. 36, 1982; “International Regimes, Transactions and Change: Embeddd Liberalism in the Postwar Economic Order”, in S D Krasner (ed.), *International Regimes*, 1983, pp. 195 – 231; J. G. Ruggie and F. Kratochwil, “International Organization: a State of the Art on an Art of the State”, *International Organization*, Vol. 40, 1986, p. 753.

② 关于鲁杰所使用“嵌入性”（embeddedness）的理解，可参见［英］卡尔·波兰尼：《大转型：我们时代的政治与经济起源》，冯刚、刘阳译，浙江人民出版社 2007 年版；［美］马克·格兰诺维特：《镶嵌：社会网与经济行为》，罗家德译，社会科学文献出版社 2007 年版。

个基础不甚牢固的多边贸易体制。从国际层面看,在关贸总协定运行的47年里,在促进与保障世界贸易多数领域的自由化方面,总协定法律化的成就令人瞩目。从国家层面看,贸易自由化深嵌于政治承诺中,在多边贸易体制的主要参加者中得到共享,特别是推动了发达国家缔约方成为积极的干预主义的福利国家。

然而,自20世纪70年代以来,随着多边贸易体制及其缔约方的发展,这种模式遭到了诸多实践因素的质疑:

第一,"权力和合法化的社会目标"的融合因实践而充满变数。一方面,除了发达国家成员之间的竞争有增无减外,随着非殖民化运动的深入和政治合作的加强,发展中国家参与国际贸易过程中所面临的挑战日趋受到重视。另一方面,随着多边贸易体制的法律化进程加快,关税税率大幅度降低,非关税壁垒和政府对企业和贸易政策的干预显得日趋重要。其结果是导致少数国家不愿善意履行关贸总协定所规定的义务,各种规避措施甚至违反关贸总协定的行为甚嚣尘上。

第二,国际经济自由化深嵌于国内对"国家、社会、市场"关系的处理,但经济全球化削弱了国家充当自由市场和社会利益之间调和角色的能力。深嵌的自由主义模式与国际层面的贸易自由化和金融流动密切相关,主权国家根据这种模式降低了参与国际市场的风险,在实现国内政策目标和外向型政策之间取得平衡。"社会保护"本身,则提出诸如谁需要保护、谁承担保护的责任以及何种风险值得保护等一系列问题。深嵌的自由主义对此的回答,以单一国家为参照。① 但是,自由贸易和社会政策之间的紧张关系不仅在国内层面根深蒂固,而且随着经济全球化和国际社会的相互依存在国际层面日益彰显。20世纪的经验表明,国家必须承认在其国内广泛的结构性变动,并及时认同这类变动如何影响其与

① A. Blackett, "Toward Social Regionalism in the Americas", *Comparative Labor Law And Policy Journal*, 2002, Vol. 23, pp. 901 - 910.

国际经济共同体之间的互动关系。然而，国家也必须调整与国际社会有关的外部贸易政策目标和策略，以符合国家原有的政治目标和理念。①

第三，乌拉圭回合后的多边贸易体制面临经济全球化下新的贸易问题。除继续乌拉圭回合未完成的服务贸易、与农产品有关的支持和保护措施等方面的谈判外，随着全球经济一体化进程的继续深入与强劲，WTO及其成员既要对环境、劳工或社会标准的普遍关注作出正当合理的反应，又要防止以贸易限制作为合法反应手段从而推行隐蔽的新贸易保护主义政策。其焦点问题是，世贸组织管制的重点已经从关税措施变迁为非关税措施，而这类非关税措施本身往往是诸如环境、健康或劳动方面等“合法”的社会政策目标的体现，但也可能是违反《WTO协定》的违法措施。这一问题即所谓新贸易保护主义措施问题，正是自由贸易和社会政策紧张关系的一种集中体现。

从理论路径上看，鲁杰所提出的深嵌的自由主义具有建构主义的特质，例如，鲁杰提出了一系列构成性观念，即合法化的社会目标、对国家在与社会、市场关系中恰当作用的观念等，体现出一种将国际结构和国内社会相结合的研究方法。而自20世纪80年代以来，在国际经贸得到迅速发展的同时，要求环境保护、公共健康、劳工核心标准的维护乃至企业社会责任等社会政策方面的诉求也相应凸显，贸易公平和贸易民主的要求不断成为大多数国家的国民和国际社会的共识。这种共识所形成的“观念”，本来为深嵌的自由主义提供了进一步的支撑。正如豪斯指出，在贸易关联问题的争论中，深嵌的自由主义构成了贸易和非贸易问题的“最初联结”（initial linkage）。尽管在经济学上的所谓“逐底竞争”一直遭到质疑，但这也为传统的事关公平贸易的“水平竞技场”提供了一

---

① Ari Afilalo and Dennis Patterson, “Statecraft, Trade and the Order of States”, *Chicago Journal of International Law*, Vol. 6 No. 2, 2006, pp. 728 – 729.

种理论支持。[1] 然而,1995 年 WTO 的成立是多边贸易体制"法律化"的成就,反而削弱了深嵌的自由主义模式的基础。多边贸易体制的法律化实际上为国家提供合法的社会政策目标施加了更高的成本,使国家更加难以作出相应的国内调整。深嵌的自由主义主张,一国在承担国际经济法律义务的同时,还应考虑国内的各种复杂因素。而贸易方面的"法律化"使贸易价值具有了强有力的法律保障,特别是经过加强的 WTO 争端解决机制使贸易价值具有了异乎寻常的法律地位,对上述"契约式平衡"条款的司法节制更为严格,从而激化了贸易自由和社会政策之间的紧张关系。

鲁杰在提出这一理论的初期认为,新保护主义在变动的全球经济条件中使深嵌的自由主义得以施行。新保护主义措施正是深嵌的自由主义所期待的那种类型,并未损害整体贸易秩序,而是提供了一种有限的和相对温和的措施,以延缓结构变动并且降低国内调整的社会成本。[2] 然而,上述实践因素已经表明,多边贸易体制的外部环境和 WTO 成员的国内社会结构大多超出了鲁杰对新保护主义措施的美好设想。如果说过去关贸总协定面临的是自由贸易与保护主义的争斗,那么今天 WTO 面临的则是怎样管理全球性经济相互依存的这一全新并更为艰难复杂的难题。对此,正如丹诺夫认为,"二战"后的多边贸易体制具有复杂的和多重的目标,深嵌的自由主义便利于政府的干预,以保护国内社会利益。但是,全球经济和多边贸易体制的变动使新贸易规则深入国内领域,国内政策自主这一深嵌的自由主义的构成性要素遭到削弱。因此,国内

---

① R. Howse, " From Politics to Technocracy-and Back Again: The Fate of the Multilateral Trading Regime" ,*American Journal of International Law*, Vol. 96,2002,p. 94.

② J. G. Ruggie, " International Regimes, Transactions, and Change: Embedded Liberalism and the Postwar Economic Order", in S. D. Krasner (ed.), *International Regimes*, Ithaca, NY: Cornell University Press, 1983, p. 228.

政府继续提供社会保护的能力,直接威胁到深嵌的自由主义的交易。①

相对来说,WTO 权利宪法论奉行的"宪政的经济自由主义",在制度设计方面显然更为精巧。一方面,"宪政的经济自由主义"在个体基本经济权利(这里首先指经济自由)与国家经济权力之间的关系问题上,强调对国家管制的约束;另一方面,在处理作为自由权的经济自由和作为社会权的经济权利之间的关系上,强调国家的再管制。而制约或保障国家在管制方面的"松紧程度"的,正是多边贸易体制的宪法性规则。从更深的意义上说,深嵌的自由主义强调贸易自由化深嵌于政治承诺中,实际上使成员的国际贸易政策和法律镶嵌于国内的政治和法律结构中。这必然导致深层的政策失灵,将多边贸易体制恢复到国家间的讨价还价模式中,因为权力地位决定了国际机制的统治形式,大国尤其是霸权国的国内社会目标则影响到国际机制的内容。也就是说,这种模式强调对外政策和国际法深嵌于国家的政治和法律结构中,为强权的 WTO 成员提供了一种有利的对外政策模式,使其在国际论坛施行权力导向而追求国家利益——这似乎是今天布雷顿森林体系及其国际经济组织的共同特性。与之相比,彼得斯曼所推崇的《WTO 协定》作为世界范围内的经济宪法,似有矫正"国际经济旧秩序"之气象:"只有 WTO 的权利和义务更有力地深嵌于国内的和国际的多层次的民主宪政中,才能使亿万生产商、投资商、贸易商和消费者之间自生自发合作的法律秩序通过 WTO 法得到有效保障。"②

诚然,从实现的角度看,精巧的制度设计需要苛刻的生成条件,更依

---

① J. L. Dunoff, "Trade and: Recent Developments in Trade Policy and Scholarship-And Their Surprising Political Implications", *Northwestern Journal of International Law and Business*, Vol. 17, 1997, p. 759; J. L. Dunoff, "Rethinking International Trade", *University of Pennsylvania Journal of International Economic Law*, Vol. 19, 1998, p. 347; J. L. Dunoff, "The Death of the Trade Regime", *European Journal of International Law*, Vol. 10, 1999, p. 733.

② E. U. Petersmann, "Multilevel Trade Governance in the WTO Requires Multilevel Constitutionalism", in C. Joerges/E. U. Petersmann (eds.), *Constitutionalism, Multilevel Trade Governance and Social Regulation*, Hardcover, 2007, p. 101.

赖于一种平衡之道而不是剑走偏锋。在 WTO 权利宪法论的第一阶段，彼得斯曼指出，“通过使平等自由超出边境的范围，以及将自由裁量的对外政策权约束到附加的法律和司法节制中，对于使人权和相应的政府义务在贸易政策领域更加有效来说，WTO 规则起到了宪法功能”。仅就此而言，这种宪法功能完全是与深嵌的自由主义相对立的。然而，单方面强调这一点，其结果无异于使国内层面的国家和社会的关系“反嵌”于多边贸易体制的制度和法律中，完全忽视了国家对贸易自由化深入国家主权领域的一种固有的防抵抗性本能，这样的宪法化不可能得到维系。诚如有学者认为，在多边贸易体制中，深嵌的自由主义和新自由主义在伊始是共存的，而现在的宪法化努力，是试图削弱深嵌的自由主义的栖息之地。①

正因如此，在 WTO 权利宪法论的第二阶段，彼得斯曼主张的“权利”还包括社会权利、民主治理和可持续发展的权利等，试图解决第一阶段的前述缺失，特别是作为经济自由权的贸易自由与其他经济权利、社会权利之间的关系。与之相映成趣的是，自 20 世纪 90 年代以来，鲁杰对其理论进行了相当大的修订，②并进而成为全球契约运动

---

① J. T. Gathii, “Re-characterizing the Social in the Constitutionalization of the WTO: A Preliminary Analysis”, *Widener Law Symposium Journal*, Vol. 7, 2001, p. 137.

② 鲁杰理论修订的代表著述参见 J. G. Ruggie, “Embedded Liberalism Revisited”, in E. Adler and B. Crawford (eds.), *Progress in Postwar International Relations*, 1991, p. 202; See J. G. Ruggie (ed.), *Multilateralism Matters: The Theory and Praxis of an Institutional Form*, 1993; “At Home Abroad, Abroad at Home: International Liberalisation and Domestic Stability in the New World Economy”, *Millenium Journal of International Studies*, Vol. 24, 1994, p. 507; “Trade, Protectionism and the Future of Welfare Capitalism”, *Journal of International Affairs-Columbia University*, Vol. 48, 1994; “Globalization and the Embedded Liberalism Compromise: The end of an Era?” Max-Planck-Institute for the Study of the Societies, Working Paper 97/1, 1997; and in W. Streeck (ed.), *Internationale Wirtschaft, Nationale Demokratie*, 1998; “Taking Embedded Liberalism Global: The Corporate Connection”, in D. Held and M. Koenig-Archibugi (eds.), *Taming Globalization: Frontiers of Governance*, Cambridge Polity Press, 2003。

的推手。[1] 全球契约是在经济全球化的背景下提出来的，强调的是企业的社会责任，呼吁工商界遵守商业道德、尊重人权、劳工标准和环境方面的国际公认的原则，从而给世界市场以人本的面貌。在此意义上，深嵌的自由主义理论的修订和 WTO 权利宪法论的理论转向竟有殊途同归之感。

从总体上来看，多边贸易体制的法律化进程不能回返，更不能终止。然而过去关贸总协定经常遇到的是实践超前于规则的合法性问题，今天 WTO 的发展所引发的是 WTO 及其规则本身的合法性质疑。这与为多边贸易体制的制度变迁息息相关：GATT 时期，法律化进程尚未完成，核心在于发展自由贸易的制度设计，以及对国内推进贸易自由的制度保障；WTO 时期，焦点从专注于贸易自由转向了处理贸易自由和社会政策之间的关系，这实际上要求多边贸易体制的法律化注入更为广泛的价值含量。由于彼得斯曼在第一阶段没有对实质意义的经济宪法作出论证，更没有分析贸易自由和其他宪法权利之间的关系，恰恰无法权衡代表社会政策的各类“经济权利”乃至更为广泛的“宪法权利”，从而成为彼得斯曼理论转向的实践原因。

三、基本权利视角下的贸易与人权一元论

总体上看，WTO 宪法化是 WTO 权利宪法论的主要命题，其论证的主要问题之一即贸易与人权的关系，而以基本权利原理为核心对其进行一元理论建构则是主要观点所在，三者一并构成了 WTO 权利宪法论一以贯之的精髓。这种一元建构依托于 WTO 权利宪法论的“宪法”观念。纵观 WTO 权利宪法论的相关著述，可以认为彼得斯曼提出了两组与

---

① 1999 年 1 月在达沃斯世界经济论坛年会上，联合国秘书长科菲·安南提出“全球契约”(Global Compact)计划，并于 2000 年 7 月在联合国总部正式启动。全球契约要求企业在各自的影响范围内遵守、支持以及实施一套在人权、劳工标准、环境及反贪污方面的十项基本原则。这些基本原则来自《世界人权宣言》、国际劳工组织的《关于工作中的基本原则和权利宣言》以及关于环境和发展的《里约原则》。

“宪法”相关的概念,除上述经济宪法外,即下述与基本权利原理密切相关的“实质宪法”。

(一)基本观点:贸易与人权关系的一元建构

根据曾经与彼得斯曼进行论战的美国学者罗伯特·豪斯的观点,就多边贸易体制中法律和人权的关系问题而言,彼得斯曼是第一位提出这一问题的学者。① 时至今日,贸易与人权的关系问题已经成为贸易关联(linkage)问题研究的最重要组成部分之一。对此,大多数著述立足于贸易和人权各自对应的部门国际法,即从国际贸易法和人权法的“二元”关系着手探讨两者之间的关联。所采用的论证路径和主要结论,与从传统的国际(公)法原理看待任何部门国际法之间的关系并无二致,与其他贸易关联问题的研究相比也并无特质。②

与这类著述所持有的“贸易与人权的冲突和协调”的外在视角不同,WTO 权利宪法论直接以宪法上的基本权利原理③内在地建构国际法上的贸易与人权的关系。彼得斯曼不仅视贸易自由本身为一项基本的个人权利,而且认为贸易权与其他自由权、社会权等基本权利乃至“人权”之间的关系是在同质的权利谱系中展开的。也就是说,不是将贸易与人权的关系视为国际法中分属不同国际法次级体系的“二元”规范关系,而是在“WTO 宪政”的意义上贸易与人权呈现出“一元”的权利关系。据此,彼得斯曼以内涵扩张的基本权利为核心,将多边贸易体制中贸易与人权的关系问题转化为“贸易权”与其他“人权”在基本权利谱系中的一元建构。

---

① “Robert Howse Human Rights in the WTO: Whose Rights, What Humanity? Comment on Petersmann”, *European Journal of International Law*, 2002, p. 651.

② 最近的代表著述例如 T. Cottier, J. Pauwelyn, E. Bürgi. *Human Rights and International Trade*. Cambridge University Press, 2005; F. M. Abbott, C. Breining-Kaufmann, T. Cottier. *International Trade and Human Rights*, Oxford University Press, 2006。

③ 基本权利、基本人权、宪法权利、公民权、公民的基本权利等措辞,其范围颇为相似,然而有错综复杂的区别,本书不做赘述。

彼得斯曼在此基础上系统地发展出以权利为基础的 WTO 宪法化理论，并在其理论发展的两个阶段提出了两个基本主张和建议：在第一阶段，彼得斯曼提出需要将贸易自由承认为基本的个人权利，而公民可以在国内法院中直接援引《WTO 协定》；在第二阶段，彼得斯曼提出 WTO 保障自由、非歧视、法治以及社会保障而起到人权功能，对于许多“社会人权”（如食品、健康和教育）的履行来说都起到关键作用。因此，应承认普遍承认的不可剥夺的核心人权具有国际法中的“宪法至上性”，通过 WTO 法和国际以及国家的人权法的整合而实现 WTO 的宪法化。而且，彼得斯曼深知 WTO 的现状与其国际宪政的理想前景相去甚远，因此借鉴欧盟宪政的经验，主张以所谓公共利益条款诉诸人权的条约解释以及探讨 WTO 规则直接效力的可能性。①

基本权利体现宪法体制和权利谱系存在的核心价值。德国公法学者卡尔·施密特认为：所谓公民自由的宪法保障，最重要的是对基本权利的承认、权力分立制、国民通过人民代议机关对制宪权最低程度的参与。② 而深受德国宪法学说影响的日本学者芦部信喜则指出，形式意义的宪法是指以宪法这种名称所被称呼的成文法典即宪法典。实质意义的宪法是将具有某种特定内容的法称为宪法，这种意义的宪法又可分为固有含义的宪法和立宪意义上的宪法。前者指宪法作为规定国家统治的基本法，后者即基于 18 世纪末市民革命时期所主张的、通过限制专断性权力来广泛保障国民权利的宪法。立宪意义上的宪法，是一种历史意义的观念，最重要的目的在于限制权力以保障人权。这也是宪法“最优

---

① 关于 WTO 权利宪法论两个阶段的划分、著述索引以及对其第一阶段理论的批评，可参见陈喜峰：《WTO 权利宪法论：经济宪法视角的一种批评》，载《国际经济法学刊》2008 年第 2 期的相关论述。笔者认为，彼得斯曼在权利宪法论的两个阶段都持有一元的立场，然而其内涵有所不同；从实践看，两个阶段正分别与 GATT 和 WTO 的发展相映成趣。

② ［德］卡尔·施密特：《宪法学说》，刘锋译，上海人民出版社 2005 年版，第 43 页。

异”的特征。①

因此，在宪法学上，实质意义的立宪意义上的宪法，不是规定国家组织和机构的制度设计，而是确认和保障公民的基本权利，并进而实现基本权利对国家权力的制约。正是基于这种理论，彼得斯曼在 1991 年指出：“对个人权利的宪法保障以及对国内政府权力行使的宪法约束，是对国内贸易法律与政策进行法律分析的必要起点。在宪政民主中，个人自由与财产权利被承认为宪法价值，也被承认为所有政府政策的最终目标。个人的权利和需要被当作最高的宪法价值及政府所有权力行使的唯一合法目标。”

彼得斯曼在 2001 年指出：“第一，对自由、非歧视和法治的国内和国际保障，如果按照相同的目的并且彼此补充，则该保障在法律上将更加有效。如果对个体公民的保护是最高的宪法价值，按照人权解释这类保障就对公权力的滥用施加了另外的宪法节制。而且，也加强了人的尊严本身的宪法价值。第二，以权利为基础的策略承认价值只能源于公民个人的人权。这削减了在宪政民主的个人前提和静态的国际法概念之间的现有矛盾。承认人的尊严在国际法中具有最高的优先性，是提高国际规则的民主合法性的第一步。第三，以权利为基础的‘草根策略’（grass-roots strategies）是在国际上促进和平与法治。以权利为基础的国际法的宪法概念，可以促进的不仅是人权、法治和经济福利的有效性，而且包括国内和国际和平。”②

彼得斯曼在 2006 年指出：“以权利为基础的宪法（rights-based constitutions）通过对基本权利的全面保障确立了新型的民主治理权力，

---

① ［日］芦部信喜：《宪法》（第 3 版），林来梵等译，北京大学出版社 2006 版，第 4～5页。

② E. U. Petersmann, *Time for Integrating Human Rights into the Law of the World Trade Organization: Lessons from European Integration Law for Global Integration Law*, Jean Monnet Working Paper, 2001, pp. 1 – 47.

与限制现有的政府权力(例如英国)和通过更加有限的'权利法案'(例如美国)所施行的以过程为基础的民主(process-based democracies)相比,前者能够对民主决策过程提供更加精确、广泛和实体上的限制。"①

彼得斯曼在1998年指出:"WTO对基本权利的确认和保障体现了这类权利宪法。WTO保障货物贸易和服务贸易的自由和非歧视,其主要目的之一是通过对自由和非歧视的法律保障而限制政府权力。"②

贸易与人权关系的一元论,不仅要求权利谱系的一元建构,而且势必要求两种国际法次级体系的一元整合,这正是贸易与人权关系一元论的精细之处。对此,笔者认为,彼得斯曼在WTO权利宪法论的两个阶段都持有一元的立场,然而其内涵有所不同。其第一阶段主张的基本权利是指贸易自由,主要解决个体基本经济权利(这里首先指贸易自由)与国家经济权力(这里尤其指WTO成员的贸易规制权)之间的关系,以遏制重商的贸易保护主义所造成的宪法失灵。而建议《WTO协定》在WTO成员国内的直接适用,试图矫正的是国际法(WTO法)和国内法(WTO成员与贸易有关的国内法)之间的"二元"关系。第二阶段主张的人权不局限于贸易、竞争和财产,还包括社会权利、民主治理和可持续发展的权利等。显然,彼得斯曼试图矫正的是国际贸易法和国际人权法之间的"二元"关系。而建议人权在国际法中的宪法至上性,则试图解决国家宪法中的"宪法权利"如何也能成为国际法包括WTO法中具有宪法地位的"权利"问题。

(二)路径依赖:一元论对德国宪法原理和欧盟宪政实践的仿效

正如休德克所言,"每位作者的独特贡献都不可避免地反映了他的

---

① E. U. Petersmann, "Multilevel Trade Governance in the WTO Requires Multilevel Constitutionalism", C. Joerges, E. – U. Petersmann. *Constitutionalism, Multilevel Trade Governance and Social Regulation*, Oxford Hart Publishing, 2006, pp. 47 – 101.

② E. U. Petersmann, "How to Constitutionalize International Law and Foreign Policy for the Benefit of Civil Society", *Michigan Journal of International Law*, 1998, pp. 1 – 31.

专业视角”。[①] 彼得斯曼以基本权利原理进行的一元理论建构，在本书看来也出于他作为德国人和“欧洲公民”的双重“路径依赖”：一为德国宪法原理；二为欧盟宪政实践。

在德国宪法的理论与实践中，基本权利被认为具有“主观权利”和“客观法”的双重性质。在“个人得向国家主张”的意义上，基本权利是一种“主观权利”。同时，基本权利又被认为是德国基本法所确立的“客观价值秩序”(objective order of values)，[②]是直接约束公权力的“客观规范”或者“客观法”。这两重属性决定了基本权之于个人和国家的不同意义和法律属性。[③] 与魏玛宪法的人权条款不同，《联邦德国基本法》明确宣布人权法案不仅是抽象的良好愿望，而且和普通法律具有同样实际的效力，在现实运作中约束着各个政府机构。如果说“主观权利”是强调基本权利作为“个人权利”的性质，那么“客观规范”则是强调基本权利本身就是约束国家公权力的“法律”。《德国基本法》第 1 条第 3 款和第 20 条第 3 款表明，基本权利保障直接约束着包括对外关系权力在内的所有国家行为，无论后者是以国际协定还是国内行为行使。[④] 另外，德国 1961 年《对外经济关系法》第一章规定的对外经济交往自由原则具有宪法上的地位，并受到基本法所提供宪法保障的保护。而德国宪法法院将个性(personality)的自由发展以及生命与自由权利扩大到对贸易和契约自由的保护，因此根据“德国的经验”，贸易自由也被认为属于自由权之列。

反观彼得斯曼的一元论，明显传承了德国宪法学的原理：一方面，彼得斯曼主张将贸易自由承认为基本的个人权利，实质是企图扩大基本权利之“自由权”的内涵，使“贸易权”成为一种宪法化 WTO 的“主观权

---

① Robert E. Hudec, “Fair Trade and Harmonization: Prerequisites for Free Trade”, *Legal Analysis*, 1996, pp. 14 – 21.

② 张千帆：《西方宪政体系》(下册)，中国政法大学出版社 2005 年版，第 351 页。

③ 郑贤君：《作为客观价值秩序的基本权——从德国法看基本权保障义务》，载《法律科学》2006 年第 2 期。

④ 张翔：《基本权利的双重性质》，载《法学研究》2005 年第 3 期。

利”和WTO“宪法”的“宪法权利”。另一方面，为何国家宪法意义上的基本权利能够直接指导国际层面的WTO法？彼得斯曼借用了基本权利的“客观价值秩序”特性，将基本权利对私法领域的“第三者效力”延伸至国际法领域，提出“宪法原则不仅适用于政治共同体的国内和国际宪法，如欧盟条约宪法，也适用于功能有限的政府间的条约宪法，如WTO的世界贸易宪法”。欧盟宪政实践为彼得斯曼提供了WTO宪法化的实际样本。在欧盟宪政实践中，欧洲法院起到建设性的作用，特别是保护基本人权的演进过程。① 从1969年Stauder案的审判开始，欧洲法院的判决揭示，基本权利构成了欧洲法院所保护的共同体法律的一般原则，欧洲法院可以通过对其解释来维护基本人权。1974年欧洲法院对Nold v. Commission案的判决被视为其将《欧洲人权公约》作为欧共体基本人权来源的第一案，法院在判决中指出，基本权利是欧洲法院确保遵守的一般法律原则的组成部分。② 2000年12月7日于法国尼斯通过的《欧盟基本权利宪章》，已完成了其宪法化的过程，被载入2004年通过的《欧洲宪法条约》草案，成为其中的第二编《联盟的基本权利宪章》。另外，《欧盟宪法条约》也将尊重基本人权和自由确定为欧盟原则，欧盟本身还“应当加入”《欧洲人权公约》。2007年年底通过的《对〈欧洲联盟条约〉和〈欧洲共同体条约〉进行修订的里斯本条约》草案，仍然承继了这类规定。

彼得斯曼显然受到了欧盟宪政日新月异的鼓舞：第一，欧盟宪法条约草案强调欧盟公民权与基本权利，使欧盟宪法更加符合主权国家宪法的界定内容。有鉴于此，彼得斯曼不仅一直主张贸易自由为基本的个人权利，而且在第二阶段主张“继续提高人权在国际法中的法律地位”，认为普遍承认的不可剥夺的核心人权具有国际法中的“宪法至上性”，试图

---

① ［美］约瑟夫·威勒：《欧洲宪政》，程卫东等译，中国社会科学出版社2004年版，第293～300页。

② 洪德钦：《欧盟宪法之法理分析》，载《欧美研究》2007年第2期。

以此成为 WTO 宪法的权利法案。第二,人权保障在欧盟已超越世俗的宗教信仰与抽象的哲学观念,具有现实的规范性与实效性,将进一步巩固欧盟的民主机制与政体合法性。而面对 WTO 宪法化过程中的合法性问题,彼得斯曼最近提出:"无需创设新法律义务、无需创立新的 WTO 机构、也无需界定所谓国际法上的普遍人权义务的范围,只要 WTO 成员集体保证尊重其现有的普遍人权义务,就可能改善 WTO 规则和 WTO 谈判的输入和输出合法性。"第三,欧洲法院在欧盟"基本权利入宪"的过程中起到积极的司法作用,彼得斯曼同样主张 WTO 法应以与人权要求相符合的方式来对其进行解释。彼得斯曼承认,通过非歧视的国内和国际规则来保护其公民的人权,是 WTO 成员的主权权利。但是,WTO 法中存在大量的公共利益条款,使 WTO 成员能够在实施其人权义务时与 WTO 法相符合。例如,根据 GATT1994 第 20 条、GATS 第 14 条和 TRIPs 协定第 8 条的规定,即 WTO 中的一般例外和保障条款,使 WTO 成员在经济自由如何与其他人权相协调方面,在受必要性和非歧视要求的约束下可以进行广泛的自由裁量。因此,一般例外可以起到协调贸易自由和限制自由贸易的保障措施的"人权功能"。在这种法律和司法的权衡过程中,人权应指导 WTO 例外条款和保障条款的解释,而解释的重任自然非 WTO 争端解决机制莫属。甚至,彼得斯曼所担心的是"WTO 裁判人员可能不熟悉人权和人权法院的案例法,如何能够作出相关的裁判!"

(三)一元论的实践意义:一种贸易的人权路径

彼得斯曼的观点,由于基本权利保障的"最优异特征",在 WTO 宪法化的论证路径上具有天然的吸引力,同时为贸易与人权的关系问题提供了一种似乎一劳永逸的解决方案,其理论的实践意义不应低估。

从历史经验来看,在一定程度上,贸易与人权具有内在的因果关系。贸易的发展有赖于经济的增长和国内国际市场的形成和完善,经济的增长会促进人权状况的改善,进而贸易自由化本身就体现了施行人权保护的一种方式。事实上,引起20世纪两次世界大战的主要原因之一就是经济歧视与贸易冲突,其结果是人权遭到无情的践踏。①

从宪法经验上看,在以美国宪法为代表的部分国家中,国内法特别是宪法中的人权和贸易规则的主旨都是确立政府的基本界限。可以说,自由贸易和人权保护的法律发展遵循了共同的自由主义轨迹,都确立了国家的基本界限,施加了国家的基本义务。

1995年乌拉圭回合后多边贸易体制扩展到服务贸易和知识产权等众多新领域,贸易对人类发展和福利的影响更加广泛了。原联合国人权委员会等机构通过对《农业协定》《服务贸易总协定》、知识产权保护、国际投资协定与国际人权法的关系进行比较研究的基础上,提出解决WTO与人权问题的根本,在于将促进和保护人权设定为贸易自由化的目标而不是作为一种例外规定,看来与彼得斯曼的一元论彼此支撑。

彼得斯曼的主张和建议,对于WTO和WTO成员在贸易法方面的宪政改革,具有重要的实践意义。将贸易自由承认为基本的个人权利,对WTO成员与其国民之间在贸易领域的关系将产生重要影响。要求WTO法和国际以及国家的人权法的整合,则为WTO、WTO成员及其国民三者之间的关系增加了一个价值判断的标准。在国家宪法对基本权利的确认和保障之中,将增加国际法的因素;在WTO法乃至国际法的未来发展中,将更多地融入所谓共通的宪法原则。这可以说是全球化时代国际法与国内法相互影响的一种深层次表现。与以往相比,这在两个方面加强了国家的责任和义务。一方面,基本权利对国家权力的制约将延伸至"国家间"或"国际"层面,使国家规避可问责性或者"政府间共谋"的空间越来越小;另一方面,国民的基本权利不仅可以抵抗国内层面对其可能的侵害,还抵抗可能来自跨国层面的侵害。其理论基础和实质效果与近年来针对国家主权的"保护的责任"主张似有异曲同工之感。在

---

① E/CN. 4/Sub. 2/2002/9. Economic and Social Council. United Nations, pp. 7 – 8.

此意义上，这既可以视为属于国际法的宪法化和人本化趋势的一种论证，更涉及对国际法所奉行国家中心主义的一种颠覆。

在 WTO 法中，从贸易与人权的关联度考察，的确有些规定与基本权利具有表面上的联系，其形式大都属于所谓例外条款。这类例外条款广泛地存在于 GATT1994、《与贸易有关的知识产权协定》（TRIPs 协定）、《服务贸易总协定》、《动植物检疫措施协定》以及《政府采购协定》等。有些规定的联系相当直接，例如 GATT1994 第 20 条与《政府采购协定》第 23 条中监狱囚犯劳动产品的措施，涉及《公民权利和政治权利国际公约》第 8 条禁止强迫和义务劳动的规定。有些属于广泛的"人权关注"，例如允许国家采取措施保护公共道德的例外和允许采取保护公共秩序的措施。

实践中，贸易与人权的关联日益彰显，已经引发了 WTO 成员的积极反应。最典型的例证是 HIV/AIDS 的流行使许多受影响的国家加大对核心药品可及性的需求，而 TRIPs 协定第 31 条对授予专利强制许可施加了诸多严格限制，使没有或缺乏药品生产能力的最不发达和某些发展中成员产生了所谓公共健康危机。对此，2005 年 12 月 6 日，在 WTO 第六次部长级会议召开前夕，WTO 总理事会通过了 TRIPs 理事会提交的《修正 TRIPs 协定的决定建议》，①该决定增加了 TRIPs 协定第 31 条"之二"，正式修改了 TRIPs 协定第 31 条。2005 年 12 月 18 日，《多哈工作进程：部长宣言》第 40 段重申 TRIPs 协定与公共健康问题的重要性以及对该协定有关条款已作出的正式修改。② 2007 年 7 月 19 日，卢旺达通知 WTO 各成员，将根据 WTO 在 2003 年意在改善基础药物市场准入水平

---

① Implementation of Paragraph 11 of the General Council Decision of 30 August 2003 on the Implementation of Paragraph 6 of the Doha Declaration on the TRIPS Agreement and Public Health：proposal for a Decision on an Amendment to the TR IPS Agreement. IP /C /41.6，2005.

② DohaWork Programme：Ministerial Declaration. WT/MN(05)/W /3 /Rev.2.18，2005，p.40.

的协定,进口其必须的而国内不能生产的药物,从而成为首个通知 WTO 有计划根据该协定进口专利药品的仿制品的国家。实际上,这种条约修订甚至比彼得斯曼所主张的条约解释方式更加直接,一方面承认了作为人权事项的健康权的重要性,另一方面承认了现有的 WTO 规则需要加强人权方面的考虑。

(四)对一元论的理论批评

然而,一元论在理论建构上具有许多漏洞和自相矛盾之处,突出体现在贸易权的宪法性质不明、公共利益条款的扩大解释自相矛盾、WTO 实质宪法的基础规范缺位以及权利谱系欠缺发展权四个方面。

1. 贸易权的宪法性质不明

贸易权是一元论权利谱系的枢纽。然而,彼得斯曼在贸易权的内涵、性质、地位和例证等一系列问题上都未能充分予以阐明。

2006 年以前,彼得斯曼一直以"贸易自由"而不是"贸易权"作为 WTO 权利宪法论的核心概念。而对何为"经济自由",彼得斯曼在其理论的不同阶段、在同一阶段的不同时期、在同一时期的不同论文甚至在同一论文的不同章节都各有侧重。例如,彼得斯曼将经济自由一度界定为"契约和财产权转让的自由",但后来又提到"生产和交换包括劳动和思想在内的货物和服务的自由"也是经济自由,以及"免于饥饿的自由和经济福利的自由是享有绝大多数其他人权的前提条件"。[①] 直到 2006 年,他才提出并指明其"贸易权"的内涵:包括对"私人进出口货物权、知

① E. U. Petersmann, "From 'Negative' to Positive 'Integration' in the WTO: Time for 'Mainstreaming Human Rights' into WTO Law", *Common Market Law Review*, 2000, pp. 1363 – 1375.

识产权和其他私人权利”的法律和司法保护。① 这种“迟到”的界定正反映了一元论在立论起点上的一种尴尬，这根源于自由基本权和社会基本权的分野。

从宪法上看，“贸易自由”当为经济自由的一种，应属于自由基本权之列。而“贸易权”则与职业自由权、营业自由权密切相关。其中营业自由权可以视为职业自由权的延伸，个体有根据自己的意愿设立并经营企业的自由或者从事合法的自由职业的自由。② 作为自由之一种的“贸易自由”与作为权利之一种的“贸易权”的关键区别在于，前者的确可以视为是一种自由权意义上基本的“个人权利”，而后者并不完全符合古典自由权的意蕴。因为严格意义上的个人权利是指那些古典意义上为防止国家权力侵犯、个人与生俱来的、不得让与的天赋权利。③ 自由权是以否定国家干涉的自由国家为基础，要求国家不作为的请求权；社会权则是以广泛认可国家干涉的社会国家为前提，请求国家积极作为的权利包括具体的请求权。两者的区别看似明显，然而令人困惑的是，与劳动权或“工作权”具有内在联系的营业自由权及其贸易权，尽管其自由基本权的性质颇为浓厚，而通常归属于社会基本权，可认为同时具有两种基本权利之特性。亦即，贸易权主要是一种社会基本权。因此，一元论在2006前以前一直以彰显价值判断的贸易自由为权利谱系的核心，应当说具有理论的自足性，但这样一来完全忽视贸易权作为社会基本权的面向，与

① E. U. Petersmann, “Multilevel Trade Governance in the WTO Requires Multilevel Constitutionalism”, C. Joerges/E. U. Petersmann (eds.), *Constitutionalism, Multilevel Trade Governance and Social Regulation*,. Oxford Hart Publishing, 2006, pp. 47 – 101. 但是，彼得斯曼自己认为，他并没有提出一种“贸易人权”(a human right to free trade)。在这点上，据彼得斯曼2006年5月8日的电子邮件所述：“I am arguing for a broad understanding of a human right to liberty? which, if interpreted in conformity with WTO legal obligations, should also protect the liberty to import and export in conformit with WTO law (but not a human right to free trade)。”

② 吴越：《经济宪法学导论》，法律出版社2007年版，第132～141页。

③ 郑贤君：《基本权利研究》，中国民主法制出版社2007年版，第298页。

基本权利的历史发展相悖；但提出实证主义的贸易权，社会基本权的定位不可避免地突显。按照传统的人权观念，社会基本权不仅不属于普遍性的个人权利，而且在救济方式上也不具有司法适用性。[①] 如此，则与彼得斯曼在第一阶段提出的两个基本主张和建议刚好相反。

作为主要的例证，彼得斯曼最近指出中国已经确立了所谓“贸易权”。放开外贸经营权是中国政府入世谈判的焦点之一。在中国加入工作组报告中，我国代表承认我国目前仍在实行贸易权的审批制，并承诺中国将在入世后 3 年内取消贸易权的审批制。根据《中国加入议定书》第 5 条第 2 款以及《工作组报告》第 83 段和第 84 段的规定，“中国将在加入后 3 年内取消贸易权的审批制，届时中国会允许在中国的所有企业和外国企业与个人，包括其他 WTO 成员方的独资业主在中国整个关税区内经营进口与出口货物”。据此，我国 2004 年《对外贸易法》第 8 条增加了个人可以作为对外贸易经营者的规定。然而，彼得斯曼对这一例证在实践和理论上都有误解甚至有意曲解。一方面，彼得斯曼所提到的在中国入世议定书及工作组报告中规定的这些条款，涉及的是外国人在中国的商业和贸易机会方面的国民待遇，而非进口货物的待遇，它们超出了 GATT1994 第 3 条和《与贸易有关的投资措施协定》的范围。虽然进出口活动可被划为服务部门的一种，但它们却并未被列入中国的服务贸易减让表中，因此也不在《服务贸易总协定》国民待遇条款的调整范围之内。由此，中国有关贸易权的国民待遇义务超出了现有 WTO 规则的要求。[②] 因此，对所谓贸易权的承认是以中国承担超出现有国民待遇义务为代价，亦即贸易权挫败了贸易“非歧视”这一彼得斯曼所据称的“贸易

---

① 陈新民：《宪法基本权利之基本理论》，台湾元照出版公司 1999 年版，第 111 页。

② Qin, Julia Ya, “WTO-PlusObligations and Their Implications for the World Trade Organization Legal System-An Appraisal of the China Accession Protocol”, *Journal of World Trade*, 2003, pp. 483 – 522.

自由”。因此,这种以超出现有 WTO 义务为代价的例证并不具有普适意义。另一方面,中国宪法仅有对公民的劳动权和劳动义务以及个体经济和私营经济的鼓励性规定,并没有直接规定公民的职业自由权和营业自由权。如同财产权具有宪法和民法的双重意义,具有宪法性质和法律性质的根本区别;这种贸易权既不是我国宪法上的宪法权利,也并非是 WTO 权利宪法论意义上的基本权利,而是外贸行政法所确认的外国个人和企业在从事跨国商事关系中的一种私法权利,以后者论证前者已经得到彰显,在法理上似有偷换概念之嫌。

从国际法上看,彼得斯曼在论证人权在国际法中的“宪法至上性”时明显缺乏说服力。彼得斯曼认为,人权首先是《国际法院规约》所规定的一般法律原则,接着他又指出“普遍承认的人权”具有“不可剥夺性”和“不可分割性”,并提出可以构成强行法义务,因为有“世界范围内的法律概念”。但是,彼得斯曼自己也勉强承认,“对于许多特定人权的精确范围、含义和强行法性质,分歧很大,而其法律实施也随国家和条约不同而有所不同”。彼得斯曼所依据的主要法律文件之一是 1998 年 6 月第 86 届国际劳工大会通过的《关于工作中基本原则和权利宣言》。然而该宣言只涉及劳工权利,而且该宣言的附件明确规定是“严格的促进性质”。① 以此不太牢固的基础,彼得斯曼继续提出,普遍承认的核心人权必须被国际组织遵守。然而在国际人权法中,除了宣示性的原则外,只在有限的程度上涉及经济自由的某些方面,绝大部分经济自由本身尚未成为一种“权利”意义上的基本权利。②

笔者认为,与 WTO 成员的国家层面不同,在多边贸易体制的国际层面,贸易权与其说是一种基本权利,毋宁说是一种基本权的制度保障。一方面,WTO 法律体制尚未如同国际人权法或欧盟法那样,在法理或实

---

① ILO Declaration on Fundamental Principles and Rights at Work. ILO, 1998, p. 7.

② 对于在《经济、社会和文化权利公约》中财产权和契约自由并未被承认为人权,彼得斯曼斥为“反市场的偏见”。

践中直接建构个人与国家以及国际机构之间的法律关系。尽管可以如彼得斯曼所提出的那样,在由普遍性的基本权利所构成的意义上,认为 WTO 成为一种宪法性的“共同体”,并进而与 WTO 成员的公民的普遍利益和权利直接产生联系,因为 WTO 法的规范性内容的特征源于这类普遍权利。[①] 例如,WTO 成员必须保护知识产权,并非是因为这样做必然使全球或国内福利最大化,而是因为个人的基本权利具有独立于福利效果的道德基础。但是,这类规范性内容依赖于 WTO 在制度上至少实现如下要素:WTO 成员的国家宪法确认贸易权为公民的宪法权利、WTO 法在国内法中具有直接效力以及私人在 WTO 争端解决中具有诉权等,而根本要素是 WTO 法而不仅是 WTO 成员确认贸易权为个人的基本权利。对于彼得斯曼来说,WTO 的实质宪法依赖于其法理基础从所谓市场自由到基本权利的转变。然而,彼得斯曼对 WTO 实质宪法的假定本身以贸易自由或贸易权为基本权利作为前提条件,亦即,彼得斯曼的主张陷入了一种循环论证的窘境。另一方面,具有价值属性的贸易自由并非严格意义上的自由权,却可以说是 WTO 法所肯定和宣示的价值,WTO 及其成员需要将其作为一种制度通过立法予以保障。所谓基本权的制度保障(Institutsgarantie)系指宪法为某些特定制度提供的一种特殊保护,这类保障在逻辑和法律上都不同于基本权利的结构。按其本质来看,制度保障并非建立于原则上不受限制的自由领域的观念之上,而是涉及一种受到法律承认的制度。这种制度本身有一个限定的范围和界限,服务于某些特定的任务和目标。尽管贸易自由同样可以看成一种先于国家、存在于一切社会秩序之前的自然权利,但它也可以视为一种单纯的法律制度。对于并没有任何基本权利规范也没有个人直接参与法律关系的 WTO 来说,WTO 法所谓“对自由、非歧视和法治的保障”,始

---

① R. Howse, “Adjudicative Legitimacy and Treaty Interpretation in International Trade Law: The Early Years of WTO Jurisprudence”, J. H. H. Weiler. *The EU, the WTO and the NAFTA: Towards a Common Law of International Trade*. Oxford, 2000, pp. 35 – 70.

终只能称为对贸易自由的一种制度保障而不是确认了基本权利。究其本质,这是一种国家主义之下的国家主动保障,与自由主义宪法之下强调消极国家及基本权的防御性质有根本区别。

2. 公共利益条款的扩大解释自相矛盾

如前所述,以一元论看待贸易与人权之间的关系,问题转化为贸易权与其他与贸易有关的自由权、社会权之间的关系如何?具体地说,贸易权既然系基本权利,那么其他权利是作为一种例外,以公共利益为由对贸易权施加以外在的必要限制,还是作为一种同一权利谱系的组成部分,对贸易权起到内在的制约作用?

对此,彼得斯曼的关键建议是:对人权的普遍承认,要求在解释 WTO 法的公共利益条款时应符合人权的要求,即个人自由和非歧视应仅在为保护其他人权所必需的范围内才能予以限制。GATT1994 第 20 条是彼得斯曼所谓公共利益条款的典型例证,该条款提到了一系列广泛的公共政策目标。根据彼得斯曼的论证方法,如果被定性为基本权利的 WTO 规定遭到违反,则 WTO 成员可以援引这类例外之一作为抗辩。因此,彼得斯曼是将与贸易有关的其他自由权和社会权作为一种例外,对作为基本权利的贸易领域的"个人自由和非歧视"施以外在限制。

然而,按照彼得斯曼一元论的本意,"人权"包括社会权利、民主治理和可持续发展的权利等。亦即,WTO 所需要保障和体现的基本权利不仅是作为自由权的贸易自由,还包括与贸易自由有关的社会权利等。因此,似乎应将这类权利视为与贸易自由同处于同一权利谱系。这正要求在 WTO 的实质宪法中,直接对这类社会权利等作出明确规定,而不是将其作为一种"公共利益"的例外。换言之,正如原联合国人权委员会在关于 TRIPS 的报告里主张的,人权评价要求把促进和保护人权作为知识产权保护的中心目的而不仅是从属于 TRIPs 的其他规定中可以认可的例外。

因此,彼得斯曼的一元论,在实践建议和理论主张上是相互矛盾的。这种矛盾,根源之一是 WTO 的实质宪法存在 WTO 和 WTO 成员的两重“公权力”架构。WTO 的“实质宪法”要求以 WTO 法推进国内法包括国家宪法在贸易方面的变革,特别是按基本权利的宪政要求配置 WTO 成员的贸易规制权以及对贸易权的保障,也要求以贸易自由和非歧视等基本权利限制 WTO 本身的各种行为。一方面,限制 WTO 成员的贸易规制权依赖于加强 WTO 法的效力和范围,这将导致是 WTO 而不是 WTO 成员更有能力处理贸易与人权的关系问题,要求 WTO 成员将贸易规制权在更大程度上授权甚至让渡给 WTO。由于贸易自由、非歧视等先后被彼得斯曼界定为“基本的个人权利”和“基本权利”,并加以 WTO 的“制度保障”,使 WTO 成员在对这类义务施加限制而实现保护其他基本权利的政策上变得更加困难。另一方面,鉴于 WTO 本身又是 WTO 成员所主导的政府间国际组织,为避免“政府间共谋”规避基本权利的制约,要求对 WTO 本身的权能进行限制。但如果不对与贸易有关的其他基本权利等作出明确规定,从而成为 WTO 应积极实现的目标,则只能通过所谓“公共利益”例外来限制 WTO 的权能,这将导致很大程度上对国内管制的遵从。

3. WTO 实质宪法的“基础规范”缺位

芦部信喜指出,追求人格自由和尊严,是普遍性的核心原则;以该原则为核心的价值总体,正是近代宪法的基础规范。此基础规范既非凯尔森理论中欠缺内容假设性的基础规范(grundnorm),也非与实在法截然区别的纯粹自然法,而是西方国家民主宪法所谓实在化的超实在法原则。支撑该基础规范的核心价值,就是人类的人格不可侵犯原则(个人尊严的原理)。人民主权(民主的原理)和基本人权(自由的原理),都源于“人性尊严”这一最基本的原理。人权以人性尊严之尊重作为核心价值,其一方面建立客观规范之价值体系,另一方面则成为个人主观受保护之权利。①

据此,WTO 实质宪法的基础规范也应该是"人性尊严",作为基本权利的贸易自由和非歧视等也应以此为基础。彼得斯曼曾经也指出,"不仅是 WTO 法和欧盟法中诸多的一般例外条款,能够以服务于社会人权的方式来释义,而且 WTO 和欧盟对自由和非歧视的保障也应被承认为保护个人自由的人的尊严的人权。在欧盟法中,欧洲法院所发展的'男女同工同酬原则'已经被承认为保护个人自由的人的尊严的人权"。②"尊重人性尊严和人权"也成为彼得斯曼所认为的宪政原则之一。③

问题出自"保护个人自由的人的尊严",该自由既可以指作为个人贸易自由的自由,也可以指作为个人生命自由的健康等,两者的内涵完全不同。彼得斯曼反复强调"WTO 对自由、非歧视和法治的保障"体现了人权功能,但他未能言明的是,所保障的"自由和非歧视",是哪种含义的自由和非歧视。即使《WTO 协定》规定了与某些个人权利和自由相似的权利,但该"自由"系指"贸易自由"而非古典基本权利意义上的"自由"。④ 而即使是贸易自由,在不同的条约文本中,受制于其目的和宗

---

① 许志雄:《宪法上之个人尊严原理》,台北稻禾出版社 1992 年版,第 49 页。

② E. U. Petersmann, "Taking Human Dignity, Poverty and Empowerment of Individuals More Seriously: Rejoinder to Alston", *European Journal of International Law*, 2002, pp. 845 – 851.

③ 彼得斯曼认为:"民主宪政由六项宪法原则所定性:法治要求、尊重人性尊严和人权、民主自治、分权和其他纵向或横向的制衡、作为维系社会合意之前提条件的社会正义以及作为集体提供国际公共物品之前提条件的国际法。"E. U. Petersmann, "Human Rights and International Economic Law in the 21st Century", *Journal of International Economic Law*, 2001, p. 11; E. U. Petersmann, "Multilevel Trade Governance Requires Multilevel Constitutionalism", in C. Joerges/E. U. Petersmann (eds.), *Constitutionalism, Multilevel Trade Governance and Social Regulation*, 2006, p. 6.

④ 在《WTO 协定》中,明确称得上"私权"的权利可能是 TRIPs 协定所承认的知识产权。《经济、社会和文化权利国际公约》第 15 条规定了著作人和发明人的相关权利,而 TRIPs 协定第 11、14、16 条赋予了商标所有人的权利。但 TRIPs 协定的主要目的,仍然是促进 WTO 成员通过其国内行政机关和司法机关等在国内保护相关知识产权。

旨,其意义和适用路径可能也大相径庭。正如威勒指出,可以从不同的角度看待劳工自由流动方面的规定:一方面可以将劳工视为与货物、服务和资本相当的"生产要素";另一方面也可能是基于传统的观念,如以国籍等因素作为歧视的理由。① 后者才与基本权利或人性尊严之类直接相关。

这种区别不仅是理论上的,也具有重要的实践指导意义。例如,欧共体条约最初即规定了关于人员自由流动、禁止针对成员国国民的基于国籍的歧视、男女同工同酬。但这类条款是作为一个带有经济目标的体制的组成部分被表述在条约中的,并非真正意义上的基本权利条款:缔约者当时将基本权利仅仅视为成员国当局管辖的事项。其现实的例证,恰恰是欧洲法院对基本权利的保护并非自欧共体条约本身及其解释,而是来自所谓一般法律原则或者欧共体法所称的普遍原则,其重要的参照文件在 2000 年以前一直是《欧洲人权公约》。显然,WTO 法在条约文本的设计上与初期的欧共体条约相似,而 WTO 争端解决机制尚没有欧洲法院那样广泛而独立的司法权限。

WTO 在一定程度上为贸易自由提供了制度保障,但这也并不能等同于传统人权意义上的个人权利。例如,非歧视原则在贸易法和人权法中,都是最重要的基本原则之一。根据《联合国宪章》意义上的人权,应禁止各国因种族、性别、宗教、语言、区域等差别而采取不同待遇。WTO 规定各成员在贸易优惠及贸易限制两方面皆采取非歧视原则,据此排除各国的歧视性待遇,促进世界贸易自由化的进程。因此,人权与贸易非歧视原则,在功能比较的意义上有所相同。由于 WTO 的调整领域扩展到服务贸易和知识产权保护方面,贸易法的非歧视原则在某些情况下也能直接适用于个人,这一点与人权法更加相似。也许正因为以上原因,

---

① J. H. H Weiler,"Eurocracy and distrust:Some questions con-cerning the role of the European Court of Justice in the protec-tion of fundamental rights within the legal order of the Euro-pean Communities",*Washington Law Review*,1986,p. 1118.

使彼得斯曼提出贸易法和人权法具有相互促进和相互保障的功能，并进而实现“整合”。然而，过分地强调两者之间的共同之处进而主张两者应相互整合，在法理和实践中都存在难以逾越的障碍。在非歧视的基本概念上，不仅人权法和国际贸易法有根本的不同，甚至在国家宪法层面也不尽相同。① 人权法和贸易法中的非歧视原则，在目标上有重要区别。前者在本质上与平等原则密切相关，如同一枚硬币的两面，为自由和平等地享有人权提供了基础。② 这里所称的平等并非局限于形式上的平等，而是包括实质上的平等。例如，根据人权条约的规定，国家有义务采取积极措施，以纠正可能导致歧视的结构性偏见。与此相比，贸易法中的非歧视原则，旨在减少贸易保护主义并改进国际贸易竞争条件，而不是实现所谓实质上的平等。例如，贸易法中的国民待遇原则并不禁止针对本国的“歧视”，即使本国的货物、服务或服务提供者可能处于相对较弱的地位。加之，如前所述，两者目前的实施都主要依赖于条约，各自都有严格的适用范围和条件。因此，人权法中许多禁止歧视和促进平等的措施与国际贸易领域几乎毫无关系。最后也可能是最重要的，非歧视原则在人权法和贸易法中具有不同的价值诉求。对于国际人权法来说，非歧视和平等原则本身就是一种价值，这种价值直接源于宪法的“基础规范”即人性尊严。在国际贸易法中，非歧视和平等之所以被承认为基本原则，主要目的是保障市场准入，而不是因为这类价值。但不能否认的是，这种基本原则对于多边贸易体制来说，也是在历史的教训上成就的，

---

① J. C. McCrudden, *Equality and Non-Discrimination*, *English Public Law*. Oxford, 2004, pp. 581 – 607.

② Economic Social and Cultural Rights: Analytical study of the High Commissioner for Human Rights on the fundamental principle of non-discrimination in the context of globalization. E/CN. 4/2004/40, pp. 28 – 34.

也具有其本身的价值。[1] 总之，从现实上看，欲使人性尊严成为 WTO 实质宪法的基础规范，任重道远。

4. 权利谱系欠缺发展权

如前所述，彼得斯曼的一元论，不仅涉及自由基本权和社会基本权，也广泛地包括经济自由、社会权利、民主治理和可持续发展的权利等。从迄今宪法和国际法所确认和保障的各种“人权”来看，一元论唯一欠缺的权利就是 WTO 成员作为集体人权的发展权，特别是发展中国家的发展权。因为彼得斯曼将发展中国家在多边贸易体制中的劣势地位，一直归咎于发展中国家本身的“人权”原因。例如，彼得斯曼认为：“许多发展中国家，尽管拥有自然资源的财富（如占世界 90% 以上的生物基因资源），但是仍然陷入贫困。经济学家指出，这归咎于这类国家缺少有效的人权保障和自由贸易以及竞争法。”而“世界上约 40% 的人口过着人均每天生活费用 2 美元以下的生活。这本来在经济上是不必要的，在政治是可以避免的”，表明“人权仍然在许多国家缺乏有效的法律保护”。这种“哀其不幸、怒其不争”的观点显然是片面的。在多边贸易体制中，发展仍然是一个悬而未决的难题，而且在历史和现实中在很大程度上都是拜发达国家所赐。例如，在规范农产品出口补贴和国内支持方面，《农业协定》对发达国家和发展中国家实行的是明显的双重标准。少数发达国家一方面继续高筑关税壁垒，提供扭曲贸易的出口补贴和国内支持；另一方面却要求广大发展中国家开放市场，限制补贴。虽然《农业协定》在实施期限、削减比例等细节上对发展中国家提供了一些无关痛痒的特殊和差别待遇，但就整体而言，《农业协定》不折不扣地体现了对发达国家的特殊和差别待遇。根据联合国粮农组织（FAO）调查显示，在执行乌拉

---

① 实际上，与多边贸易体制的制度变迁和社会权的广泛要求相适应，WTO 争端解决机构对待贸易自由和彰显社会权的社会政策之关系的态度已经有所转变。专家小组和上诉机构不再是仅从与贸易自由化目标的相符程度为考察起点，而是同时从有关措施实现公共政策目标的可行性和有效性来审查所谓必要性的要求。

主协议 5 年的过程中,48 个最不发达国家和 18 个发展中国家被迫逐渐按商业条件购买食品,而他们的收入也在减少。2001 年启动的“多哈发展议程”本来为一元论提供了一次更新的机会,但彼得斯曼再次对概念进行了修正,认为该“发展”是“可持续发展”的发展,或者是个人能力的“发展”,总之不是“发展中国家”的发展。因此,后者这一“穷人的不幸”在彼得斯曼那里又成了一个环境保护或个人发展之类的“富贵病”问题。①

四、结束语

总体来说,实质意义的宪法,实质不是规定国家组织和机构的制度设计,而是确认和保障公民的基本权利,并进而实现基本权利对国家权力的制约。彼得斯曼紧紧抓住宪政理论的这一洞见,指出宪政“通过最高法律等级的宪法规则,以组织和限制政府权力来保护公民的平等权利为基本目标”。传统国际法和宪法理论所关注的中心是“国家”,国家的概念也成为二元的国家宪法和国际法的主要连接点。而 WTO 权利宪法论以基本权利的一元角度来理解国际法和国内法之间的关系,论证了以国家为中心的国际法模式如何转向以个人为中心的国际法模式,并且提出了建设性的实践建议。可以说,彼得斯曼以基本权利原理为基础的 WTO 权利宪法论,同时提供了作为宪法化 WTO 的法律方法和作为研究 WTO 宪法化的法学方法。

---

① 彼得斯曼的确有认为:绝大多数人权的享有依赖于对稀缺资源的获得。因此,众多人口不必要的贫困是最紧迫的人权问题。在 2001 年约 61.6 亿世界人口中,约 27.3亿人尚处于人均每天生活费用 2 美元以下,而其中的 11 亿人甚至低于 1 美元的国际贫困线。但其最终结论是:天赋人权必然使人权法不是确立而是保障人权;联合国的人权体系在削减贫困和世界经济领域并不足以保护普遍的人权,世界上约 40% 的人口过着人均每天生活费用 2 美元以下的生活。这本来在经济上是不必要的,在政治上是可以避免的,表明人权仍然在许多国家缺乏有效的法律保护。See E. U. Petersmann, “Multilevel Trade Governance in the WTO Requires Multilevel Constitutionalism”, C. Joerges/E. U. Petersmann(eds), *Constitutionalism, Multilevel Trade Governance and Social Regulation*, Oxford University Press, 2006, pp. 47 – 101.

诚然,国家宪法和国际法毕竟在法律关系上存在根本差异,彼得斯曼从未系统地论述 WTO 在国际层面上宪法化和宪政的本体,以至于不能给出一个具有确定性的权利和宪法概念或者范围。在本体论上的严重缺失,造成权利宪法论即使作为一种方法,也流于空洞。客观上,彼得斯曼的这种宪法概念单独强调了基本权利的重要性,忽略了规范的意义,实际上成为缺乏规范性的宪法概念。其主要缺陷在于:以基本权利在国内宪法的"最优异特征"和国际法中的"至上性"为前提假设,使宪法概念的表述变得抽象和形式化;在实质宪法的论证中没有分析相对应的权力架构,忽略了宪法概念应有的制度背景,也不能提出其一元的"基本规范"。而且,忽视处于"多数"而"弱势"地位的发展中国家的权利,旨在消除各国经济与法律制度差异的宪政的国际经济秩序与国际经济法理论必然是乌托邦。

第六章　WTO 司法宪法论

在多边贸易体制的实践发展中,GATT/WTO 争端解决机制的运行及其案例法是推动贸易法律发展的主要动力之一,也一直是研究者重点关注的对象,其研究立意呈现出三个面向。第一类侧重于从技术角度进行案例法的注释和编撰,例如归纳某些条款的解释和适用,条约解释方法及其运用以及法律推理等。第二类试图对 WTO 争端解决机制动态发展的合法性提供一定的理论支持,例如司法能动主义(judicial activism)、司法性造法(Judicial lawmaking/judicial normgeneration)及其合法性界限等。[①] 第三类则意识到司法性规范和程序等“次级

---

① 值得指出,WTO 争端解决机制的“司法化”(judicialisation)是 WTO 法学研究中的关键范畴之一,并形成了 WTO 法的司法理论模式。国际规则受到有约束力的第三方争端机制的约束可以视为司法化的开端。静态地看,狭义的司法化意味着国际争端解决机构具备了与法院相似的结构,并因此按照既定的程序和实体的法律规则解决争端。动态地看,司法化意味着法在裁判体制内不断得到演进,在既定

规则"在国际法制度建构中的特殊作用，主张司法发展不仅是争端解决的司法化，也涉及贸易政治的司法化；不仅将推动 WTO 法的动态发展，也将建构 WTO 的政治变迁，从而具有了宪法性的功能和意义。

基于上述研究基础，一些学者明确提出了以司法为基础的 WTO 宪法化理论（WTO 司法宪法论）。与 WTO 制度宪法论和 WTO 权利宪法论相比，WTO 司法宪法论更加关注司法化的争端解决机制在 WTO 宪法化过程中的地位，特别启发了 WTO 司法造法的自我建构作用及其对 WTO 宪法化的话语影响，堪称 WTO 宪法化的第三条道路。

一、WTO 司法宪法论概述

（一）WTO 司法宪法论的提出

首次提出 WTO 司法宪法论的是德国学者斯科洛曼（Hannes L. Schloemann）和奥霍夫（Stefan Ohlhoff）。他们在 1998 年的《争端的合理分配和"宪法化"：作为权限问题的法庭选择》一文中，以与贸易有关的环境措施争端为例，指出涉及不同法律体系的争端，不仅产生了适用法问题，而且引发了"一方为自己利益挑选起诉法院"（forum shopping）的问题。① 斯科洛曼等认为，在没有明确规定的情况下，这类争端应分配给

规则的基础上对程序和实体规则作出发展，以及在裁判和未来的规则制定之间的互动关系。此外，私人当事方可以就国际规则在国内层面的执行诉诸国内司法机制，可以视为是国际制度司法化的一种补充。参见 Dirk De Bièvre, Governance in International Trade: Judicialisation and Positive Integration in the WTO, Max Planck Institute for Research on Collective Goods Bonn, 2004/7；陈喜峰：《论 WTO 法的研究方法、理论模式和范式》，载曾华群主编：《国际经济新秩序与国际经济法新发展》，法律出版社 2009 年版。国际贸易关系的司法化被认为在 1927 年的《禁奴公约》就开始了，该公约不仅包含贸易限制的内容，而且规定了可以向国联请求咨询意见和提交常设国际法院的争端解决程序。See Laurence Boisson De Chazournes, Cesare P. R. Romano, Ruth Mackenzie, *International Organizations and International Dispute Settlement: Trends and Prospects*, Transnational Publishers, 2002, p. 222.

① Stefan Ohlhoff & Hannes L. Schloemann, "Rational Allocation of Disputes and 'Constitutionalisation': Forum Choice as an Issue of Competence", in James Cameron & Karen Campbell (ed.), *Dispute Resolution in the World Trade Organization*, London: Cameron May, 1998, p. 302.

整体上与争端事项最相关的机制予以解决。特别法原则和后法原则只能适用于少数争端。作为由善意原则所导致的司法克制,在争端方企图诉诸另外的法庭以规避其义务时,这类法庭应拒绝对争端的管辖权。据此,WTO 争端解决机制有能力处理绝大多数涉及不同法律体系的“贸易争端”。但是,WTO 不应忽视除贸易以外的其他利益及其国际制度的法律保护,不应片面强调贸易利益而忽视 WTO 迅速发展的宪法功能。斯科洛曼等在 1999 年的《“宪法化”和 WTO 争端解决:作为权限问题的国家安全》一文中提出,WTO 有权解释 GATT1994 第 21 条所包含的安全例外;不过,WTO 成员保留了界定该安全例外中某些法律要素的权限,这类要素包括“国家安全”“所必需的”和“基本安全利益”等。①

就所涉及的 WTO 争端解决与宪法化之间的关系而言,其主要论点如下:

首先,多边贸易体制经过从关贸总协定到 WTO 的转变后,“司法化”或“法律化”等措辞经常用以描述这种转变。这类措辞强调“更严格规则的发展”,以及“在国际贸易关系中正式的第三方争端解决”等意义。而斯科洛曼等所称的宪法化超出了这一范围。斯科洛曼等指出,WTO 的出现及其实践,特别是对 WTO 争端解决机制的广泛接受和使用,使多边贸易体系向一种“原始的超国家结构”(proto-supranational structure)发展。这种结构通过 WTO 在政治方面的内部决策和公众接受程度的外部压力,承担了比原有范围更多的职权和责任。与绝大多数其他国际制度不同,WTO 给予了在作为整体的国际社会内相对独立的第三方发挥作用的空间,这类作用具有了新社会契约或宪法的要素。因此,宪法性结构在国际贸易法领域比任何其他国际法领域发展得更快,

① Hannes L. Schloemann & Stefan Ohlhoff, “‘Constitutionalisation’ and Dispute Settlement in the WTO: National Security as an Issue of Competence”, *American Journal of International Law*, Vol. 93, 1999, pp. 424 – 451.

使国家间经济关系的诸多方面呈现出一体化的趋向。

其次,WTO 争端解决机制在执行 WTO 规则和协调 WTO 成员的利益方面起到显著作用。与此同时,WTO 争端解决机制主要受到两类限制。外部的限制来自其他国际制度,内部的限制则来自 WTO 成员保留了对诸如国家安全等问题的决定权。对 WTO 争端解决机制管辖范围的限制,在一定程度上,就是对作为整体的 WTO 的宪法化限制。

最后,与关贸总协定相比,WTO 争端解决机制的“法律化”或“司法化”,使之有能力和有权限处理与 WTO 成员的主权密切相关的争端问题。在这样做时,WTO 成员接受了主权和管辖权权力在一定程度上的丧失。问题在于这种丧失的程度如何?在 WTO 涉及这类问题时,是否有内在的结构上的限制?或者,在哪种程度上,WTO 容许 WTO 成员援引例外条款作为 WTO 义务的豁免,而不损害 WTO 逐渐发展的宪法作用、结构和特征?斯科洛曼等以欧共体诉美国赫尔姆斯－伯顿(Helms-Burton)法案为例,认为 GATT1994 第 21 条的功能是容许 WTO 发展出超越其原有范围的宪法作用,而同时不至于超出国际社会的接受程度。因此,WTO 争端解决机制对 GATT1994 第 21 条的解释,在这种“宪法功能”的意义上指明了 WTO 宪法化的程度。

如上所述,斯科洛曼等从 WTO 案例的实证分析角度,提出 WTO 司法机构的司法解释过程及其司法解释既是 WTO 宪法化过程的重要发展,又推动了 WTO 宪法化本身的发展,还能够指明 WTO 宪法化本身发展的程度。斯科洛曼等对于 WTO 司法宪法论的理论发展在于:

第一,就其完全以 WTO 案例法的发展为论证基础而言,斯科洛曼等第一次明确指出 WTO 司法解释的宪法意义,提出了以司法发展推动 WTO 宪法化的模式。自 WTO 成立以来,WTO 争端解决机制迅速有效地解决了大量贸易争端,提供了 WTO 法在解释和适用方面的丰富例证。与其他同时期对这一发展的论述相比,斯科洛曼等注意到司法解释与 WTO 宪法化之间的密切关系,指出了司法解释的宪法问题、作用和意义,从而形成了一种新的理论研究模式。

第二,斯科洛曼等的上述文献,各有侧重且相互补充。其中,前者侧重贸易关联事项方面的争端,实际上涉及 WTO 法和其他国际法之间关系的问题。后者则专注于国家安全例外方面的争端,实际上涉及 WTO 和 WTO 成员的主权之间关系的问题。两类争端和问题,正与 WTO 争端解决机制的所谓“内部限制”和“外部限制”相对应,从而构成了比较完整的论证结构。因此,斯科洛曼等所称的 WTO 宪法化,是 WTO 在“外部”与其他国际组织之间、在“内部”与 WTO 成员之间的权力分配过程,而 WTO 司法机构的司法解释则为这种权力分配作出了解释。在此基础上,WTO 起到了确定权力分配的“宪法功能”。反过来,其他国际法制度和 WTO 成员对于这种宪法功能的接受程度,也起到限制 WTO 宪法化的作用。在此意义上,WTO 司法解释对“安全例外”条款能够在 WTO 层面予以澄清的程度,就成为表明 WTO 宪法化程度的标志。诚然,斯科洛曼等并没有系统论述 WTO 司法宪法论:

首先,尽管斯科洛曼等声称应慎重使用“宪法化”的措辞,但是并没有提出或者给出“宪法化”的准确定义。斯科洛曼等仅仅主张,对于“WTO 争端解决机制的有效利用”构成了许多国家的外交实践的内容,而对这一机制“压倒性的接受”也相当于某种法律理念的形成。因此,WTO 争端解决机制的总体结构与所谓新的习惯国际法规则的出现相似。这促使多边贸易体系发展为一种原始的超国家结构,而该结构本身就是习惯规则。进而言之,国际贸易法之所以能被认为是宪法化的,是因为 WTO 已经在国际共同体内拥有了新的独立的第三方地位,相当于一种“新的社会契约”(a new social contract)。显然,这种论证是相当含糊的。

其次,斯科洛曼等并未指明 WTO“宪法功能”的含义是什么。就其上下文而言,似乎是强调 WTO 在解决涉及其他国际法领域的贸易争端方面的有效性。鉴于 WTO 争端解决机制比大多数国际争端解决机制都更具有效力和实效，在解决涉及不同国际法“次级体系”的争端中，WTO 争端解决机制实际上给出了某种“制度性等级”，从而起到了协调国际法次级体系之间关系的“宪法功能”。

再次，斯科洛曼等认为，对 GATT1994 第 21 条的解释，“在功能上相当于 WTO 宪法化的程度”，上诉机构在限制国家援引安全例外条款时应考虑到所谓内部和外部的限制。在这里，斯科洛曼等将宪法化基本上等同于 WTO 争端解决机制的局限性。换言之，WTO 争端解决机制中有关划分 WTO 成员和 WTO 的权力范围的方法，成为 WTO 宪法化的标志之一。应当承认，在深入涉及如 WTO 成员主权之类的所谓政治性争端时，WTO 争端解决的实践可能引发具有宪法性质的问题。然而，这类实践至多只能成为 WTO 宪法化过程的一部分，并不能完全等同。

最后，斯科洛曼等在文中最后指出：“宪法化使 WTO 及其争端解决机制陷入有些不安的境地。经过强化的 WTO 争端解决机制，相对于 WTO 外部的一般国际法领域和 WTO 内部的 WTO 成员的主权，使 WTO 司法机构不再能避免这类既是原因又是结果的 WTO 宪法化问题。”然而，问题的提出也就是结束。斯科洛曼等并未论述 WTO 应考虑、如何考虑和为何考虑这类“宪法化问题”。

总之，斯科洛曼等著述的标题似乎表明，他们将通过对涉及与贸易有关的环境措施的争端、国家安全例外的个案研究，论述 WTO 的宪法化如何发展。然而，斯科洛曼等并没有清楚地将两者联系起来，在论证上存在严重的不足。

（二）WTO 司法宪法论的宪法化概念

系统论述 WTO 司法宪法论的学者是英国伦敦政治和经济学院的黛

博拉·凯斯(Deborah Cass)教授。[①] 凯斯在2001年的《国际贸易法的“宪法化”:司法造法作为国际贸易宪法发展的引擎》一文中,系统地阐述了WTO司法宪法论的概念、方法、例证和问题。凯斯提出:WTO的上诉机构“利用其权能在争端解决中确立宪法性规范和结构,从而成为宪法构建的动力”。

根据凯斯所系统论述的WTO司法宪法论,“宪法化”的含义,不仅是确立了一项能够作出有约束力的法律决定的制度,而且使所确立的司法性争端解决机制通过司法解释发展出了一种宪法体系。这类司法解释所包含的宪法性原理,使WTO法在更大程度上与宪法体系相似。在此意义上,可以认为WTO法处于逐渐宪法化的过程中。

无论宪法在性质上是制度的,还是以权利为基础或者形而上的,都显示“宪法”一词存在高度的不确定性。而国际贸易法宪法化的含义之一,是通过司法解释制宪的传统特征。根据此定义,WTO上诉机构通过在争端解决中创造宪法规则和结构,成为宪法构建的动力。在此基础上,WTO宪法化的含义,是通过司法解释发展出宪法性规范和结构,在此基础上实现法律的发展。这种含义强调,司法性的争端解决机制并不

---

① 凯斯在此方面的代表性著述参见 Deborah Z Cass,“The Constitutionalization of Self-determination, Separatism and the Democratic Entitlement”, Proceedings of the Ninety-Second Annual Meeting of the American Society of International Law;“The Challenge of Non-State Actors”, Proceedings of the Annual Meeting-American Society of International Law, Vol. 92, 1998, p. 122;“China and the ‘Constitutionalization’ of International Law”, Williams, Brett G. & Barker, George (ed.), *China and the World Trading System: Entering the New Millennium*, Cambridge University Press, 2003, pp. 40 – 54; “The ‘Constitutionalization’ of International Trade Law: Judicial Norm-Generation as the Engine of Constitutional Development in International Trade”, *European Journal of International Law*, Vol. 12, 2001, pp. 39 – 75; *The Constitutionalization of the World Trade Organization: Legitimacy, Democracy, and Community in the International Trading System*, Oxford University Press, 2005。对凯斯著述的书评参见 Deborah Cass:“The Constitutionalization of the World Trade Organization”, *European Journal of International Law*, Vol. 17, 2006, pp. 309 – 314。

单纯是一项宪法化的制度，而且还提供了司法造法的宪法化路径，引导了宪法化的进程。根据 WTO 司法宪法论，可能有三种质疑 WTO 宪法化的理由：

1.“宪法化只可能发生在国内法体系中，WTO 不可能宪法化”。

对此，根据 WTO 司法宪法论，国内宪法将对宪法的司法解释定性为一种准宪法的决策，而上诉机构所发展的 WTO 案例法，已经具有了与此相似的特征。这表明 WTO 在整体上经历着宪法化的过程。而且，WTO 司法宪法论意义上的“宪法化”一词，并不是指 WTO 争端解决机制在创造一部与国内宪法相似的宪法。在这点上，显然也存在诸多障碍，如并没有国家表现出制定这类宪法的意愿，缺少一个授权这类制宪并且使其合法化的政体，还没有一个宪法权力分配所依赖的制度实体。

因此，WTO 司法宪法论提出的是，WTO 案例法逐渐具有了某些与国内和超国家宪法体系的宪法案例法相似的特征。例如，WTO 案例法表达了对 WTO 成员和 WTO 争端解决机制之间在权力运行上的关注，在某些案例中对相称性之类宪法原理和技术的借用，在其他一些案例中将主题事项的范围扩大到如公共健康等传统上完全是国内宪法事项的范围。结果，这类案例法导致了与国内法和超国家宪法颇为相似的宪法化。

2.“WTO 法与国际法并无不同，WTO 并不代表一类特殊的宪法化。WTO 争端解决与一般的国际争端解决并无不同，并不需要将对司法造法的研究作为宪法化的理论基础”。

对此，根据 WTO 司法宪法论，这种观点并未否认宪法化的假设，而是提出了替代的宪法化基础，即一般国际法本身也可能发展成一类宪法体系，而国际贸易法只是其中一部分。的确，国际法同样关注很多与 WTO 宪法化相同的因素。如同 WTO 法，一般国际法也关注国家权力的运行以及国家和国际法体系之间的权限平衡。而且，国际法通过借用国内法的概念和技术，已具有集中的争端解决机制，并从国内法的合法性中受益。

但是,国际贸易法通过司法造法的宪法化与一般国际法的宪法化具有量和质的区别。这是因为,国际贸易案例法的宪法内容、结构和所构成这类要素的"法律共同体"都别具一格。首先,两者在宪法化的程度上有所不同。与一般国际法相比,国际贸易法与宪法化的关系更为密切,因为 WTO 案例法的内容在更大程度上依赖于宪法技术。其次,上诉机构依赖于这类宪法技术,逐渐创造出国际贸易法的宪法结构。最后,上诉机构对国际贸易法的解释,强调了一类国际贸易法律共同体的存在。简言之,与一般国际法相比,一个更加特殊、"地方化"的宪法解释和制宪过程正在国际贸易领域中形成。

3."部分国际法规则,特别是 1969 年《维也纳条约法公约》,已经提供了国际贸易法的宪法化框架,这是国际贸易法宪法化的关键因素"。

对此,根据 WTO 司法宪法论,这一观点强调《维也纳条约法公约》作为宪法化的载体,而不是上诉机构的宪法案例法的发展。《WTO 协定》在其与一般国际法的关系上无疑有所澄清,例如争端解决规则及程序的谅解(DSU)第 3 条第 2 款就要求"按照国际公法解释的习惯规则澄清这些协定的现行规定"。如塔奇曼指出,并入 WTO 法中的唯一习惯国际法规则是《维也纳条约法公约》的解释规则,并不包括任何实体性的其他国际法规则。① 因此,除非认为 WTO 的宪法化完全是一个程序问题,《维也纳条约法公约》才能成为宪法化的最重要工具。

在上述基础上,凯斯在 2005 年的《WTO 的宪法化:国际贸易法的合法性、民主和共同体》专著中,将宪法化的要素区分为核心(core)要素和详述(elaborated)要素。详述要素是指那些与特定国家特别是奉行自由的民主宪政的西方国家相关的宪法化要素,诸如分权和法治之类。例

① Joel P. Trachtman, "The Domain of WTO Dispute Resolution", *Harvard International Law Journal*, Vol. 40, 1999, p. 333.

如,英国的宪法传统强调法治,以及如选民直接或间接通过法定程序选举的代表施行代议制民主之类的民主理念。美国的宪法传统更强调立法、行政和司法功能的分离,以及对权利的保护和宪法成文性等。

一般性的宪法化要素即核心要素,包括六个方面:第一,宪法化假定一套社会惯例,无论规则、原则还是制度,以调整和节制相关体系内行为者的经济和政治关系。第二,宪法化要求出现一项新的更高等级的基础规范。该基础规范包含了确定一项法律规则是否属于新的法律体系的权威标准。第三,宪法化涉及宪法共同体(community)的存在,以授权创立和变更法律秩序。宪法共同体也体现了宪法的形成。第四,必须有宪法共同体成员的商议(deliberation)过程,直接地或间接地通过他们的代表就法律的制定进行商议。第五,在国家和所认为中央的宪法性实体之间的关系进行重新组合(realignment)。第六,在对宪法化过程的社会接受意义上的合法性。简言之,宪法化的六个核心要素是:对社会和政治的节制、基础规范的改变、共同体、商议、关系的重新组合以及合法性。① 核心要素可以更普遍地用以分析国家和国际乃至其他各种层面的宪法化过程。

根据上述分析,凯斯进一步指出,宪法化是一套由法律界定的社会惯例即规则、原则和制度变更的过程,以相对一致和统一的安排为表现形式,就特殊的共同体而言达到一定的社会接受程度。这套社会惯例创立和组织了相关共同体内公权力的分配和行使关系;确定了对共同体内其他社会惯例的承认;调整共同体成员的政治、经济和社会关系;创立了政体或超国家的治理形式。

凯斯所述的 WTO 司法宪法论表明:第一,尽管与国内法不尽相同,WTO 实际上在经历着宪法化的过程。第二,这种宪法化过程不同于一

---

① Deborah Z. Cass, *The Constitutionalization of the World Trade Organization: Legitimacy, Democracy, and Community in the International Trading System*, Oxford University Press 2005, pp. 28 – 33.

般国际法的宪法化。第三,也不依赖于将国际条约的解释规则作为国际贸易的背景框架。第四,宪法化的六个核心要素可用以分析各种层面的宪法化过程。

(三)WTO 司法宪法论的宪法化模式

1. 主旨:通过司法造法的宪法化发展

司法化的 WTO 争端解决过程,已经在一定程度上发展出多边贸易体系的准宪法结构。部分 WTO 案例产生了一系列与宪法体系密切相关的规范和结构。凯斯在 2001 年的著述中提出,这类构成性过程体现在四个方面:①

第一,宪法原理的合并(constitutional doctrine amalgamation)。WTO 案例法借用并且合并了其他宪法领域的宪法规则、原则和原理,导致国际贸易法与宪法更加相似。典型例证便是涉及相称性和管辖权方面的案例。

第二,形成体系的宪法(system constitution)。WTO 案例法构成了一类新的法律体系。上诉机构采取了纠问式(inquisitorial)的事实认定方法,发展了一类在性质上属于纠问式②的法律体系。

第三,主题事项的并入(subject matter incorporation)。WTO 案例法涉及传统上属于国内宪法权限范围的事项,例如公共健康方面,并且逐渐被纳入 WTO 争端解决机制的管辖范围内。

第四,宪法价值的结合(constitutional value association)。WTO 案例法不仅发展了宪法规则,而且本身与宪法原则相结合。WTO 争端解决

---

① Deborah Z. Cass, "The 'Constitutionalization' of International Trade Law: Judicial Norm-Generation as the Engine of Constitutional Development in International Trade", *European Journal of International Law*, Vol. 12, 2001, pp. 39 – 75. 但是,凯斯在 2005 年的著述中没有提及"宪法价值的结合"。

② 纠问式审判制度指大陆法系国家所实行的审判制度,即由法官询问,可依职权自己调查事实并直接提取证据,代表国家利益进行审判,区别于英美法系国家审判的对抗式审判制度。参见《英汉法律词典》,法律出版社 1999 年版,第 396 页。

报告对适用规则及其合法理由的陈述在措辞上是谨慎的，结合了宪法推理的背景，如民主和治理问题、如何设计一个公正的法律体系问题和如何划分对政策所承担的责任问题等。

为了论述这类宪法特效，凯斯区别了初级宪法特性（first-order constitutional features）和次级宪法特性（second-order constitutional features）。初级宪法特性涉及 WTO 案例法作为一类法律体系（type of legal system）所处理的一般问题，例如管辖权问题、事实认定模式、WTO 法和其他国际法之间的关系以及在 WTO 法背景下的国内立法权问题。对这类问题的解决具有宪法性质，因为这影响到所依赖体系的宪法或形成，是宪法设计的重要问题。而且，在任何决策者能够就特殊事实的法律适用作出决定前，他们应知晓甚至是决定自己的权限范围。在规范性的意义上，决策者决定这类问题的权力指明了决策者本身的自主权和合法性，并因此具有宪法性质。次级宪法特性则更加关注特定的原理性规则（specific doctrinal rules）问题，并且可以划分为程序性和实体性规则。这类特定的程序性规则处理出庭资格或相称性等问题，而实体性规则处理如非歧视的含义之类的事项。不过，这类划分并非是绝对的，例如管辖权问题也可能关系到审查标准那样的特定原理。

凯斯通过对三个 WTO 案例的分析，指出了上诉机构的案例法中所出现的宪法原理和结构，并认为上诉机构能够司法造法的基础在于：第一，WTO 争端解决的客观评估标准，与国内司法权限相似。第二，由于 WTO 争端解决机构的发展，已经出现与国内法相似的权力分立。第三，WTO 争端解决对 WTO 成员根据 WTO 规则所享有权利的平等维护，与国内法中平等权利的宪法原则相似。第四，对所谓政治性问题，与国内司法体制一样遵循司法经济等宪法解释的原则。

2. 宪法原理的合并

合并宪法原理的第一个例证涉及司法权限（Jurisdictional Compet-ence）问题。上诉机构对管辖权问题的处理，影响到 WTO 成员和 WTO 之间的整体关系。在 WTO 案例法中,“欧共体影响牛肉和肉制品的措施案”(以下简称“欧共体荷尔蒙案”)是涉及管辖权这一主要“宪法问题”的案例。凯斯认为,这一宪法化过程在两个层面上发生,其一关系到专家小组在审查 WTO 成员的行为中所适用的特定规则,其二则涉及该规则的合法理由。

在“欧共体荷尔蒙案”中,专家小组裁定,欧共体对含荷尔蒙的进口肉制品的禁令违反了《动植物卫生检疫措施协定》(SPS 协定)。欧共体上诉提出,专家小组对欧共体禁令所适用的审查标准是错误的。本质上,欧共体认为,无论该禁令是否依据了科学证据,专家小组都应遵从 WTO 成员的决定。欧共体指出,专家小组不应适用完整的重新审查(de novo review),而应遵从欧共体的决定,适用宪法中经常提到的遵从或合理性审查(deferential or reasonableness review)。[①] 上诉机构驳回了欧共体的论点。上诉机构指出,尽管 SPS 协定没有明确规定评审标准,但 DSU 第 11 条要求专家小组应对事实问题作出“客观评估”(objective assessm-ent),[②]而不是重新审查或遵从审查。上诉机构认为,WTO 应采取中庸的审查标准,介乎重新审查实质问题和合理性审查之间。不过,在 WTO 争端解决机制根据职权作出客观评估时,WTO 成员在没有准备相关决定的合法理由前,不能简单地主张就满足了 SPS 协定的要求。根据 WTO 司法宪法论,“欧共体荷尔蒙案”的宪法意义非常明显。因为对事实的审查至少在一定程度上影响到法律结果,WTO 争端解决机制具有何种审查权就很重要。而且,这类审查权直接影响到 WTO 成员国内决策的范围和方式,国家不再完全拥有对贸易效果的事实性决定权。

---

① 简单地说,在国内法中,“遵从”一词意味着司法机构应遵从立法或行政机构的意见;“合理性”意味着不应审查立法或行政决定的实质问题,而仅审查该决定是否以合理的方式作出。See Deborah Z Cass, *The Constitutionalization of the World Trade Organization: Legitimacy, Democracy, and Community in the International Trading System*, Oxford University Press, 2005, p. 187.

② 上诉机构在这里援引了 DSU 的规定,包括 DSU 第 3.7 条、第 7.1 条、第 11 条以及第 3.2 条的规定。

因此,就其影响 WTO 成员在 WTO 法律体系中的权限范围以及两者的关系而言,这一结果具备了宪法意义。通过在司法解释的过程中所发展的管辖权规则,上诉机构实际上作出决定,国内机构的相关决策应受到 WTO 专家小组的国际司法性监督。上诉机构所确定的审查标准,也因此调整了 WTO 法律体系中各实体之间的权力分配。鉴于 WTO 成员并未将立法或行政权力明确转移给 WTO,以及传统上被认为是无所不包的国内管辖权,上诉机构在"欧共体荷尔蒙案"的裁决深刻地改变了 WTO 和 WTO 成员之间的关系。通过这类宪法技术的合并,考虑到遵从和重新审查的区别,上诉机构使 WTO 法和宪法具有了一定程度的相似性,并且以这类典型的宪法安排方法重新调整了 WTO 体系中各部分之间的关系。因此,"欧共体荷尔蒙案"所发展的审查标准规则,是以司法造法为基础的宪法化的典型例证。

就规则的合法理由而言,上诉机构的上述裁决体现了更深刻的宪法意义。因为审查标准的确定不仅是一个技术问题,而且涉及在 WTO 法律体系内管辖权的"平衡"这样标准的宪法价值。上诉机构在"欧共体荷尔蒙案"中指出:"根据 SPS 协定在本争端中所适当适用的审查标准,应反映出该协定所确立的,在 WTO 成员所承认的 WTO 的管辖权和 WTO 成员本身所保留的管辖权之间的平衡。"上诉机构的陈述表明,其已意识到所作出裁决的敏感性,即 WTO 成员和 WTO 的关系重新组合问题。就此,上诉机构指出专家小组的宪法作用是监督性质的审查,而不是全面的重新审查。除了司法造法的宪法化效果,该案还具有另外的宪法意义。在没有明确的权力转移的情况下,上诉机构通过运用管辖权方面的原理,确定了审查标准,使 WTO 成员的国内立法权在范围上发生一定程度的改变。诚然,在没有 WTO 成员明确授权的情况下,这类改变的合法性还存在些许问题。

WTO 成员和 WTO 的关系问题,也是 WTO 成员国内法和 WTO 法关系的反映。在"印度对药品和农业化学产品的专利保护"一案中,印度上诉提出,根据 TRIPs 协定第 1 条第 1 款,WTO 成员有权确定在其法律体系和实践内实施该协定的适当方法。印度虽然存在与 TRIPs 义务不相符的强制性立法,但是通过"行政指令"已经确立了实施有关义务的机制。上诉机构指出,在国际公法中,国际法庭可以多种方式对待国内法。国内法可以作为提供国家做法的事实证据,也可以构成国家是否遵守国际义务的证据。尽管国际法庭可以不解释国内法,但能够评估国内政府在法律适用的过程中是否与国际义务相符合。上诉机构认为,如同专家小组,上诉机构应审查印度相关专利法的具体规定。上诉机构并不认为,行政指令能够取代与其相矛盾的相关专利法的强制性规定。最终上诉机构裁定印度违反了 TRIPs 协定。一如上述,上诉机构通过这类案件的司法解释,重新组合了 WTO 和 WTO 成员之间的关系。在某种程度上,上诉机构以管辖权改变了 WTO 成员和 WTO 之间的管制权分配。

合并宪法原理的第二个例证是上诉机构对实质性歧视原理的法律发展。尽管实质性歧视问题较为普遍地出现在从宪法到劳动法的背景中,不过就成熟宪法体系的经验而言,相当部分宪法裁判处理的是宪法体系内个人或机构之间的歧视问题。在此意义上,上诉机构对歧视原理的法律发展,增强了 WTO 和宪法体系的相似性。

以"欧共体香蕉案"为代表,WTO 案例法发展了解释贸易非歧视原则的实质性方法。根据这类实质性方法,WTO 争端解决机制将不仅审查相关待遇形式上的平等,而且将审查一项措施所施行的实际结果、效果或后果,以保证争端方之间的非歧视。作为宪法化过程的一部分,这增强了争端解决的合法性。上诉机构如何在 WTO 案例法中运用这类歧视原理?第一,上诉机构将从历史和背景中评估歧视。结果,表面上非歧视的措施,就可能被证明是歧视的。第二,通过采取以效果为基础的解释方法,上诉机构拒绝将形式上的平等作为非歧视原则的目标。第三,仅仅是机会上的平等,不足以克服过去的歧视,所要求的是针对先前受歧视的成员施行积极的非歧视。简言之,上诉机构对非歧视原则的解释,表明表面上中性的措施可能在实践中具有歧视的效果。

在"虾龟"一案中,上诉机构运用了同样的歧视原理,被投诉的措施在表面上合法,但该措施的施行被认为是歧视的。在"日本酒类税案"中,上诉机构指出了确定歧视的 3 个步骤,认为歧视可以直接或间接的形式存在。在"韩国酒类税案"中,上诉机构指出,形式上不同的待遇并不必然是更不优惠的待遇,只要不是相当于更不优惠的待遇就允许这类不同。在"美国外贸企业税收待遇案"中,上诉机构指出,这种实质性的平等要求在情况相同的对象中进行比较而确定。

在 2004 年的"欧共体给予发展中国家关税优惠条件"一案中,上诉机构发展出更为成熟的歧视原理。在该案中,上诉机构推翻了专家小组就所有发展中国家在普惠制下应被同等对待的裁定。上诉机构认为,形式上的平等和有差别的平等有所不同,发展中国家可能有不同的发展需要,而只要对所有情况相似的发展中国家以一种相同方式予以对待,则可以不同地对待这类国家。如上所述,在 WTO 案例法中,上诉机构发展了一种实质性歧视的方法,就 WTO 法律体系的不同组成部分而言,这种方法借鉴了国内法体系中的宪法原理。

第三个宪法策略(constitutional device)则是上诉机构在审查国内措施是否与 WTO 法相符合时所使用的合理关系原理(rational relationship doctrine)。在"欧共体荷尔蒙"一案中,上诉机构尽管未使用合理关系标准的措辞,但上诉机构所使用的方法实际上是宪法中的合理关系原理。根据 SPS 协定第 5 条第 1 款和第 3 款①的规定,任何具有贸易效果的卫

① 根据《SPS 协定》第 5 条第 1 款的规定,各成员应保证其卫生与动植物检疫措施是为保证人类、动物或植物的生命或健康所制定的、适合有关情况的风险评估为基础,同时考虑有关国际组织制定的风险评估技术。根据《SPS 协定》第 5 条第 3 款的规定,各成员在评估对动物或植物的生命或健康构成的风险并确定为实现适当的卫生与动植物检疫保护水平以防止此类风险所采取的措施时,应考虑下列有关经济因素:由于虫害或病害的传入、定居或传播造成生产或销售损失的潜在损害,在进口成员领土内控制或根除病虫害的费用,以及采用替代方法控制风险的相对成本效益。

生检疫措施都应以基于科学理由的风险评估为基础。该案中，上诉机构指出“欧共体的科学报告并没有合理地（rationally）证实欧共体的进口禁令”。上诉机构得出结论，尽管欧共体进口禁令具有合法的目的，但是在科学报告、进口禁令（方式）和卫生保障（目的）之间并没有合理地关联，因此该措施违反了 SPS 协定。以此方法，上诉机构同样借鉴了其他法律体系的宪法原理。

如上述管辖权、实质性歧视和合理关系原理问题所表明，WTO 争端解决机制在推理过程中使用、提到或者直接合并了国内或超国家宪法的原理，并促使 WTO 法向成熟的宪法化法律体系发展。总之，通过对宪法原理的合并，WTO 逐渐具有了宪法化的两个要素，即合法性和内部关系的重新组合。

3. 法律体系的形成

上诉机构所形成的法律体系，是以司法造法为基础的 WTO 宪法化的第二类方法。其一，“事实认定模式的选择”表明了国际贸易一项新的基础规范的出现。其二，“事实认定模式的选择”进一步加强了新法律体系的合法性。

上诉机构的“事实认定模式的选择”阐明了上诉机构如何推动宪法化进程。因为事实认定包括四种模式，对作为整体的法律体系具有重要影响。就凯斯看来，事实认定的规则能够被汇编成一种体系性特征。在一系列案件中，上诉机构已经确立了一种程序上相对不正式的体系，在该体系中，能够从各种渠道收集资料，而上诉机构不受任何严格的证据规则和程序的约束。在“欧共体荷尔蒙案”中，上诉机构第一次裁定，专家小组可以选择使用自己的专家，而不需要成立专家审查组，[①]这样做并

---

① 根据 DSU 附件 D（专家审查组）第 1 款和第 4 款的规定，专家审查组在专家小组领导下工作。其职权范围和具体工作程序由专家小组决定。专家审查组可向其认为适当的任何渠道进行咨询，并查找资料或寻求专门意见。在专家审查组向一成员管辖范围内的渠道寻求此类资料或意见之前，应通知该成员政府。任何成员应迅速和全面地答复专家审查组提出的任何关于提供其认为必要和适当资料的请求。

没有违反 DSU 的规定。上诉机构指出，根据 DSU 的规定，专家小组可以从其认为适当的特殊情况下寻求资料和专门意见。而该案中的投诉方美国和加拿大也可以交换资料。并且，尽管专家小组本身不能提出新的诉请，专家小组在作出裁定的过程中可以依赖自己得出的论点。

根据 WTO 司法宪法论，这类事实认定模式在一定程度上属于纠问式，并在“虾龟案”中得到进一步发展。在该案中，上诉机构首先分析了专家小组索取资料的权利问题。上诉机构指出：“DSU 第 13 条和第 12 条的重心在于 DSU 赋予其成立的、并致力于争端解决程序的专家小组以足够广泛的进行并控制程序的权限，以了解案件的有关事实和适用于该事实的法律原则和规则。这一权限及其广度是专家小组履行第 11 条规定的客观评价向其提交事项的义务所必要的和不可或缺的。专家小组有权决定如何索取资料，也有权决定是否索取资料或专家意见，还有权接受或拒绝其索取或收受的任何资料或建议，或做出某种适当地处理。上诉机构得出结论，在一项特定案件中决定资料或建议的必要性、确定已收受资料或建议的可接受性和相关性、决定给予该资料或建议多大程度的重要性或者得出结论对其收受的资料或建议不予采纳，特别属于专家小组的权限范围。”①上诉机构指出，尽管专家小组没有义务收受这类资料，但专家小组肯定具有从包括非争端方在内的各种渠道索取这类资料的自由裁量权。

这一裁定扩大了 WTO 法律体系中行为者的范围和资料的渠道，意味着争端解决机构能够对非 WTO 成员所提供的资料采取司法认知(judicial notice)。而且，专家小组在裁定的过程中，可以从政府和非政府、私人和公共、商业和非商业的广泛渠道中索取和接受资料。

根据 WTO 司法宪法论，这类 WTO 案例法表明了 WTO 法的自治，

---

① WT/DS58/AB/R,6 November 1998,para. 104.

一种新的纠问式的法律体系得到发展,而不仅仅是旧的关贸总协定的延续。在此意义上,这种发展具有了宪法性质。这类 WTO 案例法加强了 WTO 的合法性,因为非国家行为者能够影响 WTO 的决策过程。企业、工会、环境和卫生组织等各种群体都能够参与司法过程,这潜在地将多边贸易体系的参与者从国家扩大到非政府组织和公民社会。而且,这进一步加强了国际贸易法的社会合法性,提高了多边贸易体系的合法性和公正性的水平。[①] 在此意义上,这类案例确认了宪法化的诉求,其法律发展构成了宪法化过程的一部分。因此,事实认定模式的选择影响到 WTO 法律体系的宪法,因为这类案例法以一种特殊的方法形成了体系,表明了新的基础规范的出现,扩大了决策过程的参与者范围,潜在地加强了合法性。

就法律体系的形成而言,这类案例法为 WTO 法和其他法律体系之间的关系问题,提供了另外的例证。与此相关的 WTO 案例法,表明了这种法律体系具有本身的一致性和统一性,并且发展了新的基础规范。例如,上诉机构得出结论,根据 DSU,要求 WTO 司法机构考虑 1969 年《维也纳条约法公约》所编纂的习惯国际法的解释规则。在这样做时,上诉机构是在指明 WTO 法律体系的范围,并因此是在进行一种形成法律体系的过程。"虾龟"一案中,上诉机构指出,GATT1994 的前言明确承认了在国际贸易法和国际环境法关系上的改变,GATT1994 第 20 条的一般例外条款应按照国际环境法的时代标准予以解释。根据 WTO 司法宪法论,这类案例法确定了 WTO 法和其他法律体系之间关系的性质,并因此在性质上属于"法律体系的形成"。总之,无论上诉机构如何处理这类关系问题,此类案例法促进了 WTO 法作为一种法律体系的一致性和统一性,标志着新的基础规范的出现。

---

① Deborah Z. Cass, "The 'Constitutionalization' of International Trade Law: Judicial Norm-Generation as the Engine of Constitutional Development in International Trade", *European Journal of International Law*, Vol. 12, 2001, pp. 60 – 61.

4. 主题事项的并入

主题事项的并入是司法造法的第三种方法,这涉及 WTO 成员和 WTO 关系的重新组合,从而体现了宪法化的一个侧面。贸易关联问题,即就那些传统上属于国家主权范围内而对自由贸易具有影响的事项而言 WTO 法和国内法如何划定调整范围的问题,是这类主题事项的主要内容。其中,卫生和环境问题是其典型代表。对这类事项的裁定,关注先前属于国内管辖范围的事项如何并入 WTO 争端解决管辖范围的方式问题,构成了司法造法的宪法化过程。

例如,SPS 协定确立了规则和纪律的多边框架,以指导卫生与动植物检疫措施的制定、采用和实施,从而将其对贸易的消极影响降到最低程度。在"欧共体荷尔蒙案"中,美国提出,根据 SPS 协定第 3 条的要求,为了使一项国内标准"基于"(based on)国际标准,该国内标准应与国际标准完全一致。上诉机构驳回了美国的这一诉请,上诉机构指出,"基于"措辞的通常意义与"符合"(conforming to)措辞有所不同,就与 SPS 协定相符合而言,国内措施并不必须与国际标准完全相同。"基于"措辞并不表明相关标准的统一而只是协调(harmonization)。SPS 协定适用于所有的可能直接或间接影响国际贸易的卫生与植物检疫措施,但它并不直接规定任何实体性的卫生与植物检疫措施。SPS 协定只是建立了一套普遍的程序性规定。例如,SPS 协定第 2 条规定成员的基本权利是为了保护人类、动物或植物的生命或健康所必需的卫生与动植物检疫措施的能力。成员国可以自由确定自己的动植物检疫保护水平,甚至可以选择零风险水平。但不管成员选择何种风险水平,一项措施必须建立在科学原则和充足科学证据的基础上。但科学很少是确定无疑的,许多科学上的决定需要从几种不同的科学观点之间作出判断,所以协定显然有许多可以争论的余地。

在"欧共体荷尔蒙一案"中,上诉机构给出的合法理由表明,上诉机构不愿过多涉及国内宪法领域。如上诉机构所述,国家不需要放弃对卫生政策问题的管制："不能轻易断定，主权国家旨在施加给本身以更重而不是较轻的与这类标准或建议相符合或遵守的义务。"上诉机构根据两个论点证实这一结论：第一，上诉机构指出，国际条约的规定存在义务性和非义务性的区别，而该案所涉及的相关规定显然不是义务性的；第二，上诉机构间接援引条约解释的有效原则，指出应慎重断定为赋予该规定以效力所绝对必要的范围。

因此，条约的解释问题再次成为深层次的宪法问题，关系到 WTO 成员和 WTO 之间关系的问题：首先，上诉机构所依据的合法理由借鉴了国家和超国家宪政的宪法原理，证实了 WTO 法和宪法化体系之间的相似性。上诉机构的推理与宪法决策过程颇为相似，诉诸主权反映了政府间主义和超国家主义之间的分歧；对义务和非义务的区分是国内宪法经常争议的主题；而司法经济是宪法解释中常用的方法。其次，上诉机构认为本身有权决定这类决策权的归属，这标志着 WTO 成员和 WTO 之间关系的转变。最后，上诉机构作出解释的基础是宪法治理的重要关注事项，即一个法律体系中各组成部分之间的一体化程度。上诉机构将 SPS 协定的规定解释为要求协调而不是统一，也就指明了 WTO 法律体系的一体化程度。根据这种解释，争端方仍然保留就与贸易有关的卫生问题的国内立法权，不过应遵守有限的国际义务。

如上所述，上诉机构对所并入贸易关联问题的裁定，影响 WTO 成员和 WTO 之间关系的重新组合。尽管 WTO 成员并没有明确失去对这类事项的国内立法权，但无疑将受到上诉机构所运用原理的节制。就国内治理的角度而言，WTO 成员不再具有就这类事项作出决策的绝对自治。上诉机构所使用的"宪法策略"，不仅限制了 WTO 成员诉诸"与贸易无关的措施"之类的贸易保护诉求，而且有助于形成一种国内管制权受到密切监督的新体系的宪法。

（四）结论

如表 6－1 所示，以司法造法为基础的 WTO 宪法化结果，有助于实现凯斯所述的宪法化要素之中的 3 个：合法性、基础规范的改变以及 WTO 成员和 WTO 关系的重新组合。WTO 争端解决机制以司法造法为路径，调整了 WTO 成员的决策能力，标志着新法律体系的出现，并且在这样做的同时使其过程合法化。

表 6－1　司法造法的宪法化结果①

<table>
<tr><th>技术</th><th colspan="2">例证</th><th>宪法化要素的实现</th></tr>
<tr><td rowspan="4">宪法原理的合并</td><td rowspan="2">管辖权</td><td>规则：专家小组对民族国家决定的审查标准应为“客观评估”</td><td rowspan="4">关系的重新组合合法性</td></tr>
<tr><td>合法理由：分权</td></tr>
<tr><td colspan="2">实质性歧视</td></tr>
<tr><td colspan="2">合理关系原理</td></tr>
<tr><td rowspan="2">法律体系的形成</td><td colspan="2">事实认定模式</td><td>基础规范的改变</td></tr>
<tr><td colspan="2">与其他法律体系的关系</td><td>合法性</td></tr>
<tr><td rowspan="2">主题事项的并入</td><td colspan="2">规则：就与 WTO 规则相符合而言，国内卫生措施并不必须与国际标准完全一致</td><td rowspan="2">关系的重新组合</td></tr>
<tr><td colspan="2">合法理由：国家主权、义务和非义务、司法原理</td></tr>
</table>

显然，凯斯所述的以司法造法为模式的宪法化，就其实证分析的结果而言，仅涉及其所谓宪法化的部分要素，而宪法化所需要的具有相似目标和信仰的共同体、该共同体系制定法律时所使用的商议过程等要素则并未涉及。这后几类宪法化要素，在最近几年得到诸如韩裔学者赵成俊

① Deborah Z Cass, *The Constitutionalization of the World Trade Organization: Legitimacy, Democracy, and Community in the International Trading System*, Oxford University Press, 2005, pp. 197－198.

(Sungjoon Cho)等人的阐发,使 WTO 司法宪法论的理论发展具有了意外的强劲发展。①

二、围绕 WTO 司法宪法论的理论和实践背景

与制度宪法论和权利宪法论不同,WTO 司法宪法论是多边贸易体制在 1995 年“转型”以来所兴起的 WTO 宪法化理论。这一理论模式与 WTO 争端解决机制本身在理论和实践中的发展密切相关。自 WTO 争端解决机制成立并运行以来,先后在理论和实践方面产生了三次较为集中和重要的争议。

(一)对 WTO 争端解决机制“司法决策”方式的评价

根据 1947 年关贸总协定的规定,专家小组报告只有在包括败诉方在内的缔约方协商一致通过的基础上,才能获得完全的法律效力。关贸总协定争端解决程序的关键性不仅在于争端可以在任何时间解决,而且在于被诉方的否决权:对于成立专家小组、选择专家小组成员和专家小组报告的最终通过,被诉方都具有否决权。最后,对于投诉方请求授权报复,被诉方也具有否决权。② 而根据《WTO 协定》的规定,由于在争端解决方面采取“消极协商一致”的决策方式,除非包括胜诉方在内的 WTO 成员以协商一致不予通过,司法机构所作出的报告几乎是自动生效。对于这

① 参见 Sungjoon Cho 的系列著述:“Beyond Rationality: Toward a Sociological Construction of the World Trade Organization”, *Virginia Journal of International Law*, Vol. 52, 2012, SSRN: http://ssrn.com/abstract=2003009,最后访问日期:2012 年 4 月 15 日;“Global Constitutional Lawmaking”, *University of Pennsylvania Journal of International Law*, Vol. 31, 2010, pp. 621 – 677;“Toward an Identity-Oriented Theory of International Organizations”, *The American Society of International Law Proceedings*, Vol. 102, 2008, pp. 157 – 188;“Toward a New Economic Constitution: Judicial Disciplines on Trade Politics”, *Wake Forest Law Review*, Vol. 42, 2007, p. 167;“WTO's Identity Crisis”, *World Trade Review*, Vol. 5, 2006, p. 298;“The WTO's Gemeinschaft”, *Alabama Law Review*, Vol. 56, 2004, pp. 483 – 543。

② John H. Jackson, “The World Trade Organization: Constitution and Jurisprudence”, *Royal Institute of International Affairs*, 1998, p. 95.

两种争端解决方面的决策方式，存在两类评价意见：以休德克为代表，强调争端解决的政治影响，认为关贸总协定的方式具有政治灵活性和可持续发展，对过于法律化的方式持谨慎态度。① 而大多数其他学者，则强调这有助于节制强权成员的单边行动。② 不过，两类意见都支持 WTO 争端解决机制应当加强法律性和有效性，分歧是程度上的而不是根本的对立。例如，休德克同样认为司法决策方式应予以改革，不过他提出的是以 WTO 成员的多数决方式通过争端解决报告。

（二）围绕 WTO 争端解决机制"司法能动主义"的质疑

杰克逊在其著作《世界贸易组织：宪法与法理学》中就指出：国际体系中如何把握实施司法克制（judicial restraint）与司法能动主义的程度是 WTO 法理中的一个基础问题。③ 斯坦伯格（Richard H Steinberg）将 WTO 中的"司法造法"称为司法能动主义，其内容包括填补空白（filling gaps）和

---

① Robert E Hudec, "The Judicialization of GATT Dispute System", Hart, Michael M and Steger, Debra (ed.). In *Whose Interest? Due Process and Transparency in International Trade*, *Center for Trade Policy and Law*, 1992, pp. 9 – 43; *Enforcing International Trade Law: The Evolution of the Modern GATT Legal System*, Butterworths, 1993; "Adjudicative Legitimacy and Treaty Interpretation in International Trade Law: The Early Years of WTO Jurisprudence", in Weiler, J. H. H, (ed.), *The EU, the WTO and the NAFTA, Towards a Common Law of International Trade*, Oxford University Press, 2000, pp. 35 – 69.

② Robert O. Keohane, Andrew Moravcsik, & Anne-Marie Slaughter, "Legalized Dispute Resolution: Interstate and Transnational", *International organization*, Vol. 54, 2000, pp. 457 – 488.

③ John H. Jackson, "The World Trade Organization: Constitution and Jurisprudence", *Royal Institute of International Affairs*, 1998, p. 81.

澄清模糊(clarifying ambiguities)两个方面。①

从 WTO 争端解决实践来看,在某些争端中上诉机构表现出司法克制。在"巴西影响椰子干措施"一案中,上诉机构维持了专家小组的裁定,即由于没有适用法而驳回了投诉方的诉求。② 该案实际上归咎于从关贸总协定到 WTO 过渡过程中临时的法律空白。在"美国对德国不锈碳钢产品征收反补贴税"一案中,专家小组认为,虽然《补贴与反补贴措施协定》没有明确规定,反补贴调查中的微量标准应适用于日落复审。上诉机构则推翻了专家小组的这项裁定。③ 该案被认为是上诉机构行使司法克制的典型代表,因为专家小组实际上填补了法律规定中的空白,增加了一项义务,而上诉机构推翻了专家小组的"司法能动主义"。

但是,在更多案件中,上诉机构似乎不可避免地在填补空白和澄清模糊。迄今为止,WTO 司法机构尚未运用过"案情不清"或"责任不明"(non liquet)的司法原则,唯一一次提到过的案例是"印度对自阿根廷进口

---

① 参见斯坦伯格的系列著述:Richard H Steinberg, "Judicial lawmaking, Internal Transparency and External Transparency: Recent Institutional Developments at the WTO", *International Lawyer*, Vol. 37, No. 1, 2003, p. 28; "Judicial lawmaking at the WTO: discursive, constitutional, and political constraints", *American Journal of International Law*, Vol. 98, 2004, pp. 247 – 275; "In the Shadow of Law or Power? Consensus-Based Bargaining at the GATT/WTO", *International Organization*, Vol. 56, 2002, pp. 339 – 374; "The Prospects for Partnership: Overcoming Obstacles to Transatlantic Trade Policy Cooperation in Asia", in Richard H. Steinberg & Bruce Stokes (ed.), *Partners or Competitors? The Prospects for U. S. – European Cooperation on Asian Trade*, Rowman & Littlefield Publishers, 1999, p. 213; "Explaining Similarities and Differences Across International Trade Organizations", in Richard H. Steinberg (ed.), *The Greening of Trade Law: International Trade Organization and Environmental Issues*, Rowman & Littlefield Publishers, 2002, pp. 277 – 293; Richard H. Steinberg with Judith Goldstein, "Regulatory Shift: The Rise of Judicial Liberalization at the WTO", in Walter Mattli and Ngaire Woods (eds.), *The Politics of Global Regulation*, Princeton University Press, 2009。

② Brazil-Measures Affecting Desiccated Coconut, WT/DS22/R, WT/DS22AB/R, 20 March 1997.

③ United States-Countervailing Duties on Certain Corrosion-Resistant Carbon Steel Flat Products from Germany, WT/DS213/AB/R, Dec. 19, 2002.

的农产品、纺织品和工业产品的数量限制案”,①但是专家小组和上诉机构都拒绝使用这一原则。“条约不明时应解释为义务更轻”(in dubio mitius)也仅别上诉机构使用过一次,即在“欧共体荷尔蒙案”。

对于 WTO 争端解决机制的分析和评价,应考虑上诉机构受到国际法和政治及其宪法结构的限制,并在这一框架下予以分析。如果不从这一更完整的框架中分析司法造法问题,就很容易导致对 WTO 争端解决活动持批评态度,或者过分渲染了司法造法所谓的危险性。而且,上诉机构可能进行司法造法的范围本身又处于 WTO 的宪法范围中,两者一并依赖于 WTO 的政治环境。对此,斯坦伯格从“商谈空间”“宪法空间”和“政治空间”对上诉机构所谓司法造法的可能性和可行性进行了分析:

1. 上诉机构的商谈空间(discursive Space)

根据 DSU 第 3 条第 2 款等相关规定,上诉机构应“按照国际公法解释的习惯规则”澄清 WTO 适用协定的现行规定。在这样做时,上诉机构不能增加或减损各适用协定所规定的权利或义务。《反倾销协定》还规定了一类特殊情况,即在专家小组认为对该协定的解释存在两种以上可允许的解释时,如主管机关的措施符合其中一种可允许的解释,则专家小组应认定该措施符合该协定。

在司法机构的主要任务仅仅是适用“通常意义”明确的规则时,这类解释规则就提供了较为有力的限制。但是,由于上诉机构所处理的事项,针对的是专家小组报告已经涉及过的法律问题和法律解释,相对来说更加棘手,甚至不可避免地需要“澄清模糊”和“填补空白”。如下问题则增加了上诉机构进行司法造法的可能性:第一,在 1969 年《维也纳条约法公约》第 31 条第 1 款规定的解释通则中包括 3 个要素,即“用语”“上下文”以及“目的和宗旨”。上诉机构可能偏好其中一个要素,从而对一项条款

---

① India-Quantitative Restrictions on Imports of Agricultural, Textile, and Industrial Products, WT/DS90/R, Sept. 22, 1999, para. 3.119.

进行了不当地解释。第二,就“目的和宗旨”而言,上诉机构可能倾向于认为,《WTO 协定》的主旨是促进贸易自由化而不是贸易和非贸易目的之间的契约式平衡。第三,可以认为,上述 DSU 第 3 条第 2 款允许 WTO 之外的其他国际法规则并入到 WTO 法中,以促进国际法的一致性。第四,可以提出,应将《WTO 协定》创造性地解释为可以包容广泛的价值和适应时代的变迁。例如,《维也纳条约法公约》所规定的解释规则可用于界定贸易措施与人权或劳工标准之间的关系。① 因此,尽管 DSU 规定了在解释规则上的限制,但这种“司法克制”本身具有灵活性,给予上诉机构以倾向和发挥司法能动主义的“商谈空间”。

2. 上诉机构的宪法空间

与关贸总协定相比,WTO 在对争端解决的宪法制衡方面已经发生了变迁。变迁的结果是赋予了上诉机构更多的宪法空间,在争端解决的司法解释和适用上能够更加灵活,也因此扩大了司法造法所可能的范围和概率。理论上,WTO 在立法方面的规则和程序可以对司法造法进行制衡。但是,如前所述,WTO 以协商一致为基础的、经常无效的决策程序,与以反向协商一致为基础的、有效的争端解决程序之间的不平衡关系使这种制衡颇难运行。②

---

① 提出上述论点,特别是主要以上诉机构所进行的争端解决活动为研究对象的代表性文献,可以参见 Layla Hughes,“Limiting the Jurisdiction of Dispute Settlement Panels:The WTO Appellate Body Beef Hormone Decision”,*The Georgetown International Environmental Law Review*, Vol. 10, 1998, pp. 915, 919 - 922; Robert Howse,“The Appellate Body Rulings in the Shrimp/Turtle Case:A New Legal Baseline for the Trade and Environment Debate”,*Columbia Journal of Environmental Law*, Vol. 27, 2002, pp. 491, 514 - 519; Claus-Dieter Ehlermann,“Reflections on the Appellate Body of the WTO”,*Journal of International Economic Law*, Vol. 6, 2003, pp. 695 - 700; Donald McRae,“Claus-Dieter Ehlermann's Presentation on the Role and Record of Dispute Settlement Panels and the Appellate Body of the WTO:Comment by Professor Donald McRae”,*Journal of International Economic Law*, Vol. 6, 2003, pp. 709, 716.

② See Claude E. Barfiled, *Free Trade, Sovereignty, Democracy: the Future of the World Trade Organization*, The AEI Press, 2001.

3. 上诉机构的政治空间

WTO 的法律规则和宪法规则都依赖于政治。如上所述,WTO 的宪法规则并没有为司法方面提供有效的制衡。就上诉机构的政治空间而言,这产生了两个后果,一方面,由于经常涉及富有争议的问题,上诉机构的司法造法在政治上难以维系。另一方面,上诉机构的司法造法本身受到政治上的多重制约。诸如:第一,选举上诉机构成员的过程。WTO 成员,特别是欧共体和美国通过对上诉机构成员的选举过程施加控制,在一定程度上保证所选举的上诉机构的成员不是“司法能动主义者”,从而限制司法造法的可能性。第二,通过外交声明表达对司法造法的不满。实践中,如果 WTO 成员对上诉机构的某项裁定或司法造法不满意,通常可能在 DSB 举行的会议上发表外交声明,以表达对这类裁定的意见(例如,在法庭之友问题上,这类否定意见对上诉机构的做法产生了相当的影响)。第三,拒绝和否认司法造法的合法性。WTO 成员可以在根本上否认司法造法行为的合法性,拒绝遵守上诉机构的裁定。第四,作为最后手段,WTO 成员可威胁退出 WTO 以表示对司法造法的根本否定。

总之,创立《WTO 协定》的权力政治也限制了对《WTO 协定》本身的解释,而在立法决策和司法决策上“宪法缺陷”赋予上诉机构以司法造法的便利。尽管上诉机构的解释一般依赖于 WTO 原文中的空隙,但司法造法行为已经超出了规则的解释和适用层面,具有了相当的政治含义。

(三)围绕 WTO 争端解决机制继续法律化或司法化改革的争议

对所谓司法造法最有效的限制,无疑是 WTO 成员直接修改 DSU 规则,以削弱上诉机构的权限或地位。根据 2001 年 11 月多哈会议的部长宣言,WTO 成员对 DSU 的审查在多哈回合继续进行。多哈回合 WTO 成员对待法庭之友摘要问题的分歧上。虽然审查的最后期限经过两次延长,但 WTO 成员在某些问题上的分歧有增无减,造成谈判日益激烈。目前,WTO 成员仍然在就 DSU 的修改进行谈判威胁修改 DSU 规则。随着 WTO 多边贸易体制内外环境的改变,今天的 WTO 争端解决机制遭到了来自各个方面的挑战，其中的核心问题是：WTO 争端解决机制在法律化的道路上还能走多远？

在历史上，美国和欧共体曾经多次主导了 WTO 宪法规则的修改，而正在进行的多哈回合中，美国也就修改 DSU 在此方面的规则提出了建议。① 在此方面，2005 年的“萨瑟兰报告”的意见值得注意：“有些改革建议会造成某种外交否决或允许某些当事方‘废止’或改变最终通过的专家小组报告的某些内容，而这些报告是经过完整的争端解决程序才形成的。专家小组或上诉机构报告是经过相当严谨的争端结局程序谨慎地得出的，而允许政治或外交活动干涉这些报告的核心结论将会导致工作重心的偏移，因为这些报告以理服人，是在公平公正基础上听取各方陈述论据和想法后产生的。这样做将会损害整个争端解决机制的可信度，在某种程度上，会导致倒退到 GATT 时代，重新面临困扰 GATT 的那些问题。”②

三、WTO 司法宪法论的实证检验

承上所述，WTO 争端解决机制在理论和实践上的三次争议为 WTO 司法宪法论提供了产生的契机，也给予了其相应的背景。实际上，上述争议指明了 WTO 司法宪法论作为 WTO 宪法化模式的原因、成效和限制。

---

① 2002 年 12 月 7 日，智利和美国提出，在目前的审查和个体争端中，成员可能希望考虑，对判决机构提供另外的指导的途径，包括通过增强成员的控制和弹性的程序。同时，成员也希望 DSU 能提供充分的保证，使专家小组的成员具有适当的鉴定所提出问题的专家。智利和美国提议，第一，规定某种形式的“部分通过”程序，使争端解决机构拒绝通过争端解决报告的某些部分，而仍然使争端双方保证争端解决机构的建议和裁定对于帮助解决争端来说是必要的。第二，保证专家小组的成员具有鉴定争端中所提出问题的适当专家。智利和美国还提议在上述程序中增加与专家小组程序中相似的临时审议阶段。See TN/DS/W/28，23 December 2002。2003 年 3 月 14 日，智利和美国都提出，对 WTO 司法机构提供某种形式的附加指导，第一，提交给他们任务的性质和范围，例如何时行使司法经济原则是最有效的。第二，进一步完善《WTO 协定》的解释规则。See TN/DS/W/52，14 March 2003.

② Report by the Consultative Board to the Director—General Supachai Panitchpakdi, The Future of the WTO, Addressing Institutional Challenges in the New Millennium, January 2005, para. 255.

在《WTO 协定》的文本中，并未明确提到世界贸易"宪法"、"贸易权"(right to trade)的措辞，没有在 WTO 的制度和机构中明确规定制衡，更没有授权上诉机构通过司法解释作出宪法化的发展。因此，WTO 司法宪法论本身应是一种具有相当说服力的理论模式：对于 WTO 争端解决报告的实证分析，可以作为论证 WTO 宪法化的主要论据；而且，司法造法这一现实的宪法化方式可以同时为几乎所有 WTO 宪法化理论模式提供论据。例如，有学者近来分析了"墨西哥影响电信服务措施案"专家小组报告，认为该案彰显了"以权利为基础的宪政"(本书所指的 WTO 权利宪法论)观念。① 更重要的是，WTO 司法宪法论为上述宪法措辞的缺失提供了一种解决方案：没有成文"宪法典"并不等于没有宪法，更不等于不能发展出实践中的宪法。与 WTO 制度宪法论和 WTO 权利宪法论相比，这是 WTO 司法宪法论的特有价值，在某种意义上，甚至可以与英国宪法学者应对"成文宪法难题"的挑战相比。尽管如此，如果司法造法方式的确可以推动 WTO 的宪法化，并且是以 WTO 的制度和机构建设、作为个人权利的贸易自由或上诉机构的司法造法能力为基础，则专家小组和上诉机构报告中应有相应的反映。因此，以下将结合 WTO 争端解决的实践，对 WTO 司法宪法论的宪法化模式作出批评。

(一)关于宪法原理的合并

根据 WTO 司法宪法论，WTO 案例法借用并合并了其他宪法领域的宪法规则、原则和原理，导致国际贸易法与宪法更加相似。通过对宪法原理的合并，WTO 逐渐具有了宪法化的两个要素，即合法性和内部关系的重新组合。但是，根据 WTO 争端解决实践，涉及分权、制衡和民主等经典的宪法原理的争端为数甚少。在这点上，最重要的案例是涉及前述所谓"制度和机构平衡"的"印度对自阿根廷进口的农产品、纺织品和工业产品

① Theodore Kill, "The Évidence for Constitutionalization of the WTO: Revisiting the Telmex Report", *Minnesota Journal of International Law*, Vol. 20, 2011.

的数量限制案”。①

在该案中,美国指控印度的收支平衡措施违反了 GATT1994 第 11 条第 1 款和第 18 条第 11 款,印度对此做出了如下辩护:即使该措施违反了第 11 条第 1 款,也是第 18 条 B 的收支平衡措施允许的,并不违反第 18 条第 11 款。印度认为,专家小组无权对据第 18 条 B 采取的措施的合法性问题作出裁定,因为这一问题完全属于收支限制委员会和总理事会的权限范围。对于据第 18 条 B 的措施的合法性问题,专家小组不能代替收支限制委员会或总理事会,如果接受美国的主张,将导致第 18 条 B 及整个《1994 年关税与贸易总协定关于国际收支条款的谅解》成为多余,改变了有关规定反映的谈判所达成的平衡。

专家小组认为:在解决向专家小组提出要求的范围内,在 DSU 规定的权限内,专家小组有权对收支平衡问题的法律地位及该措施的合法性进行审查。专家小组意识到,收支限制委员会和专家小组有不同的职能,专家小组的裁定不损害该委员会及总理事会据 GATT1994 的国际收支条款在磋商的框架下审查收支平衡措施的作用。专家小组并不认为裁定专家小组能够审查收支平衡措施的合法性,专家小组可以代替收支限制委员会,使委员会的程序多余,并剥夺成员据第 18 条 B 程序的权利。另外,据争端解决机制得出的结论与委员会的结论,二者之间冲突的可能性在实践中是非常小的。很显然,专家小组不会无视委员会和总理事会作出的决定。

在上诉中,印度指出,专家小组在审查诸如“已经明确分配给收支平衡委员会和总理事会管辖的事项”时,仅具有非常小的权限。在此基础上,印度提出了“制度和机构平衡原则”,要求专家小组维持“WTO 司法机构和政治机构之间的分权”。

---

① WT/DS90/AB/R, Aug. 23, 1999. 对本案的述评可参见 Jeffrey Dunoff:《宪政的幻象:WTO 的宪法和国际法的规训》,陈喜峰译,载《国际经济法学刊》2007 年第 2 期。

印度指出,“现代民主宪法确立了立法、行政和司法权力的分立,并确立了相互制衡的制度,以避免政府权力的集中。印度还以欧盟作为例子。虽然 WTO 的制度结构不能与现代民主宪法或欧盟设立的制度相比,WTO 中缺少很多现代民主确立的制衡机制,但机构平衡原则在 WTO 中也发挥了重要的作用。尽管《WTO 协定》的文本中没有这一原则,但在实际上它是 WTO 法律中的一条原则”。在提出这类论点时,印度试图说服上诉机构,WTO 机构应具有与国内宪法体制相似的“分权”:“《WTO 协定》的起草者创立了一套复杂的制度性结构,授权 WTO 各机构就相关事项作出有约束力的决定。各机构应相互合作,以实现 WTO 的目标。而且,各机构在自行其责时应尊重所有其他机构的职责,惟此才能实现这种合作。为了维护在 WTO 司法机构和政治机构之间正当的机构平衡,就平衡支付限制有关的事项而言,这类措施的合法性审查应留给相关的政治机构。”但是,上诉机构拒绝了印度的论点。上诉机构认为,印度未能提出任何令人信服的论据,以支持其机构平衡原则。而且,机构平衡原则并不来自于国际法的一般原则,即使印度自己也不否认这一点。上诉机构接着以 DSU 的原文和收支平衡谅解的脚注为根据,指出 WTO 争端解决机制能够适用于“与以平衡支付为目的所施行的进口限制措施相关的任何事项”。

在某种程度上,“印度数量限制案”涉及宪法原理的合并,即 WTO 的不同机构之间关系所存在的“分权”问题。上诉机构指出,机构平衡原则并不来自于国际法的一般原则,即使印度自己也不否认这一点。而且,上诉机构似乎对 WTO“政治机构和司法机构”在作用和职能上的关系问题也是讳言莫深。只是简单地表示:“上诉机构认识到国际收支平衡限制委员会和总理事会据 GATT1994 第 18 条第 12 款和 BOP 谅解在国际收支限制的权限,但该权限与专家小组的权限并不冲突。”而且,“国际收支平衡限制委员会和专家小组有不同的职责,国际收支平衡限制委员会程序和争端解决程序在性质、范围、时限和结果类型方面都是不同的”。上诉机构不仅避免以分权理论或其他宪法理论作为推理方法，而且避免使用任何具有“宪法”意味的措辞。因此，上诉机构全面驳回了印度与所谓机构平衡原则有关的论点：实际上，这也就拒绝以分权理论或宪法理论来解释 WTO 各机构之间的关系。迄今为止，在其他 WTO 案例中，也再没有出现援引“机构平衡”“分权”或“节制和平衡”等论点的例证。

(二)关于形成体系的宪法

根据 WTO 司法宪法论，WTO 案例法促进了 WTO 法作为一种法律体系的一致性和统一性，标志着新的基础规范的出现，其主要论据是上诉机构在证据规则等程序事项上的独特处理，诸如国际法上的代表、法律利益、自裁管辖权、举证责任、法庭之友的可接受性以及司法经济等。在此方面，上诉机构容许从包括非国家行为者在内的各种渠道收受资料，亦即上诉机构对法庭之友问题的处理，成为重要的例证之一。①

DSU 仅规定了 WTO 成员可以参与 WTO 争端解决，并没有提到个人或非政府实体。在 WTO“虾龟案”中，上诉机构就明确指出：根据 DSU，只有成员才能成为争端方，在专家小组受理的案件中具有实质利益的成员才可以成为第三方。在这种情况下，向 WTO 争端解决机制的司法机构提供法庭之友摘要就成为目前非政府实体或个人参与 WTO 争端解决的主

---

① 参见陈喜峰：《全球化时代的国际争端解决和市民社会》，载曾令良、余敏友主编：《全球化时代的国际法：基础、结构与挑战》，武汉大学出版社 2005 年版。

要途径。①

在“美国普通和精炼汽油标准案”中,专家小组第一次涉及这种法庭之友摘要;而上诉机构首次涉及则是在“欧共体影响肉和肉产品措施案”中。秉承关贸总协定时期的实践,专家小组和上诉机构都没有考虑未经要求的法庭之友摘要。嗣后,经过争端解决实践,以“虾龟案”“美国对英国热轧钢产品反补贴税案”和“欧共体石棉案”三案为标志,上诉机构逐步形成了对这一问题的系统的法律意见。

就上诉机构而言,第一,根据上诉审查工作程序第 16 条第 1 款,上诉机构具备了接受经过要求的法庭之友摘要的权限范围。如果上诉机构行使上述规定的特权,就能够以个案为基础获得这种摘要。第二,上诉机构自我推理,具有根据 DSU 的权限以“考虑上诉机构所认为相关和有用的

---

① 法庭之友最早可追溯到罗马时代,那时法律资源匮乏,并且经常依赖于口述记录来传达法理和智慧。提供法庭之友摘要是法庭之友的通常做法。一般而言,法庭之友摘要可以定义为:对争端不具有直接法律利益的私人或实体可以向法庭提交未经要求的报告,表达其对有关法律问题的观点或向法庭告知有关事实情况,以促进法庭对案件作出决定。Georg C. Umbricht, “An ‘Amicus Curiae Brief’ on Amicus Curiae Briefs at the WTO”, *Journal of International Economic Law*, 2001, p. 778. 在拉丁语中,这种未经要求的或不具有直接利益的旁观者称为法庭之友。而布莱克法律词典给出法庭之友的定义是:字面上,法庭的朋友。对于一项诉讼的主题事项具有强烈的兴趣或观点但不是诉讼一方的人士,可以请求法庭允许提交一份摘要。这种法庭之友摘要通常提出对关系到广泛公众利益的事项的请求。Gabriella Marceau and Mathew Stilwell, “Practical Suggestions for Amicus Curial Briefs Before WTO Adjudicating Bodies”, *Journal of International Economic Law*, 2001, p. 156. 另一种更为实践性的定义是“安排一国、国际组织或其指定的充当法庭之友的人员,间接地代表个人,向法院陈述其权益直接受该诉讼影响的个人意见。”参见[英]伊恩·布朗利:《国际公法原理》,曾令良,余敏友等译,法律出版社 2003 年版,第 644 页。而法庭之友摘要最简明的定义是,一种由并非一争端当事方的某人向法庭提交的摘要。据 Arthur Goldberg 法官在 United States v. Barnett 案中陈述:法庭之友的传统功能是主张一种与当事方相独立和区别的其本身的利益,而无论该利益是私人的还是公共的。习惯上是那些权利依赖于案件结果的人提交法庭之友简报,以保护其本身的利益。Dinah Shelton, “The Participation of Non-governmental Organizations in International Judicial Proceedings”, *American Journal of International Law*, Vol. 88, 1994, p. 617.

法庭之友摘要”。第三,上诉机构为此可以通过处理提交法庭之友摘要请求的附加程序。第四,实践中,在上诉中接受的法庭之友摘要或其他资料摘要通常附录于某争端方的书面陈述中,上诉机构认为“这种资料至少初步构成了争端当事方书面陈述不可分割的组成部分”。第五,由于上诉程序限于专家小组程序的法律问题和法律解释,包含事实资料的法庭之友摘要可能将被上诉机构驳回。

在接受未经要求的法庭之友摘要问题上,上诉机构表现出比专家小组更大程度的司法能动主义,这一问题主要是上诉机构所推动的。这种现象在 WTO 争端解决实践中非常反常,因为一般认为“在一定意义上,上诉机构一直保持更多的‘司法克制’,并且与有些时候的第一级专家小组相比,它在发展解释条约语言的新观点方面更加犹豫”,①但在这一问题上,保持更多司法克制的不是上诉机构而是专家小组。因此,从表面上看,在法庭之友问题上,堪称迄今上诉机构最具司法能动性的表现。上诉机构的确显示了凯斯所称的宪法的司法造法作用。尽管如此,从实质上看,这一作用不仅相当有限,而且恰恰是受到了“宪法”的限制:

第一,上诉机构所展现的司法能动主义的“星光”随即暗淡在大多数 WTO 成员的不满之中。2000 年 11 月 22 日,上诉机构主动请求 WTO 总理事会召开特别会议讨论这一问题。② 总理事会专门就此举行会议,会议上普遍认为上诉机构需要在将来的案件中谨慎从事。上诉机构在这次会议上遭到多重指责:赋予非政府行为者比 WTO 成员所承认的权利以更多的权利;违反了对 WTO 法中法庭之友地位的共识;向政治掮客开放 WTO 争端解决;不适当地增加了司法机构的工作量;损害发展中国家的利益;最后还滥用职权成为立法者。面对 WTO 成员的这种立场,上诉机构重新采取了审慎的态度。据上诉机构法律事务部主任所述,当欧共体石棉案

---

① [美] 约翰 · H. 杰克逊著:《GATT/WTO 法理与实践》,张玉卿、李成钢、杨国华等译,新华出版社 2002 年版,第 203 页。

② WT/GC/M/60, adopted at 23 January, 2001.

最终报告在 2001 年 4 月 5 日发布时,将全面驳回所有的法庭之友摘要。① 随后的事实证实,上诉机构以未足够遵守附加程序第 3 款规定的所有要求为由拒绝了每一份法庭之友摘要。正如专家小组报告所述"因 WTO 成员对如何对待法庭之友陈述问题没有协商一致,专家小组将不会接受法庭之友摘要"。②

第二,上诉机构对法庭之友问题的处理,使法庭之友摘要只有在被一争端方接受时才能予以考虑。在这点上,正如丹诺夫所指出的那样,实践反而是一种倒退,因为法庭之友只有在沦为争端一方附庸的时候,其所提交的摘要才具有可接受性,这样一来法庭之友无疑丧失了独立性。实际上,这使提交法庭之友摘要的非政府组织从相对独立的行为者沦为某一争端方政府的附庸,只能对政府的论点随声附和。结果只能是非政府组织、上诉机构和 WTO 成员三败俱伤。③

不过,在此方面新近发展表明,上诉机构在程序问题上的司法造法作用得到了一定的承认。一方面,在"萨瑟兰报告"中,对于法庭之友问题给出如下意见:"对于法庭之友,顾问委员会基本同意迄今已经达成的程序,允许接受并考虑此类性质的适当提案。对于目前担心法庭之友容易造成资源浪费,以及普遍认为这类提案在某些情况下可以改进争端解决程序

---

① Petros C. Mavroidis, "Amicus Curiae Briefs before the WTO: Much Ado about Nothing", Jean Monnet Working Paper 2/01, p. 10.

② United States-Investigation of the International Trade Commission in Softwood Lumber from Canada, WT/DS277/R, March 22, 2004, para. 88.

③ Jeffrey L. Dunoff, "The WTO's Legitimacy Crisis: Reflections on the Law and Politics of WTO Dispute Resolution", *American Review of International Arbitration*, Vol. 13, 2002, pp. 197 – 208; Geert A. Zonnenky, "The Appellate Body's Communication on Amicus Curiae Briefs in the Asbestos Case: An Echternach Procession?" *Journal of World Trade*, Vol. 35, 2001, p. 553.

的整体质量的两者之间，应公平地平衡双方的利益。”①另一方面，在 2005 年 8 月 2 日 WTO 发布的一则通讯中，审理“欧共体荷尔蒙牛肉禁令案”的 WTO 专家小组主席通知各成员，将于 2005 年 9 月 12 日至 15 日举行的专家组程序将通过闭路电视向公众公开。这是 WTO 历史上首次向公众公开其听证程序。该动议正是应争端的三个当事方——欧共体、美国和加拿大的要求而提出，期以提高 WTO 争端程序的透明度。这类改革建议和实践做法已经相当于承认，就程序问题而言，在得到 WTO 成员的支持下，即使不正式修改 DSU，WTO 争端解决机制及其上诉机构可以具有较大的自由裁量权。

（三）关于主题事项的并入

根据 WTO 司法宪法论，WTO 案例法逐渐涉及传统上属于国内宪法权限范围的事项，并且这类事项逐渐被纳入 WTO 争端解决机制的管辖范围内。其典型例证便是上诉机构对所并入贸易关联问题的裁定，影响到 WTO 成员和 WTO 之间关系的重新组合。贸易规制贸易关联问题具有相当的宪法意义。在《WTO 协定》中，根据 GATT1994 第 20 条和第 21 条的规定，一般例外和安全例外允许 WTO 成员为了维护特定的国内政策目标或社会公共利益而可以采取减损或免除 WTO 一般义务的措施。实际上，这类例外代表着以非贸易价值为导向的各种社会管制，如保护环境和人类健康，对其与贸易价值之间关系问题的处理在国内法中都是具有典型宪法意义的问题；而据笔者所知，在国际层面，上诉机构对这类问题的处理实质上还涉及 WTO 与其他国际组织，以及 WTO 法与其他实体性的国际公法之间的关系问题，这可能是贸易关联问题独特的宪法意义。

WTO 上诉机构对“虾龟案”的裁决就是如此。上诉机构认为应根据最新发展情况来解释“可用竭自然资源”的概念，参考了 1992 年《里约宣

---

① Report by the Consultative Board to the Director-General Supachai Panitchpakdi, The Future of the WTO, Addressing Institutional Challenges in the New Millennium, 2005, para. 260.

言》《生物多样性公约》和《联合国海洋法公约》等,最终做出的解释是“自然资源”应包括所有生物和非生物自然资源。上诉机构还认为,《WTO 协定》中并没有总揽一切的单一目标,应当结合具体条款的目的与宗旨予以理解;从而认为被诉方美国的措施属于 GATT1994 第 20 条第 7 款所指的措施。尽管对该案上诉机构报告的评价众说纷纭,但无疑上诉机构相当澄清甚至填补了文本非常简略的 GATT1994 第 20 条。

诚然,正如凯斯所述,尚有许多问题未能为上诉机构所处理或解决。诸如,第一,“虾龟案”中上诉机构就 WTO 法和国际环境法关系问题的裁定,是否代表了 WTO 成员的意愿?第二,这类关系问题,是否应由 WTO 法而不是其他法律体系所决定?第三,如果所谓国际卫生法或国际能源法得到确实的发展,并且将潜在地影响到 WTO 法的解释,而 GATT1994 的前言并未提到这类法律体系,则上诉机构该如何作出裁定?① 更广泛的问题则包括,对于那些遭受贸易规则允许的行为所造成的环境损害,是否应对此确立私人在 WTO 内的诉讼权利?如何判断成员所提出的在满足非贸易目标的条件下,才能提供市场准入?WTO 所授权的贸报复能否在 WTO 成员未能遵守环境保护标准的情况下使用?WTO 争端解决机构是否需要按照国际公法的其他实体规则来解释 WTO 法?而且,在大多数情况下特别是“虾龟案”以后,上诉机构对贸易关联问题的处理日趋谨慎,并拒绝将所谓不成文的结构性或宪法性原则作为条约解释的渊源。在“印度专利案”中,专家小组援引了某些所谓 WTO 法中不成文的结构性原则,

---

① 在这里,凯斯提到 Joost Pauwelyn 在 *Conflict of Norms in Public International Law: How WTO Law Relates to Other Rules of International Law* (Cambridge University Press,2003)所提出的解决办法,即 WTO 法是一般国际法的一部分,应按照代表了 WTO 全体成员共同意愿的其他国际法规则予以解释。在相冲突的情况下,特别是诸如人权或环境之类“整体的”义务和“互惠的”WTO 义务存在“固有的规范性冲突”的情况下,其他国际法规则应优先于 WTO 规则。参见 Deborah Z Cass, *The Constitutionalization of the World Trade Organization: Legitimacy, Democracy, and Community in the International Trading System*, Oxford University Press,2005, pp. 197 - 198。

即合法期望(legitimate expectations)原则,以确定印度根据 TRIPs 协定所承担的义务范围。专家小组指出,保护成员对竞争条件的合法期望是早已确立的 GATT 原则。在一定程度上,该原则可以从 GATT1994 第 23 条这一基本的争端解决条款中引申出来。保护合法期望是创建多边贸易体制的安全性和可预见性的关键,尽管 GATT1994 主要处理其他成员的货物待遇,而 TRIPs 主要处理其他成员的国民待遇问题,但专家小组并不认为这一原则就不能适用。而且,TRIPs 前言承认 GATT 1994 基本原则的适用性,这提供了有用的上下文。上诉机构指出,原则上,与 GATT1994 第 23 条有关的习惯做法对 TRIPs 协定的解释来说可以是适当的。但是,专家小组混淆了 GATT1994 第 23 条中与合理期望有关的两个不同的概念。其一是根据 GATT1994 第 23 条第 1(a)款提起的违法之诉中,保护缔约方对其产品与其他缔约方产品的竞争关系的预期的概念。其二是根据 GATT1994 第 23 条第 1(b)款提起的非违反之诉中,保护缔约方对市场准入减让的合理期望的概念。上诉机构认为,专家小组根据 1969 年《维也纳条约法公约》第 31 条认为"善意解释要求保护合法期望",但这是错误适用了该第 31 条。上诉机构认为,条约当事方的合法期望反映于条约的用语本身。条约解释者的义务是审查条约的用语以确定缔约方的意图,这应根据该第 31 条规定的条约解释的通则进行。但这类原则既不要求也不包含在条约用语中增加不存在的内容或者没有明确意图的概念。

实际上,上诉机构在贸易关联问题上的确具有推动 WTO 宪法化的可能性和空间,然而除了 DSU 对上诉机构管辖权和适用法的限制,根本的困难在于其所处的国际制度背景。在国内宪法体制中,对各种社会价值的宪法决断一般都已经为宪法原则和宪法规范所预设或确认;而在国际法中,正如国际法委员会研究国际法不成体系问题的报告指出:"国际法中不存在经过认真制定并具有权威性的价值等级,例如不存在人权与环境孰重孰轻的问题。而且,也不存在一个能够解决冲突的代表体系上等级的最终机构。"显然,WTO 法不大可能以与联合国环境规划署或者国际劳工组织相同的根据去处理贸易关联问题，对自我制度认同的否定在政治和实践中都是不可行的。

（四）其他实践因素的影响

除上述外，实践中有两个因素对于司法宪法化模式具有影响：

一方面，由于司法的被动特性，不仅案件的产生具有偶然性，上诉机构也不可能主动发起案件进行司法造法。截至 2012 年 1 月 1 日，在 427 起 WTO 投诉中，以涉及多投诉方的案件合并为基础，共发布约 132 个专家小组报告；其中，有约 90 起案件提起上诉。这样，就有 42 个专家小组报告没有上诉就获得通过，占专家小组报告总数的 32%。[①] 这使成员政府能够预见到提起上诉获胜的概率，从而在确定获胜概率不大或案件已不重要的情况下，不再进行这项费时费力的争端解决活动。[②] 但案件没有上诉意味着上诉机构进行司法造法推动 WTO 宪法化失去了前提。

另一方面，从实践来看，这种模式是否能够如愿以偿，仍然受制于 WTO 成员的意愿，特别是某些强权成员的意愿，并可能仍然受强权成员主导。例如，截至 2003 年 12 月 31 日，在涉及欧共体作为投诉方的 24 起争端中，欧共体胜诉了其中的 23 起，胜诉率达到了惊人的 96%。欧共体作为被诉方的 8 起争端中，至少有一项措施抗辩成功的争端达到了其中的 6 起，胜诉率也达到了 75%。换言之，有利于欧共体市场准入的裁定远远超过了施加给欧共体开放市场的压力。这些数据表明，涉及欧共体的司法造法，已经如欧共体所愿转移了权利和义务的平衡。又如，截至 2006 年 5 月，有 7 起 WTO 争端解决的裁定要求美国国会就相关法案通过立法，如美国外国销售公司法案、1916 年反倾销法案、伯德修正法案、拨款法

---

① International Law Commission, Conclusions of the work of the Study Group on the Fragmentation of International Law: Difficulties arising from the Diversification and Expansion of International Law, U. N. Doc. A/CN. 4/L. 682, 2006, p. 13.

② Kara Leitner and Simon Lester, "WTO Dispute Settlement 1995 – 2011: A Statisctical Analysis", *Journal of International Economic Law*, Vol. 15, No. 1, 2012, pp. 315 – 325.

案第211节、“版权法案”第111节、反倾销法案修正案以及相关授权棉花补贴的农业法案等。在这类争端中,美国几乎尚未遵守一起WTO司法机构的裁决。①

如上所述,根据WTO司法宪法论,WTO的宪法化是一种逐渐发展的过程,争端解决机构缓慢地但不可改变地确立宪法规范。但是,这种宪法化方式在WTO案例法中,目前只能被认为是非常有限地得到了体现。

四、WTO司法宪法论的论证方法

如同WTO权利宪法论,WTO司法宪法论也发生了内在的变化。凯斯承认,与她早期在此方面的研究工作相比,她的观点有了较大的转变。除对WTO司法宪法论在论点和论据进行调整外,②最重要的转变在于,凯斯在2005年的著述中,根本上提出了对WTO宪法化理论进行反思的主张。凯斯在2001年的著述中认为,“宪法化”的含义,可以被理解为不仅是确立了一项能够作出有约束力的法律决定的制度,而且所确立的司法性争端解决机制通过司法解释发展出了一种宪法体系。这类司法解释所包含的宪法性原理,使WTO法在更大程度上与宪法体系相似。在此意义上,可以认为WTO法处于逐渐宪法化的进程中,具有了国内宪法的某些特征。凯斯在2005年的著述中承认,仅就以司法造法为模式的WTO宪法化而言,尽管这种模式与欧盟的宪法化模式较为相似,但前者并没有澄清司法活动、合法性和宪法化之间的关系,而司法造法也不可避免地引发宪法化进程中的政治争议。由于缺乏对其他宪法化要素的发展,这一模式只能为WTO宪法化及其理论提供部分证据。她认为,这种模式未能充分讨论宪法化与合法性之间的关系,并因此忽视了政治在宪法化过程

① WT/DS/OV/23,2006.

② 在此方面,例如:第一,取消了“宪法价值的合并”这一司法技术。第二,取消了对初级宪法特性和次级宪法特性的提出和区别,而是将有关的4个具体实例与司法技术归类。例如,实质性歧视原来是作为次级宪法特性,现在归入“宪法原理的合并”部分中。第三,取消了次级宪法特性中的“合理关系标准、相称性和更少限制性方式”部分。

中的作用问题。本书以下将结合其理论发展的脉络,对 WTO 司法宪法论的论证方法进行批评。

(一)传承法理学和普通法的宪法学方法

WTO 司法宪法论关注 WTO 争端解决机制的法律发展,认为 WTO 案例法已经初步形成了一类具有宪法性质的实体规则和原则,论述的重心在于其司法性的立法功能,亦即其司法造法功能。凯斯的 WTO 司法宪法论,明显传承了法理学以及普通法的宪法学方法,将上诉机构所发展的案例法视为在创造 WTO 法乃至国际贸易法中的宪法结构。

WTO 司法宪法论首先受分析实证主义法学的代表人物凯尔森的影响。凯斯认为,就这一新法律体系的法律规范而言,其合法性不是旧的关贸总协定体系,而是新的基础规范(grundnorm)。按照凯尔森的基础规范理论,宪法及其所组织的法律规范的效力来源于基础规范。宪法形式或形式意义的宪法并不是必不可少的,而实质意义的宪法则是每个法律秩序的主要因素。实质意义的宪法由调整一般法律规范的创造,尤其是创造法律的那些规则所构成。凯尔森还指明了两者之间的关系:正是由于实质宪法,才有一种宪法性法律的特殊形式或一种宪法形式。[①] 而且,正如英国分析实证主义法学者约瑟夫·拉兹所言,一种法律体系可以被认为是一种行为理由的体系。使一个理由必然成为法律理由的两个特点是:第一,它们是一些被一个法院体系所承认并且适用的理由;第二,这些法院在与自己实践和习惯相互一致的条件下适用这些法律规则。这些特点也解释了法律自己的体系化的特点:法律是被权威性的法律适用机关所承认和强制执行的行为依据的体系。这些特点为哈特自己的法律特点理论(关于承认规则的解释所体现的)提供了基础。[②] 拉兹实际上提出了

① [奥]凯尔森:《法与国家的一般理论》,沈宗灵译,中国大百科全书出版社 1996 年版,第 142~143 页。

② [英]约瑟夫·拉兹:《法律体系的概念》,吴玉章译,中国法制出版社 2003 年版,第 254 页。

一种国际法宪法化的思路,通过司法机构的实践,可以使“理由”必然成为法律理由,从而使法律自己可以体系化。换言之,通过国际法院和法庭的实践,也可能使国际法体系或次级体系成为体系化的法律。实际上,欧洲法院对欧盟及其欧共体宪法化的推动,已经提供了证明。

而英国的不成文宪法传统则提供了另一个法理之源,英国宪法学传统的形成依赖于梅特兰、戴雪和惠尔等人的阐发,关注“实效宪法”(effective constitution),而非“规范宪法”(normative constitution)。既然法律是一门经验科学,他们首先关心的是宪政实践中凝结起来的、发挥宪政作用的制度和规则,而不是抽象的、逻辑概念中存在的宪法条文。① 在普通法系国家,根据“先例约束原则”,最高法院及上级法院的判决因是下级法院审理同类案件的依据而成为判例。同时,根据普通法的原理,法院在法律没有明确规定的情形下可以创造规则。而宪法判例是指宪法条文无明文规定,而由司法机关在审判实践中逐渐形成并具有约束力的判例。在不成文宪法和柔性宪法的国家,没有根本法意义上的宪法典,法院在宪法性法律没有明确规定的前提下,就有关宪法问题作出的判例也是宪法的表现形式之一。以此考察 WTO 司法宪法论,所谓宪法化主要指 WTO 已经形成和不断发展的案例法,其所形成的一些规则和原则具有了国家宪法的某些要素,而 WTO 法也因此具有了宪法的某些特性。这反过来将有助于 WTO 法的宪法化。这一过程之所以能够不同于一般国际法中的司法解释,并不是因为其依赖于任何可以设想的国际宪法框架,而是因为这一过程依赖于宪法体系所构成的宪法原理、宪法事项、宪法机制和宪法价值。

凯斯还认为:需要从宪法角度分析 WTO 法的新发展,才能更全面和更深入地理解 WTO 法业已出现的宪法化趋势。特别是在 WTO 争端解

---

① 参见强世功:《“不成文宪法”:英国宪法学传统的启示》,载《读书》2009 年第 11 期。

决的审查标准、分权问题、WTO 与 WTO 成员的国家主权关系等问题上，通过“宪法思维”，将有助于在法律体系构成、法的整体有效性、民主性以及其实质合法性方面对 WTO 法进行深层次的探讨。因此，凯斯的这段“表白”，表明其侧重于“国际法对国家宪法的宪法化”，即吸收、借鉴和移植国家宪法的宪法原理，一种将国家宪法的成就逐渐移植到国际层面的方法，而不是立足于国际法和国际组织本身的宪政理论建构之中。

（二）借助司法解释，施行司法造法

尽管司法解释具有某种程度的创造性，但 20 世纪以来司法功能的创造性得到了特别的强调。司法造法作为法律解释创造性的自然延伸，也可以说是法律解释的一部分。司法解释泛称法官对法律的解释或者法官造法，或者称为法官法（judiciary law）。法官造法被认为是法律解释的极致，且常常以法律解释之名而行造法之实。

法律解释中本身关于“解释”（interpretation）和“释义”（construction）的区别，为司法解释发展和司法造法提供了可能性。在英美法系中，“解释”一般是指确定合同、制定法或国际条约所包含措辞的意义，而“释义”是指确定当事方对没有在原文中明确详尽规定的事项的意图。在 WTO 争端解决过程中，绝大多数情况下只涉及解释问题，即确定争端所涉及条约义务的意义。在某些争端解决过程中，则涉及释义问题。塔奇曼认为这至少包括两种情况，其一，根据 DSU 的规定，在非违反之诉和情势之诉中，并没有违反条约的明确规定的情况，而司法机构需要对条约进行释义，以决定是否为此提供救济；其二，当概念或措辞本身虽然没有得到明确详尽地规定，但原文中暗示或者可能包含了此类意图时，也可能产生释义问题。①

而且，一些西方学者认为法律解释与造法之间并无截然的界限。因

---

① Joel P. Trachtman, “The Domain of WTO Dispute Resolution”, *Harvard International Law Journal*, Vol. 40, 1999, pp. 333 – 341.

为司法解释不可避免地具有创造性,即使在“法律措辞简单直接、立法意图一目了然”的情况下,也是如此。真正的问题不在于非创造性的司法解释与司法造法之间的界限,而在于创造性的程度,以及司法造法的风格、限度和可接受性。① 所谓司法能动主义的本意,简言之是指法官应该审判案件而不是回避案件,并且要广泛地运用他们的权力,特别是通过扩大平等和个人自由的手段促进公平亦即保护人的尊严。② 对于司法能动主义的质疑本身就有争议,因为作为解决条款模糊问题,每个司法机关在填补协定空白方面都有一定的权限。而所谓司法的自由裁量本身就意味着一定程度的创造。

就 WTO 的司法造法而言,根据阿尔瓦雷斯(Jose E. Alvarez)认为,这类宪法性的司法造法并非是 WTO 所特有的现象,在诸如联合国和欧盟等国际组织中也屡见不鲜。③ 而前述塔奇曼也指出,WTO 法如同任何立法都存在“不完整契约”(incomplete contracts)和“建设性模糊”(constructive ambiguities)的情形,除了规则之外,也有只提供一般指南的并非精确的“标准”(standards)。由于缔约将耗费大量的事前成本,而司法造法显然

---

① 参见孔祥俊:《论法律解释的基本特性——法官在裁判中的法律解释哲学》,载《判解研究》2004 年第 6 辑,http://www. civillaw. com. cn/article/default. asp? id = 24633,最后访问时间:2012 年 5 月 23 日。

② 这种方法可以通过一系列的推理加以阐述:第一,法官在宪法解释的过程中,不应该受制宪者立法意图的限制,不管这种意图被理解为历史性期望或者某种确定的语言含义。第二,司法能动主义倾向于更少强调必须绝对遵循先例,尤其是在宪法实践方面。第三,司法能动主义为获得重要而且必要的司法判决倾向于减少程序上的障碍。第四,司法能动主义者并不那么遵从其他政治决策者,因为他们对法官自身的民主性质和能力更加信任。第五,司法能动主义者喜欢作出更为广泛的裁定,给出更为广泛的意见。第六,司法能动主义主张一种广泛的司法救济权。参见[美]克里斯托弗·沃尔夫:《司法能动主义:自由的保障还是安全的威胁》,黄金荣译,中国政法大学出版社 2004 年版,第 3 ~ 7 页。

③ Jose E. Alvarez, “Constitutional Interpretation in International Organization”, in the Jean-Marc Coicaud and Veijo Heikanen (eds.), *The Legitimacy of International Organizations*, United Nations University Press, 2001, pp. 104 - 138.

更有效率,《WTO 协定》的缔约者选择通过争端解决来发展法律,从而继续完善契约和澄清标准。总之,WTO 司法宪法论直接吸取了国内司法体系的某些法理和经验,仅就此而言,这一理论模式具有较为直观的理论基础。尽管司法造法具有一定的立法性可以证成,但仅仅在司法过程中适用一些宪法解释方法和推理技术,显然不足以论证宪法化的实质面向。对此,正如前述,司法机构只有处理的是具有宪法性质的问题,并在一定程度上起到"司法审查"或者"宪法裁判"(constitutional adjudication)的功能,才可能真正与某种宪法化发生关联。①

WTO 司法解释和司法造法是否构成某种意义的"司法审查"或者"宪法裁判"? 在此方面,重要的是应区别国家的司法审查或者宪法裁判和国际争端解决在司法性质和职能范围上的根本不同。宪法裁判是宪政包括宪法司法化的标志之一,以监督立法或行政机关不至于损害个人权利。这一过程旨在阻止社会的"多数"不当地剥夺"少数"的权利。诚然,在多元政治过程中的民主并没有确定性的标准,而这又正是宪法法院所起到的评价和权衡职能。重要的一点在于,就实体性个人权利的保障而言,宪法法院被期望起到与其他民主政治过程所不同的作用。②

而在国际裁判中,除欧洲法院外,几乎没有国际司法性争端解决机构能够起到这一作用。即使仅就狭义的宪法裁判而言,例如美国法院对政府行为进行两种类型的审查,在横向上审查联邦政府机构的行为,在纵向上审查州政府的行为。WTO 争端解决对 WTO 成员国内法律和措施的"审查"在形式上的确与"纵向"的国内司法审查相似,但这只能说是推动了 WTO 成员国内贸易政策和法律的宪法化而不是 WTO 自身的宪法化。

---

① 宪法裁判可分为狭义和广义两种。狭义的宪法裁判是指,司法机关审查法律条款是否有违反宪法的事项,如果被裁定为有悖于宪法,则废除其法律效力或停止实施的制度;广义的宪法裁判是指与宪法相关的争议或疑义依据司法环节来解决。

② Lord Irvine of Lairg, "Sovereignty in Comparative Perspective: Constitutionalism in Britain and America", *New York University Law Review*, Vol. 76, 2001, p. 1.

而国际司法机构几乎不可能在“横向”上审查其他机构行为的“合宪性”。例如,虽然大会和安理会、安理会和国际法院之间的“平行处理”已经成为一般认识,但不可避免的忧虑是:联合国的组织内部机构中并没有对安理会决议的司法审查,也没有成员与安理会的第三方争端解决规定。国际法院甚至在“费用案”(Expenses case)中明确指出:在国内法律体系中,经常存在某些程序以确定政府甚至立法机关行为的合法性,但是在联合国的结构中没有类似的程序。WTO 当然也是如此。

(三)WTO 司法宪法论的合法性论证

就其对 WTO 宪法化的总体观点而言,凯斯提出,宪法化促进制度、管理技术、权利争议和准司法权,以建构 WTO 宪法。宪法化现象对国家自主、WTO 考虑非经济和非自由贸易目标的能力、WTO 和民族国家内的民主程序都具有重要影响。根据这类定义,合法性、民主和共同体问题利害攸关。WTO 宪法化所面临的问题在于,缺乏适当的政治结构,以平衡司法机构的工作;可能削弱国家决定国内经济利益事项的能力;缺少一致性政治共同体的权威;强调经济目标和单纯的自由贸易,忽视其他同样重要的社会价值。WTO 宪法化所需要的,是考虑国家经济发展的需要、考虑国际贸易被扭曲的竞技场、考虑对发展中国家经济方面的影响。简言之,合法性、共同体和非贸易价值的宪法化,是 WTO 所面临的最大挑战。

因此,主张 WTO 权利宪法论的彼得斯曼是“不退反进”,而主张 WTO 司法宪法论的凯斯则是以“以退为进”,她实际上指出了 WTO 宪法化在整体上所面临的理论和实践困难。显然,凯斯之前提出的如“主题事项的并入”之类的宪法技术,不足以应对这类真正具有宪法作为“政治法”意义的问题。因此,凯斯于 2005 年提出了所谓“贸易民主”(trading democracy)的对策,并简短指出这一对策的两个面向:一方面,WTO 宪法化在程序上应当(民主)转型,以便考虑当代国际社会的背景条件,诸如国家不再成为宪法化唯一的“位置”(locus)、国家间关系的性质在全球化时代不断变动以及治理技术的形式和种类不断增加等;另一方面,WTO 的根本目标应当重构为“发展”而不是自由贸易。发展具有多重意义，诸如环境可持续性、社会物品和机会的分配或者扩大经济总量的规模。凯斯认为，即使从《WTO 协定》的文本看，自由贸易也并非多边贸易体制的明确目标，“通过非歧视贸易的经济发展”才应成为 WTO 的根本目标。如果就此能够达成协定，则 WTO 司法机构对《WTO 协定》的解释将必然考虑社会和福利方面的关注，从而为 WTO 宪法化增加实体内容。

出于可以理解的原因，凯斯在最后结论部分提出的问题和论证显然是未完成的。笔者认为，WTO 司法宪法论最终应论证司法造法是否应该和能够推动宪法化的合法性问题，而不是 WTO 如何宪法化，然后如何指导司法造法及其能动作用；后者正是 WTO 制度宪法论和 WTO 权利宪法论致力论证的问题。姑且不论“通过非歧视贸易的经济发展”究竟意味如何，倒果为因将使这一模式丧失理论的自足性，无法与后两者并肩而立。即使就其提出的贸易民主策略而言，至少应从以下两方面考察司法造法宪法化模式的合法性问题：

第一，从形式合法性的角度分析，根据《WTO 协定》及其 DSU 的明确规定，以及本书上述对司法解释的阐述，WTO 司法机构作出的裁决只要被 WTO 争端解决机构通过，无疑都具有形式意义的合法性。但是，这并非意味着 WTO 的司法裁决不会出现某种缺失甚至错误，特别是在指望司法机构起到推动宪法化的作用时，需要进一步加强形式合法性的制度设计。WTO 的法律化甚至在某种意义上的宪法化而没有必要的政治支持，将使政治决策方面面临更大的压力，并要求更高程度的参与，而且也不能使争端解决机制在政治上能够“可持续发展”。然而，笔者并不赞同放缓甚至遏制 WTO 争端解决机制的司法化改革进程借以谋求 WTO 成员支持的主张。部分程度甚至完全回到外交性争端解决机制的诸多弊端，已经被关贸总协定的实践所证明。笔者的建议是，一方面，应当继续 WTO 解决机制司法化的改革进程，在目前对 DSU 的修改谈判中，改革 WTO 的司法机构、增强 WTO 争端解决机制的透明度、改进 WTO 争端解决机制的执行程序和完善 WTO 的法律救济等提议显然都有助于加强争端解决机制的法律性；另一方面，与前述塔奇曼对“解释”和“释义”的区分不同，美国宪法学者惠廷顿（Keith E. Whittington）提出宪法解释（constitutional interpretation）和宪法阐释（constitutional construction）的理论建构，宪法解释是发现宪法文本含义的过程，结果是可以由法院详述和适用的宪法性法律；而宪法阐释本质上是政治性的，由司法部门以外的政治部门创造性的阐释宪法。[①] 以此为理论基础，并如同阿尔瓦雷斯指出联合国安理会的活动极大增进了对《联合国宪章》的宪法解释一样，[②]笔者主张，使 WTO 总理事会目前成为具文状态的有权解释恢复运作，并加强其他机构诸如 WTO 贸易与发展委员会在解释方面的工作，以此形成与 WTO 的司法解释平行发展的状态，应该是增加 WTO 法律化甚至宪法化发展动力的可行方案之一。

第二，从民主合法性的角度分析，下述第七章所述 WTO 权利宪法论的“尤利西斯之桅杆”异化为“阿基里斯之踵”的悖论，[③]在 WTO 司法宪法论中同样存在。一方面，贸易保护主义利益集团由于善于组织和长于游说，可能通过政治捐助等方式通过立法程序上“民主”合法而实体内容上有损经济效益的法案。[④] 而处于国际而不是国内政治背景下的 WTO 司

---

① ［美］Keith E. Whittington：《宪法解释：文本含义、原初意图与司法审查》，杜强强、刘国、柳建龙译，中国人民大学出版社 2006 年版，第 4～12 页。

② Jose E. Alvarez：《作为造法者的国际组织》，蔡从燕等译，法律出版社 2011 年版。

③ 陈喜峰：《WTO 权利宪法论：经济宪法视角的一种批评》，载《国际经济法学刊》2008 年第 2 期。

④ 根据公共选择理论和宪法经济学，由于集体行动问题，自由贸易的支持者即消费者并不容易承担游说的成本。保护主义集团则更容易组织起来，进行有利于产业的游说活动。而互惠地降低关税和扩大市场准入为后者的游说施加了更大的成本，有助于克服这类贸易保护主义集团所获得的不相称的政治影响力。因此，贸易协定起到了确实的宪法功能，即保护经济自由和多数利益免受被扭曲的政府权力的干预和滥用。See J. Tumlir, “Conception of the International Economic and Legal Order”, *World Economy*, Vol. 8, 1985, p. 85.

法机构正是置身于这种“寻租式民主”的保护主义的压力之外,不受那些组织起来的寻求保护主义立法的利益集团影响,使其成为实现国内政治中真正民主意愿的一个更有效的代理工具。① 在某种程度上,这也复制了国内法意义上法院“反民主多数难题”的民主合法性论证。另一方面,对于不是贸易保护主义利益集团的个体选民或国民来说,由于个人偏好的多种多样,消费者并不总是反对保护主义,他们也可能支持甚至更加支持对健康或环境方面的贸易规制,进而“多数人”的民主意愿实际上可能支持对环境、卫生、劳工等领域的国内立法。由于除了单纯的贸易保护主义措施外,即使是完全以这类非贸易价值为目标的国内立法通常也同时具有限制贸易自由的效果,因此 WTO 司法机构对这类立法与《WTO 协定》不相符的裁决,在此意义上就在国际层面上生成新的民主合法性质疑。正因如此,对于如贸易关联问题的裁决等,无论保持司法克制还是奉行司法能动主义,都会遭遇民主合法性的质疑。

正如豪斯等指出,WTO 及其前身关贸总协定在很大程度上都以功利主义为前提,WTO 司法机构几乎是不可避免地作出有利于贸易价值方面的裁定,从而起到了在各种价值之间的宪法裁判作用。这种宪法裁判在民主合法性上具有重大的缺陷。这种民主缺陷论并不反对 WTO 司法机

① John O. McGinnis 等人持有此论点,认为贸易保护主义利益集团是利益集团的一种,通过设立阻止外国产品竞争的关税或其他管制而获得这类资源。不包括那些不通过政治过程为自己获取资源,而是通过劝说公众,以使其相信它们与众不同的价值应该引导社会来寻求改变政府政策的集团。而互惠地降低关税和扩大市场准入为后者的游说施加了更大的成本,有助于克服这类贸易保护主义集团所获得的不相称的政治影响力。在这种情况下 WTO 保护了 WTO 成员民主多数的权力,促进了 WTO 成员的代议制民主。因此,就消费者相对于生产者的“多数”而言,WTO 在这种意义上促进了国内多数民主。参见约翰·O. 麦金尼斯,马克·L. 莫维塞西恩:《世界贸易宪法》,张保生等译,中国人民大学出版社 2004 年版,第 4 页;John O. McGinnis, Mark I. Movsesian, “The World Trade Constitution”, *Harvard Law Review*, Vol. 114, 2000; John O. McGinnis, “The WTO as a Structure of Liberty”, *Harvard Journal of Law and Public Policy*, Vol. 28, 2004, pp. 81 - 88。

构发挥司法能动甚至司法造法作用，只要司法机构使 WTO 更加“遵从”WTO 成员合法的国内政策目标。①

简言之，这些主张并不反对 WTO 司法机构对非贸易价值等根本问题作出“宪法裁判”，但应按照有利于 WTO 成员经过民主制定的国内政策和法律从事，因此符合民主合法性。在实质上是希望 WTO 司法机构对非贸易价值方面保持司法克制。笔者认为，这种策略实质上是要求 WTO 司法机构作出偏离贸易价值的扩大解释或动态解释，在“立法缺位”的情况下，这种司法克制的表示是以司法能动主义的形式表现出来，可能为 WTO 司法宪法论提供了一种推动 WTO 宪法化的可行策略。这种消极意义的司法造法是否可行和有效，需要进一步观察和验证。

五、结束语

1948 年夏季，在日内瓦第二次缔约方全体会议上，荷兰代表请求会议主席维尔戈雷斯（Dana Wilgress）就最惠国待遇是否适用于领事税作出决定。当年 8 月 24 日，会议主席决定：“GATT1947 第 1 条第 1 款的措辞 charges of any kind，适用于领事税。”随着这个只有一句话的主席决定，多边贸易体制的争端解决机制诞生了。② 在创立了一种通过裁判的集中的司法解释机制，在实施、国际责任的追究和争端解决方面完全排除或严格限制其他国际法的原则、规则和制度的法律适用方面，WTO 法无疑处于国际法的前沿。笔者近年来通过对国际法自足制度的研究已经论及，具有较完善的国际法次级规则和程序的国际法次级体系或特别国际法，大多数可以形成一种具有宪法性质的自足性制度，成为国际法宪法化的一

① Robert Howse，“Adjudicative Legitimacy and Treaty Interpretation in International Trade Law：The Early Years of WTO Jurisprudence”，J. H. H. Weiler（ed.），*The EU，the WTO，and the NAFTA*，Oxford University Press，2000，p. 40.

② Robert E. Hudec，*The GATT Legal System and World Trade Diplomacy*，Praeger Publishers，2d ed，1990，p. 75.

种法律发展路径。[①] 在 WTO 司法造法所涉及的问题中,如审查标准问题和贸易关联问题,国家主权仍然起着重要作用,而且不可避免地产生了基本的宪法争议,即如何形成一种法律体系并保证其有效性、合法性和正当性的实现。

WTO 司法宪法论回避了 WTO 法是不是宪法体系本身的讨论,也没有系统论证司法造法引发的宪法化如何生成这一问题,而是直接诉诸近似机械类比的实证分析,以及将适用宪法技术视为宪法裁判本身。因此,WTO 宪法化的第三条道路,其理论支持显然有待加强。正如前述,宪法变迁原理及其方法论为 WTO 司法造法主导的宪法化提供了比较系统的论证,在此框架中,此种宪法化是以司法解释为表象而以宪法惯例为性质的综合体。值得指出的是,从揭示公权力在国际层面实际运作的角度看,宪法变迁原理具有超越一般法律方法包括法律解释的独特功效。

正如斯坦伯格和凯斯等人所承认的,就宪法化方法而言,上诉机构可能通过对《WTO 协定》的解释进行司法造法,但司法造法尚不能从根本上实现 WTO 成员权利和义务的平衡,也难以为 WTO 法创设具有宪法意义的新原则。而且,尽管因为 WTO 决策方式的革新保证了 WTO 争端解决报告形式上的有效性,然而这种有效性不足以弥补司法造法固有的民主合法性缺失。诚然,在全球治理日益依托某种国际组织"位置"[②]的全球化时代,观念、价值、文化,所彰显的话语体系以及其互动关系,对于国际组织及其国际法制度的现实表现日益重要。如果上诉机构抓住"宪政时刻",作出推进 WTO 宪法化的裁决,即使仅仅引发了 WTO 成员的"宪法商议",对于 WTO 宪法化的政治变迁和话语体系的影响也不容低估。

---

① 陈喜峰:《国际法的自足制度之研究》,载《政法论坛》2009 年第 2 期;《国际法自足制度:在不成体系和社会宪政之间》,载《国外社会科学》2009 年第 4 期。

② See Jeffrey L. Dunoff and Joel P. Trachtman, *Ruling the World? Constitutionalism, International Law, and Global Governance*, Cambridge University Press, 2009.

第七章 WTO宪政视角下的WTO基础理论问题

就整体而言，WTO法和一般国际法之间自始至终存在一些共同要素，而且这些共同要素是根本性的，是WTO法赖以显示其特性的基础。这些根本性的共同要素包括：第一，社会基础相同。国家间相互依存、国际社会组织化和经济全球化趋势，是当代国际法和WTO法所共有的基础。第二，法律属性一致，都具有"国家间属性"。第三，效力依据同源，都可以归结为"各国意志之间的协调"。[①]因此，WTO法是"国际法"的一部分并没有遭到太多质疑。

问题在于，WTO法秉承了一般国际法和诸多特别国际法的法律发展，并且进一步作出发展，特

① 曾令良：《WTO法在国际法律秩序中的共性与个性》，载曾令良主编：《21世纪初的国际法与中国》，武汉大学出版社2005年版，第115~118页。

别体现在国际法的效力、争端解决和实施，以及国际组织法、国际条约法、国际争端解决法和国际责任法方面。同时，由于《WTO 协定》并未明确规定 WTO 法和国际法的关系，对于 WTO 及其 WTO 法的法律渊源、性质、地位、作用、功能和救济等问题，在学理上存在很大的争议和分歧。究其根源，这类问题都涉及 WTO 法与国际法相比的"特性"问题。而这种特性问题，本章将 WTO 宪政的视角下予以分析，并对前述 WTO 宪政的三大代表理论进行反思，以提出笔者对 WTO 宪政的一种理论建构。

一、WTO 义务的法律性和 WTO 制度宪法论

WTO 法规定了什么性质的义务，WTO 法义务是否具有法律效力以及是否需要遵守，是 WTO 理论基础问题中的首要问题。少数学者不否认 WTO 法的国际法性质，却同时主张 WTO 义务不需要遵守或者不遵守比遵守有更充分的理由。从表面上看，这类观点只涉及 WTO 法的效力和遵守。从实质上来说，对 WTO 法的效力和遵守的主张，也反映了对 WTO 义务性质的认识。如果认为 WTO 义务不需要遵守或不具有效力，相当于否定了 WTO 法的国际法性质，实际上也就否定了 WTO 宪法化的可能性。对此，WTO 研究者先后形成了四类主要的理论观点，分别为"总体平衡论""有效违反论""国际法义务论"和"互惠义务论"。其中，前两类认为 WTO 法不需要遵守或者不具有效力；后两类则认为 WTO 法具有法律约束力，然而重心又有所不同。

（一）总体平衡论、有效违反论和国际法义务论

针对 WTO 义务的性质问题，在 WTO 法研究者中有两类针锋相对的主张。其中，一类认为 WTO 法不需要遵守或者不具有效力，另一类则坚持 WTO 法具有法律约束力，应当遵守。就前者而言，代表性观点为"总体平衡论"和"有效违反论"。根据"总体平衡论"，WTO 义务是总体上的利益和责任的平衡，只要总体上的平衡成立，成员之间可以进行相互调整。因此，没有遵守的义务，成员仅在遵守更加具有实效时才有"义务"遵守。并且，相对于 WTO 实体法的义务，DSU 规定的是次级或救济

性的义务,后者界定了前者的范围。例如,贝洛和希普乐第一次提出被诉方具有不遵守的自由,并能够选择支付赔偿或者承受中止减让或其他义务,唯一的 WTO 义务不过是维持成员之间经过谈判的贸易减让的平衡。弗罗斯特基本上附和这一观点。赛克斯从普通法系合同法的角度探讨了违反 WTO 义务的救济问题,认为补偿和报复是遵守的替代方法,甚至是理想的替代方法。①

根据“有效违反论”,WTO 法的效力和遵守之间法律关系非常复杂,在条约并未明确规定达成条约目标所必需的权利和义务时,即使救济促进了完美的遵守有时也不能有效地实现条约的目标。如果争端一方或双方认为该条约的目标是明确的,那么就有使争端解决机构进行司法能动的潜在动机。这时,不遵守就有可能在特定时期内就特定问题对条约的目标达成“更有效”的遵守。例如,施瓦茨与赛克斯提出“有效违反”(efficient breach)概念,他们根据在美国国内合同法中,因“有效违反”合同理论而增强了经济效益,因此认为这一概念是 WTO 争端解决机制的关键特征,《WTO 协定》及其争端解决机制都是旨在便利针对特殊情况的有效调整。②

“总体平衡论”和“有效违反论”在实质上和方法上都是相通的。在实质上,都是主张 WTO 义务可以根据所谓“平衡”或“效率”之类的理由

---

① J. Bello and J. Hippler, “The WTO Dispute Settlement Understanding: Less is More”, *American Journal of International Law*, Vol. 91, No. 416, 1997; T. M. Reiff-M. “Forestal, Revenge of the Push-Me, Pull-You: the Implementation Process Under the WTO Dispute Settlement Understanding”, *International Lawyer*, Vol. 32, 1998, pp. 755 – 763; Alan O. Sykes, “The Remedy for Breach of Obligations under the WTO Dispute Settlement Understanding: Damages or Specific Performance”? In the M. C. E. J. Bronckers and R. Quick (eds.), New Directions in International Economic Law: Essays in Honour of John H. Jackson, 2000, pp. 347 – 357.

② Warren F. Schwartz & Alan O. Sykes, “The Economic Structure of Renegotiation and Dispute Resolution in the World Trade Organization”, 179 *Journal of Legal study*, 2002, p. 122.

而忽视“效力”，这类主张在根本上否认、贬低或曲解了WTO法的国际法性质。在方法上，显然是以国内法特别是“私法”的某些原理进行论证，而这类私法原理并不适合于作为国际“公法”的WTO法。① 这反映了运用国内法原理研究WTO法的问题，具有一定的补充作用，同时需要慎重考虑其局限性，这特别可以为公法和私法的分类所阐明。WTO法的效力和遵守，其特性根源于WTO法律体制的法律性质，从根本上说属于“公法”问题。公法是政府与其组成部分和个体成员关系的法律，首先关注政府权力的行使。公法的救济涉及分配性(distributive)而不是纠正性的法理。纠正性的法理主要关于纠正受害者的损害或惩罚违法者的行为，这是明确具体的和通常是追溯性的。② 在这一背景下，如合同法中的以赔偿代替履行之类救济方法并不适合于WTO法。

因此，更多的WTO法研究者主张WTO法具有当然的国际法效力，并且应予以遵守。第一，遵守WTO法是第一位的，所谓补偿和报复都并非最优的选择，只是不遵守情况下的一种妥协，而且这并不与一般国际法和合同法中的有关规则相违背。例如，格雷提出，补偿并非是履行的替代方式。③ 布朗克斯则指出，赛克斯从普通法系合同法角度的论证存在方法上的缺陷，④部分原因在于相比于国内法中的合同法原理来说，国

① Sungjoon Cho, "The Nature of Remedies in International Trade Law", 65 *University of Pittsburgh Law Review*, 2004, pp. 808 - 809.

② Chi Carmody, "Remedies and Conformity under the WTO Agreement", 5 *Journal of international Economic Law*, 2002, pp. 307 - 329.

③ GRAY, CHRISTINE: "Types of Remedies in ICJ Cases: Lessons for the WTO"? In Weiss, F. (ed.): *Improving WTO Dispute Settlement Procedures*, London: Cameron May, 2000, pp. 401 - 415.

④ Marco C. E. J. Bronckers, "More Power to the WTO"? *Journal of International Economic Law*, 2001, pp. 41 - 65.

际贸易法制度仍然是过于粗糙了。[①] 第二,应当区别,对 WTO 的初级义务(《WTO 协定》规定的义务)的遵守和对所谓次级义务亦即 DSB 的裁定和建议的遵守。从法学逻辑上说,是初级义务决定了次级义务的范围,而不是相反。所谓次级义务决定了初级义务的范围,实质上相当于认为是 WTO 法的遵守决定了 WTO 法的性质。[②] 第三,根据前述 WTO 制度宪法论,一项通过的争端解决报告的法律效力是履行专家小组报告的建议的国际法义务,对有关成员确立了改变其行为以与《WTO 协定》相符合的义务。正如前述,根据 WTO 制度宪法论,WTO 义务设立了遵守 WTO 争端解决报告的国际法义务:[③]“虽然 DSU 的原文没有完全明确地说明这一点,但是,这一点可以通过仔细分析整个 DSU 和十几个条款中看出来。”[④]

(二)互惠义务论

在 WTO 义务的性质方面令人感到困惑的,是鲍威林所提出的“互惠义务论”。一方面,鲍威林承认,WTO 义务包括 DSB 的裁定和建议构成

---

① Jide Nzelibe,“The Credibility Imperative:The Political Dynamics of Retaliation in the World Trade Organization's Dispute Resolution Mechanism”, *Theoretical Inquiries in Law*(Online Edition):No. 1, Article 7, 2005.

② Jeff Waincymer, “WTO Litigation, Procedural Aspecte of Formal Dispute Settlement”, *Cameron May*, 2002, pp. 659 – 664; Nathalie McNelis, “What Obligations Are Created by World Trade Organization Dispute Settlement Reports?”, *Journal of World Trade*, 2003, pp. 647 – 672.

③ John H. Jackson,“The WTO Dispute Settlement Understanding-Misunderstanding on the Nature of a Legal Obligation”, 91 *American Journal of International Law*, 1992, pp. 60 – 63; Carlos M. Vazquez and John H. Jackson, “Some Reflections on Compliance with WTO Dispute Settlement Decisions”, *Law and Policy in International Business*, Vol. 33, 2002, pp. 555 – 567; John H. Jackson, “International Law Status of WTO Dispute Settlement Reports: Obligation to Comply or Option to 'Buy Out'”? *American Journal International Law*, Vol. 98, 2004, p. 109.

④ Report by the Consultative Board to the Director-General Supachai Panitchpakdi, “The Future of the WTO, Addressing Institutional Challenges in the New Millennium”, January 2005, para. 241.

国际法义务的一部分。① 另一方面，鲍威林在《国际公法规则之冲突：WTO 法与其他国际法规则如何联系》②中，又主张大多数 WTO 义务是一种互惠义务。

鲍威林认为，区分互惠义务和普遍义务的意义在于：第一，确定是否允许在 WTO 有限成员之间，而非由 WTO 全体成员之间，进行修改。因为，根据 1969 年《维也纳条约法公约》第 41 条等规定，多边条约在缔约方彼此之间修改，仅得于此项修改与互惠义务相关联时方可进行。第二，对违反条约行为采取反措施或中止履行义务方面也很重要。根据 2001 年《国家对国际不法行为的责任条款草案》第 49 条第 2 款、第 50 条和第 60 条的规定，作为违约国家承担国家责任的救济，不能中止履行普遍义务。第三，对于所谓诉诸 WTO 争端解决机制的"起诉权"也会产生影响。因为根据《国家对国际不法行为的责任条款草案》第 42 条和第 48 条的规定，援用违反互惠义务责任的法律资格限于在双边关系另一端

---

① Joost Pauwelyn, "The Role of Public International Law in the WTO: How Far Can We Go"? *American Journal International Law*, Vol. 95, 2001, pp. 535 – 538.

② Joost Pauwelyn, *Conflict of Norms in Public International Law: How WTO Law Relates to Other Rules of International Law*, Cambridge University Press, 2003. 中文译著为［比］约斯特·鲍威林：《国际公法规则之冲突：WTO 法与其他国际法规则如何联系》，周忠海等译，法律出版社 2005 年版。对鲍威林该著作的书评包括：Joshua Meltzer, "Interpreting the WTO Agreements-A Commentary on Professor Pauweln's Approach", 25 *Michigan Journal of International Law*, 2004, pp. 917 – 923; Richard B. Bilder and Joel P. Trachtamn, Book Reviews-Pauwelyn, Joost. "Conflict of Norms in Public International Law: How WTO Law Relates to Other Rules of International Law", 98 *American Journal of International Law*, 2004, pp. 855 – 861; Dirk PulkowskiL udwig-Maximilian, Book Reviews-Conflict of Norms in Public International Law: How WTO Law Relates to Other Rules of International Law, 16 *European Journal of International Law*, 2005, pp. 153 – 157; Piet Eeckhoutdoi, Book Review-Conflict of Norms in Public International Law: How WTO Law Relates to Other Rules of International Law, 8 *Journal of International Economic Law*, 2005, pp. 583 – 587; Cho Sungjoon, WTO's Identity Crisis, http://www.globallawbooks.org/reviews/detail.asp? id=53。鲍威林对相关书评的回应参见 Joost Pauwelyn, "Reply: Reply to Joshua Meltzer", *Michigan Journal of International Law*, Vol. 25, 2004, pp. 924 – 926。

的国家(亦即受害国)。相反,违反普遍义务,则可以由受害国以外的一国和任何其他国家援用。接着,鲍威林主要依据国际法院和法庭的案例,以及国际条约法和国际责任法方面的发展,对“互惠义务”和“普遍义务”的区别进行了论述。例如,杰拉尔德·菲茨莫里斯在 1958 年关于条约问题的第三次报告中认为,多边条约可以分为“互惠性的”“普遍性的”和“相互依存性的”三类。所谓互惠性多边条约是指“规定缔约国之间进行利益的相互交换,每一国的权利和义务涉及单独出于其他各国之具体待遇及单独指向其他各国的具体待遇”的条约,例如 1961 年《维也纳外交关系公约》。所谓普遍性多边条约是指那些“义务的力量是自我存在的,它对每一国都是绝对的和固有的”,“必须普遍适用”的条约,例如 1948 年《防止及惩治灭绝种族罪公约》。而具有相互依存性质的条约,“所有缔约国的加入是条约具有强制效力的一个条件”,例如裁军条约。

在此意义上,区别互惠义务和普遍义务的标准是“互惠义务可能更偏向于合同或双边契约的结合”,而“普遍义务却使人联想到国内法中的立法或制定法”。在此方面,鲍威林还补充了四点解释:首先,不可能定义一种整体上具有互惠性或普遍性的条约,必须分别研究每一项条款和义务。其次,顾及国家作为国家间的模式及其相应的国家对国家的性质,实际上分析的起点是各种义务都具有双边或互惠性质。再次,互惠义务和普遍义务的区别不是以价值为依据,而是以所做承诺的结构和成因为根据。这种意义上,普遍义务是那些对国家集体或共同良知所承担的义务,经常是所谓全球共同义务。最后,区别共存的国际法和合作的国际法,可以认为前者大多数由互惠义务构成,而合作的国际法具有逐渐增加的普遍义务。据此,他得出初步结论:追求国家集体达到立法和规则协调一致的国际法,即所谓追求“积极一体化”结构的国际法,往往具有更多的普遍义务。而“大多数”WTO 法只是禁止国际进行歧视,没有实施共同或协调一致的标准,是所谓“消极一体化”结构,主要由互惠义务和双边义务所构成。在此方面，鲍威林补充了五点解释：其一，WTO 规则来源于多边条约的事实不足以使 WTO 义务成为普遍义务。其二，普遍义务不等于未经国家同意而对其具有约束力的义务（强行法义务）。其三，义务具有互惠性并不一定意味着只影响双边关系的政府，也可能影响到公共机构以外的个人或经济经营者。其四，互惠义务不应与以互惠作为固有条件履行的义务相混淆。虽然属于互惠性质，但是互惠义务必须履行，而不管其他当事国是否履行。在此意义上，互惠义务也可以是无条件的、客观的并且独立的。其五，WTO 义务是互惠义务并不影响 WTO 义务的约束力。WTO 义务作为互惠义务的事实并不意味着裁定违反 WTO 规则可以简单地由另一方同样中止履行义务而得到平衡。然后，鲍威林分析了为什么大多数 WTO 义务是普遍义务的原因：首先，贸易在实质上是国际性的，但其义务却是双边性的。人权和环境保护在实质上是国家性质的，其大多数义务却是集体性的。其次，与禁止灭绝种族或保护人权或环境不同，贸易和贸易自由化不是一种价值。最后，WTO 义务的谈判、重新谈判和执行，证明了 WTO 义务具有互惠性的事实。

在上述结论的基础上，鲍威林还指明，与投票程序、加入程序、主席的提名或某些 WTO 机构的组成等规则，属于普遍或整体性规则。这些程序规则的性质意味着成员之间的偏离必然构成对其他所有 WTO 成员的违反。另外的例证是《与贸易有关的知识产权协定》中保持知识产权一致性的规则，这类规则施加了“积极一体化”的要素。如上所述，互惠义务论的关键结论在于：

第一，大多数 WTO 义务，尽管在形式上是多边的，在性质上却是互惠的（reciprocal）甚至是双边的（bilateral），[①]而不是普遍义务或强行法义

---

① 鲍威林在 2002 年的著述中提出，WTO 义务具有两种性质，一为双边性，二为持续性。但是他在《国际公法规则之冲突：WTO 法与其他国际法规则如何联系》中不仅放弃了“持续性”这一论点，而且很少提及“双边性”而代之以“互惠性”。可对比参见 Joost Pauwelyn, “The Nature of WTO obligations”, Jean Monnet Working Paper 1/02, 2002。

务。相比之下,绝大多数人权和环境义务都是普遍义务,是任何国家对其作为整体的国家集团(the community)应予以遵守的义务。

第二,互惠义务可以由双边进行修改,并不要求相关多边条约的其他当事国允许。普遍义务则不能由双边进行修改。

第三,因此,在后的人权或环境条约以及其他普遍义务的规则,修改了 WTO 法。而在前的人权或环境条约,则不能被 WTO 法所修改。

与总体平衡论和有效违反论相比,互惠义务论几乎是一种全面依据国际公法原理作出的论证,颇为系统和深入。按照互惠义务论,大多数 WTO 义务都可以为某些其他国际法规则所修改,WTO 法就不可能成为一种"自足制度"。换言之,互惠义务论可以说是对 WTO 宪政理论从义务的性质角度最有力的反论之一。因此,以下将进行详述。

(三)WTO 义务不是一种互惠义务

笔者认为,WTO 义务不是一种互惠义务,理由如下:

1. 互惠义务和普遍义务的分类既不确定也不完全,而且不适用于 WTO 法

2001 年《国家对国际不法行为的责任条款草案》试图以编纂和逐渐发展方式拟订关于国家对国际不法行为的责任的国际法基本规则。国际法委员会在对草案的评论中指出"试图以编纂和逐渐发展方式拟订关于国家对国际不法行为的责任的国际法基本规则。重点是在国家责任的次级规则上,也就是说,根据国际法认定国家应对其违法的作为或不作为负责的一般条件,以及这种责任所引起的法律后果"。[①] 该草案的评论还明确指出,列举所谓"对包括该国在内的一国家集团或对整个国际社会承担的义务"并不是草案的职能,主要目的是促进超出任何个别

---

① 《国家对国际不法行为的责任条款草案》及其评论,2001 年 11 月联合国国际法委员会第 53 次会议通过,第 42 页。

国家利益范围的共同利益。① 因此，所谓普遍义务及其国家责任援引的“法律资格”，与对这类义务本身的定义是有差距的。而且，鲍威林所依据的互惠义务和普遍义务的分类，并没有在该草案中明确规定，而是相关报告员和其他国际法学者在学理上的论述，本身就存在争议。

2. 鲍威林所给出的区别标准是相当模糊，所补充的四点解释则在这种模糊的基础上更加倒退

如鲍威林所承认的，不可能在整体上定义 WTO 法（主要是指《WTO 协定》）是否具有互惠性或者普遍性，只能确认其中的条款是否是互惠性规则。而“分析的起点是各种（国际法——本书作者注）义务都具有双边或互惠性质”，亦即，鉴于“国际法作为国家间的模式”，WTO 义务首先都具有互惠性质，然后才应确认是否存在超出互惠性的普遍性义务。“以所做承诺的结构和成因为根据”，WTO 法是“消极一体化”结构，所以大多数 WTO 义务属于互惠义务。

但问题的关键在于“所做承诺的结构和成因”是否能作为一种客观的根据？鲍威林虽然指出，“互惠义务和普遍义务的区别不是以价值为依据”，“这种意义上，普遍义务是那些对国家集体或共同良知所承担的义务，经常是所谓全球共同义务”。但是，他接着又承认“什么是全球共同可能会涉及的主观价值判断”。鲍威林实际上等于承认，他在区别互惠义务和普遍义务上尽管都是以所做承诺的结构和成因为根据，但对 WTO 义务确认为互惠的严格遵循了这一标准，而对普遍义务的确认则“可能会涉及”价值标准。在这里，他实际上要么没有确定的单一区别标准，要么采用不同的双重区别标准，这实际上等于没有标准。作为替代，鲍威林只能修正自己的标准，即“主要考虑承诺的结构和成因，部分考虑主观价值判断”。但是，这种标准可能比没有标准更不利，因为这等于承

---

① 《国家对国际不法行为的责任条款草案》及其评论，2001 年 11 月联合国国际法委员会第 53 次会议通过，第 320 ~ 321 页。

认对互惠义务和普遍义务的区别没有完全的客观标准,而必须依赖于法学方法很难解决的价值判断问题。

最严重的问题在于,鲍威林在最后给出的“为什么大多数 WTO 义务是互惠义务”的理由时,主要论点是“贸易是一种工具而非一种价值”,“尊重人权被提升到国际层面上,主要是因为它所要实现的集体/全球价值”,这实际上完全否定了自己先前所提出的区别标准。从根本上说,从法学角度一般性地对价值的研究,至多只能是探究价值的生成机制和作用机制,而不能推断出价值是什么——这正是 WTO 制度宪法论所承认的,并因此提出了更务实的主张。在全球经济日益相互依存的情况下,即使“贸易不是一种价值,它只是一种工具”,但是这种工具实现的是“贸易自由化”或“自由贸易”这一价值。鲍威林在区别标准上的自我矛盾实际上揭示出:关于贸易自由化和人权、环境保护之类的价值优劣性或规范性等级,并不是理论上可以预先确定的。

3. 没有清楚区别互惠义务和双边义务,互惠义务也主要适合于对关贸总协定而不是《WTO 协定》的定性

鲍威林似乎没有区别双边性和互惠性,以及互惠义务/普遍义务和双边义务/多边义务这两组概念之间的关系。前者的区别显然是性质上的,后者则主要是形式上的。如前所述,多边条约中的义务不一定都是普遍义务,也可能产生互惠义务。这种判断应该是合理的。然而,按照鲍威林对上述两组概念之间关系是“无关”的标准,这并不能否认该互惠义务同时也是多边义务,因为是不是互惠义务既然与双边义务和多边义务的区分无关,则认定多边条约中的义务是不是“多边的”也不能依据互惠义务和普遍义务的区分。例如,双边条约也可能有普遍义务的规定,即使只是一种承认或确认。换言之,承认 WTO 义务是互惠义务,并不能否认它是多边义务。即使一项 WTO 的规定既是互惠义务又是多边义务,并且也不顾及《WTO 协定》本身所规定的条约修改和解释规则,对这类义务的“修改”也应符合 1969 年《维也纳条约法公约》关于多边条约

中仅在部分条约当事国间修改的规定。[①] 鲍威林的论点还在于，"如果败诉方没有在合理期限内执行，胜诉的国家有权施加国对国的反措施"，"执行 WTO 规则的这一排他性双边形态是一重要的标志，它表明大多数 WTO 义务具有互惠的性质"。而菲茨莫里斯所提出的互惠性多边条约，也主要是强调这类条约在确定条款内容和实施上的对等性。

应该说，菲茨莫里斯所提出的标准，以及鲍威林的论点，比较适合于关贸总协定而不是《WTO 协定》。如休德克指出："尽管所有的条约都不同程度地体现了缔约方之间的互惠，但关贸总协定在集中分配价值的过程中更加强调互惠，任一承诺都是有条件的。而关贸总协定在政治承诺上的最大缺陷在于：关贸总协定的主要缔约方保留不遵守关贸总协定的自由，关贸总协定也从未在其国内法中具有直接效力。无论关贸总协定法律体制如何成功地构建行使这种自由的障碍，这一体制总是以此为根基运转。"[②]这种判断显然不能再适用于《WTO 协定》。与杰克逊所提出的"规则导向"模式相符合，《WTO 协定》明文规定成员必须一揽子接受除附件 4 外的协定，并且几乎不允许成员作出保留。而且《WTO 协定》还规定了广泛的透明程序、WTO 组织机构的一般审查程序和贸易政策审议机制，并配备具有法律约束力的争端解决机制，以保证《WTO 协定》得到遵守而不是任意违反。

以鲍威林所依赖的"反措施"为例。对于关贸总协定争端解决程序

---

① 1969 年《维也纳条约法公约》第 41 条（仅在若干当事国间修改多边条约之协定）的原文为："一、多边条约两个以上当事国得于下列情形下缔结协定仅在彼此间修改条约：（甲）条约内规定有作此种修改之可能者；或（乙）有关之修改非为条约所禁止，且：（一）不影响其他当事国享有条约上之权利或履行其义务者；（二）不关涉任何如予损抑即与有效实行整个条约之目的及宗旨不合之规定者。二、除属第一项（甲）款范围之情形条约另有规定者外，有关当事国应将其缔结协定之意思及协定对条约所规定之修改，通知其他当事国。"

② Robert E. Hudec, "Broadening the Scope of Remedies in WTO Dispute Settlement", in the Friedl Weiss & Jochem Wiers (ed.), *Improving WTO Dispute Settlement Procedures*, 2000, pp. 346 – 347.

来说,在撤销违反关贸总协定的措施不可行时,关贸总协定并没有提供更多的救济手段和执行程序,最后诉诸的中止减让或其他义务主要起到内向的管理作用,即恢复贸易减让的平衡,它主要是一种自足的解决方法。因此,关贸总协定的报复,旨在维护关贸总协定内部缔约方之间经过谈判达成的利益平衡。[①] 也因此,投诉方通过撤销先前对被诉方的贸易减让或承诺,恢复了被诉方违反之前所存在的双边平衡,这种以建立"再平衡"而实现的"恢复平衡"(并非恢复原状)被称为恢复平衡模式。

WTO 争端解决机制强调"相当"标准,体现了对关贸总协定的报复在功能上的部分继承。但是,在 WTO 争端解决机制中,中止减让或其他义务的主要功能是引导 WTO 成员遵守 WTO 义务。尽管中止减让或其他义务的措辞在关贸总协定和 WTO 中并无不同,但这一救济的功能已经发生了变化,即从关贸总协定内向的"恢复利益的平衡"到外向的"引导 WTO 成员遵守 WTO 义务"的重大转变。就 WTO"案例法"来说,迄今所有的第 22 条第 6 款仲裁员都认为,贸易报复的目的在于引导 WTO 成员的遵守。"欧共体香蕉案"(美国投诉)第 22 条第 6 款仲裁员第一次提出了"引导遵守"(inducing compliance)的概念。该案仲裁员还强调,反措施的目标在于引导"不驯服"的 WTO 成员遵守,除非引导这种遵守,WTO 争端解决机制的执行程序不可能起到应有的作用。[②] "欧共体荷尔蒙案"第 22 条第 6 款仲裁员指出:报复或反措施的目的是引导遵守。[③] "巴西飞机出口融资计划案"第 22 条第 6 款仲裁员得出结论,如果反措施有效地引导遵守,就是"适当"的。其并且指出,SCM 协定的反措施并不必以丧失或损害的水平为根据,仲裁员裁决了与补贴量相当的

① Palmeter David and Alexandrov Stanimir A., "Inducing Compliance in WTO Dispute Settlement"; in the Kennedy D. and Southwick J. (eds.), *The Political Economy of International Trade Law*, Cambridge: Cambridge University Press, 2002, pp. 646 – 666.

② WT/DS27/ARB, 9 April 1999, para. 76.

③ WT/DS48/ARB, 12 July 1999, para. 39; WT/DS26/ARB, 12 July 1999, p. 10.

反措施，以便引导遵守。[①] "加拿大对支线飞机的出口信贷和贷款担保案"第22条第6款仲裁员明确将引导成员遵守作为计算反措施的考虑因素。[②] "美国外国销售公司案"第22条第6款仲裁员也明确认为，与第4条第10款有关的SCM协定的目标，是保证遵守（执行）DSB立刻撤销有关补贴的建议。[③]

上述WTO案例表明，对报复水平的计算不仅应考虑引导遵守的因素，而且"与补贴量相当的反措施"甚至不再与"丧失或损害的水平"直接相关。因此，尽管起初关贸总协定的救济，特别是报复，仅仅是对利益的丧失或损害的恢复，但现在更多的是作为执行的工具。[④] 只有对《WTO协定》义务的善意而充分的遵守，才能真正维护WTO成员相互之间权利义务的平衡，因为《WTO协定》是WTO成员权利义务平衡的法律基础。

从根本上讲，这体现了关贸总协定和WTO法在法律性质上的转变，关贸总协定的契约性质决定了其执行和制裁的性质，而WTO利用制裁的可能性来执行遵守。鲍威林给出的互惠义务的标准是"可能更偏向于合同或双边契约的结合"，实质上更适合于对关贸总协定在义务性质上的判断，而不是《WTO协定》。

（四）结论

如上所述，就互惠义务论而言，可以得出如下结论：第一，互惠义务和普遍义务的划分，特别是多边条约中互惠义务和普遍义务的划分，的

---

① WT/DS46/ARB, 28 August 2000, para. 15.

② WT/DS222/ARB, para. 18.

③ WT/DS108/ARB, paras. 5.52 - 5.53.

④ H. Horn and P. Mavroidis, "Remedies in the WTO Dispute Settlement System and Developing Countries Interests", 1999, available at http://www.worldbank.org/wbiep/trade/papers_2000/BPclisput.PDF. J. P. Trachtman, Bananas, "Direct Effect and Compliance", 10 *European Journal of International Law*, 1999, p. 671; Patricio Grané, "Remedies under WTO Law", *Journal of International Economic Law*, 2001, pp. 755 - 772.

确将影响到该义务规则在有限条约当事国之间的修改、对违反条约行为诉诸国家责任的法律资格等方面。但是这类区别主要是学理上的,多边条约的这类修改和诉诸国家责任一般而言应符合 1969 年《维也纳条约法公约》和 2001 年《国家对国际不法行为的责任条款草案》的相关规定。在《WTO 协定》中,还规定了特别的条约修改规则和国家责任的救济规则,这种划分的意义就更加有限。第二,鲍威林认定"大多数 WTO 义务是互惠义务"的关键标准不是他所称的"所做承诺的结构和成因",而恰恰是他所不声称的"主观价值判断"。但是,在除少数涉及国际法的规范等级的规则、原则和制度外,这类主观价值判断没有明确的国际法依据。第三,大多数 WTO 义务即使是互惠义务,并且不是普遍义务,也不能就此认为《WTO 协定》是互惠性多边协定,更不能认为 WTO 义务不是多边义务。因为鲍威林所承认的现实的国际法结构仍然主要是国际间模式,这类多边义务在一项具体的国家对国家的实施措施上很可能的确是双边的。但即使是普遍义务甚至强行法义务,其在一项具体的国家对国家的实施措施上的起点也是双边的。因此,不能以互惠义务为理由而否认 WTO 义务为多边义务,从而认为对其的双边修改符合了 1969 年《维也纳条约法公约》关于多边条约修改的规则。这种自相矛盾的结论只能再次证明互惠义务论是一种完全错误的理论。

从总体上看,无论是"总体平衡论""有效违反论"还是"互惠义务论",在理论建构和实践指导意义上都远逊于"国际法义务论",尤其是忽视了多边贸易体制在制度建设和规则导向方面的长足发展。在这点上,WTO 制度宪法论的理论指导意义得到了相当的彰显。

二、WTO 法的自足性

WTO 法和其他国际法规则之间的关系,是 WTO 理论基础问题中的难点所在。具体地说,这一问题可以分为三个方面:第一,WTO 法律体系作为一种"法律体系"的性质;第二,WTO 争端解决中适用的法律;第三,WTO 法与其他国际法规则相互冲突时的法律后果和解决方法。

实际上,这些问题都涉及 WTO 法是否构成一种国际法的自足制度(self-contained regime),或者其自足性的程度。在德语中,"Verfassung"(constitution)可以指政治统一体和秩序的整体状态,也可以指一个完整自足的规范体系(System von Normen)。近代国家作为独立自足的政治统一体,按照其本质是一种总体状态,即一种在其内部将所有其他状态相对化的总体状态。民族国家成功地在一个单一的政治单位内履行所有的宪法功能,而其依据是在内部法律秩序中具有最高规范性的成文宪法。① 宪法被认为是法律体系内一套确定其他规范的法律性规范而本身无需得到其他体系的规范确定的规范,宪法因此是自足的。以此反论,国际法制度是否自足以及其自足的程度,标志着其宪法化的程度。作为一种更能适合于当代国际法的界定,笔者认为,自足制度的内涵是指就某些国际法的次级体系或特别制度而言,在实施、国际责任的追究和争端解决方面完全排除或严格限制其他国际法的原则、规则和制度的法律适用。② 与国家宪法的自足性相比,目前具有不成体系特征的国际法很难说是一种完整自足的规范体系。③ 不过,国际法领域的宪法化可以是多面向和多层次的,在某些国际法的次级体系、区域都可能发生。例如,国际人权法、国际人道法、外交法、WTO 法以及欧盟法等。④ 在此基础上,笔者提出,国际法自足制度与外部国际法特别是与其他国际法自足制度之间的关系,类似于民族国家法律体系之间的关系在国际层面一种粗糙的复制。以国际组织基础条约为核心的国际组织的法律体系,大多

---

① [德]卡尔·施密特:《宪法学说》,刘锋译,上海人民出版社 2005 年版,第 1、184 页。

② 参见陈喜峰:《国际法的自足制度之研究》,载《政法论坛》2009 年第 2 期。

③ [德]卡尔·施密特:《宪法学说》,刘锋译,上海人民出版社 2005 年版,第 381 页。

④ M. Noortmann, *Enforcing International Law-from self-help to self-contained regimes*, Ashgate Publishing Limited, Hampshire, 2005, p. 141.

数可以形成一种具有宪法性质的自足制度,成为国际组织宪政的一种法律发展路径。① 因此,WTO 法是否符合"自足制度"的含义和标准,意味着 WTO 是否已经处于宪法化的过程和程度。

(一)WTO 法律体系的特性问题

与关贸总协定的法律体系相比,以《WTO 协定》为核心的 WTO 法具有更高程度的统一性和协调性。在"巴西影响椰子干措施案"中,上诉机构指出:《WTO 协定》是一种统一的体系,是由全体成员以单一承诺接受的单一的条约文件。上诉机构特别提到《WTO 协定》的序言:"决定建立一个统一的、更可行的和持久的多边贸易体制,以包含《关税与贸易总协定》、以往贸易自由化努力的结果以及乌拉圭回合多边贸易谈判的全部结果",以及《WTO 协定》第 2 条第 2 款"附件 1、附件 2 和附件 3 所列协定及相关法律文件(多边贸易协定)为本协定的组成部分,对所有成员具有约束力",并指出,单一承诺还表现于《WTO 协定》中涉及原始成员、加入、特定成员对于多边贸易协定的不适用、接受以及退出的规定。"韩国关于奶制品进口的最终保障措施案"的上诉机构报告指出:《WTO 协定》是一个"单一承诺",所有的 WTO 义务一般地说是累积的,除非在这些义务之间存在正式的冲突,成员必须同时遵守《WTO 协定》的所有规则。

另外,DSU 建立了统一的争端解决机制,允许在一种程序中对所有与某一特定争端相关的《WTO 协定》的所有条款进行审查。而且,WTO 争端解决机制的排他特征与 WTO 的争端解决机制其他条约提供的争端解决方式的关系问题紧密相关。DSU 第 23 条标题为"加强多边体制",规定各成员"应"诉诸且遵守 DSU 的各项规则和程序,并且除了根据 DSU 诉诸争端解决外"不得对"已发生的违法等作出决定。第 23 条不

---

① 陈喜峰:《论国际法自足制度的垂直效力和水平效力》,载《武大国际法评论》2013 年第 1 期。

仅禁止WTO成员采取单边行动,[1]而且构成所有WTO成员的一般承诺,即WTO成员对于与WTO有关的争端,只能提交到WTO的争端解决机构。[2]

WTO的主要职责之一是促使《WTO协定》以及各多边贸易协定的执行、实施与运作并促其目标的实现(《WTO协定》第3条第1款)。为此,《WTO协定》明文规定成员必须一揽子接受除附件4外的协定,并且几乎不允许成员作出保留。[3] 这种实现也依赖于WTO广泛的透明程序、WTO机构的一般审查程序、贸易政策审议机制和争端解决机制等。《WTO协定》的这种性质,为国际法的经典著作所证明:"有一种类型的条约,依据这类条约,当事各方可以被认为有意于创立一种单一整体的或相互依存的条约制度,甚至在当事各方之间,不允许任何退出或嗣后损抑。"[4]

作为一种法律体系,关贸总协定及其争端解决程序具有国际公法所被认为不是真正的"法"的绝大多数缺陷。[5] 但是,凯尔逊所称的自助,哈特所述的国际法的两个主要缺陷,在WTO法中都有所纠正。[6] 第一,WTO是国际公法领域中具有最全面的初级义务的条约体系之一。第二,在《WTO协定》中,如同任何条约体系,基本的承认规则是作为多边条约的《WTO协定》本身。第三,在《建立世界贸易组织协定》中,诸如

---

① WT/DS 165/AB/R, adopted on 10 January 2001, para. 111.

② WT/DS 165/R, adopted on 10 January 2001, para. 6. 23.

③ 例如,《WTO协定》第16条第5款规定:不得对本协定的任何条款提出保留。对多边贸易协定任何条款的保留应仅以这些协定规定的程度为限。对一诸边贸易协定条款的保留应按该协定的规定执行。

④ [英]詹宁斯、瓦茨修订:《奥本海国际法》(第1卷第2分册),王铁崖等译,中国大百科全书出版社1998年版,第634页。

⑤ David Palmeter, "The WTO As A Legal System", 24 *Fordham International Law Journal*, 2000, pp. 444 - 445.

⑥ Rene Guilherme S. Medrado, "Rengotiating Remedies in the WTO: A Multilateral Approach", *Wisconsin International Law Journal*, Vol. 22, 2004, pp. 328 - 335.

决策程序(第 9 条)、修正(第 10 条)、创始成员(第 11 条)、加入(第 12 条)、特定成员之间多边协定的不适用(第 13 条)、接受、生效和交存批准书(第 14 条)、退出(第 15 条)被认为是改变规则。第四,具有 27 条 143 款的 DSU,不仅提供了较为详尽的裁判规则,而且 WTO 争端解决机制的司法性、强制性和有效性得到了实践的检验。在此意义上,WTO 法具有较为充分的“承认规则”“改变规则”以及“裁判规则”等次级规则,从而构成了一种比较完备而不是原始的法律体系。

(二)WTO 争端解决中的适用法问题

WTO 之外的其他国际法规则是否可以在 WTO 争端解决中予以适用?这一问题直接涉及 WTO 法和其他国际法规则之间的关系问题。对此,也存在两类针锋相对的主张。

其中一类即以鲍威林的为代表,认为 WTO 法不是自足的制度,WTO 法作为国际公法体系的一部分,应授权 WTO 专家小组和上诉机构适用所有相关的国际法规则。① 与此相似的观点包括:《WTO 协定》的原文并没有穷尽潜在相关的国际法渊源,DSU 第 3 条第 2 款和第 7 条可以作为 WTO 之外的其他国际法规则并入 WTO 的法律基础。因此,应授权 WTO 专家小组和上诉机构适用所有相关的国际法规则。② DSU 第 11 条规定了一种隐含权力(implied powers),容许专家小组和上诉机构对争端所涉及的所有国际法问题作出裁决。③ 甚至,国际法院规约第 38 条第 1 款(d)规定的所有的法律渊源都是 WTO 法潜在的可适用的法律

① Joost Pauwelyn, “The Role of Public International Law in the WTO: How Far Can We Go”? *American Journal International Law*, Vol. 95, 2001, pp. 535 – 538.

② David Palmeter & Petros C. Mavroidis, “The WTO Legal System: Sources of Law”, *American Journal of International Law*, Vol. 92, 1998, pp. 398 – 399.

③ Thomas J. Schoenbaum, “WTO Dispute Settlement: Praise and Suggestions for Reform”, *International and Comparative Law Quarterly*, Vol. 47, 1998, p. 653.

渊源。①

另一类以塔奇曼等为代表,认为WTO争端解决中"直接适用"的法只有WTO的"适用协定"。② 作为补充,可以采取解释方式避免与其他国际法规则相冲突,以及通过GATT1994第20条等例外规定将其他国际法规则作为解释的基础。③

笔者认为,WTO争端解决中的适用法只能是相关的《WTO协定》,亦即根据DSU所明确规定的WTO"适用协定"(covered agreements),包括《WTO协定》的附件1和附件2,以及经缔约方委员会决议适用DSU的附件4中的诸边贸易协定。

第一,产生上述问题的原因之一是DSU并未明确规定WTO争端解决中只能适用WTO法,而且无论是《WTO协定》还是DSU的规定都在原文中提到了某些其他国际法规则。④ 而其他国际争端解决机制,诸如《联合国海洋法公约》第293条⑤和《国际法院规约》第38条都明确规定了其争端解决机构适用法的范围,尤其是明确了其他国际法规则可以直接作为适用法的一部分。对此,鲍威林等人主张,应区别管辖权和适用法,两者之间没有必然的联系,而DSU没有明确的"否定"就是一种"允

---

① Thomas J. Schoenbaum, "WTO Dispute Settlement: Praises and Suggestions for Reform", *International and Comparative Law Quarterly*, Vol. 47, 1998, p. 647.

② Joel P. Trachtman, "The Domain of WTO Dispute Resolution", *Harvard International Law Journal*, Vol. 40, 1999, p. 333.

③ G. Marceau, "A Call for Coherence in International Law: Praises for the Prohibition Against 'Clinical Isolation' in WTO Dispute Settlement", *the Journal of World Trade*, Vol. 33, 1999, pp. 109 - 115.

④ 在此方面,最典型的例证是《与贸易有关的知识产权协定》(TRIPs协定),1967年巴黎公约、1971年伯尔尼公约、罗马公约和关于集成电路的知识产权公约等公约间或明确出现于TRIPs协定的18个条款中。

⑤ 根据《联合国海洋法公约》第293条的规定:(1)根据本节具有管辖权的法院或法庭应适用本公约和其他与本公约不相抵触的国际法规则;(2)如经当事各方同意,第1款并不妨害根据本节具有管辖权的法院或法庭按照公允及善良的原则对一项案件作出裁判的权力。

许"适用其他国际法规则或者提供了所谓"隐含权力"。然而,国际争端解决机制,特别是 WTO 争端解决机制,一般都是"受成员驱动"的,管辖权和适用法固然可以区分,但在程序的进展顺序上管辖权问题显然应优先于适用法问题。的确,DSU 并没有明确禁止根据非 WTO 法所提出的诉请或者适用 WTO 法以外的国际法规则。但是,DSU 更没有明确授权适用 WTO 法以外的国际法规则。如鲍威林也承认,WTO 裁判机构并不具有一般管辖权。在这种情况下,WTO 裁判机构的权限,应限于 DSU 明确规定的职权范围(terms of reference)内。

第二,WTO 裁判机构的职权范围,为 DSU 的多个条款所规定,如 DSU 第 1 条第 1 款、第 6 条第 2 款、第 7 条、第 11 条和第 17 条第 6 款等。其中 DSU 第 7 条明确规定了专家小组的职权范围。该款规定:"专家小组按照(争端各方援引的 WTO 适用协定)的有关规定,审查争端方(投诉方)在设立专家小组申请书中提交给 DSB 的事项。"DSU 第 11 条则规定,"专家小组应对提交给它的事项作出客观评价,包括对案件的事实、各有关适用协定的适用和是否与各有关适用协定一致的客观评价"。在学理上,WTO 的法律渊源可以作符合国际法原理的广义解释,但就 WTO 争端解决的实践而言,专家小组和上诉机构只能审查成员是否违反了 WTO 法,而且"应直接注意争端各方援引的任何适用协定中的有关规定"(DSU 第 7 条第 2 款)。

第三,按照 1969 年《维也纳条约法公约》所编纂的习惯国际法的解释规则,一般国际法甚至当事方之间可适用的相关国际法规则都可能用以解释 WTO 法。仅就这一点而言,鲍威林等人的主张是正确的。DSU 第 3 条第 2 款要求"按照国际公法解释的习惯规则澄清这些协定的现行规定",因而 DSB 在 1996 年通过的报告即指出不能"客观地隔绝于国际公法"来理解《WTO 协定》,并在以后的几乎每个争端解决报告中得到遵循或发展。[①] 从习惯国际法来说，专家小组在韩国影响政府采购措施案中指出："《WTO协定》和习惯国际法的关系比DSU第3条第2款规定的要广泛得多，习惯国际法一般性地适用于WTO成员之间的经济关系，其适用的范围是《WTO协定》中没有从习惯国际法中抽出(contract out)的部分。在《WTO协定》与习惯国际法没有相冲突或不一致或所适用协定中含有不同表达的范围内，习惯国际法适用于《WTO协定》，也适用于WTO中条约形成的过程。"[②]这种裁量应当说和国际法中习惯的地位是相符的："习惯是国际法以及一般法律的最古老和原始的渊源。因此，虽然国际法院必须首先考虑对当事方有拘束力的任何可适用的条约

---

① 即美国精炼汽油和传统汽油标准案，WT/DS2/R，WT/DS2AB/R，adopted on 20 may 1996，p. 17；上诉机构还在该案中指出：第31条规定的解释的一般规则已经获得习惯国际法或一般国际法的地位，构成了"国际公法有关解释的习惯规则"，WT/DS2AB/R，footnote 18，p. 17；上诉机构在日本酒类税案中指出，维也纳条约法公约第31条和第32条也是条约解释的习惯国际法的编纂。"Japan-Taxes on Alcoholic Beverages"，WT/DS8/AB/R，WT/DS10/AB/R，WT/DS11/AB/R，adopted on 4 October 1996，para. 9. 上诉机构在欧共体特定计算机设备的海关分类案中指出，可以适用于解释减让的唯一规则是维也纳条约法公约规定的条约解释的一般规则。如果根据该第31条作解释而用语的意义仍然不明或者难解，或者导致结果显属荒谬或者不合理，第32条允许条约的解释求诸于：解释的补充资料，包括条约的准备工作和缔约情况在内。在适当的情形下，缔约情况允许审查条约谈判的历史背景，WT/DS62AB/R，adopted on 22 June 1998，para. 83；值得指出的是，虽然不太正式，该公约第33条也当属此列，例如在欧共体影响石棉和含石棉产品措施案中就承认(应为WTO首次)其地位。"European Communities-Measures Affecting Asbestos and Asbestos-Containing Products"，WT/DS135/R，18 September 2000，para. 8. 29. 在某种程度上，上诉机构也揭示了维也纳条约法公约第31条第3款第c项的目的在于促进条约义务解释上的前后一致(coherence)，"the Appellate Body in US-Import prohibition of Certain Shrimp and Shrimp Products"，WT/DS58/AB/R，adopted on 6 November 1998，US-Shrimp，paras. 127 – 134，para. 154，and paras. 166 – 176。

② WT/DS163/R，adopted on 19 June 2000，para. 7. 96. 然而，这一论述出现在专家小组报告中，应当注意到WTO的专家小组程序和上诉程序的性质是有区别的，没有上诉的专家小组报告在WTO的"消极协商一致"下几乎自动获得通过，因而其是否能(至少)代表DSB的观点就已经存在疑问。

规定,但在发生疑问时,条约要以国际习惯法为背景加以解释。"[①]国际法院在"Eletronnica Sicula"案中也论及:"这样的观点不能接受:在没有明确的排除其适用的明文规定时,习惯国际法中的某项重要规则可以不予适用。"从条约法来看,国际法委员会在第四次国家责任草案的报告中提出:"如果要明确否定一般规则的效力,任何条约的缔约方必须有这样的明确的意思表示:建立在条约基础上的体系排除一般国际法某些或所有关于国家责任原则的适用。"[②]除非条约有相反的明确规定,一般国际法应适用于当事国的行为。对于强行法之类的规则来说,甚至是条约都不能对其加以减损的。

第四,鲍威林的关键结论在于,WTO 法以外的国际法规则不仅能作为解释的基础,而且能作为法律直接适用。但是,这显然在性质上与直接适用有根本区别。正如塔奇曼指出,直接适用是指条款本身的适用,而不是通过并入 WTO 法律体系,特别是在《WTO 协定》的规定中明确提到的情况下的"适用"。[③] 在此方面,应区别国际法对当事国行为的(直接)适用和对 WTO 争端解决的(直接)适用。在此意义上,唯一可能提出的论点是,WTO 争端解决所适用的 WTO"适用协定",已经被在前或在后的国际法规则所修改。但是,如本书对"互惠义务论"的批评所述,根据《WTO 协定》在条约修改上的明确规定,这类适用协定的修改也应遵守相关 WTO 规则和程序。因此,即使其他国际法规则在一般国际法的意义上修改了 WTO 法,这类修改也不能直接适用于 WTO 争端解决。

总之,就国际争端解决法而言,不能默示地推定国际法庭具有一般

---

① [英]詹宁斯、瓦茨修订:《奥本海国际法》(第 1 卷第 2 分册),王铁崖等译,中国大百科全书出版社 1998 年版,第 15 页。

② G. Ruiz Arangio, "Fourth Report on State Responsibility", *Yearbook of International Law Commission*, Vol. 2, 1992, para. 125.

③ Joel P. Trachtman, "The Domain of WTO Dispute Resolution", *Harvard International Law Journal*, Vol. 40, 1999, p. 333.

管辖权，相反，国际法庭应根据所明确授权的范围审理争端，并且适用该职权范围所明确指明的法律。WTO争端解决中的适用法只能是相关的《WTO协定》。

从WTO争端解决实践来看，涉及外部国际法的适用情况诸如：第一，DSU第3条第2款明确规定，WTO争端解决机制应适用"国际公法关于解释的习惯规则"，而WTO争端解决经常援引《维也纳条约法公约》第31条等"解释条款"。鉴于《维也纳条约法公约》本身也是《WTO协定》之外的一项条约，其"适用"是否可以作为其他国际条约适用于WTO争端解决的例证？第二，WTO争端解决实践援引过《维也纳条约法公约》的其他规定，诸如不溯既往、条约的继承、修订、错误、终止和暂停施行等，①这类规定都事关条约的订立或适用。第三，专家小组和上诉机构已经适用过一般国际法的原则和规则，诸如国际法上的代表、法律利益、自裁管辖权、举证责任、法庭之友的可接受性以及司法经济等等。② WTO裁判机构也援引过国家责任规则，如巴西飞机出口融资计划案第22条第6款仲裁裁决。第四，在WTO争端解决实践中，还"适用"过属于特别国际法的条约。例如，在1998年"虾龟案"中，WTO专家小组对GATT1994第20条第7款中"可用竭自然资源"的概念，界定为只包括"可用竭的矿物等资源，不包括生物或可再生资源"。上诉机构不同意这一观点，认为应根据最新发展情况来解释这一概念："第20条第7款中'自然资源'这一通用术语不是'静止'的，而'根据定义是发展的'。"为寻找最新含义，上诉机构参考了1992年《里约宣言》《生物多样性公约》和《联合国海洋法公约》等，最终作出的解释是"自然资源"应包括所有生物和非生物自然资源。

对此，笔者认为，首先，应当注意到，上诉机构屡次在报告中提到《维

---

① "Canada-Terms of Patent Protection", WT/DS170/AB/R, 2000, paras. 71 – 74.

② "European Communities-Regime for the Importation, Sale and Distribution of Bananas", WTO Doc. WT/DS27/ARB, 1999, para. 6. 16.

也纳条约法公约》时，其上下文经常有"作为国际公法关于解释的习惯规则的编撰，《维也纳条约法公约》……"的措辞。这种措辞揭示，上诉机构并没有明确表明所"适用"的规则是《维也纳条约法公约》的条约规则。相反，与其说上诉机构适用的是《维也纳条约法公约》关于解释的条约规范，毋宁说适用的是经过《维也纳条约法公约》所编撰的关于解释的习惯规范。[①] 因为《维也纳条约法公约》所编撰的国际法的解释规则，本身就具有习惯规范和条约规范两种渊源形式。[②] 从法理上看，上诉机构提到的《维也纳条约法公约》，应作为解释的习惯国际法规则的一种证据，换言之，此时《维也纳条约法公约》起到"证明"关于解释的习惯国际法规则的作用。在此意义上，《维也纳条约法公约》仍然没有直接适用于 WTO 争端解决机制，此时是习惯规范适用于 WTO 争端解决，只不过这类规范同时具有条约规范的形式。[③]

其次，对于上述第二个和第三个问题，应当承认，WTO 争端解决实践的确适用过这类外部国际法规范，而《WTO 协定》并未明文规定。不过，所适用的这类规范具有两个共同特征，即都属于一般国际法和都是国际法的次级规则，诸如争端解决规则、条约法规则和国家责任规则。尽管这类一般国际法也可能取得了条约规范的形式，但仍然是通过一般习惯国际法和一般法律原则的方式适用于 WTO 争端解决。对于实践中的 WTO 争端解决机制来说，无论从法律逻辑还是立法技术上说，DSU

① 与之殊途同归的是条约规范其后演变为习惯规范的问题，正如李浩培先生对此的经典论述："并不是条约成为习惯，而是习惯附着于条约而产生。"

② 条约与习惯作为国家意思表示的两种不同方式，成为严格法律意义上的国际法渊源。缘此，国际法规范可以区分为条约规范和习惯规范两种形态。"条约规范"，又称"条约国际法"，是指通过国际条约而成立的国际法，即以条约为形式确立的国际法主体的行为规则。"习惯规范"，又称"习惯国际法"，是指通过国际习惯而成立的国际法，即以习惯为形式确立的国际法主体的行为规则。参见古祖雪：《国际法体系的结构分析》，载《政法论坛》2007 年第 6 期。

③ 这一结论有助于应对由于 WTO 成员并非全部是《维也纳条约法公约》的缔约方所产生的有违条约相对效力原则的问题。

都不可能也无须对这类规范作出详尽规定。例如，国际法委员会曾经指出："当条约规定不清楚或不确定，或者当条约所用措辞在习惯国际法中有公认的含义、并因此可认为缔约方有意诉诸该种含义时，习惯和一般原则的重要性便显示出来。习惯国际法规则和一般法律原则的重要意义是在国际法律秩序的运行方面起到了系统性或立宪性的作用。"①显然，国际法委员会这里指的是具有一般国际法的性质的习惯或一般法律原则。从总体上看，WTO 争端解决实践所"适用"的外部国际法，主要是一般国际法中的次级规则。

再次，即使是一般国际法中的次级规则，也并非全部都在争端解决实践中适用，这取决于 WTO 裁判人员的自由裁量，以及其适用的结果不能违反 DSU 和 WTO 法所规定的要求，即不得增加或减少 WTO 成员的权利和义务。WTO 专家小组的确曾经指出："只要没有冲突或不一致的情况或在某个 WTO 适用协定中表示的适用情况不同，国际法习惯规则适用于 WTO 条约及其形成的过程。"②显然，即使这段裁定是合理的，也包含了"没有冲突或前后不一的情况或在某个 WTO 适用协定中表示的适用情况不同"这一严格的条件。

最后，WTO 法所调整的国际贸易领域，在初级规则方面《WTO 协定》没有规定而存在一般国际法的情况为数极少，例如最惠国待遇也不是一项一般习惯国际法，因而一般国际法的初级规则基本上没有适用的可能。至于 WTO 争端解决机构援引过国际环境条约等其他特别国际法的初级规则，无一例外都发生在法律解释的过程中，并且是在与 WTO 现行协定不相冲突的情况下才能起到这种"解释"的有限作用，与法律适用

---

① "Report of the Study Group on Fragmentation of International Law: Difficulties Arising from the Diversification and Expansion of International Law", U. N. Doc. A/CN. 4/L. 628, 2002, p. 237.

② "Korea-Measures Affecting Government Procurement", WT/DS163/R, 1 May 2000, para. 7. 96.

具有明显区别。

在此基础上,另外可以得出的一个结论是,一般国际法关于国家责任的规则也不可能“直接适用”于 WTO 争端解决之中。而且,如本书关于“互惠义务论”部分的论述,根据联合国国际法委员会《国家对国际不法行为的责任条款草案》第 55 条(特别法)和第 56 条的规定,该草案一般而言并不适用于 WTO 争端解决机制的法律救济。

(三)WTO 法与其他国际法规则相冲突的问题

如上所述,WTO 法一般性地排除了其他国际法规则在该自足制度内的法律适用、争端解决和法律救济,在此意义上可以认为 WTO 法已经构成了一种国际法的自足制度。需要继续论述的问题是,现有的国际法原理是否足够解决 WTO 法与其他国际法规则之间的关系问题?特别是在两者相互冲突的情况下?在此方面,除鲍威林的著述外,让·纽曼(Jan Neumann)在 2001 年的博士学位论文《WTO 法与其他国际法秩序的协调》①也涉及与此相似的主题,即 WTO 法和其他国际法规则之间的冲突和协调。有趣的是,鲍威林的论文命名为“冲突”,关键结论却是可以通过国际条约法、国家责任法、国际组织法以及国际争端解决法等所提供的冲突解决方式解决所有的国际法的“冲突”;而纽曼的论文命名为“协调”,关键结论却是根本的冲突不可能通过法律适用的方式而只能通过政治协调予以解决。

在 1953 年出版的《不列颠国际法年鉴》中,詹克斯(W. Jenks)指出:“必须接受,造法条约(law-making treaty)的冲突在某些情况下是国际法的发展中不可避免的事情”;“造法条约的冲突只能发生于不可能同时遵

---

① Jan Neumann, Die Koordination des WTO-Rechts mit anderen volkerrechtlichen Ordnungen(The co-ordination of WTO law with other orders of international law),2001 年明斯特大学博士学位论文。转引自 Eeckhoutdoi,“Book Review-Conflict of Norms in Public International Law: How WTO Law Relates to Other Rules of International Law”, *Journal of International Economic Law*,2005,pp. 583 – 587。

守不同文件的义务时。如果某一文件的义务比其他文件更加严格而不是不相容，或者有可能通过克制行使其他文件授予的优先权或自由裁量权使某项文件的义务得以遵守，则不存在冲突。这种避免冲突的推定特别是在相同的当事方缔结各自独立的协定时予以强调，因为可以推断它们意在自相一致而不是自相矛盾。”①50 年后，国际法在基础和结构上的变动证明了詹克斯的远见，如前所述，国际法不成体系已经成为联合国国际法委员会近年一直关注的主题。

鲍威林认为，WTO 法是国际法“体系”当然的一部分。鲍威林研究的前提在于，推定国际法能够被描述为一个统一的法律秩序。能否接受鲍威林的观点，前提是是否接受国际法作为一个统一的体系。鲍威林指出，尽管国际法没有中央立法机构，但是，实际上包括了具有国际立法特征的因素，即一般国际法。一般国际法就其性质而言，对所有国家都具有约束力。根据鲍威林所述，如环境等方面的考虑不能再仅仅作为 GATT1994 第 20 条所规定一般例外的抗辩理由。专家小组必须在相关争端中，通过将环境协定本身纳入 WTO 法内，确定争端方是否有效地“退出”（contracted out）了 WTO 法所规定的义务。

纽曼则认为，国际法是不成体系而不是统一的，国际制度和组织在原则上都是彼此独立的。因此，一项国际法规则并不能在不同的条约体系（Vertragsordnung）中适用，除非该条约体系有这类明确规定。对于绝大多数在不同条约体系中所包含规范之间的冲突，不可能确定一项规则就比另一项规则更特别。以危险废物的出口为例。如果重点在于出口活动之类，则 WTO 规则可能与这一事项更相关，并因此更为特别。但是，这种角度显然忽视了出口危险废物在环境方面的影响。纽曼得出结论，条约体系的“特别性”问题根本上是一种政治和文化价值的判断。特

① Wilfred Jenks, “The Conflict of Law-Making Treaties”, *The British Yearbook of International Law*, 1953, p. 425.

别法原则也仅在相关联的条约之一具有这类明确规定时才能适用。传统上根据条约法的冲突规则不足以解决 WTO 法和其他国际法规则之间的真实冲突。纽曼提出了“简单的规则抵触”(simple collisions of norms)和“纲领性的冲突”(programmatic conflicts)的概念,并加以区别。在两个不同条约体系的优先目标和合理性之间相抵触时,纲领性的冲突就发生了。这类冲突不可能简单地转变为规则的冲突,而且,两个相矛盾规范间的冲突正是基本的纲领性的冲突的表面现象。纽曼指出,冲突不可能通过法律适用的方式而只能通过政治协调予以解决。

鉴于纽曼将纲领性的冲突视为国际法不成体系的根本,研究范围也必然扩展到规则的冲突之外。纽曼指出,在一项包含了自由贸易理念的规则被再解释为包容了新的全球价值时,无论这类价值是否已经以法律规则的形式编纂,纲领性的冲突就在 WTO 法中产生了。例如,在 WTO 案例法中,对 GATT1994 第 3 条国民待遇条款中的“相同产品”一词就历经法律发展。先前,一般认为特殊的生产方式本身并不能作为认定相同产品的标准。但是,具有环境保护意识的消费者可能偏好产品 X 而不是产品 Y,因为产品 X 是以环保方式生产的,而产品 Y 则是以传统方式生产的。因此,裁定产品 X 和产品 Y 不是相同产品就具有了有力的根据。这一例证表明,即使 WTO 法并没有明确提到与环境协定的冲突,环境方面的事项对 WTO 法的解释来说也具有关联性。这种关联性,其理论基础并不是按照 1969 年《维也纳条约法公约》第 31 条第 3(c)款所要求的条约解释“应参照适用于当事国间关系之任何有关国际法规则”,从而国民待遇条款应按照一项环境规则予以解释,而是一项法律规范是否应按照所谓新的全球良知(global consciousness)或全球价值予以解释。

对此,笔者认为,就鲍威林而言,国际法不成体系问题根本上是一个规则冲突和冲突规则的问题,因此鲍威林主要关注“国际公法规则的冲突”的避免和解决。相比之下,纽曼认为根本问题在于所称的“纲领性的冲突”,条约解释的技术不能在实质上解决这类冲突,因此各种国际法制度之间的协调才是解决不成体系问题的关键所在。鲍威林完全集中在规则的冲突问题上，而尽可能地不涉及国际法的政治和价值之类的复杂问题。鲍威林将国际法释义为一种自治和统一的规范性秩序，并因此在论证上获得了逻辑上的内在一致性。

鲍威林在论证上的主要不足在于，并没有为人权或环境保护为何强制性甚至“先天性”地优先于贸易法提供规范性基础。如果不涉及国际法的价值和政治等方面，就难以判断贸易权和其他权利之间的关系，更不能假定贸易权必然要在法律等级上低于某些其他权利。正如塔奇曼所指出：“鲍威林所采取的方式在‘实质正义’上颇不确定，另外，在程序正义上则几乎肯定是不正确的。”①根据《WTO协定》及其争端解决方面的明确规定，乌拉圭回合的谈判者并没有表明，他们的WTO权利应根据其他国际法规则的要求予以减损。在环境保护或人权与自由贸易之间的权衡，以及这类价值之间的可执行关系，并不能仅仅从法律的性质或规范性之类的初级原则直观地得出结论。相反，《WTO协定》是政治交换的产物，代表了实质性政治谈判的结果。因此，在没有对这方面进行分析的情况下，拒绝《WTO协定》的明文规定是毫无根据的。

与之相比，纽曼的“纲领性的冲突”分析，揭示了法律规则特别是国际条约的社会政治环境。与鲍威林相似，纽曼也详细分析了国际法庭在具体争端中可能协调“纲领性的冲突”的技术，并且提出，这类冲突应通过“WTO法和其他条约体系之间的协调网络”予以解决。而指导法律制度之间进行协调的原则是纽曼所提出的“不妨碍原则”（the principle of non-disturbance）。但是，问题在于，尽管不妨碍原则本身并不是一种激进的解决方法，但其规范性基础并不明确。而且，不妨碍原则与新自由主义的“管制性竞争”模式似乎颇为相似，对于阻止某些法律制度因为制

---

① Joel P. Trachtamn, Book Reviews-Pauwelyn, Joost. “Conflict of Norms in Public International Law: How WTO Law Relates to Other Rules of International Law”, *American Journal of International Law*, Vol. 98, 2004, p. 857.

度上的优势而获得有利地位的问题仍然是消极的。

纽曼在论证上的主要不足在于,按照 WTO 法之外的演进的国际法规则解释 WTO 规则,可以成为反映所谓全球公共意见或者公共价值的方式。如果仅有一个或者少数 WTO 成员的意见发生了改变,不可能因此就改变对多边条约的解释,这将削弱 WTO 条约根本的多边性质。然而,如果将国际环境、人权和劳工等领域的新发展,认为是全球公共意见和价值的改变,则这的确将成为一种国家在法律信念上的改变。这种观点,实际上与前述深嵌的自由主义相似,该理论构成了直到 20 世纪 70 年代理解关贸总协定和国内政策关系的基础。但是,如果没有所谓全球人民和全球政治共同体,如何能有全球公共意见?①

简言之,规则之间的冲突是不同价值的冲突在法律上的表现。核心问题是一种法律选择问题,然而这并不是发生在横向的国家之间,也不是发生在纵向的地方政治实体和中央政府之间。它是一种功能间的法律选择问题(an interfunctional choice-of-law problem),发生在国际法体系的不同部门或次级体系之间。国际法的不同部门法具有各自的功能性和制度性背景,这类背景可能重叠甚至相互抵触,并因此导致了不一致和不持续。如前所述,规范性等级可以提供一定的解决方法,然而就制度性等级而言,国际法所欠缺的最根本规则之一,是如何在这类制度性等级进行协调的"第三级规则"。正如科斯肯涅米(M. Koskenniemi)在 2004 年提交给国际法委员会的初步报告中指出:"国际法并没有单一的立法机构。条约和习惯是在相冲突的动机和目标下所形成的,亦即是讨价还价和一揽子交易的产物,并且经常是对周围环境中的事件自发反

① Robert Howse, "The Jurisprudential Achievement of the WTO Appellate Body: A Preliminary. Appreciation", pp. 1 - 16, available at www. law. nyu. edu/kingsburyb/spring03/globalization/robhowsepaper. pdf,最后访问日期:2006 年 5 月 10 日。

应的结果。”①塔奇曼甚至提出了一个颇为有趣的观点：尽管鲍威林及其《国际公法规则之冲突》“努力使这个变动的世界走向有序。但是，不可能确定国际法体系不是最适合无序。也许，我们所看到的变动，正是在这一特殊历史时刻处理国际层面各种价值的最佳方式”。②

由上可见，对WTO法包括国际法的研究，存在国际法原理不能完全解释和解决的问题。这类问题的根本在于，如何解决国际法规则背后的价值问题。也许，对于贸易法和其他国际法之间的关系，只能留给WTO争端解决之外的政治交换和外交权衡。但是，这不可避免地将引发WTO法的合法性问题。换言之，在处理WTO法和其他国际法规则之间关系的问题时，实际上也是在要求如何处理贸易法和贸易政治之间的关系——而这正是WTO宪政论的核心命题。

三、对WTO司法宪法论的理论再建构

WTO司法宪法论不乏精细之处，例如，凯斯注意到专家小组和上诉机构在法律地位和职权范围上的区别，自始至终强调的是“上诉机构”的司法造法。尽管吸收了英国的不成文宪法原理，凯斯的基础理论来源更多地偏重于国际政治理论，并未真正建构在包括宪法、行政法和国际公法的“公法学”之中。③ 而且，不限于凯斯，包括其他提出相似主张的文献，在司法造法的实证分析与宪法化的理论建构之间，也大多缺乏必要的关联性论证。笔者认为，宪法学关于宪法变迁（Verfassungswandlung /

① Koskenniemi, “Study on the ‘Function and Scope’ of the lex specialis Rule and the Question of ‘Self-Contained Regimes’”, Preliminary Report by the Chairman of the Study Group submitted for consideration during the 2004 session of the International Law Commission, para. 28.

② Joel P. Trachtamn, Book Reviews-Pauwelyn, Joost. “Conflict of Norms in Public International Law: How WTO Law Relates to Other Rules of International Law”, *American Journal of International Law*, Vol. 98, 2004, p. 857.

③ 在凯斯2005年的著述中，凯斯对商议、合法性、社会和政治节制（deliberation, legitimacy, social and political constraints）这类侧重政治意义的“宪法特性”等进行了较为充分地论述，而其他宪法特性诸如法治、权利保障、分权则付之阙如。

constitutional change)的原理颇为精准地为 WTO 司法宪法论提供了较为系统的论证基础,而国际组织运行过程的结构特性则使这种变迁的发生几乎成为一种必然。① 此外,建构主义视角的宪法话语分析将成为 WTO 司法宪法论新的延伸。

(一)国际组织的宪法变迁的可能性和特殊性

宪法变迁理论由德国公法学者拉邦特、叶林纳克等人最早提出,原指条文在形式上没有发生变化,在没有意图、没有意识的情况下基于事态变化而发生的变更。一般认为,宪法变迁是指宪法规范尽管未被修改,其本来的含义却因国家权力的运用而发生变化。由于政治及社会经济状况时时改变,具有稳定性的宪法规范通过宪法变迁而彰显了一定的灵活性,以适应时代潮流而维持其生命。美国宪法理论中虽然无此概念,但所谓"活宪法"(living constitution)观念认为宪法具有动态的意义,应被视为随着社会发展而持续演进,在解释宪法用语时应考虑当代社会的情况,体现了宪法变迁的一个面向。

就宪法规范的生成和存活形态而言,主要包括宪法制定、宪法修改、宪法解释和宪法惯例。在宪法成长的四种形态中,宪法解释的变更和实践中的宪法惯例不涉及宪法规范在形式上的变动,然而在宪法尚未正式修改即宪法文本的字面未作变动的情况下,仍然可能使宪法规范的含义发生某种变化,因而通常被一并称为宪法变迁,但是其与宪法修改却具有不同的特性。

宪法变迁虽然源于宪法理论和实践,但是作为方法论仍然可以适用于国际组织法的研究之中,并且以国际法原理为依托可能形成本体论意义上的国际组织宪法变迁理论。就其成因而言,国际组织的宪法变迁具有较为充分的可能性:第一,国际组织的基础条约在本质上仍然是国家

① 关于国际组织宪法变迁原理,详见陈喜峰:《国际组织宪法变迁原论》,载《国际法和国际关系学刊》,厦门大学出版社 2014 年版。

间的多边条约,但与一般的国际条约有所差异,而与宪法则比较相似。特别是重要国际组织的基础条约,通常同时是该国际组织的“高级法”和某一国际法领域的基本法,大多规定严格的修改程序,既不容易正式修改,也不容易发生根本变革。例如《联合国宪章》迄今只有四次正式修改,几乎都是扩大联合国机构的理事国数量等程序性事项。第二,由于国际组织基础条约在有些情况下确实需要修改,为了避免复杂严格的正式修改程序而获得及时通过,国际组织的宪法变迁通常首先表现为对包括宪法修改程序在内的表决机制、决策程序和投票方式的变迁。第三,国际组织与其成员国形成的双重公权力架构,为国际组织的宪法变迁提供了政治动力,并且随着国际组织内外面临的国际时势和情势不断发展和变动。第四,行使公权力的国际组织,自身的机构和人员具有各种程度的独立性和自足性,例如根据 2009 年《里斯本条约》第 17 条的规定,欧盟委员会的成员应在其总体能力和独立性毫无疑问的人员中选出,欧盟委员会在施行其责任时应完全独立。国际组织具有在不同程度上行使公权力的职能机构及其人员,常常使这类国际组织的基础条约有能力像“活宪法”一样发挥作用:其宪法解释和法律发展有可能在一段时间后随着国际关系的种种变化而变化。第五,国际组织通常无正式的权力分立,而且通常没有设立具有司法审查权力的机构,导致国际组织的授权行为和实践性法律发展,缺乏可以判定其合宪性的国际机构。对国际组织本身的行为,以及在主要成员操纵下国际组织职能机构的行为,都缺乏有效的制约,从而不可避免地造成当下国际组织的宪法变迁日益彰显的局面。

与国家意义上的宪法变迁相比,一方面,在国家宪法的背景中,在确定了宪法的最高法规性的条件下,社会变革对宪法本身价值的冲击是极其有限的,因为社会变革的合宪性是宪政的基本要求。而国际组织是成员国行使与国际组织宗旨和职能相关的对外政策权力的承载地,强权国家所形成的权力政治对国际组织的宪法变迁具有直接影响,导致国际组织的强权成员经常可以突破宪法变动的常态。此外，由于国际组织的不断成长，其内部机构的相对自治性逐渐提高，某些机构日益频繁地行使因其基础条约所赋予的“公权力”，甚至在行使过程中进一步予以扩张。因此，宪法变迁往往成为国际组织宪法变动的一种普通政治，而不仅仅是一种特殊问题。

另一方面，在国家宪法中，宪法变迁的形式，主要包括有权解释意义的宪法解释，以及因基本立法、宪法习惯、政治惯例、行政措施等所形成的宪法惯例，而且宪法解释一般被认为是值得推崇的形式。然而在国际组织的宪法中，就宪法变迁的两种主要形式而言，国际组织经常发生的对宪法的解释实践，在性质上通常不是有权解释，但是却以种种途径起到有权解释的作用，这本身已经成为一种特殊的宪法惯例。而非有权的司法解释、国际组织各种形式的决议、惯常行为和实际做法等所形成的制度化惯例，虽然主要是一种宪法惯例，却不可避免地因为有权解释的缺位，而同时也起到宪法解释的作用。因此，国际组织的宪法变迁主要以宪法惯例而不是以(有权解释意义上的)宪法解释为形式，更准确地说，是一种以非有权解释、国际组织各种形式的决议、惯常行为和实际做法为形式而以宪法惯例为实质的宪法变迁。

从总体上看，这两个方面其实具有密切的互动关系，强权国家所形成的权力政治和国际组织内部机构的“公权力”为国际组织的宪法变迁包括宪法惯例提供了政治动力，而国际组织的宪法惯例则为宪法变迁包括公权力的行使及其扩张提供了法律路径。

(二)WTO 司法解释的宪法变迁路径及其特性

在国际组织的宪法解释中，如果是一种有权解释，则解释者可以称为宪法解释的主体，这里所指的参加者包括虽然不能进行有权解释然而却在参与国际组织宪法解释活动的各种实体和人士。少数国际组织的基础条约规定了有权解释的机构。例如，联合国粮食及农业组织(FAO)、国际海事组织(IMO)、非洲联盟(AU)、国际民用航空组织

(ICAO)、世界卫生组织(WHO)以及世界气象组织(WMO)皆有类似的规定。在国际货币基金组织和某些其他金融类区域性国际组织中,解释问题则由执行董事和董事会决定。例如世界气象组织的基础条约还规定,可以就其基础条约的解释问题向国际法院起诉或者交付仲裁机构进行仲裁;其他一些国际组织如非洲联盟则只允许通过组织内的机制予以处理。①

然而,大多数国际组织包括联合国在内,并没有正式将有权解释的权力赋予任何机构。大部分依托于国际组织的司法或者准司法机构,根据其基础条约的明确规定,所作出的司法解释只对个案及当事各方具有约束力。可以说,普通法系的"先例约束原则"(doctrine of precedent)并不适用于司法性的国际争端解决。国际司法机构一般不具有作出宪法解释的权限,也不能创设判例法或进行"法官造法"。国际司法机构既不能如不成文宪法国家那样创设宪法判例,也不能像成文宪法国家那样具有宪法解释权;因此,通过(有权解释意义的)宪法解释导致宪法变迁,对于大多数国际组织来说,在概念本身上不能成立。就国际组织的宪法变迁而言,国际组织司法机构的非有权解释仍然具有以下意义:

一方面,除对个案及当事国具有约束力外,国际组织司法机构在裁判争端时作出的司法解释,至少对于该司法机构来说,可以形成一种在效力上较"判例法"为弱的"案例法"(case law),并为司法机构在实践中加以遵循。这种案例法并不具有法的效力,而是作为一种事实证据的累积,对法应如何解释、推理和适用具有证明力,其法理在于司法解释的一致性是法的确定性和可预见性的重要保障之一。

另一方面,对于国际组织的其他机构及其成员国来说,如果得到其遵守和践行,则国际组织司法机构的司法解释,可以成为一种具有说服

---

① Jose E. Alvarez, "Constitutional Interpretation in International Organization", in Jean-Marc Coicaud and Veijo Heikanen (eds.), *The Legitimacy of International Organizations*, United Nations University Press, 2001, pp. 110 – 111.

力、得到广泛遵从、具有实效性的制度化惯例(accepted institutional practice/established practice)。由于宪法修改的困难和宪法解释权的缺位,国际组织司法机构的解释作为非有权解释,性质上与国际组织的普通立法决议一样,是一种具有实效性的宪法惯例,起到解释宪法的作用而不应认为是一种宪法解释。例如,国际法院的咨询案件主要涉及国际组织及其行使职能的法律,其咨询意见如果达到了"一般接受"(general acceptance)的程度,则可以证明为与有权解释并无二致。就宪法变迁而言,如果得到国际组织和成员国的切实践行,则与宪法规范、宪法解释具有同等宪法效力,但仍然无修改宪法规范的效力,其性质不是宪法解释而是一种宪法惯例。①

因此,国际组织司法机构的非有权解释虽然表面上具有"解释"的措辞,但就宪法变迁而言,其在性质上并非宪法解释而是宪法惯例,并具有三个层面:除对个案及当事国有约束力外,一种在效力上较判例法为弱的案例法,是第一种宪法惯例。通常因为宪法修改困难,形成了依赖于司法解释甚至使司法机构具有事实上的宪法解释权等宪法惯例。进而又诱发了第三种惯例,即在立法和有权解释缺位的条件下,司法解释起到解释宪法的作用,成为实践中的宪法解释,而这自身也成为一种宪法惯例。

从WTO的司法发展来看,关贸总协定争端解决机制几乎不可能发展成独立的具有宪法性质的案例法,因为关贸总协定的司法决策受到协商一致方式的约束。相比之下,WTO逐渐在规则制定过程和争端解决过程之间作出了区分,争端解决程序奉行消极协商一致的决策方式,极

---

① 可以与国家宪法中相似的宪法变迁比较:一国司法机关本来没有宪法解释的权限,但该国有权释宪机关长期不行使其权限,造成司法机关成为解释宪法的实际行为者。在该司法机关行为中,又存在以这种"宪法解释"填补宪法空白或者变更解释、类推的情况。并且未遭正式反对,甚至得到非宪法性的法律所承认和参照,形成一种典型的宪法变迁。

大地提高了争端解决的有效性。然而,WTO在决策方式上的宪法修改,出人意料的后果(或者不可避免)是引发了WTO中与"司法解释"有关的"宪法变迁"。

在WTO争端解决机制中,根据DSU第3条第2款等相关规定,上诉机构应"按照国际公法解释的习惯规则"澄清WTO适用协定的现行规定。而且,在这样做时,上诉机构不能增加或减损各适用协定所规定的权利和义务。在司法机构的主要任务仅仅是适用"通常意义"明确的规则时,这类解释规则就提供了较为有力的限制。但是,由于上诉机构所处理的事项,针对的是专家小组报告已经涉及的法律问题和法律解释,相对来说会更加棘手,除非只是复述原文,否则不可避免地需要"澄清模糊"和"填补空白"。① 因此,WTO司法解释具有形成案例法的可能性和可行性。

在理论上,WTO在立法方面的规则和程序可以对案例法进行制衡。但是,WTO以协商一致为基础的、经常无效的决策程序,与以反向协商一致为基础的、有效的争端解决程序之间的不平衡关系使这种制衡颇难运行。但是,《WTO协定》第16条第1款规定:除本协定或多边贸易协定另有规定外,WTO应受GATT1947缔约方全体和GATT1947框架下设立的机构所遵循的决定、程序和惯例的指导。这一惯例即"协商一致"而不是施行正式的投票程序。WTO义务应是成员之间谈判的结果,而不是司法裁决的结果。然而近年来,WTO成员的谈判几乎没有成功达成任何协议,以协商一致为基础的决策程序可以说归于无效。这与以反向协商一致为基础的、有效的争端解决程序之间形成的不平衡关系,使立法对司法的制衡难以实现。与关贸总协定相比,WTO在对争端解决的宪法制衡方面已经发生了变迁,使上诉机构得以在司法造法方面大行

---

① Richard H. Steinberg, "Judicial lawmaking, Internal Transparency and External Transparency: Recent Institutional Developments at the WTO", *International Lawyer*, Vol. 37, No. 1, 2003, p. 28.

其道。[①] 宪法变迁的结果是赋予了上诉机构以更多的宪法空间，在争端解决的司法解释和适用上能够更加灵活，也因此扩大了司法造法所可能覆盖的范围。

除通过谈判达成宪法修改甚至宪法制定外，宪法解释如果有效，也可以抑制司法解释的能动性。根据《WTO 协定》第 9 条第 2 款的规定，部长会议和总理事会对协议和多边贸易协议具有专门的解释权。对附件 1 中多边贸易协议的解释，应基于负责这些协议运作的理事会的意见。一项解释的决定应由成员 3/4 多数通过，但不应损害《WTO 协定》第 10 条关于修正的规定。在“欧共体香蕉案”中，的确有 WTO 成员“谋求”作出权威解释的例证：欧共体曾经要求 WTO 总理事会根据《WTO 协定》第 9 条第 2 款，对 WTO 争端解决执行程序和授权报复的次序问题进行有权解释。但遭到美国的反对，其理由是美国认为欧共体的请求超出了解释的范围而相当于一种修改。在美国的强烈反对下，WTO 总理事会将该问题交 DSB 在审议 DSU 的活动中予以考虑。[②] 因此，WTO 的宪法解释条款在现实中并未被真正动用过。

此外，GATT1947 第 25 条第 5 款最先规定 GATT 缔约方会议享有豁免一成员承担义务的权力。WTO 成立之后对该条款进行修改和完善，形成了《WTO 协定》第 9 条第 3 款、第 4 款。除 1999 年发展中国家保持

---

① Richard H. Steinberg, “Judicial lawmaking at the WTO: discursive, constitutional, and political constraints”, *American Journal of International Law*, Vol. 98, 2004, pp. 247 – 275.

② 为什么美国反对欧共体对有权解释的要求？笔者认为，美国之所以反对总理事会作出这类解释可能具有两个主要理由，第一，如果这一请求得以由总理事会完成，则相当于 WTO 的内部机构在 WTO 层面完成了一次具有立法性质的解释活动，这在一定程度上与欧盟的“次级立法”相似。同时，这一宪法解释无疑是政治性而不是司法性的决策。换言之，WTO 在立法方面的“宪法化”将迈出重要的一步。在这种情况下，不如将其局限在美国拥有一席而且具有“技术”优势的司法性争端解决范围内。第二，由于发展中国家的数量优势，请求这类解释的可能性更多，将使 WTO 更加脱离美国等强权成员的“掌控”。

与最不发达国家之间贸易优惠的豁免、承认特惠制的洛美豁免、遏制“冲突钻石”贸易的金伯利豁免以及针对 TRIPs 协定第 31 条 f 款的知识产权豁免决定外,具有实质重要意义的豁免并不多见。而且,豁免的性质是豁免特定 WTO 义务的适用,不是豁免 WTO 义务及其规则本身的效力。

在投票程序“基本不动”、协商一致基本无效、有权解释“基本不用”、宪法修改和义务豁免“屈指可数”的情况下,除 WTO 决策机构作出的决定外,WTO“司法解释”的地位和作用得到彰显。上诉机构所作出司法解释或裁定的法律效力,不仅在形式上是“二审”裁决,而且在实践中也已经形成了一种超然于 WTO 的相对独立地位。虽然在法律上 DSU 将《WTO 协定》的最终解释权留给总理事会和部长级会议,而在 WTO 没有改变协商一致原则以及上诉为终审的前提下,事实上最终解释权已经移交给上诉机构了。①

从总体上看,在 WTO 的宪法中,宪法修改、宪法解释和宪法惯例三者交相缠绕,形成了宪法变迁光怪陆离的景观。宪法修改的困难是 WTO 宪法变迁的客观契机,但宪法修改之所以困难,是因为决策程序所遵循的宪法惯例,亦即,宪法修改的困难本身也是由于宪法变迁造成的。而 WTO 决策机构的长期“不作为”(WTO“宪法”已授权但未强制的)和对上诉机构司法解释的遵从(WTO 宪法无明文禁止),也构成了一种“宪法惯例”。这种宪法惯例又导致上诉机构所作出的司法解释或案例法,以宪法惯例的性质起到了“宪法解释”的作用。无疑,这是“除欧盟外 WTO 体系内的宪法化比任何其他国际制度发展得都要迅速”②的重要原因。

---

① Claude E. Barfiled, *Free Trade*, *Sovereignty*, *Democracy*: *the Future of the World Trade Organization*, The AEI Press, 2001, p. 7.

② Hannes L. Schloemann and Stefan Ohlhoff, “Constitutionalization and Dispute Settlement in the WTO: National Security As An Issue of Competence”, *American Journal of International Law*, Vol. 93, 1999, p. 424.

（三）WTO“解释共同体”的形成与 WTO 的宪法化

实际上，包括 WTO 在内的国际组织的宪法解释上可以认为形成了一种解释共同体（interpretive community）。正如约翰斯通（Ian Johnstone）提出，宪法话语是一种自我施加限制的结构，以“解释共同体”作为根本的权威来源。作为一种社会沟通的形式，其塑造同时也被国家的行为所塑造。对于缺乏有权解释的大多数国际组织来说，在充斥着修辞的宗旨和原则的上下文中运行，宪法话语提供了一种确定何者优先的共同参照框架。相对于国家之间静态的契约性安排，宪法话语为国际组织的基础条约促进了富有灵活性的解释，而从国家的宪法解释原理和实践中获得的启示则限制着解释的选择。

通过对国际组织的共同体适用宪法性的解释原则和方法，解释的任务在于确定文本对各方集体的而不是任一个体的意义。国际组织基础条约的宪法解释，就成为一种“主体间解释”（inter-subjective interpretation）的过程。特别是对于国际组织宪法性的争议来说，其合法性将依赖于其是否反映了共享的理解和预期，这种共享建构于成员国、国际组织的职能机构以及其他国际组织、非政府组织、国际法学者等广泛主体之中，要求随着变动的“共同体需要”进行动态的再解释。也由于这类争议的主体间性质，宪法话语的承诺不仅涉及同意遵守实体规则，而且是承诺“建构彼此之间关系的意义的过程”。①

可以认为，除上述国际组织司法机构之外，国际组织的其他各种职能机构，国际组织成员国，甚至其他可以参与国际组织活动的实体和人

---

① Ian Johnstone, “Treaty Interpretation: The Authority of Interpretive Communities”, *Michigan Journal of International Law*, Vol. 12, 1991, pp. 381 – 418.

士都可能参与国际组织的解释活动。①

首先，国际组织所有的职能机构，都可以涉及国际组织基础条约的解释，都可能是达成有权解释的潜在因素。国际组织的职能机构在日常工作中经常需要就基础条约作出施行和解释，并可能形成相关的决议。无论立法性还是执行性的决议，都可能包含解释内容。例如，联合国机构的实践在宪章的解释中相当重要，因为宪章是在其施行的日常过程中得到解释的，这类机构及其工作在国际组织基础条约的宪法解释中具有特殊地位。甚至在国际组织已经设立了有权解释的机制时，这种非正式机制也不可或缺：通常解释性的争端首先由国际组织的各职能机构加以处理，并在多数决情况下获得解决，而不是诉诸司法程序。因此，国际组织职能机构推动了宪法解释的实践基础。与之相似，有宪法学者指出，一般认为"活宪法"是由司法判决推动的，但实际上政治部门产生了绝大多数活宪法的情况。法院的宪法发展，多数情况下是对政治性宪法释义的一种回应，并将其加以完善和合法化。活宪政事关宪法发展的整个体制，而法院只是其中的一部分。②

其次，成员国所采取的相关行为特别是集体行动，如果未遭到国际组织或其他成员国的反对，对组织文件作出的解释，也可以具有构成性的效果。证明了成员国集体的"当下预期"(contemporary expectations)。这种预期反映了成员国一种集体的认同和授权，是其"同意"的一种间接

① 诚然，参与国际组织解释的各种实体或者人士，随国际组织的具体环境不同，其解释的权威性和遵从程度也不尽相同。例如，在国际劳工组织中，国际劳工局向执行委员会提交的解释意见被认为是权威性的。而在国际货币基金组织中，长期担任法律顾问的Joseph Gold作出的解释则具有相当的影响力。See H. G. Schermers & N. M. Blokker, International Institutional Law, Kluwer Law International, 2004, pp. 844–845.

② Jack M. Balkin, "Framework Originalism and the Living Constitution", *Northwestern University Law Review*, 2009, pp. 549–614.

体现。[①] 解释从关注条约签订时的国家意图到关注条约的目的及实践，其实也就是关注国际组织及其成员国的当下意志。

最后，在国际组织中任职的国际公务人员个人起重要作用。例如阿尔瓦雷斯对“国际组织中的宪法解释”进行分析后认为，以宪法解释为基础的国际组织宪法化，其程度和广度依赖于“法官”是否能够自主地熟练运用“隐含权力”的法理。[②] 与其相似，美国开国元勋汉密尔顿就曾经指出，司法部门是三权分立中最弱者，其判决要真正具有执行力，靠的是以判决来累积自己的声望，然后将此声望转换成压力再反馈给立法与行政部门去执行。因而宪法解释者的声望和资历，也对宪法解释的作用和地位具有重要影响。

从更广泛的意义上来看，WTO 解释共同体的形成有助于 WTO 宪法性的共同体(Gemeinschaft)建构。广义的司法化则不仅包括争端解决的司法化，也涉及贸易政治的司法化。[③] 后者意指政治行为者在相互交往中的策略性行为通过规则制定所逐渐确定的过程。这种界定的实质，是将司法化作为一种通过规则和策略性行为之间相互依存而得以维系的政治过程，[④]使 WTO 从权力导向的、关税削减的契约转向规则导向的世界贸易共同体。以建构主义的视角切入，WTO 成员应在 WTO 的规范和

---

① Gordon, E. "The World Court and the Interpretation of Constitutive Treaties", *American Journal of International Law*, Vol. 59, 1965, pp. 827 – 828; Ress, G., "The Interpretation of the Charter", in Simma, B. (ed.), *The Charter of the United Nations: A Commentary*, Oxford University Press, 1995, pp. 27 – 40.

② Jose E. Alvarez, "Constitutional Interpretation in International Organization", in the Jean-Marc Coicaud and Veijo Heikanen (eds.), *The Legitimacy of International Organizations*, United Nations University Press, 2001, pp. 104 – 138.

③ A. S. Sweet, "Judicialization and the Construction of Governance", *Comparative Political Studies*, Vol. 32, 1999, p. 149.

④ A. S. Sweet, "The New GATT: Dispute Resolution and the Judicialization of the Trade Regime", in M. Volcansek (ed.), *Law above Nations: Supranational Courts and the Legalization of Politics*, Florida University Press, 1997.

共同体结构中理解其国家利益;换言之,WTO 的规范和共同体结构建构了 WTO 成员的利益和偏好。具有 WTO 成员的身份,不仅是一系列权利和义务的组合,而且意味着在世界贸易体制中的某种社会地位,及其诸如归属、认同、信任以及声誉等社会利益。此种建构主义解释以认知和主体间的(cognitive and intersubjective)社会因素创设了 WTO 的共同体的面向,如紧密和苛刻的社会关系和在理念体系中的共同利益。①

多边贸易体制的实践特别是目前的多哈回合进程看来有所验证。与 GATT 时期更多依赖于贸易回合和谈判立法相比,近年来,很大程度上归因于发展中国家对谈判立法的不断参与,WTO 贸易规制的重心已经转向了司法过程。在多哈回合进展缓慢的情况下,WTO 司法机构有效地保证和推动了贸易自由化的进程。在多边回合之间这种从立法到司法的转向,提高了效率而遏制了 WTO 成员被国内利益集团所“捕获”的情势。② 过去十几年间,中国已经成为 WTO 争端解决机制的常客,一系列胜诉和败诉案件诸如“双反案”“出版物案”“原材料案”和“稀土案”及其裁决结果,无论其利弊得失,无疑都促进了中国国内贸易政策和立法的改革,也加深甚至重新建构了国人对 WTO 法、入世议定书甚至本国国内法的认知。如本书上述,在 WTO 如同其他国际组织一样必然形成的解释共同体中,谁能拥有更多反映其意愿的资源和代表,以及加强话语的建构和研究,显然具有影响深远的作用和意义。

四、WTO 权利宪法论和民主合法性

21 世纪以来,随着多边贸易体制实践和理论的发展,WTO 权利宪法论经历着理论的转向,也成为 WTO 法理论研究中遭到批评或相竞争的

---

① Sungjoon Cho,“Reconstructing an International Organization:A Paradigm Shift in the World Trade Organization”, April 26,2010, http://ssrn. com/abstract = 1823564,最后访问日期:2012 年 4 月 15 日。

② See Judith Goldstein and Richard H. Steinberg, *Regulatory Shift: The Rise of Judicial Liberalization at the WTO*, Walter Mattli and Ngaire Woods(ed.), The Politics of Global Regulation, Princeton University Press, 2009.

焦点,成为一种不能回避的学术现象。其中,仅就对 WTO 权利宪法论第一阶段的批评或者相竞争的学术论争而言,可以分为以下四个方向:

第一,托马斯(Chantal Thomas)、克拉耶夫斯基(Markus Krajewski)和皮尔斯(Peers)等主要针对 WTO 权利宪法论的第一阶段,主张 WTO 因本身存在"民主缺陷"问题,所以不应发挥这种所谓的宪法功能。例如,托马斯指出,WTO 是联邦政府"国际部门"的最显著例证,但这类联邦政府的新部门,必须权衡美国民主理论所设想的政府专家与政府可问责性相竞争的价值。否则 WTO 就不仅不是"政府的第四部门",而是最有威胁的部门。① 克拉耶夫斯基认为,由于 WTO 法加强了对国内法的约束力,而 WTO 本身存在民主缺陷,与 WTO 成员限制个人的对外贸易权利和贸易政策缺乏司法控制相比,这是一个更大的宪政挑战。鉴于此,WTO 法不是"宪政固定化的第二道防线",而是危害宪政的前线。② 而皮尔斯则指出,宪法化的强制性的"贸易权利"并不能解决合法性问题,除非国际司法机构赋予这种权利的强制性是在考虑了"法律的不确定性"和"对司法决策合法性的进一步质疑"后作出的。③

第二,前述格尔哈特、麦金尼斯和莫维塞西恩等认同彼得斯曼的理论路径,然而他们的研究结论却几乎是相反的。例如,格尔哈特认为,宪法意味着一套在制度、机构和个人之间分配立法和决策权力的制度安排和节制。WTO 的宪法观可以分为内部的经济角度和外部的参与角度,前者侧重 WTO 对 WTO 成员的限制,后者符合联邦主义原则、美国国内

---

① Chantal Thomas, "Constitutional Change and International Government", *Hastings Law Journal*, Vol. 52, 2000, pp. 33 - 40.

② Markus Krajewski, "Democratic Legitimacy and Constitutional Perspectives of WTO Law", *Journal of World Trade*, Vol. 35, 2001, p. 167; Markus Krajewski, "Public interests, private rights and the 'constitution' of GATS, Paper for Centre for the Study of Globalisation and Regionalisation", *University of Warwick*, 2002, pp. 20 - 21.

③ Peers, *Fundamental Rights or Political Whim? WTO Law and the European Court of Justice*, in G. de Búrca and J. Scott (eds), The EU and the WTO, Hart Pubishing, 2001, pp. 111, 123 - 130.

商业条款的法理以及有效主权概念。就民主、联邦主义和主权之间的关系而论,内部的经济角度并不适当,而外部的参与角度完全与之相符合。① 这种外部的参与角度,没有任何社会价值能够预先确定,而只能通过 WTO 与 WTO 成员之间以及其彼此之间就各种国内政策进行相互监督和协调。而麦金尼斯等反对 WTO 的"监督模式",提出所谓"反歧视模式",认为 WTO 不应进行实质性地审查,而是应采取一系列程序导向的检验方法。WTO 本身不作为贸易规制权的监管者,而以这种程序法方式抵制利益集团在国际层面的游说和"劫持",并促进公共物品即自由贸易和民主制度,在此基础上形成"世界贸易宪法"。②

第三,前述杰克逊、科蒂尔、斯科洛曼、奥霍夫、凯斯以及塔奇曼等人从理论建构或者方法论的角度,提出了与 WTO 权利宪法论相平行的理论路径。其中,杰克逊一直主张以多边贸易体制的制度性结构作为基础的宪法理论框架,就贸易自由和社会政策之间的关系而言,杰克逊提出,应在 WTO 内部宪法的制度设计上,解决司法和立法之间的不平衡关系,以期能促进贸易关联问题的立法决策或司法裁判。科蒂尔在这点上基本支持杰克逊的主张。科蒂尔认为,如果要维护和加强 WTO 的合法性,对相竞争或分歧的人权价值进行权衡,上诉机构在解释 WTO 规则的过程中,不应预先推定条约文本中具有自由贸易这一宪法原理,或者首先在 WTO 内考察这样的宪法原则,而应强调非 WTO 制度和规则在条约

---

① Peter M. Gerhart, "The Two Constitutional Visions of the World Trade Organization", *University of Pennsylvania Journal of International Economic Law*, Vol. 24, 2003, pp. 1 - 73.

② John O. McGinnis, Mark I. Movsesian, "The World Trade Constitution", *Harvard Law Review*, Vol. 114, 2000; John O. McGinnis, "The WTO as a Structure of Liberty", *Harvard Journal of Law and Public Policy*, Vol. 28, 2004, pp. 81 - 88.

解释的过程中,代表着不同于自由贸易的价值。① 凯斯在其2005年的著述中指出,“宪法化”的含义,可以被理解为不仅是确立了一项能够作出有约束力的法律决定的制度,而且所确立的司法性争端解决机制通过司法解释发展出了一种宪法体系。这类司法解释所包含的宪法性原理,使WTO法在更大程度上与宪法体系相似。在此意义上,可以认为WTO法处于逐渐宪法化的过程中。塔奇曼在方法论的分析上卓有建树,认为宪法化的一个重要方面是如何处理广泛的社会价值的相互包容程度,特别是将市场利益与非市场利益整合的方法。塔奇曼以管制经济学和宪政经济学的分析为基础,将这类社会价值之间的关系理解为一种管制性竞争,设想了一种宪法从属性原则,关注宪法职能应该在哪种层面和在哪种职能背景内发挥,并据此提出功能间宪法促进了不同种类的偏好在部门间权衡的观点。②

第四,近年来,对WTO权利宪法论提出全面批评的当属豪斯和丹诺夫。其中,豪斯认为,WTO宪法化的发展可能使WTO演变为另一种利维坦,不对任何人负责任。因此,多边贸易体制的合法性要求更大程度的民主可竞争性(democratic contestability)。豪斯进一步指出,WTO的宪政是一种“白日梦”,而WTO的宪法化只能激化合法性危机或者限制

---

① Thomas Cottier, “Limits to International Trade: The Constitutional Challenge”, *Proceedings of the 94th Annual Meeting of the American Society of International Law*, Vol. 94, 2000, pp. 220 – 221; Thomas Cottier, Maya Hertig, “The Prospects of 21st Century Constitutionalism”, *Max Planck Yearbook of United Nations Law*, Vol. 7, 2003, pp. 261 – 328.

② 塔奇曼在此方面的主要著述参见 Joel P. Trachtman, “Changing the Rules. Constitutional Moments of the WTO”, *Harvard International Law Journal*, Vol. 24, 2004; “The Constitutions of the WTO”, *European Journal of International Law*, Vol. 17, 2006; “The World Trading System, the International Legal System and Multilevel Choice”, *European Law Journal*, Vol. 12, No. 4, 2006, pp. 469 – 485。

对这类危机的适当反应。① 而丹诺夫则认为 WTO 的"宪政"不过是一种隐喻甚至幻象,WTO 的宪政转向是自我挫败的,因为这正引发了其试图预先阻止的那类政治活动。WTO 必须谋求增加争论和角逐场地的方法,以使那些受 WTO 影响的人士感到他们在 WTO 规范的创设和适用过程中发表了有意义的意见。② 有趣的是,凯斯在 2005 年的著述中也承认,仅就以司法造法为模式的 WTO 宪法化而言,不可避免地引发宪法化过程的政治争议。这种模式未能充分讨论宪法化与合法性之间的关系,

---

① 豪斯在此方面的主要著述参见 Robert L. Howse, *Adjudicative Legitimacy and Treaty Interpretation in International Trade Law: The Early Years of WTO Jurisprudence*, in J. H. H. Weiler (ed.), Towards a Common Law of International Trade: EU, WTO and NAFTA, Oxford and New York: Oxford University Press, 2000; *How to Begin to Think About the Democratic Deficit at the WTO*, *International Economic Governance and Non-Economic Concerns: New Challenges for the International Legal Order*, in S. Griller, European Community Studies, Association of Austria Publication Series, 2003, pp. 79 – 101; Robert L. Howse & Kalypso Nicolaides, Legitimacy and Global Governance: Why Constitutionalizing the WTO is a Step Too Far, in R. B. Porter (ed.), *Efficiency, Equity, and Legitimacy: The Multilateral Trading System at the Millenium*, Washington, D. C.: Brookings Institution Press, 2001, pp. 227 – 252; Robert L. Howse & Kalypso Nicolaides, Legitimacy through Higher Law Why Constitutionalizing the WTO is a Step Too Far, in K. Nicolaidis, co-author, *The Role of the Judge in International Trade Regulation: Experience and Lessons for the WTO*, Michigan Press, 2003, pp. 307 – 348; Robert L. Howse & Kalypso Nicolaides, "Enhancing WTO Legitimacy: Constitutionalization or Global Subsidiarity"? *Governance*, Vol. 16, 2003, pp. 73 – 94.

② 丹诺夫在此方面的主要著述参见 Jeffrey L. Dunoff, "*Constitutionalism's Secret Ambition*," *at Symposium on Changing Patterns of Authority in the Global Political Economy*, University of Tuebingen, Germany. October, 2004; "Why Constitutionalism Now? Text, Context and the Historical Contingency of Ideas", *Journal of International Law & International Relations*, Vol. 1, 2005; "Constitutional Conceits: The WTO's Constitution and the Discipline of International Law", *European Journal of International Law*, Vol. 17, 2006; "Global Constitutionalism: Is the WTO a Constitutional Entity"? Institute for International Economic Law, Georgetown University Law Center, January 2007.

并因此忽视了政治在宪法化过程中的作用问题。①

就上述批评或主张而言,笔者认为,其共同点是提出了多边贸易体制在各种层面和意义上的合法性问题,其中与 WTO 权利宪法论相关的焦点是 WTO 宪法功能和经济宪法的民主合法性问题。对此,笔者主张,贸易自由和代表社会政策的经济权利及其他宪法权利之间的关系,必须置于贸易自由、贸易民主和宪政整体的理论框架中予以分析,同时应考虑国家层面和国际层面的不同背景。

人类一直在追求最佳的组织形式,民主理论可以说是有关组织理论的主要代表之一。从价值论角度看,民主价值在历史演变过程中,一直在试图解决什么样的组织形式是适合于人类社会的最佳组织形式这一问题,通过这种组织形式,单个的个体可以被有效地组织起来,通过最佳组织形式建立起来的社会秩序来充分享受由于人类社会合理的组织行为给个人带来的最大限度的福利。② 合法性可以泛指政治和社会行为的道德和规范理由,民主可以促成这类理由,可以为相关的政治实体提供输入合法性,是一种在规范性上值得采取的组织形式。在绝大多数现代宪法体制中,如果规则是通过民主决策过程而制定的,并且符合诸如个人权利或公共物品等社会基本价值,则该规则就是合法的。民主合法性,一般需要一种受到权威政治决定约束的人民进行民主商议的过程。其重要结果是治理任何社会体系的规则,如果被认为具有民主合法性,则更容易得到遵守。一方面,民主是宪政的要求;另一方面,宪政也必需

---

① 凯斯最初的主要文献参见 Deborah Z. Cass, *China and the"constitutionalization" of international law*, Cass, Deborah Z.; Williams, Brett G. & Barker, George(eds.), *China and the World Trading System: Entering the New Millennium*, N. Y.: Cambridge University Press, 2003, pp. 40 – 54; "The Constitutionalizaton of International Trade Law: Judicial Norm-Generation as the Engine of Constitutional Development in International Trade", *European Journal of International Law*, Vol. 12, 2001, pp. 39 – 76; 凯斯理论修订的著述参见 *The Constitutionalization of the World Trade Organization: Legitimacy, Democracy, and Community in the International Trading System*, Oxford U. P, 2005。

② 莫纪宏:《实践中的宪法原理》,中国人民大学出版社 2007 年版,第 67 页。

解决宪法化过程中的民主问题。在此意义上,宪法化是一种更深层次的民主化过程,并因此民主合法性问题就成为任何宪法化研究的核心问题之一。

近年来,民主的诉求对象逐渐转向了国际制度和机构。早先没有过多涉及国内政治偏好的国际组织并不会产生严重的民主合法性问题。但是,随着国际组织越来越多地涉及国内法律和政策的核心时,国际组织的权威性及其行为的民主性就成为焦点。然而,传统上民主被视为一种普遍适用于国内政体的宪法安排,国家被视为民主的"容器",民主不仅需要"民主的民"(demos),而且所有的"demos"都假定属于同一共同体。对于如何在国际层面上实现民主,由于没有可以直接指明的"demos",民主的概念和原理都需要调整甚至建构。直接将国家层面的民主概念"移植"到非国家层面,会得出缺乏解释力的结论。例如,在国内政治背景中,民主可以理解成多数人的权力和统治,尽管要受到少数人权利的限制。而无论采取直接还是代议形式,平等公民的同意是使政府获得民主合法性的关键。以此类推,平等国家的同意也成为国际政治体即国际组织民主的基本标准。从传统国际法的视角看,人民的平等自由与国家主权并行不悖,国家是其国民在国际层面唯一的统一的代言人。而多数国际决策的类型奉行整体一致或者协商一致,都以主权的形式平等为基础。按照实证主义的国际法观念,①在威斯特伐利亚体系中国家是国际政治舞台中唯一的行为者,国际体系完全符合民主合法性的标准。

问题首先在于对国际体系以国家为中心的理解是否仍然正当?根

---

① 一般认为,实证主义国际法学坚持三个基本原则:第一,所有主权国家平等和独立;第二,国际法仅由国家已经同意遵循的规则所构成;第三,国家是国际领域中唯一的行为者。See Sol Picciotto, "Networks in International Economic Integration: Fragmented States and the Dilemma of Neo-Liberalism", *Journal of International Law and Business*, Vol. 17, 1996, pp. 1014 – 1018.

据传统的国际法原理,国民对国家"同意"的参与,仅仅意味着国家议会决定批准条约或成为政府间国际组织的成员。但是,按照自由主义国际关系理论的观点,国家不再被视为一个单一的实体,而应由各部分选民所构成的。[①] 与从古典自由主义向民主自由主义的转变相应,在新自由主义民主的观点之下,个人才是根本的合法性渠道。所谓的民主并不是通过公民公共意志的集体过程形成,而是消费者的自由选择来达成。因此,民主问题的确出现了:在国际组织、国家民选官员以及全体选民之间的联系非常薄弱。其次,即使国家背景的民主理论不能适用,也不能回避国际组织是否对公众负责任的问题。可问责性(Accountability)提出的是谁负责的问题,尽管可以提出国际组织因为没有"demos"而只能是民主的或者无所谓民主,却不能否认国际组织应该对受其影响的公众承担责任。即使不具有对个人直接适用或直接效力的国际制度及其规范,在其调整的事项对个人利益具有重要影响时,更是如此。最后,因全球化的发展,国家主权的形式平等不再能掩盖和掩饰国际政治经济中的实质不平等,特别是发展中国家在国际决策过程中的参与能力与发达国家存在不对称,实际上成为一种数量众多的"弱势群体",提出的是民主结果的实现问题。

从民主与合法性的关系来看,合法性可以表现为输入合法性(input-legitimacy)即立法过程的某些程序性条件,以及输出合法性(output-legitimacy)即衡量其结果的实体性条件。因此,对国际组织在民主和合法性方面的批评通常可以分为过程的缺陷和结果的缺陷两方面,一方面意味着透明度的程度,以及在国家非行政机关对国际制度及其决策的参与;另一方面意味着国际制度创立新的实体规则以及调整或扩大既定法律协定的能力。前者对应输入合法性,后者则对应输出合法性。

---

① Andrew Moravcsik, "Taking Preferences Seriously: A Liberal Theory of International Politics", *International Organization*, Vol. 51, 1997, p. 513.

从其主要理论路径来看,对国际组织民主合法性问题的批评集中体现为民主缺陷论(democratic deficit),主张国际法不仅应符合国际法的合法性标准,而且应符合国内民主性宪法标准。因为国际法对国内经济和社会政策规定了有约束力的指南,而国际法并不是在自由的宪政民主的制度性框架中制定的,国际法也不容许选举监督的重要作用。在"治理的国际法"中,真正的失败者是国内立法机关和国内选举过程,而这正是自由的宪政民主的核心。因此,作为整体的国家行为者本身,越是深入全球网络中,就越难以在国内层面承担民主责任。

从上述托马斯、克拉耶夫斯基和皮尔斯等人的批评来看,焦点正集中在WTO本身的民主缺陷问题上。输入合法性意味着WTO的内部透明度和发展中国家在决策过程中的有效参与。许多发展中国家认为,通过有限成员的非正式谈判而作出的决定缺乏合法性。同时,将未被邀请的发展中国家代表排除在"绿屋会议"之外,也违反了WTO成员的主权平等原则。WTO对WTO法和人权、社会、劳工和环境政策之间关系的处理结果,则是输出合法性的一种体现。WTO目前的情况是,在继续高水平的法律化时缺乏公众支持或输入合法性,而且,与关贸总协定不同,输入合法性的缺乏并没有被贸易自由化的进展或输出合法性所弥补。

具体到WTO权利宪法论而言,WTO的宪法功能强调对国家对外政策权力的束缚,WTO法构成一种宪法性规则,要求更高程度的民主合法性。从方法论的经济宪法即宪政经济学看,多边贸易体制不仅由管制性规则(regulative rules)构成,也包括构成性或宪法性规则(constitutive rules)。管制性规则管制现存的社会活动和行为,而宪法性规则创制了社会活动的可能性。宪法性规则在逻辑上先于管制性规则而存在,因为宪法性规则界定了管制性规则得以施行的领域。从宪法原理上看,构成性规则是宪法规则,而管制性规则是后宪法规则。因此,宪政层次的选择显得尤为重要,需要更大比例的多数同意,直至一致同意。在WTO权利宪法论第一阶段,彼得斯曼提出所谓预先自缚手脚的宪政,正具有固有的反民主特性:这实际上是束缚未来政府的手脚,其合法性首先需要事前的额外的民主同意,如绝对多数决甚至公民投票等。进而言之,由于国家和国际组织决策过程的代理人都主要是政府机构及其人士,国家行政性机构在国际层面的“垄断”不仅引发国际组织本身的民主缺陷,而且也成为对国家对外政策权力进行民主监督的一种缺位。

因此,束缚政府的政策本身从民主合法性的角度是否能够获得正当性,难以通过 WTO 权利宪法论的第一阶段予以分析。彼得斯曼后来在民主的制度建构方面的建议,不仅表明了其开始注意到 WTO 而不是 WTO 成员的民主合法性问题,可视为在推崇自由的宪政主义基础上,又增加了对民主的宪政主义的考虑。

在此方面最典型的例证是:在 WTO 权利宪法论第一阶段的理论发展中,彼得斯曼反对那种议会至上的英国宪政传统,而主张限制政府权力的美国宪政传统,以及包括《WTO 协定》在内的国际协定作为“第二道防线”保障非歧视等宪法原则。彼得斯曼指出:“议会式的规则制定仍然以宪法所界定的‘国家利益’或者‘共同体利益’为基础,世界范围的组织仍然是不成体系和遭到质疑的。”鉴于此,“自由的国际规则必须被置于制度性分权与制衡的宪法框架之中并由后者加以保护,这种‘宪法框架’只有在国内层面上,并通过将国会立法与控制、权力的有限委托以及对个人权利的司法保护等国内制度性与程序性防御措施扩展到自愿施加的自由的国际贸易、货币与投资规则之上,才能予以提供”。[①] 在上述基础上,彼得斯曼提出了他在第一阶段理论发展中的实践性建议,即“国际规则的遵守以及国际规则的效力,必须受到补充性宪法防卫和程序性制衡在国内层面的保护。例如将国际规则融入国内立法的各种要求,其目的是保证国内行政机构落实过程中的正当程序、有关国际规则

① [德]E. -U. 彼得斯曼:《国际经济法的宪法功能与宪法问题》,何志鹏、孙璐、王彦志等译,高等教育出版社 2004 年版,第 175 页。

的直接适用以及对这类规则所进行的国内司法审查。实践中,以上两种将国际一体化法律宪法化的方法,经常以不同的程度相结合”。① 彼得斯曼此时强调的重点在于通过国际层面的国际组织作为政府的“第四部门”,促进 WTO 成员在国家层面的完善。

在第二阶段的理论发展中,彼得斯曼强调国家议会对 WTO 的民主参与,提出加强议会的作用。鉴于在国际层面不存在充分的制衡以及政府间共谋的风险,彼得斯曼认为,对自由、非歧视、法治和社会保障的国际保障,只有在国际规则制定和国际规则的国内实施都受到国内议会更为有效的控制时,才能具有实效。彼得斯曼在此阶段指出:以所必需的地方、国家和跨国共同体的多数决及其代议制为基础的多数和代议要素,集体提供了私人市场所不能提供的公共物品(例如民主性立法和规则的可问责性)。与美国国会对贸易政策制定有效的议会控制相比,绝大多数 WTO 成员包括欧洲议会都没有有效地监督和影响其政府的贸易政策。这种政府间谈判和规则制定中的“议会失灵”,需要被更精确的议会谈判范围、参与、监督和审议所改进,以作为正式批准国际协定之前的补充。此时重点在于国际层面,通过对国际层面的保障和制约,促进在国际层面对国家对外政策权力的民主监督。彼得斯曼在 2006 年进一步提出:国际宪政与国家宪政不同,国际宪政针对国家和国际层面的宪法失灵,不是在国际层面复制与国家相似的宪政治理,而是提供了多层次的宪法节制。② 作为其理论的新近发展,彼得斯曼以“民主治理的人权”为基础提出了在制度建构方面的建议,即成立 WTO“议会式委员会”和 WTO“公民社会委员会”。换言之,不仅议会的作用在彼得斯曼心目中

---

① E. – U. Petersmann, “Constitutionalism, Constitutional Law and European Integration”, *Swiss Review of International Economic Relations*, Vol. 46, 1991, pp. 359 – 360.

② Christian Joerges and Ernst-Ulrich Petersmann (ed.), *Constitutionalism, Multilevel Trade Governance and Social Regulation*, Oxford Hart Publishing, 2006.

大为改观,而且甚至将个人绕过国家层面直接在 WTO 层面进行跨国运作。

值得指出的是,设立 WTO"议会式委员会"和 WTO"公民社会委员会"的主张在理论路径上有所不同,前者仍然是立足于传统的代议制民主理论,是一种国内民主模式的国际化;后者显然借鉴了参与民主和协商民主理论,可视为具有一定的跨国民主或者世界主义民主因素。在这点上,2005 年 WTO 秘书处所发布的《世界贸易组织的未来:应对新千年的制度挑战》报告,针对 WTO 秘书处、决策程序和市民社会在活动中的作用等制度性问题,提出 WTO 总干事应探讨在限制性会议上与有关团体加强协调和增进团体代表性的潜力,并加强与市民社会对话,建立与市民社会的密切联系与沟通机制等,与 WTO 权利宪法论遥相呼应。①

从上述第二个方向的批评来看,焦点指向了 WTO 权利宪法论的基础假设。正如彼得斯曼所言:对个人权利的宪法保障以及对国内政府权力行使的宪法约束,是对国内贸易法律与政策进行法律分析的必要起点。然而,问题出自 WTO 权利宪法论在理论转化过程中,实际上始终包含一个关于"民主"的假定:符合经济效益的自由贸易必然是多数公民的选择,因此有利于自由贸易的政策必然符合民主多数的要求。也因此,WTO 的宪法功能尽管束缚了 WTO 成员政府的权力,却符合民主的宪政原理。例如,前述麦金尼斯等人就在此意义上,指出有组织的保护主义利益集团经常通过游说获得与其不相称的政治地位和能力,因此损害了民主多数。而世界贸易宪法正是通过束缚国内政客免受这类游说的诱惑,同时促进自由贸易和民主。换言之,WTO 并不是对主权和代议制政府的威胁,而是提供了民主的内在保障。

但是,这种假定并非无可辩驳。无疑,经济效益是一种重要的价值,

---

① WTO,"The Future of the WTO", at http://www.wto.org/english/thewto_e/10anniv_e/future_wto_e.htm, Jan. 20, 2007.

但这并不意味着多数选民都拘泥于选择效益政策。选民可能有很多原因偏好非效益的价值。不能够简单地假定多数决的结果一定偏重经济或效益方面,而且应该为经过民主确定的政策所反映,更不能将民主选择等同于经济效益。据此,格尔哈特认为,所谓“保护主义集团为国内民主施加了严重的障碍”和“保护主义集团挫败了民主”之类的主张,很可能误解了民主、效益价值和公共政策之间的关系。这先入为主地将经济效益作为一种价值,而忽视其他价值,从而认为 WTO 应奉行经济自由主义的宪政理念。但没有价值是预定的。① 格尔哈特的批评似乎已经为宪政经济学的分析所证实。如同一般经济学原理,宪政经济学对可能表现的偏好类型,以及个体衡量各种偏好的方法等问题,是不可知的。宪政经济学仅仅推定,每个个体具有不同的偏好,而个体参加社会是为了使其偏好最大化。宪政经济学并不认可某些价值先天优于其他价值。②

彼得斯曼在第一阶段的著述中,提到的个人权利主要指进口权,③因为绝大多数保护主义政策较少涉及对出口的限制。尽管彼得斯曼也从消费者的角度,主张个人的自由贸易权或外贸权,但其主要方面集中在进口竞争企业上。因为按照国际贸易理论经典的公共选择分析,这类企业是组成保护主义利益集团的主力军。彼得斯曼所忽视(也许不得不忽视!)的是,消费者并不总是反对保护主义,他们也可能支持甚至更加支持对健康或环境方面的贸易规制。如果在这种贸易规制的成本收益进

---

① Peter M. Gerhart, “The Two Constitutional Visions of the World Trade Organization”, *University of Pennsylvania Journal of International Economic Law*, Vol. 24, 2003, pp. 1 – 73.

② 上述宪政经济学的论点本身可参见[澳]杰佛瑞·布伦南、[美]詹姆斯·布坎南:《宪政经济学》,冯克利等译,中国社会科学出版社 2004 年版。

③ 彼得斯曼最近指明了其贸易权的内涵:包括对“私人进出口货物权、知识产权和其他私人权利”的法律和司法保护。参见 E. – U. Petersmann, *Multilevel Trade Governance in the WTO Requires Multilevel Constitutionalism*, C. Joerges/E. U. Petersmann (eds.), *Constitutionalism, Multilevel Trade Governance and Social Regulation*, Hardcover, 2007。

行公众辩论后,通过法定程序予以规定,则情况更是如此。从宪法角度看,个人权利的概念必须包括诸如身体健康、安全工作条件和环境清洁之类的权利。既然这类权利可能与所谓贸易权相冲突,则宪法体系就应为不同的个人权利之间的适当平衡提供框架,而不是不当地予以限制。因此,单方面强调个人权利可能被贸易政策所损害,而仅仅关注其限制政府的宪法功能,使所谓贸易自由和公共政策之间的平衡失去了缓冲的余地。因此,如果第二个方向的批评成立,WTO权利宪法论的"尤利西斯之桅杆"在这里几乎成了"阿基里斯之踵"。

对此,笔者认为,这种批评正确地指出了自由与民主的紧张关系,却忽视了民主与宪政的密切关系。

第一,这种批评可以追溯到彼得斯曼在第一阶段所依赖的理论基础之一,即哈耶克对自由和民主之间关系的认识。自由和民主之间关系密切,甚至民主被认为是自由的一种表达方式,但两者之间仍然存在内在的紧张关系。哈耶克认为,自由主义与民主虽然兼容,但并非相同。前者关心的是政府权力的界限范围,后者关心的是谁掌握政权。如果以其反对概念来看,二者的分别将更明显:自由主义的反对概念是极权主义(totalitarianism),而民主的反对概念是专制主义(authoritarianism)。从结果上说,至少在理论上可能出现一个极权的民主政府,与一个根据自由原则运作的专制政府。哈耶克认为欧洲的自由主义传统,在实际上演变成民主主义而非自由主义,因而要求"多数的无限制权力",在本质上已经变成反自由。自由主义与民主之密切结合于19世纪为宪政而奋斗之际,二者皆坚持法律应平等地对待所有人,并不断地反对法律赋予若干人特权,因而此时自由与民主运动的确难以划分。然而二者关注的主题不同,因而分别也就越来越明显。自由主义关切政府的功能,尤其着重于对所有政府权力的限制,包括多数的权力;而民主所关切的则是谁指挥政府的问题,因而认为当前的多数意见,乃是政府权力合法性的唯一基础。简言之,民主乃是由选举达成多数统治的制度方法,关注是否多数在统治的问题;而自由主义则是以自由的维护为宗旨,因而着眼于对政府功能的关注,认为除了为维护自由所需者外,政府权力必须加以限制。①

第二,民主与自由的紧张关系更由于民主理论的现代发展,即民主具有过程和结果两个方面的要求。传统的民主理论关注政治决策过程是否反映多数人意志,而没有更多考虑到政治决策的执行以及政治决策的结果是否符合民主价值的要求。20 世纪 40 年代,熊彼特指出民主的方法即达成政治决策的一种体制安排,在这种决策过程中,个人通过竞争赢取人民的选票以获得作决定的权力。但选举和多数决,或者竞争性选举治理者只是最低意义的民主。20 世纪,随着自由精神对民主的渗透,民主、自由成为两个内涵相互交叉和混合的价值,尤以精英民主和多元民主为著。20 世纪晚期,民主理论的重心发生转移,由传统的注重意志形成的合法性逐渐转向注重过程的合法性,出现了以参与民主和协商民主为价值核心的民主观。民主应该提倡公民与公民之间、公民与政府之间对全社会最为有利的问题进行公开讨论和协商,以此作为决策的依据。② 协商民主作为一种政治理念,认为人们不仅通过提出主张及其论争而相互影响,而且通过诉诸论点、证据、评价和劝说手段达到民主的结果。③

第三,这种紧张关系的焦点,是民主的过程和结果与输入合法性和输出合法性之间可能的不对称。其中典型的难题是民主的过程必须允许不同利益集团参与政治交易,但又必须防止某些利益集团不当地寻租而获得不民主的结果。如麦金尼斯等指出,利益集团是由个人、法人或其他政府机构组成的,通过对政治过程施加其巨大影响而能在损害公众

① 何信全:《哈耶克自由理论研究》,北京大学出版社 2004 年版,第 68 ~ 71 页。

② 莫纪宏:《实践中的宪法原理》,中国人民大学出版社 2007 年版,第 66 页。

③ A. Gutmann, *Democracy*, *in R. Goodin and P. Pettit* (*eds*), *A Companion to Contemporary Political Philosophy*, Oxford: Blackwell, 1993, p. 417.

的情况下为自己获得资源的群体。贸易保护主义利益集团是利益集团的一种,通过设立阻止外国产品竞争的关税或其他管制而获得这类资源。[①] 针对这类利益集团与民主的关系问题,美国"联邦党人"麦迪逊认为,"调控多样化和相互干扰的利益构成现代议会的主要任务,涉及通常和基本的政府运作中的党派或派系斗争",[②]因此政治多元主义要求多元民主,利益集团保持竞争而不是消失。具体到 WTO 来说,保护主义利益集团可能出于重商主义,也可能出于其他合法的社会目标。而如何区别对待持有合法社会目标与不正当寻租的利益集团或者选民,在国际层面更加困难。因为与国家层面不同的是,国际机构无法确保始终向不同的利益集团提供适当的参与机会。从上述针对 WTO 权利宪法论第二个方向的批评来看,提出的正是如果贸易自由成为一种唯一不可逾越的基本权利,则 WTO 的宪法功能势必同时遏制所有类型的保护主义利益集团及其选民,从而无法兼顾民主的输入合法性和输出合法性。

第四,但是,这种批评忽视了民主与宪政的密切关系,民主的道德优势依赖于宪政基础,多数决可能导致多数暴政。同样,遵循图姆利尔的宪政经济学方法,以 GATT 研究知名的美国学者休德克指出,立法机关在对外贸易领域起到更大程度的作用,并不必然与多数人或自由贸易的利益相一致。1930 年斯姆特—霍利关税法无疑是保护主义的,同时又是民主的一次完美体现,这个梦魇式的民主结果不仅恶化了大萧条,也导致了关贸总协定的创立。因此,休德克认同图姆利尔的洞见即保护主义是一种宪法失灵。[③] 宪政意义的民主概念要求政府足够包容,以使所有人民能够在自治进程中彼此联系,政府必须对所有人民而不仅仅是多数

---

① [美]约翰·O. 麦金尼斯、马克·L. 莫维塞西恩:《世界贸易宪法》,张保生等译,中国人民大学出版社 2004 年版,第 4 页。

② 张千帆:《宪法学导论》,法律出版社 2007 年版,第 72 页。

③ Robert E. Hudec, "Essays on the Nature of International Trade Law: Review by Joel R. Paul", *American Journal of International Law*, Vol. 94, 2000, pp. 207 – 208.

人的利益和观点作出反应,而民主宪政则是一定宪法价值约束下的自由选择。从民主的公共选择分析来看,公共偏好(public preferences)和公共利益(public interest)之间存在紧张关系,而连接两者的是公众意愿(the popular will)。公众意愿应体现公共利益,但公众意愿并不能与公共利益等同,实际上,公众意愿只能反映公共偏好。问题在于政府应反映公众意愿本身即公共偏好,还是应反映公众意愿应该体现的公共利益。对此,宪政民主设想了一种对抗多数的精英治理,推定公共偏好一般由选举汇总产生,而公共利益经常由政府精英达成,以引导公众意愿与公共利益趋同。① 因此,宪政使预设的公共利益固定化,具有反民主的形式,以此非选举的预先的宪政安排被认为与民主具有内在的紧张关系;同时,也使政府权力受到制约,具有加强民主的实质,这种反民主的形式有助于民主的结果不至于不合理。这种密切的两面联系,旨在限制特殊利益集团权力的制度策略,既保证少数人公平地参与,也保护少数人的平等权利,并促进集体商议。就多边贸易体制而言,贸易自由经常成为一种公共利益而不是公共偏好,因为并不是所有的产业及其民众都从自由贸易中受益,而且受到损失的民众数量可能在一段时期内占据多数。因此,贸易政策形成过程不仅需要一种反多数主义,②更需要预设的宪政安排。

第五,进一步的问题在于,达成公共利益的宪政安排需要一定的宪法价值,而如何达成这种预设的宪法价值?就多边贸易体制而言,这实

① Chantal Thomas, "Constitutional Change and International Government", *Hastings Law Journal*, Vol. 52, 2000, pp. 33 – 40.

② 在贸易政策的形成中,哪种类型的民主能更好地服务于国家利益?对此,图姆利尔反对议会授权给行政机关,主张应将立法争论更加公开,对行政机关加以节制;而休德克则认为,在此过程中,"寻租"的特殊利益集团更容易在国会中控制贸易政策,因此,他认为应赋予总统在贸易政策方面的主要责任。看来休德克较为认同"精英民主"模式,民主不是人民的统治而是精英的统治。在民主制度中,公民定期选举政治精英成为政治决策者,同时,公民以利益集团形式影响决策,而利益集团的组织者和领导者则是政治精英的一个重要组成部分。

质上成为一种贸易价值和非贸易价值之间在国际层面的“宪法决断”以及如何达成这种决断的“宪法策略”问题。笔者认为,WTO 宪法化诸理论及其批评,其主要共同点之一就在于都针对这种“宪法决断”问题,而主要区别之一则在于如何达成这种决断的“宪法策略”问题。在此问题上,杰克逊强调应促进在国际决策过程中不同参与方之间的制度性或宪法性安排,以实现公共物品,同时并不预先在社会价值间规定任何等级。任何履行特定社会职能的国内或国际制度,都不期望某些制度凌驾于其他政治上或法律上有所价值的制度。因此,WTO 作为国际体制内的一部分,除了与 WTO 成员之间的纵向协调外,应与其他相平行的国际制度进行“水平协调”,以此促进社会价值的实现。科蒂尔和凯斯都强调应对“合法地经过民主确定的基本价值和政治体的政策目标”进行权衡。而塔奇曼主张的管制性竞争和宪法从属性,也以宪政经济学事关偏好而不是价值为前提假设。格尔哈特和麦金尼斯最终都反对 WTO 的监管,强调 WTO 遵从 WTO 成员在贸易规制方面的选择结果。因此,除彼得斯曼的主张外,几乎所有 WTO 宪法化理论的共同特性都是在宪法价值的判断上保持一定的中立或距离,并不预先确定对结果的偏好或倾向。其宪法策略不是彼得斯曼所主张的彰显个人的“贸易权利”,而是在 WTO 和 WTO 成员之间,以及其他相关国际组织甚至所谓跨国公民社会之间有效而正当地分配“贸易规制权”。

笔者认为,这两种宪法策略本身并无高下之分。选择确立价值还是价值引导选择,这本身是一个经验性和规范性纠缠不清的难解之谜。严格地说,只有 WTO 权利宪法论的第一阶段,在此问题上作出了明确的回答,并且完全符合多边贸易体制的本来宗旨和职能。然而,职能性的国际组织如果依赖于单一的宪法价值予以宪法化,即使符合民主合法性,又如何保证这种事关再分配的宪法价值的合理性？既然以经济福利为基础的合法性已经遭到质疑,那如何保证这种宪法决断的社会合法性？从现实来看,就 WTO 这样的国际组织宪政而言,一方面,实现很大程度上的有效性将要求授予国际组织以更大的权威，而这反过来将对国家主权造成更多地侵蚀。另一方面，克服所谓不同国际组织的制度偏见同样困难。因为目前所提出的各种方案，包括扩大其中一类国际组织的权力和使各种国际组织都具有相竞争的权力，本身自相矛盾。无论在横向还是纵向上，这都是一种两难。

第六，从前述豪斯和丹诺夫的批评可以看出，他们都认为宪政是引发WTO合法性问题的根源。对此，笔者不能赞同。引发WTO合法性问题的根源只能是多边贸易体制的实践。即使在理论上，宪法化也并非只是合法性问题的原因，还将是解决合法性问题的结果。WTO的宪法化的确使WTO在制度上的发展将直接面对民主合法性问题，也扩展了合法性问题的范围，在制度发展为宪法的过程中将产生、也不得不处理各种本来潜在的合法性问题。同时，宪法化也是一种解决合法性问题的有效策略。因为宪法化一旦发展，就可以能动地反馈其合法性，使输入合法性增加，反过来促进输出合法性。正如宪政经济学所论证的，宪法一旦确立，通过削减国际安排的交易成本和策略性成本，就可能使一系列本不受欢迎的安排变得有吸引力。另外，丹诺夫似乎认为宪政是一种单纯地将法律进行到底的活动，这无疑混淆了宪法化与所谓"法律化"之间的区别。宪政并非在政治和法律的关系上作出非彼即此地选择，相反，作为一种制度设计，宪政具有整合政治和法律关系的功能。宪法化并不能简单地被理解为贯彻法律化或者增加政治因素，两者之间的关系可以简化为："宪法化"在某些情况下与"法律化"等同，但法律化无疑缺少宪法化的政治之维。①

从总体上看，WTO宪政诸理论，在于以宪法和国际法相结合的原理提出WTO的宪法性问题，以宪法视角和宪法策略应对WTO的合法性

---

① Judith Goldstein, "Legalization and World Politics", *International Organization*, Vol. 54, 2000, p. 385.

危机,意图以宪法和宪政在制度设计和组织价值上的成就建构 WTO 的理想前景,以指导在国际和国家层面的贸易政治和法律之间的相互依存和运行。有趣的是,前述对 WTO 宪法化的各种批评,正如历史上美国联邦党人与反联邦党人的立宪之争一样,其本身不可避免地成为 WTO 宪法话语的一部分。

第八章　WTO 宪法化与欧盟宪政：宪法合法性的比较研究

在国际制度和机构的当代发展中，两类现象相映成趣：一方面，在以 WTO 为核心的多边贸易体制中，一直没有起草一份宪法文件的政治过程，更不用说存在一份成文的“宪法”了。然而，WTO 研究者却围绕 WTO 的“宪法”“宪法化”或“宪政”争议不休。另一方面，与绝大多数国际组织不同，欧盟对于成员国的宪法和法律有着实实在在的限制，欧洲甚至被认为已经获得了一部形式的宪法。然而，欧盟研究者却对欧盟宪政的法理基础颇有争议。①

---

① 欧盟法中的“欧共体条约、欧盟条约和里斯本条约”各自的基本法律文件如下：(1)《共同体条约》(TEC, the Treaty establishing the European Community)：是指以 1958 年开始生效的《罗马条约》为基础，经过《单一文件》(1986 年)、《马斯特里赫特条约》(1992 年)、《阿姆斯特丹条约》(1996 年)、《尼斯条约》(1999 年)的多次补充和修改后形成的最新法律文本，现

2004 年 6 月 25 日通过的《建立欧洲宪法的条约最终草案》(以下简称《欧盟宪法条约》),虽然最终未能生效,却再次引发了欧盟组织文件性质的争议。某些人质疑《欧洲宪法条约》的宪法特征,他们提出,尽管具有宪法的某些特性,《欧洲宪法条约》的地位仍然只是条约。① 而很多学者则强调将《欧洲宪法条约》称为宪法的重要意义。②

因而,WTO 宪法化的理论看来比实践发达得多,而欧盟宪政的实践似乎走在了理论之前。这种理论和实践的倒置,反映了将国家层面的宪法或宪政概念"转化"到非国家层面的困难,反映了宪法学和国际法学共同面临的挑战:如何论证国际组织"宪法化"的法理基础?为此,本章从宪法合法性的角度,对 WTO 宪法化和欧盟宪政进行初步的比较研究。值得指出的是,鉴于欧盟和 WTO 在诸多方面存在的差异,这种比较搁置了其是否可以比较的先决问题,也不认为 WTO 或其他国际组织的宪法化应该符合欧盟宪政的过程和标准,而仅仅是从比较中论述 WTO 宪法化的可能性和可行性,并借以考察 WTO 宪法化的发展程度。

一、欧盟宪政和宪法合法性问题

作为非国家层面宪法化的实际例证,欧盟及其欧共体宪法化的理论和实践,既促进了国际组织基础理论的发展,又提出了诸多问题和挑战。对于欧盟宪政的"宪法合法性"(constitutional legitimacy)问题的回答,将正面涉及 WTO 乃至国际组织宪政的法理基础问题。

行的合并文本(consolidated version of the TEC)共 314 条款及附属议定书(protocols)。(2)《欧盟条约》(TEU, the Treaty on European Union)是指以 1992 年签署的《马斯特里赫特条约》为基础,经过《阿姆斯特丹条约》(1996 年)和《尼斯条约》(1999 年)的补充修改后形成的最新法律文本,其现行的合并文本共 53 条款及附属议定书。(3)《里斯本条约》(2009 年),被视为是简版的 2004 年《欧盟宪法条约》(草案)。

① P. Elefteriades, "Constitution or Treaty", *The Federal Trust*, Online Paper 12/04, 2004.

② J. Habermas, "So, Why Does Europe Need a Constitution", EUI, RSC, Firenze, 2002; A. Follesdal, "Drafting a European Constitution-Challenges and Opportunities", *Constitutionalism Web-Papers*, ConWEB N4/2002.

主权的行使是否只有在宪法框架中才能是合法的?宪法也只有是被宪法权威所给予的才是合法的?按照传统的宪法原理,国家的存在必须有公民的授权,表现的形式就是一部宪法必须体现民主,否则便会丧失其合法性基础。

18世纪的各种宪法革命,确立了传统的衡量民族主权国家的宪法合法性的主要原则。在实践中,例如在美国,宪法的创立首先是保护人民免受公权力不当影响的方式,旨在以高级法约束立法者。因此,宪法处于法律等级的顶端,通过对权力的分配和限制,使公民的个人权利得到保护。在理论上,例如德国著名公法学家施密特认为,只有人民创立的宪法才是合法的。在人民的意愿和"宪法决断"(constitutional decision)之间的关联为宪法合法性提供了基础。只有在人民作为宪法的组织者和宪法本身之间存在着直接的关联,宪法才能被认为是合法的,才具有合法性。换言之,在经典的宪法理论中,对宪法合法性提供的一般认识是:合法性源于"我们人民"(We the People)已经同意了宪法的事实,亦即"被统治者的同意"或"人民主权",创造这部宪法的主要目的在于保护个人的基本权利。

欧盟并没有成为一个主权国家,欧盟也没有单一的欧盟人民。显然,缺乏一种能够一般适用的理论,以能够同时分析主权国家和超国家结构的宪法合法性问题。有国内学者认为,"欧洲共同体的宪法逻辑始终是模糊不清的,它本身可能被看成一项政府间的事业,一种超国家的专家政治或者一个政治共同体。根据相关的立场观点,共同体的合法性有赖于成员国政府的民主性质、产出状况或者被治理者的认同"。①

对此,宪法和国际法学者从种种角度给出了欧盟宪法合法性的理论解释:

第一,宪法合法性原则论。有学者提出,传统的宪法合法性意味着一种应当符合的规则,而为了适应非国家层面的宪法合法性问题,可以

① 俞可平主编:《全球化:全球治理》,社会科学文献出版社2003年版,第272页。

提出以宪法化合法性原则作为这类非国家宪法的合法性基础。规则要么适用要么不适用,而原则可以在两者之间具有灵活性。宪法合法性原则因此是这些原则如何能够逐渐实现的问题,其三个关键原则是:对自由的保护(Freiheitssicherung)、集体自主性(Kollektive Autonomie)和维持稳固协商一致的能力(Dauerhafte Konsensf igkeit)。因此,通过将规则修改为原则,可以适用于非国家或后国家(postnational)的政体。①

第二,国家治理扩大论。有学者认为,欧洲一体化应被视为欧洲在国家层面所发展的行政性治理的扩大,而不是一种新的民主合法化的宪法秩序。每一个民族国家都通过其本国的"人民"得以在宪法上具有合法性。而欧盟并没有这样的"人民",并不具有独立的宪法合法性。因此,欧盟不应被定性为跨国或超国家的宪法性实体。就现实而不是某种理念上的宪政观而言,欧盟的确具有某些宪法或宪政的要素,但欧盟的跨国宪法或超国家宪法性质并不完整。②

第三,跨国宪法或多层次宪政论。这种主张以跨国治理或多层次治理之类的全球治理论为基础,提出以条约为基础的跨国宪法或者多层次宪政。与下述条约性宪法论所不同的是,这种主张的要点在于所谓跨国宪法在国内法上的合法性仍然应该以国内宪法标准为前提。③

第四,宪法主权论。我国台湾学者苏宏达提出,从"宪法主权"的角度,欧盟或欧共体是一个"没有成文宪法和国家建造却拥有宪法主权的政治体",欧洲一体化运动则是以"欧洲梦追求"为信仰系统的"欧洲宪

① See Christoph Ritzer, "Review Essay-Constitutional Legitimacy: Thoughts on Tobias Herbst's Legitimation durch Verfassungsgebung", *German Law Journal*, Vol. 5, 2004.

② Peter Lindseth, "The Contradictions of Supranationalism: Administrative Governance and Constitutionalization in European Integration since the 1950s", *Loyola Law Review*, Vol. 37, 2003, pp. 310 – 332.

③ I. Pernice, "Multilevel Constitutionalism and the Treaty of Amsterdam: European Constitution-Making Revisited?", *Common Market Law Review*, Vol. 36, 1999, pp. 703 – 750.

法主权建造”工程。在此意义上,“宪法主权建造”可以指称欧盟一体化的历史发展及其未来的发展趋势。以“宪法主权建造”的概念来指称欧盟或欧共体的历史发展,基于下列原因:“欧盟或欧共体并没有严格定义下的宪法,但却在五十年的建造中具体地形成国际间一个独特的法律体系,不仅包括成文的法律,还包括非成文的共同体精神,俨然是一个形成中的宪法体系,成为欧盟或欧共体的最高权威。”①

第五,国际法论。这种观点强调国家作为“条约的主人”的作用,认为所谓新的欧盟法律秩序仍然是传统的国际法的一部分。②

第六,宪法性条约论。在《欧盟宪法条约》拟就后,有国内学者认为,所谓欧盟宪法仍然是宪法性条约,而不是国家宪法。欧盟制宪的任务并不是创设一个传统意义的国家,欧盟宪法也不是严格意义上的宪法,而是一个宪法性的条约。③

第七,条约性宪法论。这种主张给出了所谓条约性宪法的三个要素:首先,在相关政策领域体现了超国家主义的某些价值,条约所建立的组织具有初步的超国家的决策权力。其次,宪法条约作为最高法起到构成政治过程的作用,而不仅是拘泥于先前存在的法律过程。最后,宪法化应同时包括民主化,因为现代宪法事关民主。④

第八,宪法性章程论。欧盟法知名学者韦勒(Joseph H. H. Weiler)等

---

① 苏宏达:《以“宪法主权建造”概念解释欧洲统合之发展》,载《欧美研究》(台湾)2001年第4期。

② A. Pellet, “Les Fondements Juridiques Internationaux du Droit Communautaire”, 5 *Collected Courses of the Academy of European Law*, 1994, p. 211; See also T. Schilling, “The Autonomy of the Community Legal Order: An Analysis of Possible Foundations”, *Harvard International Law Journal*, Vol. 17, 1996, p. 389.

③ 程卫东:《欧盟制宪:进展、困境与展望》,载 http://www.hebdx.com/ldzy/h200402/14.htm,最后访问日期:2006年5月9日。

④ Ireneusz Pawel Karolewski, “Constitutionalization of the Common Foreign and Security Policy of the European Union: Implications of the Constitutional Treaty”, *German Law Journal*, Vol. 6, 2005.

讨论了欧共体的转变，他们指出，欧共体已经从国家根据国际法达成的国际条约和国际组织所奠基的法律秩序，转变为一种其基础文件不是根据国际法的条约而是根据某种宪法的宪法性章程所构成的共同体。①

上述 8 种关于欧盟宪法合法性的主张，实际上都是旨在论证欧盟宪政的理论基础，大体上可以分为两类，前 4 种主张基本上侧重于宪法，后 4 种主张基本上侧重于国际法。而且，就其各自依赖于宪法或国际法原理的程度而言，也分别是“由强至弱”，甚至呈现出一一对应关系。例如，宪法合法性原则论试图将欧盟宪法基本上论证为宪法，国际法论认为欧盟法仍然是传统国际法的一部分。而宪法主权论期望在以宪法角度重新解释主权，从而在国家宪法和国际法之间进行沟通。这种论证思路与条约性宪法论异曲同工，条约性宪法论旨在以条约角度重现解释宪法，认为这相当于一种新的制宪模式。

应当指出，上述对欧盟宪法合法性的论证，较为共同的问题是难以克服主权、宪法和条约等概念本身的不相容。例如，从宪法学角度解释，将主权归结为宪法，并不能解决制宪权、宪法和主权之间的逻辑关系。条约性宪法或宪法性条约之类则往往是“牺牲”其中一个概念的本意而“迁就”另外一个概念。至于完全从宪法或国际法角度的论证，不仅与实践相去甚远，而且早已经被韦勒等学者认为是“矫揉造作”的。因此，就本书的比较目的而言，以下将对欧盟宪政的实践进程进行分析，试图揭示欧盟宪政的性质和实质。

二、在国际公法和宪法之间的欧盟宪政

一般地说，国际组织由国际法予以规范，而宪法制度由国内法予以规范。欧洲法律制度最初仍是以传统意义上的国际组织为发端，几乎没有人认为欧共体法律制度最初具有立宪主义特征。然而，欧盟法被认为

---

① Joseph H. H. Weiler, “A Constitution for Europe? Some hard Choices”, *Journal of Common Market Studies*, Vol. 40, 2002, p. 563.

最终与国际公法分道扬镳，转变为一种宪法性法律制度。如上述韦勒等指出，欧共体已经从国家根据国际法达成的国际条约和国际组织所奠基的法律秩序，转变为一种其基础文件不是根据国际法的条约而是根据某种宪法的宪法性章程所构成的共同体。①

就前者而言，这类法律秩序符合国际组织法和国际条约法的传统理论和实践。国家通过国际条约成立国际组织，缔约方可以通过条约的规定，赋予该国际组织作出对缔约方产生约束力的决策的权力。在这种过程中，某些国家甚至享有特权。例如，联合国宪章授权安理会中的少数国家作出对整个国际社会都有约束力的决策，其中的常任理事国还具有否决权。国际货币基金组织等则通过加权表决制赋予一些国家以特权。但是，根据国际法原理对"国际法主体"和"国际组织的法律人格"之类问题的经典论述，在几乎任何问题上，只要国际组织的成员一致行动，就可以改变该国际组织的地位或权限。而国际条约法适用于条约的缔结、修改、解释和终止等所有阶段，国际组织基础性条约的缔约方即国家保留了根本的决定权。

从后者来说，根据这种方式，国家可以通过"宪法的"整合创立一种新的法律制度。创立的形式可以多种多样，包括从制宪会议到条约。这类宪法制度创造了一种不同程度的合法性，其合法性不仅来源于主权国家的认可，而且来源于其构成部分的公民的更广泛的、直接的认可。实践中，这种转变自 1963 年开始，为欧洲法院那些具有里程碑意义的案件所推动。而且，欧盟在从国际公法到宪法性质上的转变，不仅是欧洲法院所主导的法律进程，而且是欧共体的政治进程所致。

---

① 在此方面代表性著述参见 J. H. H. Weiler, Joel P. Trachtman, "European Constitutionalism and its Discontents", *Nw. Journal of International Law and Business*, Vol. 17, 1996 – 1997, p. 356; J. H. H. Weiler, The Constitution of Europe: "Do the New Clothes Have an Emperor?" and Other Essays on European Integration, 1999, p. 221; Ingolf Pernice, "Multilevel Constitutionalism and the Treaty of Amsterdam: European Constitution-Making Revised", *Common Market Law Review*, Vol. 36, 1999, p. 703; J H. H. Weiler, "A Constitution for Europe? Some hard Choices", *Journal of Common Market Studies*, Vol. 40, 2002, p. 563。

（一）欧洲法院主导的宪法化的法律进程

就法律进程而言，欧洲法院首先提出欧共体法是一种“新型的国际法制度”，然后又称其为一种“新的法律制度”。后者的“新特征”被概括为“宪法性的”，其过程被概括为“宪法化”。这类宪法化的标志包括欧洲法中的最高效力原则、直接效力原则、隐含权力和先入为主原则等法律原则，以及保护基本人权的演进过程。①

从欧洲法院来说，欧洲法院将《欧共体条约》称为共同体的基本宪章。这就意味着有关条约已被“宪法化”，而欧共体已经成为一个与联邦国家而不是国际组织更为接近的实体。规范欧共体运行机制的不再是国际公法的一般性原则，而是根据宪章和宪法原则确定的特殊的国家间政府性结构。② 例如，欧洲法院在 1991 年将欧共体条约称为宪法性文件或者宪法性章程：“欧共体，尽管是以国际协定的形式达成的，但仍然构成了以法治为基础的共同体的宪法性章程。”③需要指出的是，欧洲法院使用的原文是“constitutional charter”，不是“宪章”（charter）。

从 1963 年开始，一直到 20 世纪 70 年代，欧洲法院通过一系列具有里程碑意义的判决确立了四项原则。这四项原则确定了欧共体法律和成员国法律之间的关系，并使这一关系与由宪法规定的联邦制国家内的类似法律具有可比性：

1. 直接效力原则

直接效力原则的第一次提出是在 1963 年，随后得到了不断完善。欧洲法院改变了国际公法中关于国际法律义务注重结果并且针对国家的这一通常假定。国际公法的传统是，允许由一个国家内部的宪法规则

---

① 参见[美]约瑟夫·韦勒：《欧洲宪政》，程卫东等译，中国社会科学出版社 2004 年版，第 293～300 页。

② 参见[美]约瑟夫·韦勒：《欧洲宪政》，程卫东等译，中国社会科学出版社 2004 年版，第 12 页。

③ ECJ 14 December 1991, Opinion 1/91, 1991.

来决定在该国法律制度中国际义务对个人产生影响的方式和程度。而直接效力原则意味着,违背了共同体义务的成员国不能将争论的场所转移到国家间或共同体的层面。成员国将在本国法庭上,根据他们自己的法律程序,接受个人对他们的诉讼。

2. 最高效力(supermacy)原则

直接效力原则的效力只有与第二条“宪法化”原则即最高效力原则相结合的时候,才能产生全部效力。自 1964 年以来的一系列案例中,欧洲法院宣称:在欧共体法的适用范围内,共同体的任何法规,都“凌驾”于与之相抵触的国内法之上,无论该国内法是在欧共体法之前还是之后所颁布。最高效力原则并非表明共同体法无条件地绝对凌驾于成员国法律之上,而是每种法律在各自的权能范围内具有至高无上的效力。直接效力和最高效力原则的结合意味着,产生直接效力的欧共体法不仅应被视为国内法,而且是“高级法”(higher law)。这种宪法结构应仅存在于联邦制国家的国内宪法制度中。

3. 隐含权力(implied powers)原则

1971 年左右,欧洲法院在判决中认为,必须将赋予共同体的内部权能理解为赋予了共同体相应的对外缔结条约的权力。而且,欧共体缔结的国际协议不只对共同体本身具有约束力,在适用的情况下对成员国本身以及在成员国内部同样具有约束力。因此,隐含权力原则由此得到发展:如果某些权力是共同体为了实现其合法目标所必需的,则这类权力应被默认为归属于共同体。从而,欧洲法院得以规避国际法中经典的解释原则:在解释国际条约时,应采取一种能够将条约对国家主权的侵蚀减少到最低限度的方式。

4. 人权原则

自 1969 年以来,欧洲法院在一系列案件中坚持认为,法院应就违反基本人权的所有共同体措施进行审查,审查的标准是成员国共同的宪法传统以及成员国所签署的国际人权公约。这项原则的实质意义是,通过其他三项原则的默示而擅自授予欧共体的权力并非不受制约。鉴于共同体决策程序中的民主缺陷问题,这项审查至关重要。

除上述司法原则外,欧共体司法审查制度为上述司法原则配备了制度上的保障。欧共体司法审查制度在两个层次上运行,包括共同体层次的司法审查和成员国层面的司法审查。一般认为,宪法化和司法救济制度二者的结合,使共同体义务在很大程度上"国家化"了,其结果是导致欧共体法律秩序排除了国际法最核心的传统国家责任概念及其互惠原则和反措施。据此,欧共体法律秩序是真正意义上的独立的法律体系,不必求助于传统意义上的国家责任机制。因此,从总体上来说,即使在欧共体法律秩序形成的基础阶段,其运行方式也与现行的宪法秩序十分相近。

(二)法律和政治的相互作用

韦勒借用"退出和发言"(exit and voice)的分析模式认为:法律和政治的相互作用,以及由这种相互作用带来的平衡,构成了欧共体法律结构和政治进程最根本的特点。①

1970年,赫尔曼在《退出、发言和忠诚》一书中使用经济学和政治学的原理确定了"退出"和"发言"的类型。赫尔曼以"退出"和"发言"作为分析经济和政治之间互动关系的模式:"退出和发言,即市场和非市场力量,亦即经济和政治机制。"

韦勒借鉴这一模式,用以分析法律和政治之间的互动关系。"退出"是指在效果不尽如人意的情况下有组织的放弃机制;"发言"是指在组织内部进行校正和康复的机制。在此意义上,韦勒提出了欧共体内的退出和发言概念。例如,完全退出是指某个成员国退出欧共体。选择性退出是指保留成员国资格,但却寻求根据条约应承担的义务,不管是因为疏忽,还是因为故意。而在欧共体初期的发展中,欧共体通过共同体法律

---

① [美]约瑟夫·韦勒:《欧洲宪政》,程卫东等译,中国社会科学出版社2004年版,第18~37页。

结构的宪法化和法律以及司法保障体系，以阻止成员国的选择性退出。在此基础上，韦勒以这种意义的退出和发言全面分析了欧盟及其欧共体宪法化中政治和法律的发展及其互动关系。

在欧盟及其欧共体宪法化的过程中，在欧盟层面的决策机制具有特别重要的意义。在此方面，应区分两种截然不同的决策机制，即共同体决策和成员国决策。所谓共同体决策就是由共同体机构按照法定程序进行的决策过程，其决策程序和决策结果都要受到《共同体条约》（TEC）和《欧盟条约》（TEU）的约束；欧洲法院有权依据 TEC 和 TEU 对共同体决策的程序和结果进行审理和判决。共同体决策的要素和特点为：第一，由共同体机构作出；第二，按照 TEC 和 TEU 两个条约规定的程序和票权数进行表决；第三，其程序和结果受到 TEC 和 TEU 两个条约的约束；第四，欧洲法院对共同体机构决策的程序和结果拥有管辖权，即如果欧洲法院裁定共同体决策的结果不符合相关条约的条款，欧洲法院有权推翻此决定，宣布决定无效；第五，共同体决策体现了主权权力的让渡，即成员国将部分国家主权权力让渡给超国家的欧盟机构，特别是部长理事会、欧委会、欧洲中央银行、欧洲议会这四大被认为是“超国家”的机构；第六，共同体决策可以不需要成员国国内法转化而直接适用于各成员国，并对成员国具有法律约束力。① 成员国决策则包括成员国在本国

① 如共同体决策的例证：《稳定和增长公约》以及欧盟经济货币联盟规定欧元区国家的 6 大趋同标准，其中一项标准是年度财政赤字不能超过预算的 3%，但法国和德国由于经济发展缓慢近年来连续数年都突破了这一上限，欧委会要求法、德限期改正，但法、德都没有能够做到，欧委会建议按有关规定对法国和德国进行罚款，但由于法、德都是欧盟内举足轻重的大国，它们拉拢其他小成员国支持，在 2003 年 11 月 25 日的部长理事会上以多数票表决否决了欧委会的罚款建议。欧委会认为部长理事会的此决定违法了条约，于 2004 年 1 月 27 日将此案交欧洲法院裁决，2004 年 7 月 13 日，欧洲法院正式判决（Judgment in Case C－27/04）支持欧委会的建议，判决部长理事会 2003 年 11 月 25 日的决定无效。按照条约的规定，欧洲法院的正式判决（judgment）属于欧共体初级法，其法律效力等同于条约，具有法律约束力且直接适用于各成员国。因此，部长理事会必须执行欧洲法院的判决。

国内的决策和成员国相互之间的政府间合作,而与共同体决策相对应的是成员国政府间合作其特点包括:成员国政府间合作不是条约中设定的欧盟法定机构;没有主权权力的让渡,不是超国家机构;做出的任何决定不能直接适用于各成员国,必须经过成员国国内立法转化后才能应用。主要作用是相互协商、协调立场、互相合作。

因此,所谓共同体决策标志着作为"国际组织"或国际制度的欧盟具有了实质性的"自治性"或自主性权力。这种权力就其来源,可以被认为是成员国主权权力的让渡。与其他国际组织在一定程度上被"授权"行使某些职能相比,这种让渡具有根本不同的性质。一方面,这种让渡通过条约等形式,实际上已经被固定化了。换言之,除非欧盟及其成员国在政治和法律结构上发生根本性地变动,这种让渡是一个不可逆转的过程:随着欧盟宪政的日益发展,"退出"的成本也与日俱增。另一方面,欧盟层面可以在作为初级立法的基础性条约外,制定包括规则、指令和决定在内的次级立法,以及共同体与第三方签订的国际协定和所确认的一般原则等。这类次级立法无论是否具有直接效力,都优先于成员国的国内法。另外,欧盟条约和共同体条约还对欧盟机构的决策表决程序和机制都作出了较明确的规定,如哪些领域必须全体一致同意、哪些需要有效多数表决、哪些简单多数通过以及各成员国在有效多数表决中所拥有的加权票数等。

(三)欧盟宪政的性质和理想前景

承上所述,笔者认为,或许只能将欧盟法界定为"自成一类的法"(law sui generis),这种学理上的表述正反映了欧盟法在条约和宪法之间的动态发展,是一个没有先例或模仿对象的混合体。实际上,以欧盟组织文件为核心的欧盟法律体系,是一种自成一类的非国家宪法和多层次宪法,与国家宪法和其他国际组织的基础条约皆有不同之处:

第一,与传统的宪法学原理不同,欧盟宪法秩序的建立不是基于公民之间的社会契约,而是国家之间的宪法条约;不是以基本权利和人民主权为法理基础,而是以国家主权明确而实质的主权权力的赋予和让渡为基础。

第二,与其他国际组织的条约宪法不同,欧盟的条约宪法不仅是欧共体和欧盟的弱宪法,而且已经在很大程度上是一种强宪法,即建构了作为一种共同体甚至社会的欧洲。在有些欧盟专属领域,欧盟条约宪法的效力甚至较欧盟国家的宪法影响更大。

第三,如"多层次宪政"论的首倡者佩尼斯指出:多层次宪法(verfassungsverband)的概念表明,成员国的宪法和欧盟的基础条约尽管形式上有别,却在内容上具有统一性,并且形成了内在一致的体制机制。在此范围内,行使主权权利的权力在两个以上的层面分立。①

第四,欧盟宪政发展的理论意义在于建构了一种新型的宪法概念、原理和实践。宪法为国家所垄断源于历史的发展,同样历史的进一步发展也可以再次颠覆这一状况,适用于非国家或后国家的政体,②欧盟宪政过程已经证明了宪法与国家之间并非是充要关系。③ 因而,欧盟宪政发展的深远意义在于宪法的概念和原理将随之创新。

欧盟之所以能够形成自成一类的非国家宪法和多层次宪法,其主要动力和成因体现为以下三个方面。

首先,国际组织的组织文件成为宪法的动力,源于成员国向国际组织权力的让渡,或者国际组织被创设了相对独立的自身权力,而且据此有权设立在成员国法律秩序之外具有直接效力的规则。欧洲法院在

---

① Pernice. I. ,"Multilevel Constitutionalism and the Treaty of Amsterdam: European Constitution-Making Revisited?" *Common Market Law Review*, 1999, Vol. 36, pp. 4, 706 – 715.

② Christoph Ritzer, Review Essay-Constitutional Legitimacy: Thoughts on Tobias Herbst's Legitimation durch Verfassungsgebung, German Law Journal Vol. 5, 2004.

③ Lenarts, K. , "Constitutionalism and the Many Faces of Federalism", *American Journal of Comparative Law*, Vol. 38, 1990, p. 205; J. H. H. Weiler, "The Reformation of European Constitutionalism", *Journal of Common Market Studies*, Vol. 35, 1997.

1964年"柯斯选诉意大利国有电力公司案"中,根据条约的精神和目的而提出欧盟法律秩序的建立,是通过成员国向新的共同体机构让渡实质性权力,从而构成对成员国主权的永久限制。据此,欧洲法院虽然没有引用任何成员国的宪法说明这种让渡是如何完成的,然而以主权让渡论自行发展了欧共体法律秩序。除此之外,欧洲法院在该案中还指出"在尽管有限的领域内,各成员国限制了自身的主权,并创设了一套同时约束其国民及其自身的法律体系"。①

其次,这种国际组织宪法性的基础条约,可以被认为是成员国国民共同行使的制宪权,成为一种制宪权的间接行使。② 以欧盟为例,在一种由国家法和超国家法构成的统一法律秩序中,宪法是由成员国的宪法和欧盟基础条约所形成的。构成法律秩序基础的一系列相互关联的条约成为这种宪法的一部分,从而形成了一种制宪的新模式。③ 欧盟宪法是条约抑或宪法之争辩,可从制宪过程加以考察。在制宪程序方面,欧盟宪法条约较之普通的条约制订,多了制宪大会及其会议程序。然而制宪大会由欧盟峰会所决定。制宪大会的制宪权因此不是源自全体欧盟公民,并通过其直接普选产生的制宪代表共同行使。欧盟宪法反映了成员国一方面虽然支持欧盟进一步朝向政治同盟发展,另一方面却仍未将制宪权下放至欧盟公民的客观现实。④ 尽管欧盟宪法条约最终未获生效,然而里斯本条约继承了一些主要的革新。

最后,就宪法内容而言,国家宪法所不可或缺的是对公民基本权利和国家权力的规定。国际组织所具有的立法权力如果可以直接为成员国的国民创设可适用的权利和义务,则公权力与个人权利之间的宪法关

---

① 张千帆:《宪法学导论》,法律出版社2007年版,第570页。

② Pernice. I., "The Treaty of Lisbon: Multilevel Constitutionalism in Action", *Columbia Journal of European Law*, Vol. 15, No. 3, 2009.

③ K. Lenaerts and M. Desomer, "New Models of Constitution-Making in Europe: The Quest for Legitimacy", *Common Market Law Review*, 2002, pp. 1217 - 1253.

④ 洪德钦:《欧盟宪法之法理分析》,载《欧美研究》2007年第2期。

系便得以建构,其宪法性当然彰显无疑。欧盟宪法如同国家宪法,已具备下列相关规定:欧洲联盟与目标、欧盟机构与职权、欧盟与成员的相互关系、欧盟公民的基本权利等条款。这些都是影响欧盟的地位、存在与发展的根本问题,尤其明确规范了欧盟地位,欧盟机构是如何组织,赋予那些职权,如何行使职权,欧盟公民地位、基本权利等实质内容。

总体上看,欧洲宪法秩序建构了一种与国家政体相竞争的政体秩序,后者以共享价值和政治组织为形式。国家宪法秩序和以欧盟的非国家宪法秩序是共存的。欧盟宪政发展是一种宪法制定的动态过程,而不仅仅是确立和发展国际组织的条约修订。据此,欧盟的基础条约就是欧盟自成一类的宪法,是由成员国的国民通过其条约制定机构和程序制定的,与成员国的宪法一并形成了欧盟的多层次宪法。

欧盟宪政具有两种可能的"理想前景"。其一为"作为统一体的欧洲",欧盟及其欧共体的最终模式和宪法化条约就相当于传统国际法中的"世界政府"这一乌托邦模式。以此形式建立的欧洲未来实际上会使成员国的民族主义最终消亡。其二为"作为共同体的欧洲",虽然同样反对过分注重国家主权、独立和自主的国际法模式,认为国际法规范为各国在实力和自身利益的基础上寻求实现自己的目标提供了一个中立的舞台。比较而言,共同体的理念似乎更符合实际,其论证基础在于,在有选择的并且不断增加的领域中限制或分享主权权力;承认并支持相互依存的现实;以由享有共同价值观和理想的国家和人民组成的共同体这一概念抵消国家自治这一排他主义的精神。① 从长远来看,欧盟宪政过程已经被认为是塑造全球法律秩序的一种统一模式。②

---

① [美]约瑟夫·韦勒:《欧洲宪政》,程卫东等译,中国社会科学出版社 2004 年版,第 90 ~ 93 页。

② Kathrin Blanck et al., Conference Report-Europe's Constitutionalization as an Inspiration for Global Governance? Some Viennese Conference Impressions, German Law Journal, Vol. 6, No. 227, 2005, p. 243.

诚然,在国际制度和机构的宪法化实践中,即使是最具有宪法特性的欧盟法,也难以在国家宪法的意义上解决宪法合法性问题。因为共同体虽然具备宪法制度的特征,但缺乏最基本的特质:通过普遍选举权实现合法化。欧盟已经采取了宪法性实践,但没有强调宪法合法化的表示。因此,欧洲法律制度可以被认为是一种没有立宪主义的宪法制度,并且仍然存在合法性缺陷。①

三、WTO 宪法化和宪法合法性问题

欧盟及其欧共体宪法化的经验是否可以为 WTO 以及其他国际组织所借鉴?以下将以欧盟的宪法合法性问题作为参照和比较,以阐明 WTO 宪法化过程和结果的合法性问题。

(一)WTO 争端解决机制主导的宪法化进程

在国际法中,国际法院和法庭被认为是促成所谓"跨国宪法"的关键因素。欧盟宪政的例证表明,传统的条约体系,一旦拥有可解释和执行的司法机制,就可能在一定程度上向实在的宪法制度转变。② 尽管韦勒认为 WTO 的宪法化为时尚早,但他同时认为,WTO 裁判机构与欧洲法院一样在不可避免地适用宪法原则。③ 诚然,在欧洲范围之外的国际争端解决机构大多不具有欧洲法院那样的全面权限。某些争端解决机构本身在司法性上尚有疑问,缺乏作出有法律约束力决定的基本权力。即使具有这种权力,国际法院和法庭也受制于有限的管辖权和确定的适用法范围。这种司法化的宪法发展在政治上和实践中都举步维艰。

---

① Where to Look for Legitimacy? In the E. O. Eriksen, J. E. Fossum and A. J. Menendez(eds.),Constitution Making and Democratic Legitimacy(Oslo:Arena),ARENA Report No. 5,2002.

② Robert Howse, Kalypso Nicoladis, Legitimacy and Global Governance: Why Constitutionalizing the WTO Is a Step Too Far, in Efficiency, Equity, and Legitimacy: The Multilateral Trading System at the Millennium, 2003, p. 239.

③ J. H. H. Weiler, Epilogue: Towards a Common Law of International Trade, in The EU, the WTO, and the NAFTA, J. H. H. Weiler eds., 2000, pp. 201 - 231.

如前所述,欧洲法院通过四项原则及其司法审查制度确立了欧共体宪法的基础阶段。因此,可以比较 WTO 争端解决机制在此方面的法律发展。

1. 关于直接效力的比较

《WTO 协定》本身并未规定,其可以在 WTO 成员国内法中直接适用。事实上,以美国、欧共体[①]和日本为代表的主要 WTO 成员,也拒绝赋予《WTO 协定》以直接效力。结果,《WTO 协定》一般并不能被私人当事方在国内法院中援用。

在此方面最相关的 WTO 案例是"美国 301 条款"案。该案中,专家小组指出,"迄今,GATT 和 WTO 的机构都未曾将 GATT/WTO 解释为一种产生直接效力(亦即,对个人确立了法律上可执行的权利和义务)的法律秩序。循此,GATT/WTO 并未创设一种主体同时包括 WTO 成员及其国民的新法律秩序"。[②] "可以说,在 GATT/WTO 法律制度中,提及间接效力而不是直接效力原则是适当的。"专家小组接着陈述"认为个人的地位与 GATT/WTO 法律体制毫无关系,就完全错了",因为 GATT/WTO 的主要宗旨就是"创造允许个人活动繁荣的市场条件"。[③] 尽管如此,"在 GATT/WTO 法律秩序中,不提直接效力而提间接效力原则"才是适当的。[④]

上述裁定具有重要意义:直接效力原则尚未在 WTO 的"司法实践"中确立,这直接产生了两个重要的后果:其一,即使 WTO 具有关于个人权利的规定,这类所谓私权也没有为 WTO 的司法实践予以确认,换言之,不是"可执行的"权利和义务。其二,更重要的是,WTO 并没有如欧

---

① 《WTO 协定》和迄今为止的 WTO 正式文件,均使用"欧共体"一词。本书因此在特指作为 WTO 成员的欧共体时使用这一措辞。

② United States-Sections 301 – 310 of the Trade Act of 1974, WT/DS152/R, Jan. 27, 2000, para. 7.72.

③ Ibid. at para. 7.73.

④ Ibid. at para. 7.78.

共体那样,创设一种主体同时包括 WTO 成员及其国民的新法律秩序,即"新特征"尚未出现,也就更不可能被概括为"宪法性的"。

2. 关于最高效力原则的比较

《WTO 协定》第 16 条第 2 款规定,WTO 成员应使其国内法律、法规和规章与《WTO 协定》相符合。然而,WTO 争端解决的实践证明,《WTO 协定》的"最高效力"非常有限。在此方面最相关的例证,是 WTO 争端解决机制对涉及 WTO 成员国家责任的"司法救济"。就违法之诉而言,WTO 争端解决机制的首要目标,通常是保证撤销或纠正已被确认为违反《WTO 协定》的有关措施。可以说,这是 WTO 争端解决机制所提供的首要救济。它大致相当于国家责任法中的停止不法行为(cessation of wrongful conduct)。

在 WTO 争端解决机制实践中,为了使被诉成员采取与所违反的适用协定相符的措施,WTO 争端解决机构及其专家裁判机构作出了具有不同含义的各种建议,研究这些建议,对于探讨 WTO 争端解决机制所能提供的首要救济及其对遵守 WTO 法的影响,具有特别重要的意义。在 DSU 中,"建议"(recommendation)一词,出现在 17 个条款中。[①] 通常,在专家小组和上诉机构报告中,除作出结论(conclusion)和裁定(ruling)外,还会作出"建议"。

根据 DSU 第 19 条第 1 款,"如专家小组或上诉机构得出一项措施不符合某适用协定的结论,则它应(shall)建议(recommend)有关成员使该措施符合该项协定";"除此种建议外,并可以(may)就实施建议的方法提出建议(suggestion)"。该条第 2 款则重申了 DSU 第 3 条第 2 款的

① 根据笔者统计,包括 DSU 第 2 条第 1 款、第 3 条第 2 款、第 3 条第 4 款、第 7 条第 1 款、第 11 条、第 12 条第 7 款、第 19 条第 1 款、第 21 条第 1 款、第 21 条第 3 款、第 21 条第 5 款、第 21 条第 6 款、第 22 条第 1 款、第 22 条第 2 款、第 22 条第 8 款、第 23 条第 2 款、第 26 条第 1 款、第 26 条第 2 款。上述统计除第 8 条第 11 款(专家小组成员费用的支付)和第 18 条第 8 款(上诉机构任职人员的费用标准)外,在 DSU 注释中出现 2 次(注释 9 和注释 10)。

原则:该建议不得增加或减损各该适用协定所规定的权利和义务。此外,DSU第26条对有关非违法之诉的建议另有规定。

在WTO争端解决实践中,WTO裁判机构的建议有下列几种:第一,撤销的建议和符合的建议。DSU第3条第7款规定,WTO争端解决机制的首要目标是"撤销违反措施",这与DSU第19条第1款的"使该项措施符合"之间存在差别。显然,"撤销违反措施"的要求更加严格,而"使该项措施符合"(bring the measure into compliance)为WTO成员执行裁定和建议留下了较大的空间。① 第二,符合的建议和实施的建议。DSU第19条第1款规定了两种"建议",并使用了强制性不同的措辞。通常的建议(recommendation)即"有关成员使该措施符合适用协定"。这不仅表明这种建议具有约束力,也说明作出这种建议是裁判机构的应有职责。而"建议""实施建议的方法"则属于裁判机构可以酌情处理的范围。在可能具有多种遵守的方法时,"实施建议的方法"就是裁判机构"建议"哪种方法更可取,但这种建议没有约束力。第三,特定的建议和一般的建议。实践中,符合的建议和实施的建议分别对应为一般的建议(general recommendation)和特定的建议(specific recommendation),后者在"巴西出口融资计划案"中被美国称为"一项要求一争端方采取一种特殊的、具体的行为以便纠正一项被专家小组裁定与WTO规则不一致的建议"。② 在WTO争端解决实践中,某些案件仅作出了裁定而根本没有作出任何建议,③主要是因为这些案件程序问题非常特殊而没有讨论实体问题。在某些情况下,专家小组又作出了就撤销违反措施而言明确的建议,但上诉机构对此非常谨慎。迄今为止,包括这种明确建议的案例有7起,

---

① 与这种一般性规则相比,SCM协定第4条第7款规定"如所涉措施被视为属禁止性补贴,则专家小组应建议进行补贴的成员立刻撤销该补贴。在这方面,专家小组应在其建议中列明必须撤销该措施的期限",倒是完全符合第3条第7款的要求,不过专家小组的建议仍然只是涉及撤销的"期限"。

② 巴西飞机出口融资计划案专家小组报告,第69页,注释171。

③ 如巴西椰子干案(WT/DS22/R)和美国影响男女棉衬衫案(WT/DS33/R)。

反映了争端解决机构并不愿意过多涉及成员如何在国内执行一项 WTO 裁定的现实考虑。① 这表明,专家小组除非面临这一问题,在建议之外极有可能拒绝作出实施该建议的方法。即使作出特定的建议,也没有强制性约束力。因此,实践中,专家小组作出的建议通常是一般的建议而不是特定的建议。第四,追溯性的建议和预期性的建议。在 WTO 争端解决实践中,一般恪守作出无追溯力建议的信条。如"欧共体香蕉案"(厄瓜多尔投诉)第 21 条第 5 款程序的专家组报告指出:"我们并未发现欧共体有对过去的歧视进行救济的义务。DSU 第 3 条第 7 款规定'如果有关措施被裁定与任何适用协定的有关规定不符,争端解决的首要目标通常是确保撤销该不符措施'。这一原则要求从 DSB 所通过的建议和裁定执行的合理期限到期后,不溯既往地执行。如果我们裁定,在 1994 到 1996 年间分配给来自第三国的服务供应商的许可证也将被'纠正',我们就会创设一种具有追溯力(retroactive effect)的救济。但是,我们认为,欧共体需要做的,是确保从 1999 年开始终止歧视性的许可证分配模式,其效力是预期性的(prospective)。"②这种预期性救济的内在缺陷是,它放弃了对违法行为应承担责任的追究。

上述 DSU 的有关规定和争端解决实践表明,WTO 争端解决机构的建议,通常是一种相符的、一般的和预期性的建议,而不是撤销的、特定

---

① 例如,在美国限制棉织和人造纤维内衣进口案中,专家小组最后指出:"因此,我们建议(recommend)DSB 要求美国使其有关措施遵守其根据《纺织品协定》所承担的义务。我们认为,避免哥斯达黎加进一步的利益丧失或损害和实现这种遵守的最佳方法,是美国迅速撤销有关违反措施。我们建议(suggest),美国立刻撤销通过该措施所施加的限制。"WT/DS24/R of 8 November 1996. 专家小组的确对被诉方美国提议了特定的救济,而且实践中美国的确也执行了这一提议。但是,上诉机构仅仅陈述:"建议(recommend)DSB 要求美国使其有关措施遵守其根据《纺织品协定》所承担的义务",根本未提到专家小组的后一"建议"。

② Report by the Panel on European Communities, Regime for the Importation, Sale and Distribution of Bananas-Recourse to Article 21.5 by Ecuador, WT/DS27/RW/ECU, 1999, para. 6.105.

的和追溯性的建议。因此,WTO 成员保留了使其措施与 WTO 义务相符的自由,唯一的限制也许是善意原则:仅就该被诉措施本身而言,WTO 成员对于被裁定为违反其 WTO 义务的措施,无论如何在法律上应当撤销该措施并保证不再违反。① 但是,专家小组没有也不能建议任何具体的执行方法。

根据以上所述,《WTO 协定》不仅没有直接效力,也几乎没有最高效力,从而《WTO 协定》不仅不能“被视为国内法”,更不用说所谓高级法了。如前所述,欧共体法律秩序排除了国际法的核心之一的传统国家责任概念及其互惠原则和反措施。据此,欧共体法律秩序是具有相当独立程度的法律体系,不必求助于传统意义上的国家责任机制。而 WTO 在国家责任方面的规定和实践,具有两方面的性质:一方面,WTO 争端解决机制的确“不必求助于传统意义上的国家责任机制”,然而另一方面又确实没有“直接效力和最高效力”。这表明,WTO 的宪法化具有了“可能性”,在“可行性”上却严重不足。

3. 关于隐含权力原则的比较

如上所述,欧洲法院通过隐含权力原则得以规避国际法中经典的解释原则:“在解释国际条约时,应采取一种能够将条约对国家主权的侵蚀减少到最低程度的方式。”

在此方面最相关的例证是 WTO 争端解决机制在所谓遵从(deference)问题上的规定和处理。除了《反倾销协定》以外,《WTO 协定》并未确切地涉及所谓遵从问题。实践中,上诉机构主要援用 DSU 第 11 条,该条款要求专家组“对其审议的事项作出客观评估,包括对该案件事实及有关适用协定的适用性和与有关适用协定的一致性的客观评估”。除了引用 DSU 中的这类条款,上诉机构甚至从一开始就在其上诉

---

① Natalie Mcnelis, What Obligations Are Created by World Trade Organization Dispute Settlement Reports? Journal of World Trade, Vol. 37, 2003, pp. 656 – 659.

报告的声明中表明，应按照“条约不明时应解释为义务更轻”(indubio mitius)来解释《WTO 协定》，其典型例证是“欧共体荷尔蒙案”。至于所谓“为了实现其合法目标所必需的，则这类权力应被默认为归属于共同体”，除了国际组织法的一般原理外，在 WTO 中几乎没有得到实现。

4. 关于人权原则的比较

《WTO 协定》，特别是其 TRIPs 协定、SPS 协定和 TBT 协定，被认为规定了某些个人权利和公共义务，并因此在一定程度上限制了国内立法者的政治选择。但是，如前所述，“美国 301 条款案”已经证明，WTO 争端解决机制并没有确认这类权利。而且，包括被认为直接保障个人权利的 TRIPs 协定，就其处理个人的专利权和版权事项而言，在一定意义上的确涉及个人权利。但 TRIPs 协定的主要目的，仍然是促进 WTO 成员通过其国内行政机关和司法机关等在国内保护相关知识产权。

5. 关于司法审查制度的比较

马歇尔在 1804 年的“马伯里诉麦迪逊案”中确立的原则可以用一句经常被引用的话来概括：“司法机关的职责范围就是确定法律到底是什么。”这意味着由司法机关来确定宪法到底是什么。由此，联邦最高法院对宪法的解释就具有了宪法的效力，联邦最高法院由此可以依据宪法来宣布立法机构或行政机关制定的法律或法规因为与宪法相抵触而无效，这种“司法审查”(judicial review)其实是“违宪审查”。司法审查不是简单的司法机关解释宪法的法理学问题，而是解决法律与宪法相冲突的“违宪审查”问题，是一个涉及宪政原则或者国家权力的宪政结构的根本问题。

在 WTO 中，能够与司法审查具有关系的规定有几个方面：第一，在诸如反倾销和反补贴等涉及贸易救济措施的协定以及 GATS 中，规定 WTO 成员应在此方面提供国内司法审查。第二，WTO 的贸易政策审议机制，其审议被明确规定为不具有法律约束力，更不用说所谓的“违宪审查”了。第三，WTO 争端解决机制对 WTO 成员国内法律和措施的“审查”,是否构成某种意义的司法审查?显然,这种争端解决属于一种“国际裁判”而不是“宪法裁判”,与国内法意义的违宪审查大相径庭。

与代表性的美国司法审查制度相比,WTO 争端解决机制在三类重要的结构方面也有所不同。第一,与联邦政府的法律不同,《WTO 协定》所施加的义务仅限于作为政治组织的国家,WTO 争端解决的争端方也仅限于 WTO 成员本身。第二,美国法院对政府行为进行两种类型的审查:在横向上审查联邦政府机构的行为,在纵向上审查州政府的行为。而 WTO 的司法审查在性质上几乎完全是纵向的。第三,即使就纵向的司法审查而言,两者之间也有区别:WTO 裁判机构的裁定并没有武力作为后盾,而美国法院的裁定可以武力为后盾并通过行政机构执行。① 因此,即使在此意义上,WTO 也几乎没有涉及对 WTO 其他机构行为的审查。

就欧洲法院和 WTO 争端解决机制在宪法化方面的总体比较而言,不能忽视两者之间存在的差异。一方面,可以比较欧洲法院和 WTO 裁判机构的司法职能。与欧洲法院相比,WTO 争端解决机制整体而言只有非常有限的权能范围。按照 DSU“不得增加或减少 WTO 成员根据适用协定的权利和义务”的规定,WTO 裁判机构的职责是 WTO 成员间谈判结果的执行者而不是填补宪法空白的建设者。② 由于欧共体和 WTO 在“宪法结构”上有很大差别,对司法行为的民主控制程度也不同,因此产生了不同层面的民主合法性问题。与欧洲法院相比,WTO 裁判机构并没有被认为能对个人权利行使司法职能。另一方面,除非 WTO 转变为与欧盟甚至国家相似的宪法结构,WTO 裁判机构就很难深入涉及富

---

① Carlos Manuel Vazquez, Judicial Review in International Organizations, Judical Review in the United States and in the WTO: Some SimilartiesI and Differces, George Washington International Law Review, Vol. 36, 2004, pp. 587 - 614.

② Eric Stein, International Integration and Democracy: No Love at First Sight, American Journal of International Law, Vol. 95, 2001, p. 489.

有争议的宪法裁判问题。这种宪法裁判是一种很高程度的政治判断问题,甚至连国内宪法法院也经常颇为棘手。

(二)法律和政治的相互作用

借鉴韦勒所使用的"退出和发言"模式,也可以分析多边贸易体制的政治和法律互动关系,特别是其历史发展和转变。退出,是指法律、规则或一种体系的法律规范结构的缺乏或不足,亦即提供了违反合作性机制的可行选择。发言则是泛指政治、政治过程中的参与或示威的水平、决策过程,亦即提供了表达对合作性决策的偏好的足够机会。退出选择的减少(更多的法律或规则)将导致对发言(更多的政治或参与)的更高需要。相反,更高程度的发言(更多的政治或参与)则是促进和维持更少退出(更多的法律或规则)的绝对要求。

多边贸易体制的历史发展过程可以用退出和发言模式予以阐明。关贸总协定大体上体现了较高程度的退出(较低程度的法律或规则)和较低程度的发言(较低程度的参与或政治)。前者指关贸总协定规定了诸多例外条款和相对软弱的争端解决机制,后者指关贸总协定在法律上规定以多数决作出政治决策。与之相比,WTO 则体现了较低程度的退出和较高程度的发言。前者指 WTO 具有更严格的规则和准司法性的争端解决机制,后者指 WTO 在政治决策上奉行协商一致。这种在发言和退出上的历史发展规律,揭示了多边贸易体制的法律化不能以降低发言的程度为代价。相反,更严格的法律和规则将导致和要求更多的政治、更高的参与和更多的发言。由此,WTO(更严格的执行)及其成员(保留政治过程的否决权)都得到了加强。多边贸易体制在基础阶段的"宪法特性",事实上分离了国际贸易和通常的国内政治。关贸总协定的理论基础之一即前述多边合作的俱乐部模式。① 而 WTO 的宪法化必然意味

---

① Robert O. Keohane & Joseph S. Nye, Jr., The Club Model of Multilateral Cooperation and Problems of Democratic Legitimacy, in Efficiency, Equity, and Legitimacy, 2001, p. 264.

着WTO内的贸易政策的“法律化”和贸易法律的“政治化”。目前的事实是,WTO已经在“法律化”方面有所进展,在“政治化”方面却困难重重。

如前所述,所谓共同体决策标志着作为“国际组织”或国际制度的欧盟具有了实质性的“自治性”或自主性权力,其主要体现是欧盟的决策机制,主要标志是在共同体决策层面可以制定次级立法。对此,就宪法原理而言,在处理所谓“政治和法律”的关系上包括对立法合宪性进行审查的司法审查原则、立法权纵向分配的联邦主义以及立法、行政和司法权横向分配的分权原理。这类宪法原理在WTO只有非常有限的体现。作为《WTO协定》的缔约国,WTO成员并不是任何联邦体系的一部分。除了WTO秘书处可以非常勉强地与行政机关相比外,WTO并没有集中的行政机关。而且,WTO没有传统意义上的立法机关,唯一勉强相似的部长级会议两年才举行一次,而且并没有代议制民主意义上的代表性。部长级会议的职权范围本身也是有限的。① 因此,WTO中不存在与联邦权力分配相似的立法权分配,因为部长级会议或总理事会本身并没有发生

---

① 根据《WTO协定》第4条“WTO的结构”的规定:“1.设立由所有成员的代表组成的部长级会议,应至少每2年召开一次会议。部长级会议应履行WTO的职能,并为此采取必要的行动。如一成员提出请求,部长级会议有权依照本协定和有关多边贸易协定中关于决策的具体要求,对任何多边贸易协定项下的所有事项作出决定。2.设立由所有成员的代表组成的总理事会,酌情召开会议。在部长级会议休会期间,其职能应由总理事会行使。总理事会还应行使本协定指定的职能。总理事会应制定自己的议事规则,并批准第7款规定的各委员会的议事规则。3.总理事会应酌情召开会议,履行《争端解决谅解》规定的争端解决机构的职责。争端解决机构可有自己的主席,并制定其认为履行这些职责所必需的议事规则。4.总理事会应酌情召开会议,履行贸易政策审议机构的职责。贸易政策审议机构可有自己的主席,并应制定其认为履行这些职责所必需的议事规则。”

主权权力的让渡。最重要的后果在于,《WTO协定》第9条第3款[1]和关贸总协定长期的决策惯例证明:部长级会议只能“豁免”《WTO协定》或任何多边贸易协定要求一成员承担的义务。亦即,所谓WTO层面的决策,不能被用来对WTO成员施加新义务。换言之,在WTO的决策层面,不存在实质意义的次级立法。[2] 因此,在WTO层面,尚未发展出如同欧盟那样能够较为充分地协调政治和法律关系的机制。这可以说是WTO宪法化的根本不足之一。作为补充,在一定程度上,由于WTO争端解决实践的发展,WTO机构所唯一拥有的权力就是条约解释权。而且严格地说,这仅仅是事实上的而不是法律上的。[3]

(三)WTO宪法化的理想前景

如上所述,尽管具有一些支持的理由,但WTO的宪法化是不完整和不全面的。总体上说,尚处于一种非常初级的阶段。不过,这类特征的累积效果却足以创造一种有效的国际贸易体系。作为政府间国际组织,

---

① 根据《WTO协定》第9条第3款的规定:“在特殊情况下,部长级会议可决定豁免本协定或任何多边贸易协定要求一成员承担的义务,但是任何此类决定应由成员的四分之三多数作出,除非本款另有规定。(a)有关本协定的豁免请求,应根据经协商一致作出决定的做法,提交部长级会议审议。部长级会议应确定一不超过90天的期限审议该请求。如在此期限内未能协商一致,则任何给予豁免的决定应由成员的四分之三多数作出。(b)有关附件1A、附件1B或附件1C所列多边贸易协定及其附件的豁免请求,应首先分别提交货物贸易理事会、服务贸易理事会或TRIPs理事会,在不超过90天的期限内审议。在该期限结束时,有关理事会应向部长级会议提交一份报告。”

② 唯一的例外可能是决策程序中的“不需要成员国接受,协定修改方案通过后就生效”,与TRIPs第71条第2款相一致的修改。如果对于与贸易有关的知识产权协定的修改是为了将业已取得和生效的知识产权保护提高到一个更高的程度,此等修改方案,在与贸易有关的知识产权理事会以协商一致方式的提案的基础上,可由部长级会议通过生效而无须进一步的正式接受程序。

③ 根据《WTO协定》第9条第2款的规定:“部长级会议和总理事会拥有通过对本协定和多边贸易协定所作解释的专有权力。对附件1中一多边贸易协定的解释,部长级会议和总理事会应根据监督该协定实施情况的理事会的建议行使其权力。通过一项解释的决定应由成员的四分之三多数作出。本款不得以损害第10条中有关修正规定的方式使用。”

WTO及其争端解决机制无疑相当成功。目前关于WTO宪法化的争议，本身就表明WTO的有效性，以及其发展为一种具有宪法权威的国际制度和机构的可能性。

在所有政治体的历史上，集体意识中都有一些难忘的与宪法秩序的重大变迁相关的“宪政时刻”。这种变迁可能是直接的和正式的，如对宪法进行重大修订或重新制宪；也可能是对宪法进行解释的非常重要的司法判决；还可能与那些非法律性质的，但是具有象征意义的历史事件相联系。① 国际体系在特定的、具有决定意义的“宪政时刻”提出并表达其目的和价值。② WTO能否出现宪政时刻？是否能逐渐形成和发展出“宪法性的国际贸易共同体”？这或许是WTO宪法化的理想前景，然而实践证明，“路漫漫其修远兮”。

欧盟宪政和WTO的宪法化表明，国际组织宪政与国家宪政正在出现平行发展。宪政视角下国际组织发展的理想前景，是形成一种宪法性的、自足性的、职能性的、动态性的、多层次的共同体，这种宪法共同体的宗旨、原则和价值建构维系着各种成员的认同。③ 在国家与国际组织的宪法体系之间以及国际组织的宪法体系之间，是宪政价值在某种程度上的相容而不是形成普遍的宪法秩序的等级。国际组织在宪法化的逐渐深入发展过程中，有些问题可以借助国家宪政原理和宪法技术，而根本的宪法合法性问题只能留待国际组织自身的未来发展。

---

① ［美］约瑟夫·韦勒：《欧洲宪政》，程卫东等译，中国社会科学出版社2004年版，第3页。

② ［美］路易斯·亨金：《国际法：政治与价值》，张乃根等译，中国政法大学出版社2005年版，第145页。

③ 陈喜峰：《国际组织宪政论》，法律出版社2016年版。

结　论

当代的全球化进程,尽管对人民的经济和社会生活产生了自相矛盾的影响,但也促进了像人权、法治和民主这样越来越受到国际保护的宪政价值的发展。宪政的国际法和国际法的宪政,使以有效性为特质的现代国际法增加了正当性的价值判断,逐渐转化为对国际法合法性的法律话语和现实诉求,终将影响到国际法原则和规则的变迁。[①] 在这一征途中,WTO 宪政的发展作为国际组织宪政的有机组成部分,既促进了国际法宪政理论与实践的发展和丰富,也需要继续融入国际法宪政的星辰和大海。

诚然,宪政制度的生成与维系条件十分苛刻,尤其是需要政治共同体的自身成长和实现自我治理,以及如何在政治和法律之间取得平衡,在规则

---

① 陈喜峰:《宪政的国际法:全球治理的宪政的转向》,载《暨南学报》2013 年第 1 期。

和变动、权威和变通之间取得折衷。既要求制度和机构是有效的,更要求它是有限的;既要求限权,也需要权限。达到这样的条件,当然十分困难。旨在解决 WTO 合法性问题的 WTO 宪政诸理论,本身的确存在双重的“宪法合法性”问题。一方面是 WTO 宪政理论作为一种方法的合理性和以制宪权为基础的宪法合法性问题。在“后国家宪政”的研究中,始终要解决的前提假设是宪法合法性这一“前宪法问题”。这一问题并非是 WTO 是否需要宪法,而仍然是所设想的 WTO“宪法”是否符合一般认为的宪法原理,以及所认为的“宪法”是否适合于相应的法律实体。如果只有国家能够被认为是这类规范秩序的载体,也就只有国家能够拥有宪法。因而,对这类问题的拷问,将继续对国际法和国内法传统的静态的二分法提出全球化时代的挑战。另一方面,WTO 宪法化的合法性不仅依赖于对现有规则的保障,更依赖于保障成员之间利益成本得以公平分配的能力。① 提出 WTO 宪政诸理论的学者,几乎全部来自 WTO 的发达国家成员,所依托的是发达国家的宪政经验、价值观念和国家利益,立足于其相对成熟的国内宪政政府体制和市场经济机制。对于多数发展中国家成员来说,存在结构性的理解和认同障碍,这更多来自 WTO 的现有规则对它们的不利影响远甚于发达国家成员。

为此,解决 WTO 宪法化的“宪法合法性”问题的路径也在于两个方面,一方面,应致力于提出国际组织宪政的基本原理和发展模式,并结合多边贸易体制的实际情况发展出具有 WTO 特色的宪政理论。另一方面,WTO 宪政理论建构的成就和缺失表明,应对 WTO 的宪法问题和建构 WTO 的理想前景,不仅应关注符合经济效益的贸易自由,更应关注受 WTO 不利影响人群的民主民生;在追求本国贸易利益时兼顾他国合理关切,在谋求本国经济贸易发展中促进各国共同发展,以期建立相互依

① Gabriele Orcalli, A Constitutional Interpretation of the GATT/WTO, Constitutional Political Economy, Vol. 14, 2003, pp. 141 – 154.

存、利益共同、可持续发展和以人为本的世界贸易命运共同体。

在本书完成之际,WTO 宪政研究主要理论建构的三位代表学者,两位已经驾鹤西去,一位已逾七十高龄。本书不仅是笔者一段研究经历的忠实记载,也希望为 WTO 宪政研究的继往开来提供一个理论的支点。或许,这是对 WTO 宪政研究先贤的诚意致敬。

参考文献

一、中文文献

(一)中文著作

1. 王铁崖:《国际法引论》,北京大学出版社1998年版。

2. 梁西主编:《国际法》,武汉大学出版社2002年版。

3. 杨泽伟:《宏观国际法史》,武汉大学出版社2001年版。

4. 韩大元、林来梵、郑贤君:《宪法学专题研究》,中国人民大学出版社2004年版。

5. 莫纪宏主编:《全球化与宪政》,法律出版社2005年版。

6. 杨心宇主编:《现代国家的宪政理论研究》,上海三联书店2004年版。

7. 俞可平主编:《全球化:全球治理》,社会科学文献出版社2003年版。

8. 曾令良、余敏友主编:《全球化时代的国际法》,武汉大学出版社2005年版。

9. 沈宗灵:《比较法研究》,北京大学出版社1998年版。

10. 张文显:《法哲学范畴研究》,中国政法大学出版社2001年版。

11. 卓泽渊:《法的价值总论》,人民出版社2001年版。

12. 梁西:《国际组织法》,武汉大学出版社2000年版。

13. 曾令良:《世界贸易组织法》,武汉大学出版社1996年版。

14. 万鄂湘等:《国际条约法》,武汉大学出版社1998年版。

15. 世界贸易组织秘书处编:《乌拉圭回合协议导读》,索必成等译,法律出版社2000年版。

16. 余敏友:《世界贸易组织争端解决机制法律与实践》,武汉大学出版社1998年版。

17. 余敏友、左海聪、黄志雄:《WTO争端解决机制概论》,上海人民出版社2001年版。

18. 司法部法规教育司等编:《WTO争端解决机制——规则、程序与实践》,法律出版社2002年版。

19. 韩立余编:《WTO案例及评析(2000)》,中国人民大学出版社2001年版。

20. 朱榄叶:《世界贸易组织国际贸易纠纷案例评析》,法律出版社2000年版。

21. 杨国华:《中国加入WTO法律问题专论》,法律出版社2002年版。

(二)中文译著

1. [英]詹宁斯、瓦茨修订:《奥本海国际法》(第1卷第1分册),王铁崖等译,中国大百科全书出版社1995年版。

2. [英]詹宁斯、瓦茨修订:《奥本海国际法》(第1卷第2分册),王铁崖等译,中国大百科全书出版社1998年版。

3. [英]伊恩·布朗利:《国际公法原理》,曾令良、余敏友等译,法律出版社 2003 年版。

4. [德]沃尔夫刚·格拉夫·魏智通主编:《国际法》,吴越等译,法律出版社 2002 年版。

5. [美]路易斯·亨金:《国际法:政治与价值》,张乃根等译,中国政法大学出版社 2005 年版。

6. [奥]凯尔森:《法与国家的一般理论》,沈宗灵译,中国大百科全书出版社 1996 年版。

7. [英]约瑟夫·拉兹:《法律体系的概念》,吴玉章译,中国法制出版社 2003 年版。

8. [英]弗里德利希·冯·哈耶克:《通往奴役之路》,王明毅等译,中国社会科学出版社 1997 年版。

9. [英]弗里德利希·冯·哈耶克:《法律、立法与自由》,邓正来译,中国大百科全书出版社 2000 年版。

10. [美]熊玠:《无政府状态与世界秩序》,余逊达等译,浙江人民出版社 2001 年版。

11. [英]M. J. C. 维尔:《宪政与分权》,苏力译,三联书店 1997 年版。

12. [英]苏珊·马克斯:《宪政之谜——国际法、民主和意识形态》,方志燕译,上海译文出版社 2005 年版。

13. [美]约瑟夫·威勒:《欧洲宪政》,程卫东等译,中国社会科学出版社 2004 年版。

14. [美]乔恩·埃尔斯特、[挪]斯莱格斯塔德编:《宪政与民主——理性与社会变迁研究》,潘勤、谢鹏程译,朱苏力校,三联书店 1997 年版。

15. [日]筱田英朗:《重新审视主权——从古典理论到全球时代》,戚渊译,商务印书馆 2004 年版。

16. [日]松井芳郎等:《国际法》,辛崇阳译,中国政法大学出版社 2004 年版。

17. [美]布鲁斯·E. 克拉伯:《美国对外贸易法和海关法》,蒋兆康等译,法律出版社 2001 年版。

18. [比]约斯特·鲍威林:《国际公法规则之冲突:WTO 法与其他国际法规则如何联系》,周忠海等译,法律出版社 2005 年版。

19. [美]约翰·H. 杰克逊:《GATT/WTO 法理与实践》,张玉卿、李成钢、杨国华等译,新华出版社 2002 年版。

20. [美]约翰·H. 杰克逊:《国际经济关系的法律与政策》,张乃根译,复旦大学出版社 2001 年版。

21. [德]E. -U. 彼得斯曼:《国际经济法的宪法功能与宪法问题》,何志鹏、孙璐、王彦志等译,高等教育出版社 2004 年版。

22. [美]约翰·O. 麦金尼斯等:《世界贸易宪法》,张保生等译,中国人民大学出版社 2004 年版。

23. [法]米海依尔·戴尔玛斯·马蒂:《世界法的三个挑战》,罗结珍等译,法律出版社 2001 年版。

24. [德]尤尔根·哈贝马斯:《合法性危机》,刘北城、曹卫东译,上海人民出版社 2000 年版。

25. [澳]杰佛瑞·布伦南、[美]詹姆斯·布坎南:《宪政经济学》,冯克利等译,中国社会科学出版社 2004 年版。

26. [美]斯蒂格利茨:《经济学》(第 2 版),梁小民、黄险峰译,中国人民大学出版社 2000 年版。

27. [德]卡尔·施密特:《宪法学说》,刘锋译,上海人民出版社 2005 年版。

28. [日]芦部信喜:《宪法》(第 3 版),林来梵等译,北京大学出版社 2006 年版。

29. [美]基思·E. 惠廷顿:《宪法解释:文本含义、原初意图与司法审查》,杜强强、刘国、柳建龙译,中国人民大学出版社 2006 年版。

30. [德]格奥尔格·耶利内克:《宪法修改与宪法变迁论》,柳建龙译,法律出版社 2012 年版。

（三）中文论文

1. 沈宗灵:《比较法学的方法论》,载《法制与社会发展》1996 年第 3 期。

2. 黄文艺:《论当代西方比较法学的发展》,载《比较法研究》2002 年第 1 期。

3. 李双元、李赞:《全球化进程中的法律发展理论评析——“法律全球化”和“法律趋同化”理论的比较》,载《法商研究》2005 年第 5 期。

4. 李桂林:《论全球共同法》,载《法学》2005 年第 1 期。

5. 余敏友:《二十世纪的国际组织研究与国际组织法学》,载《法学评论》1999 年第 2 期。

6. 徐崇利:《国际经济法律冲突与政府间组织的网络化——以世界贸易组织为例的研究》,载《西南政法大学学报》2005 年第 5 期。

7. 徐崇利:《走出误区的“第三条道路”:“跨国经济法”范式》,载《政法论坛》2005 年第 4 期。

8. 徐崇利:《经济全球化与国际法中“社会立法”的勃兴》,载《中国法学》2004 年第 1 期。

9. 徐崇利:《全球化趋势与“跨国法学”的兴起》,载《法商研究》2003 年第 4 期。

10. 徐崇利:《经济一体化与当代国际经济法的发展》,载《法律科学》2002 年第 5 期。

11. 王彦志:《国际经济法的宪政进路》,载《当代法学》2004 年第 4 期。

12. 韩大元:《宪法变迁理论评析》,载《法学评论》1997 年第 4 期。

13. 周永坤:《论宪法基本权利的直接效力》,载《中国法学》1997 年第 1 期。

14. 曾令良:《论冷战后时代的国家主权》,载《中国法学》1998 年第

1 期。

15. 曾令良:《WTO 法在国际法律秩序中的共性与个性》,载曾令良主编:《21 世纪初的国际法与中国》,武汉大学出版社 2005 年版。

16. 余敏友:《论国际组织对解决国际争端的法律方法的若干重大发展》,载《法学评论》1998 年第 3 期。

17. 王传丽:《WTO:一个自给自足的法律体系》,载陈安主编:《国际经济法学刊》(第 11 卷),北京大学出版社 2004 年版。

18. 古祖雪:《国际法发展的轨迹》,载曾令良、余敏友主编:《全球化时代的国际法》,武汉大学出版社 2005 年版。

19. 古祖雪:《国际法体系的结构分析》,载《政法论坛》2007 年第 6 期。

20. 王传丽:《WTO:一个自给自足的法律体系》,载《国际经济法学刊》2004 年第 4 期。

二、英文文献

(一)英文著作

1. John H. Jackson, *Sovereignty, the WTO and the Changing Fundamentals of International Law*, New York: Cambridge University Press, 2006.

2. John H. Jackson, *The Jurisprudence of GATT and the WTO-Insights on Treaty Law and Economics Relations*, Cambridge University Press, 2000.

3. John H. Jackson, *The World Trading System: Law and Policy at International Economic Relations*, 2nd, *Edition*, Cambridge, MA: MIT Press, 1997.

4. John H. Jackson, *the World Trade Organization: Constitution and Jurisprudence*, *Chatham House Papers Series*, London: Royal Institute of International Affairs, 1998.

5. John H. Jackson (eds.), *Implementing the Tokyo Round: National*

Constitutions and International Economic Rules, J. V. Louis and M. Matsushita, co-authors. Ann Arbor: Univ. of Michigan Press, 1984.

6. John H. Jackson, and Alan O. Sykes (eds.), *Implementing the Uruguay Round*, Oxford: Clarendon Press, 1997.

7. Deborah Z. Cass, *The Constitutionalization of the World Trade Organization: Legitimacy, Democracy, and Community in the International Trading System*, Oxford U. P, 2005.

8. E. U. Petersmann (eds.), *Reforming the World Trading System: Legitimacy, Efficiency and Democratic Governance*, Oxford University Press, 2005.

9. E. U. Petersmann, *International Economic Law in the 21st Century: Constitutional Pluralism and Multilevel Governance of Interdependent Public Goods*, Hart Publishing, 2012.

10. E. U. Petersmann, *Multilevel Constitutionalism for Multilevel Governance of Public Goods: Methodology Problems in International Law*, Hart Publishing, 2016.

11. De Búrca Gráinne and Joanne Scott (eds.), *The EU and the WTO: Legal and Constitutional Issues*, Oxford, Portland, Oregon: Hart Publishing, 2001.

12. Joost Pauwelyn, *Conflict of Norms in Public International Law: How WTO Law Relates to Other Rules of International Law*, Cambridge University Press, 2003.

13. Michael J. and Robert Howse, *The Regulation of International Trade*, *2nd*, Rontledge, 1996.

14. Daniel L. M. Kennedey etc. (eds.), *The Political Economy of International Trade Law: Essays in Honour of Robert E. Hudec*, Cambridge University Press, 2002.

15. Paul R. Krugman & Maurice Obstfeld, *International Economics: Theory and Policy*, 6*th*, Addison Wesley, 2003.

16. Robert Powell, *In the Shadow of Power: States and Strategies in International Politics*, Princeton University Press, 1999.

17. T. Cottier, J. Pauwelyn, E. Bürgi (eds.), *Human Rights and International Trade*, Cambridge University Press, 2005.

18. F. M. Abbott, C. Breining-Kaufmann, T. Cottier (eds.), *International Trade and Human Rights*, Cambridge University Press, Oxford University Press, 2006.

19. F. Francioni, P. M. Dupuy, E. U. Petersmann (eds.), *Human Rights and Biotechnology in International Law*, Oxford University Press, 2006.

20. Y. Taniguchi et alii (eds.), *The WTO at Ten: Dispute Settlement, Multilateral Negotiations, Regional Integration*, Oxford University Press, 2006.

21. L. Bartels, F. Ortino (eds.), *Regional Trade Agreements and the WTO Legal System*, Oxford University Press, 2006.

22. C. Joerges, E. U. Petersmann (eds.), *Constitutionalism, Multilevel Trade Governance and Social Regulation*, Oxford University Press, 2006.

23. Peter Sutherland, et al., The Future of the WTO, Addressing institutional challenges in the new millennium, Report by the Consultative Board to the Director-General Supachai Panitchpakdi, 2005.

24. Armin von Bogdandy, et al. (eds.), *The Exercise of Public Authority by International Institutions, Advancing International Institutional Law*, Springer Heidelberg, 2010.

25. Marise Cremona, *Reflections on the Constitutionalization of International Economic Law*, Martinus Nijhoff, 2013.

26. Jeffrey L. Dunoff and Joel P. Trachtman, *Ruling the World:*

Constitutionalism, International Law, and Global Governance, Cambridge University Press, 2009.

27. Joel P. Trachtman, *The Future of International Law: Global Government*, Cambridge University Press, 2014.

(二)英文文章

1. John H. Jackson, "Constitutional Treaties: Institutional Necessity and Challenge to International Law Fundamentals", in *Reflections on the Constitutionalisation of International Economic Law: Liber Amicorum for Ernst-Ulrich Petersmann*, Marise Cremona, et al. eds., Leiden, Martinus Nijhoff Publishers, 2014, pp. 193 - 200.

2. John H. Jackson, "The Changing Fundamentals of International Law and Ten Years of the WTO", *Journal of International Economic Law*, Vol. 6, 2005, pp. 3 - 15.

3. John H. Jackson, "The WTO Institution and Constitution: Evolution and Prospects". In *WTO and East Asia: New Perspectives*, edited by M. Matsushita and Dukgeun Ahn, London: Cameron May, 2004, pp. 13 - 23.

4. John H. Jackson, "International Law Status of WTO Dispute Settlement Reports: Obligation to Comply or Option to 'Buy Out'?" *American Journal International Law*, January, Vol. 98, 2004, p. 109.

5. John H. Jackson and Carlos M. Vazquez, "Some Reflections on Compliance with WTO Dispute Settlement Decisions", *Law and Policy in International Business*, 2002, Vol. 33, pp. 555 - 567.

6. John H. Jackson, "The WTO 'Constitution' and Proposed Reforms: Seven 'Mantras' Revisited", *Journal of International Economic Law*, Vol. 4, 2001, pp. 67 - 68.

7. John H. Jackson, "International Economic Law in Times That Are Interesting", *Journal of International Economic Law*, Vol. 3, 2000, pp. 3 - 14.

8. John H. Jackson, "Global Economics and International Economic Law", *Journal of International Economic Law*, Vol. 1, 1998, pp. 1 – 23.

9. John H. Jackson, "The WTO Dispute Settlement Understanding-Misunderstanding on the Nature of a Legal Obligation", *American Journal of International Law*, Vol. 91, 1997, pp. 60 – 63.

10. John H. Jackson, "Reflections on Constitutional Changes to the Global Trading System", In *Public Policy and Global Technology Integration*, edited by F. M. Abbott and D. J. Gerber. The Hague, The Netherlands: Kluwer Law International, 1997.

11. John H. Jackson, "International Competition in Services: A Constitutional Framework", Washington, D. C.: *American Enterprise Institute for Public Policy Research*, 1988.

12. John H. Jackson, "The Birth of the GATT – MTN System: A Constitutional Appraisal", *Law and Policy of International Business*, Vol. 12, 1980, pp. 21 – 58.

13. Ernst-Ulrich Petersmann, "Constitutionalism, Multilevel Trade Governance and Social Regulation", *Multilevel Trade Governance in the WTO Requires Multilevel Constitutionalism*, C. Joerges, E. U. Petersmann (eds.), Hart Publishers 2006, pp. 47 – 103.

14. Ernst-Ulrich Petersmann, "The Transformation of the World Trading System through the 1994 Agreement Establishing the World Trade Organization", *European Journal of International Law*, Vol. 6, 1995, pp. 161 – 221.

15. Ernst-Ulrich Petersmann, "Constitutionalism and International Organizations", *Northwestern Journal of International Law and Business*, Vol. 17, 1996, pp. 398 – 469.

16. Ernst-Ulrich Petersmann, "How to Reform the UN System?

Constitutionalism, International Law and International Organizations", *Leiden Journal of International Law*, Vol. 10, 1997, pp. 421 – 474.

17. Ernst-Ulrich Petersmann, "How to Reform the UN System? Lessons From the International Economic Law Revolution", *UCLA Journal of International Law and Foreign Affairs*, Fall, 1997 / Winter, Vol. 2, 1998, pp. 185 – 224.

18. Ernst-Ulrich Petersmann, "How to Constitutionalize International Law and Foreign Policy for the Benefit of Civil Society?" *Michigan Journal of International Law*, Vol. 20, 1998, pp. 1 – 31.

19. Ernst-Ulrich Petersmann, "Constitutionalism and International Adjudication: How to Constitutionalize the U. N. Dispute Settlement System?" *NYU Journal of International Law*, Vol. 31, 1999, pp. 753 – 768.

20. Ernst-Ulrich Petersmann, "From Negative to Positive Integration in the WTO: Time for 'Mainstreaming Human Rights' into WTO Law?" *Common Market Law Review*, Vol. 37, 2000.

21. Ernst-Ulrich Petersmann, "The WTO Constitution and Human Rights'", *Journal of International Economic Law*, Vol. 3, 2000.

22. Ernst-Ulrich Petersmann, "Human Rights and International Economic Law in the 21st Century'", *Journal of International Economic Law*, Vol. 4, 2001.

23. Ernst-Ulrich Petersmann, "the 'Human Rights Approach' Advocated by the UN High Commissioner for Human Rights and by the ILO: Is it Relevant for WTO Law and Policy?" *Journal of International Economic Law*, 2004, pp. 605 – 628.

24. Ernst-Ulrich Petersmann, "Constitutionalism and WTO Law: From a state-centered approach towards a human rights approach in international economic law", D. L. M. Kennedy/J. D. Southwick (eds.), *The Political*

Economy of International Trade Law 2002(Cambridge),pp. 32 – 67.

25. Ernst-Ulrich Petersmann, "Human Rights, Markets and Economic Welfare: Constitutional Functions of the Emerging UN Human Rights Constitution", in C. Breining/T. Cottier (eds.), *International Trade and Human Rights*,2005,chapter 3.

26. Ernst-Ulrich Petersmann, "Theories of Justice, Human Rights and the Constitution of International Markets", *EUI Working Paper Law*, No. 2003/17.

27. Ernst-Ulrich Petersmann, "Justice as Conflict Resolution: Proliferation, Fragmentation and Decentralization of Dispute Settlement in International Trade", *EUI Working Paper Law*,No. 2004/10.

28. Ernst-Ulrich Petersmann, "Theories of Justice, Human Rights and the Constitution of International Markets", in: Symposium on the Emerging Transnational Constitution, 37 *Loyola Law of Los Angeles Review* 2003, pp. 407 – 460.

29. Ernst-Ulrich Petersmann, "European and International Constitutional Law: Time for Promoting Cosmopolitan Democracy in the WTO", in: G. de Burca/J. Scott(eds.), *The EU and the WTO*,2001,pp. 81 – 110.

30. Deborah Z Cass, "The constitutionalization of self-determination: Separatism and the Democratic Entitlement", Proceedings of the Ninety-Second Annual Meeting of the American Society of International Law, The Challenge of Non-State Actors, Proceedings of the Annual Meeting-American Society of International Law,92th,1998.

31. Deborah Z Cass, "China and the 'constitutionalization' of international law", Cass, Deborah Z.; Williams, Brett G. & Barker, George (Eds.). *China and the World Trading System: Entering the New Millennium*, N. Y.: Cambridge University Press,2003,pp. 40 – 54.

32. Deborah Z. Cass, "The 'Constitutionalizaton' of International Trade Law: Judicial Norm-Generation as the Engine of Constitutional Development in International Trade", *European Journal of International Law*, Vol. 12, 2001, pp. 39 – 76.

33. Hannes L. Schloemann and Stefan Ohlhoff, " 'Constitutionalization' and Dispute Settlement in the WTO: National Security as an Issue of Competence", *American Journal of International Law*, Vol. 93, 1999, pp. 424 – 451.

34. Joel P. Trachtman, "Changing the Rules: Constitutional Moments of the WTO", *Harvard International Law Journal*, Vol. 24, No. 48, 2004.

35. Joel P. Trachtman, "The WTO Constitution: Tertiary Rules for Intertwined Elephants", working paper, The Berkeley Electronic Press, 2005, Paper No. 753, pp. 1 – 27.

36. Joel P. Trachtman, "The International Economic Law Revolution: International Economic Law and International Economic Integration", *University of Pennsylvania Journal of International Economic Law*, Vol. 33, 1996.

37. Joel P. Trachtman, "The WTO Constitution: Toward Tertiary Rules", to be published in *European Journal of International Law* 2006.

38. Robert L. Howse, "Adjudicative Legitimacy and Treaty Interpretation in International Trade Law: The Early Years of WTO Jurisprudence", in J. H. H. Weiler, ed., *Towards a Common Law of International Trade: EU, WTO and NAFTA*, Oxford and New York: Oxford University Press, 2000.

39. Robert L. Howse & Kalypso Nicolaides, *Legitimacy and Global Governance: Why Constitutionalizing the WTO is a Step Too Far, In Efficiency, Equity, and Legitimacy, The Multilateral Trading System at the Millenium*, edited by R. B. Porter et al., Washington, D. C.: Brookings

Institution Press, 2001, pp. 227 – 252.

40. Robert L. Howse & Kalypso Nicolaides, " Legitimacy through 'Higher Law' Why Constitutionalizing the WTO Is a Step Too Far", K. Nicolaidis, co-author. In *The Role of the Judge in International Trade Regulation: Experience and Lessons for the WTO*, edited by T. Cottier and P. C. Mavroidis, pp. 307 – 48.

41. Robert L. Howse, "How to Begin to Think About the 'Democratic Deficit' at the WTO", In International Economic Governance and Non-Economic Concerns: New Challenges for the International Legal Order, edited by S. Griller, European Community Studies Association of Austria (ECSA Austria) Publication Series, 5. Wien; New York: Springer-Verlag, 2003, pp. 79 – 101.

42. Jeffrey L. Dunoff, "The Puzzling Debate over Constitutionalism at the WTO," at Law Specialist Seminar, London School of Economics. March, 2005.

43. Jeffrey L. Dunoff, "WTO Law and Politics: Explaining the Turn to Constitutionalism," at Delaware Valley International Law Day Conference, Temple University Beasley School of Law, October, 2004.

44. Jeffrey L. Dunoff, "Why Constitutionalism Now? Text, Context and the Historical Contingency of Ideas", *Journal of International Law & International Relations*, Vol. 1, 2005, pp. 191 – 211.

45. Jeffrey L. Dunoff, "Constitutional Conceits: The WTO's 'Constitution' and the Discipline of International Law", to be published in *European Journal of International Law* 2006.

46. Richard H Steinberg, "Judicial lawmaking, Internal Transparency and External Transparency: Recent Institutional Developments at the WTO", *The international Lawyer*, Vol. 37, No. 1, 2003.

47. Richard H. Steinberg, "Judicial lawmaking at the WTO: discursive, constitutional, and political constraints", *American journal of international law*, Vol. 98, 2004, pp. 247 – 275.

48. John O. McGinnis, Mark I. Movsesian, " The World Trade Constitution", *Harvard Law Review*, Vol. 114, 2000.

49. John O. McGinnis, "The WTO as a Structure of Liberty", *Harvard Journal of Law and Public Policy*, Vol. 28, 2004, pp. 81 – 88.

50. Thomas Cottier, Maya Hertig, " The Prospects of 21st Century Constitutionalism", Max Planck UNYB, Vol. 7, 2003, pp. 261 – 328.

51. Thomas Cottier, "The Erosion of Non-Discrimination: Stern Warning without True Remedies", *Journal of International Economic Law*, Vol. 8, 2005, pp. 595 – 601.

52. Markus Krajewski, " Democratic Legitimacy and Constitutional Perspectives of WTO Law", 35 *Journal of World Trade*, Vol. 35, 2001.

53. Markus Krajewski, Public interests, private rights and the " constitution " of GATS, Paper for the Workshop " GATS: Trading Development?", Centre for the Study of Globalisation and Regionalisation, University of Warwick 20 and 21 September 2002.

54. Peter M. Gerhart, " The Two Constitutional Visions of the World Trade Organization", *University of Pennsylvania Journal of International Economic Law*, Vol. 24, 2003, pp. 1 – 73.

55. Neil Walker, " The WTO and the EU: Constitutionalism in a New Key", in De Búrca Gráinne and Joanne Scott (eds.). *The EU and the WTO Legal and Constitutional Issues*, Oxford, Portland, Oregon: Hart Publishing. 2001, pp. 31 – 57.

56. Peter Holmes, " The WTO and the EU: Some Constitutional Comparisons", Sussex at brighton Discussion, In Economics Paper 78,

December 2001.

57. Armin von Bogdandy, "Constitutionalism in International Law: Comment on a Proposal from Germany", *Harvard International Law Journal*, Vol. 47, No. 1, 2006.

58. Philip Alston, "Resisting the Merger and Acquisition of Human Rights by Trade Law: A Reply to Petersmann", the Jean Monnet Working Paper No. 12/02.

59. Theodor Schilling, "On the Constitutionalization of General International Law", Jean Monnet Working Paper 06/05, 2005.

60. Lawrence Helfer, "Constitutional Analogies in the International Legal System", *Loyola Law Review*, Vol. 37, 2003, pp. 193 – 225.

61. Marco Dani, "Economic Constitutionalism (s) in a Time of Uneasiness-Comparative Study on the Economic Constitutional Identities of Italy", the WTO and the EU, 2005, Jean Monnet Working Paper.

62. Mattias Kumm, "The Legitimacy of International Law: A Constitutionalist Framework of Analysis", *The European Journal of International Law*, Vol. 15, No. 5, 2004, pp. 907 – 931, 907.

63. Tomuschat, "International Law: Ensuring the Survival of Mankind on the Eve of a New Century", Recueil des Cours., 1999, pp. 289 – 438.

64. Walter, C. "Constitutionalizing (inter) national governance-possibilities for and limits to the development of an international constitutional law." *German yearbook of international law*, Vol. 44, 2001, pp. 170 – 201, 191 – 196.

65. Joost Pauwelyn, "The Transformation of World Trade", Duke Law School Legal Studies Research Paper No. 66, 2005.

66. Joost Pauwelyn, "The Nature of WTO Obligations", Jean Monnet Working Paper 1/02, ISSN 1087 – 2221, 2002.

67. Joost Pauwelyn, "The Role of Public International Law in the WTO: How Far Can We Go?" *The American Journal of International Law*, 2001, Vol. 95.

68. Naboth van den Broek, "Legal Persuasion, Political Realism, and Legitimacy", *the Journal of International Economic Law*, Vol. 4, 2001, No. 2.

69. Lorand BARTELS, "Applicable Law in WTO Dispute Settlement Proceedings", *Journal of World Trade*, Vol. 35, 2001.

70. M Wells, "International Norms in Constitutional Law", *Georgia Journal of International and Comparative Law*, Vol. 32, 2004, pp. 429 – 436.

71. Bardo Fassbender, "UN Security Council Reform and the Right to Veto", *The Hague*, *Kluwer Law International*, 1998, pp. 37 – 115.

72. Christiaan Timmermans, "The Constitutionalization of the European Union", in Yearbook of European Law, Vol. 21, Oxford University Press. 2002, pp. 1 – 11.

73. Andreas Fischer-Lescano & Gunther Teubner, "Reply to Andreas L. Paulus: Consensus as Fiction of Global Law", *Michgan Journal of International Law*, Vol. 25, 2004, pp, 1059 – 1072.

74. M. Koskenniemi & P. Leino, "Fragmentation of International Law? Postmodern Anxieties", *Leiden Journal of International Law*. Vol. 15, 2002, pp. 553 – 579.

75. Mohamed M. El Zeidy, "The Principle of Complementarity: A New Machinery to Implement International Criminal Law", *Michigan Journal of International Law*, Vol. 23, 2002, pp. 869 – 870.

76. Sungjoon Cho, "Linkage of Free Trade and Social Regulation: Moving beyond the Entropic Dilemma", *Chicago Journal of International Law*, Vol. 5, 2005, pp. 625 – 674.

77. Daniel Kalderimis, "Problems of WTO Harmonization and the

Virtues of Shields over Swords", *Minnesota Journal of Global Trade*, Vol. 13, Summer, 2004, pp. 305 - 351.

78. Donald McRae, "Developing Countries and 'The Future of the WTO'", *Journal of International Economic Law*, Vol. 8, 2005, pp. 603 - 610.

79. Mitsuo Matsushita, "The Sutherland Report and its Discussion of Dispute Settlement Reforms", *Journal of International Economic Law*, Vol. 8, 2005, pp. 623 - 629.

80. Peter Van den Bossche and Iveta Alexovicova, "Effective Global Economic Governance by the World Trade Organization", *Journal of International Economic Law*, Vol. 8, 2005, pp. 667 - 690.

81. Patrick A. Messerlin, "Three Variations on 'The Future of the WTO'", *Journal of International Economic Law*, Vol. 8, 2005, pp. 299 - 309.

82. Steve Charnovitz, "A Close Look at a Few Points", *Journal of International Economic Law*, Vol. 8, 2005, pp. 311 - 319.

83. William J. Davey, "The Sutherland Report on Dispute Settlement: A Comment", *Journal of International Economic Law*, Vol. 8, 2005, pp. 321 - 328.

84. Peter Sutherland, "The Doha Development Agenda: Political Challenges to the World Trading System-A Cosmopolitan Perspective", *Journal of International Economic Law*, Vol. 8, 2005, pp. 363 - 375.

85. Faizel Ismail, "A Development Perspective on the WTO July 2004 General Council Decision", *Journal of International Economic Law*, Vol. 8, 2005, pp. 377 - 404.

图书在版编目(CIP)数据

WTO宪政论 / 陈喜峰著. —北京:法律出版社,2017

ISBN 978-7-5197-0998-3

Ⅰ.①W… Ⅱ.①陈… Ⅲ.①世界贸易组织—宪法—研究 Ⅳ.①D996.1

中国版本图书馆CIP数据核字(2017)第144646号

WTO宪政论
WTO XIANZHENG LUN

陈喜峰 著

策划编辑 黄琳佳
责任编辑 黄琳佳
装帧设计 李 瞻

出版 法律出版社
总发行 中国法律图书有限公司
经销 新华书店
印刷 三河市龙大印装有限公司
责任校对 王晓萍
责任印制 陶 松

编辑统筹 学术·对外出版分社
开本 A5
印张 11.5
字数 304千
版本 2017年6月第1版
印次 2017年6月第1次印刷

法律出版社/北京市丰台区莲花池西里7号(100073)
网址/www.lawpress.com.cn
投稿邮箱/info@lawpress.com.cn
举报维权邮箱/jbwq@lawpress.com.cn
销售热线/010-63939792
咨询电话/010-63939796

中国法律图书有限公司/北京市丰台区莲花池西里7号(100073)
全国各地中法图分、子公司销售电话:
统一销售客服/400-660-6393
第一法律书店/010-63939781/9782 西安分公司/029-85330678 重庆分公司/023-67453036
上海分公司/021-62071639/1636 深圳分公司/0755-83072995

书号:ISBN 978-7-5197-0998-3 **定价**:55.00元